만문노당 역주
滿文老檔 譯註
4

역자

고려대학교 민족문화연구원 만문노당역주회

고려대학교 민족문화연구원 만문노당역주회는 2012년 10월에 이훈, 김선민, 이선애가 조직했다. 역주회는 조직된 시점부터 2017년 3월까지 4년 5개월간 『만문노당』(태종조)을 읽어나가며 역주 작업을 했다. 역주회에 참여한 연구자는 김한밝, 남민구, 박일현, 박찬근, 송인주, 이서현, 이승수(연세대), 이승수(명지대), 임혜균, 장정수, 전희, 정신남, 채홍병, 허성희이다. 앞으로 『滿文老檔(tongki fuka sindaha hergen i dangse)』(태조조)과 『親征平定朔漠方略(wargi amargi babe necihiyeme toktobuha bodogon i bithe)』 등의 주요 만문 문헌에 대한 역주와 연구를 진행할 예정이다.

문화동역학라이브러리 27

만문노당 역주 4

초판인쇄 2017년 9월 20일 **초판발행** 2017년 9월 30일
옮긴이 고려대학교 민족문화연구원 만문노당역주회
펴낸이 박성모 **펴낸곳** 소명출판 **출판등록** 제13-522호
주소 서울시 서초구 서초동 1621-18 란빌딩 1층
전화 02-585-7840 **팩스** 02-585-7848 **전자우편** somyong@daum.net **홈페이지** www.somyong.co.kr

값 37,000원

ISBN 979-11-5905-222-4 94910
ISBN 978-89-5626-851-4 (세트)

이 책은 2007년 정부(교육과학기술부)의 재원으로 한국연구재단의 지원을 받아 수행된 연구임(NRF-2007-361-AL0013).

고려대학교 민족문화연구원
문화동역학 라이브러리 27

만문노당 역주

滿文老檔 譯註

太宗 4

Tongki fuka sindaha hergen i dangse: An annotated translation

고려대학교 민족문화연구원
만문노당역주회

문화동역학 라이브러리 문화는 복합적이고 역동적인 구성물이다. 한국 문화는 안팎의 다양한 갈래와 요소가 상호작용하는 과정을 통해 끊임없이 변화해왔고, 변화해 갈 것이다. 고려대학교 민족문화연구원이 주관하는 이 총서는 한국과 그 주변 문화의 복합적이고 역동적인 양상을 추적하고, 이를 통해 한국 문화는 물론 인류 문화에 대한 새로운 통찰과 그 다양성의 증진에 기여하고자 한다. 문화동역학(Cultural Dynamics)이란 이러한 도정을 이끌어 가는 우리의 방법론적인 표어이다.

소명출판

일러두기

1. 본서의 저본은 『內閣藏本滿文老檔』(全20冊, 中國第一歷史檔案館 整理, 瀋陽: 遼寧民族出版社, 2009) 가운데 태종조 기사를 수록한 8책부터 16책까지이다.
2. 본서의 내용은 만주문의 로마자 전사, 한글 번역, 각주, 색인으로 구성된다.
3. 만주문의 로마자 전사는 묄렌도르프의 표기 방식을 따랐다. P.G. von Möllendorff, A Manchu Grammar, with Analyzed Texts, The American Presbyterian Mission Press, 1892.
4. 저본에서 작은 글씨로 표기된 주석은 본 역주서의 전사문에서 괄호()로 묶어서 표시했다.
5. 한글 번역은 직역을 원칙으로 하되, 가독성을 높이기 위해 원문에 없는 정보를 추가했다. 추가한 정보는 주격조사와 필(疋), 척(隻), 개(個), 명(名), 장(張), 일(日), 포(包), 마리 등의 수량단위이다.
6. 본서의 각주는 저본의 簽註와 본서의 역주로 구성된다. 저본의 簽註는 '[簽註]'를 표시했다. 簽註의 내용에 대해 역자가 부연하여 설명하는 경우에 *를 표시했다. 역주는 특정한 표시를 하지 않았다.
7. 역주에는 본문의 내용에 대해 부연하여 설명했다.
8. 저본에서 han, abka 등의 존칭어는 1段이나 2段이 擡頭되어 있지만 본서에서는 이에 대해 별도의 표식을 하지 않았다.
9. 저본에서 기록의 일부가 유실된 경우에 표기한 '原檔殘缺'을 본서의 전사문과 번역문에서도 그대로 사용하여 '原檔殘缺'이라고 표기했다.
10. 번역문에서 만주인과 몽골인의 이름은 한글로 음사했고 한인과 조선인은 한문으로 썼다. 단 한인의 한문 이름이 명확하지 않은 경우에는 로마자 표기로 남겨두었다. 지명에도 같은 원칙을 적용했다.
11. 저본의 쪽수를 각 권을 단위로 하여 전사문의 중간에 아라비아 숫자로 명기했다. 예컨대 1쪽과 2쪽의 사이에 '1/2'라고 명기했다.

목차

서문 iii

15함 1985

26권, 숭덕 원년 9월 *1988*
27권, 숭덕 원년 9월 *2016*
28권, 숭덕 원년 9월 *2040*
29권, 숭덕 원년 10월 *2076*
30권, 숭덕 원년 10월 *2100*
31권, 숭덕 원년 10월 *2124*
32권, 숭덕 원년 10월 *2151*

16함 2169

33권, 숭덕 원년 11월 *2172*
34권, 숭덕 원년 11월 *2210*
35권, 숭덕 원년 11월 *2236*
36권, 숭덕 원년 11월 *2274*
37권, 숭덕 원년 11월 *2323*
38권, 숭덕 원년 12월 *2347*

색인 *2387*

Ⅰ. 인명 색인 *2389*
Ⅱ. 지명 색인 *2461*
Ⅲ. 한만대조표 *2479*

총목차

만문노당 역주 1

1함 — *1*
2함 — *187*
3함 — *349*
4함 — *457*
5함 — *615*

만문노당 역주 2

6함 — *749*
7함 — *873*
8함 — *995*
9함 — *1153*
10함 — *1307*

만문노당 역주 3

11함 — *1415*
12함 — *1565*
13함 — *1697*
14함 — *1835*

만문노당 역주 4

15함 — *1985*
16함 — *2169*

색인 Ⅰ. 인명 색인 *2389*
Ⅱ. 지명 색인 *2461*
Ⅲ. 한만대조표 *2479*

— 15函 —

26권 숭덕 원년 9월
27권 숭덕 원년 9월
28권 숭덕 원년 9월
29권 숭덕 원년 10월
30권 숭덕 원년 10월
31권 숭덕 원년 10월
32권 숭덕 원년 10월

tongki fuka sindaha hergen i dangse

點·圈을 찍은 문자의 檔子

orin ningguci debtelin

26권

wesihun erdemungge i sucungga aniya uyun biya

숭덕 원년 9월

26권, 숭덕 원년 9월

tongki fuka sindaha hergen i dangse,,
點 · 圈을 찍은 문자의 檔子

○ uyun biyai ice ninggun de, ming gurun i ginjeo i golo de
9월 초 6일에, 명나라의 錦州 지역에

cooha genehe hošoi erke cin wang ni baci namu, suba, laisai,
출병한 호소이 어르커 친왕의 처소로부터 나무 · 수바 · 라이사이가

ginjeo hoton ci ukame dosinjiha men el gebungge emu nikan be
錦州城으로부터 도주하여 들어온 門二 라는 1명의 한인을

gajime mejige alanjime isinjiha,, 1/2
데리고 소식을 고하러 와서 도착했다.

○ ineku ice ninggun de, entemu jakūn booi emte niyalma be
같은 초 6일에, 언터무가 八家의 1명씩의 사람을

gaifi, ombu cūhur i bade hūda genehe hūmise, nomtu be helneme
이끌고 옴부 추후르의 처소에 장사하러 갔던 후미서 · 놈투를 맞이하러 가서

ganaha,,
데려왔다.

○ ineku ice ninggun de, ming gurun i siowan fu golo ci, gioi
같은 초 6일에, 명나라의 宣府 지역으로부터 居庸關 門을

yung guwan duka be dosime cooha genehe baturu giyūn wang ni
들어가서 진군한 바투루 郡王의

mejige be 2/3 ombu cūhur i baci baisai mejige alanjime isinjiha,
소식을 옴부 추후르의 처소로부터 바이사이가 소식을 고하러 와서 도착했다.

erei alanjiha mejige i gisun, baturu giyūn wang be beging ni
이 고해 온 소식의 말. "바투루 군왕은 북경의

šurdeme uheri juwan hoton gaifi, baha ulin be sejen de tebufi, emu
주위의 총 10개 城을 취하고, 얻은 재물을 수레에 싣고 하루에

inenggi tofohon ba, orin ba yabume, dzun hūwa i teisu isinjihabi,
15리, 20리를 가서 遵化의 맞은편에 도착했습니다.

tucire inenggi be sarkū seme alanjiha,, 3/4
(경계를) 나가는 날을 모릅니다" 라고 고해왔다.

○ ice nadan de, solho i hūda i ulin i jalin de bure eden i
초 7일에, 조선의 교역하는 재물에 대해 주어야하는 부족분

turgunde, i jeo hecen de orhoda beneme genehe amban mafuta se,
때문에 義州城에 인삼을 보내러 간 대신 마푸타 등이

nikan i karun i niyalma be bahafi fonjici, duin iogi, juwe minggan
명의 초탐인을 잡아서 물으니 "4명의 遊擊과 2천명

cooha giyan cang ni bade dosika seme alafi, mafuta se tere mejige be
병사가 鹻場 지역에 들어갔다"고 고하여, 마푸타 등은 그 정보를

bahafi, tanggū niyalma be gaifi, tere coohai songko de dosifi 4/5
얻어서 100명을 이끌고, 그 병사들의 흔적을 따라 들어가서

dahalame genehe seme alanjiha manggi, ušan, gisha de emu gūsai
추적하러 갔다고 보고해온 후, 우샨· 기스하에게 1개 구사의

juwete amban sunja tanggū cooha be afabufi, dobori dulime giyan
2명씩의 대신과 500명 병사를 붙여주어 밤을 새워 鹻場을

cang ni baru unggihe,,
향해 보냈다.

○ ice jakūn de, ming gurun de cooha genehe baci doroi baturu
초 8일에, 명나라에 출정한 곳에서 도로이 바투루

giyūn wang, doroi bayan beile i takūraha kamtu, enggedei mejige
군왕· 도로이 바얀 버일러가 파견한 캄투· 엉거더이가 소식을

alanjime isinjiha, 5/6 esei gajiha bithei gisun, gosin onco hūwaliyasun
고하러 와서 도착했다. 이들이 가져온 글의 말. 「어질고 관대하고 온화하고

enduringge han de, hese be aliha doroi baturu giyūn wang ajige,
성스러운 황제에게 旨를 받은 도로이 바투루 군왕 아지거·

bayan beile abatai, ujui gung yangguri niyakūrame bithe wesimbuhe,
바얀 버일러 아바타이· 一等公 양구리가 무릎 꿇고 글을 올립니다.

enduringge han i erdemu horon de, nikan gurun i
성스러운 황제의 덕과 위엄에 명나라가

mujilen bijaha be safi, šanggiyan jase be dosifi, boo ding fu be
마음이 꺾인 것을 알고 長城을 진입하여 保定府를

dulefi, an jeo de isitala yabuha, juwan juwe 6/7 hoton gaiha, susai
지나서 安州에 이르기까지 갔습니다. 12개 성을 취했고 56곳에서

ninggun bade cooha gidaha, han i hūturi de genehe beise se,
적을 격파했습니다. 황제의 복으로, 출정한 버이서들·

ambasa gemu sain, tantai gūsa šanggiyan jase be wan latubufi
대신들은 모두 좋습니다.」 탄타이 구사는 長城에 사다리를 붙이고

dabaha, de šeng keo angga [原檔殘缺] isinafi, angga be kame iliha,
넘었다. 得勝口 〔原檔殘缺〕 이르러 입구를 포위하고 주둔했다.

emu taigiyan, emu šeobei ilan tanggū cooha be afame gaiha, 7/8
1명의 太監· 1명의 守備· 300명의 병사를 공격하여 잡았다.

taigiyan, šeobei susai niyalma be waha, cang ping ni coo dzung bing
太監· 守備· 50명의 사람을 죽였다. 昌平의 巢 총병관의

guwan i cooha be gidafi, coo dzung bing guwan be jafaha, emu
병사를 격파하고 巢 총병관을 사로잡았다. 165마리의

tanggū ninju sunja morin baha, tantai, cang ping de hūng i poo be
말을 획득했다. 탄타이는 昌平에 紅夷炮를

okdome genefi, beging ni amargi de buksifi, g'o taigiyan i emu
맞이하러 가서 北京의 북쪽에 매복하여 高 太監의 100명의

tanggū cooha be gidafi waha, emu manju šeobei 8/9 bihe, juwan
병사를 격파하여 죽였다. 1명의 만주인 守備가 있었다. 16마리의

ninggun morin baha, ding hing hiyan be juwan gūsai afaha, tantai
말을 획득했다. 定興縣을 10개 구사로 공격했다. 탄타이

gūsai šungningga nirui hunio juleri tafaka, jo jeo de g'o taigiyan i
구사의 슝닝가 니루의 후니오가 앞서 올랐다. 涿州에서 高 太監의

emu minggan cooha be gidaha, emu tanggū jakūnju emu morin
1천명의 병사를 격파했다. 181마리의 말을

baha, lu geo kiyoo i cooha be jakūn gūsa acan gidaha, liyang
획득했다. 盧溝橋의 적병을 팔기가 함께 격파했다. 良鄕의

hiyang ni ebergi cooha be inu acan 9/10 gidaha, lu geo kiyoo i
이쪽의 적병도 함께 격파했다. 盧溝橋의

cooha de mucengge, gūwara, liyang hiyang de isitala gidaha, jai
적병에 대해 무청거·구와라는 良鄕에 이르기까지 격파했다. 두번째

jergi gidaha de, mucengge, gūwara, liyang hiyang ni hoton i hošoi
격파한 때에 무청거·구와라는 良鄕城의 모퉁이의

yafahan cooha de isitala gidaha, juwe jergi de ninju nadan morin
보병에 이르기까지 격파했다. 두 번째에서 67마리 말을

baha, dzu i yafahan cooha de, amban janggin mucengge, gandu,
획득했다. 祖(大壽)의 보병에 대해 암반 장긴 무청거와 간두가

jakūn gūsai emgi gidaha, baintu gūsa šanggiyan jase de, unggadai
팔기와 함께 격파했다. 바인투 구사는 長城에서 웅가다이가

bayara, 10/11 aliha cooha be gaifi, gulu suwayan i emgi afaha,
바야라(護軍)와 驍騎를 이끌고 正黃과 함께 공격했다.

bayara burhai juleri tafaka, de šeng pu de iliha cooha be gidaha,
바야라 부르하이가 앞서 올랐다. 得勝堡에 주둔한 적병을 격파했다.

ye fujiyang ni cooha be baintu emu jurgan, ahanikan emu jurgan be
ye 副將의 군사는 바인투가 1개 부대, 아하니칸이 1개 부대를

gidaha, terei duwali tai de iliha cooha be ahanikan gidaha, soohai,
격파했다. 그와 같은 부류의 臺에 주둔한 군대를 아하니칸이 격파했다. 소오하이는

cang ping ci beging ni baru tabcin genefi, beging ci tucike cooha be
昌平으로부터 北京 쪽으로 약탈을 가서, 북경에서 나온 병사를

acafi 11/12 gidaha, uyun morin baha, fosori, kakamu, tahai, daitung,
조우하여 격파했다. 9마리 말을 획득했다. 포소리· 카카무· 타하이는 大同·

siowan fu i cooha be acafi gidaha, soohai, ahanikan, alai, tabcin
宣府의 적병을 조우하여 격파했다. 소오하이· 아하니칸· 알라이는 약탈하러

genefi, an su hiyan hoton be gaiha, bayara haise juleri tafaka, jobtu de
가서 安肅縣城을 취했다. 바야라 하이서가 앞서 올랐다. 좁투에게

emu nirui emte uksin unggifi, gulu suwayan i emgi uncehen de
1개 니루의 1명씩의 갑병을 보냈는데, 正黃과 함께 후미에

tutafi, dzu i cooha be gidaha, baintu, yecen, uncehen de tutafi,
남아서 祖(大壽)의 병사를 격파했다. 바인투· 여천은 후미에 남아서

hing šan, 12/13 sung šan i emu minggan kurelehe yafahan cooha be
杏山· 松山의 1천명의 대오를 만든 보병을

gidaha, lu geo kiyoo i moringga cooha be baintu, soohai, ahanikan,
격파했다. 盧溝橋의 기병을 바인투· 소오하이· 아하니칸은

bayara aliha cooha be gaifi, liyang hiyang de isitala gidaha, ineku
바야라(護軍)와 驍騎를 이끌고 良鄕에 이르기까지 격파했다. 같은

lu geo kiyoo i jai jergi cooha be baintu, soohai, ahanikan gaifi,
盧溝橋의 두 번째 군대를 바인투· 소오하이· 아하니칸이 이끌고

liyang hiyang de isitala gidaha, emu tanggū gūsin jakūn morin baha,
良鄕에 이르기까지 격파했다. 138마리 말을 획득했다.

beging de ahanikan, asan i emgi buksifi moringga 13/14 cooha be
북경에서 아하니칸은 아산과 함께 매복하여 기병을

gidaha, juwan juwe morin baha, yekšu gūsai burgi, kubuhe
격파했다. 12마리 말을 획득했다. 역슈 구사의 부르기· 鑲紅의

fulgiyan i hūngniyaka, kubuhe lamun i gasha, gioi yung guwan i
훙니야카· 鑲藍의 가스하는 居庸關의

angga ša tun de siowan fu i cooha be gidafi, ilan tanggū ninju
입구 沙屯에서 宣府의 군대를 격파하고, 368마리의

jakūn morin baha, yekšu, lu geo kiyoo de cooha gidafi, orin nadan
말을 획득했다. 역슈는 盧溝橋에서 적병을 격파하고 27마리의

morin baha, yekšu, liyang hiyang ni cooha be gidafi, gūsin ilan 14/15
말을 획득했다. 역슈는 良鄕의 적병을 격파하고 33마리의

morin baha, jo jeo i cooha be gidaha de, susai nadan morin baha,
말을 획득했다. 涿州의 적병을 격파한 때에 57마리의 말을 획득했다.

yecen gūsa an jeo hoton be gaiha, uju de hūsi nirui akio, jai de
여천 구사는 安州城을 취했다. 첫째로 후시 니루의 아키오, 둘째로

agi nirui eguri tafaka, emu jin ši, emu ts'anjiyang bihe,
아기 니루의 어구리가 올랐다. 1명의 進士와 1명의 參將이 있었다.

boo di hiyan i hoton i šurdeme muke dosimbufi muke šumin
寶坻縣城의 주위에 물을 들어가게 하여 물이 깊어서

afaci ojorakū ofi, ini kiyoo efulehe ba 15/16 muke micihiyan ofi
공격할 수 없자, 그곳의 다리를 부순 곳의 물이 얕기 때문에

ulan de dosifi, ulan i cikin ci gūldurame fetefi hoton be uribuhe,
壕로 들어가서 壕의 가장자리부터 땅을 깎아 파서 성을 무너뜨렸다.

uju de yecen i omolo daisaka, jai de hūsi [原檔殘缺] yanggai tafaka,
첫째로 여천의 손자 다이사카, 둘째로 후시 〔原檔殘缺〕 양가이가 올랐다.

emu iogi, emu jyhiyan, emu ciyandzung bihe, manju monggo nikan,
1명의 유격· 1명의 知縣· 1명의 千總이 있었다. 만주· 몽고· 한인의

uyun gūsai afame gaiha, šanggiyan jase be dosire de, uncehen de
9개 구사가 공격해서 취했다. 長城을 들어갈 때 후미에

werihe ilan gūsai cooha, 16/17 siowan fu i dzung bing guwan
남긴 3개 구사의 병사는 宣府의 총병관의

cooha be gidaha, šanggiyan jase be dosire de, jasei tule yafahan
병사를 격파했다. 長城을 들어갈 때 長城의 밖에 적 보병이

cooha faidafi afara be gidafi, jase be afame gaiha, tabcin sindaha
정렬하여 공격하는 것을 격파하고 長城을 공격하여 취했다. 약탈하라고 풀어놓은

bade, ša ho i emu iogi i sunja tanggū cooha ucarafi gidaha, ninju
곳에서 沙河의 1명의 유격의 500명의 병사와 조우하여 격파했다. 66마리의

ninggun morin baha, dzu i yafahan cooha emu minggan sunja
말을 획득했다. 祖(大壽)의 보병 1,500명이

tanggū fu i tule faidafi iliha be, kafi 17/18 afame gemu waha, emu
담장의 밖에 정렬하여 주둔한 것을 포위하고 공격하여 모두 죽였다. 1명의

iogi, emu dusy, emu šeobei, emu ciyandzung bihe, gulu fulgiyan,
遊擊· 1명의 都司· 1명의 守備· 1명의 千總이 있었다. 正紅·

kubuhe fulgiyan, kubuhe lamun ilan gūsa lu geo kiyoo i dergi be
鑲紅· 鑲藍 3개 구사는 盧溝橋의 동쪽을

doofi, bakcin de faidaha g'o taigiyan, gi jeo i cooha be, bayara
건너서 맞은편에 정렬한 高 太監과 薊州의 병사를 바야라와

aliha cooha uhei gidaha, tereci cooha bargiyafi, liyang hiyang ni
驍騎가 모두 격파했다. 그 후 병사를 거두어서 良鄕의

ergide iliha cooha be geren i geli gidaha, asan 18/19 gūsa beging ni
이쪽에 주둔한 적병을 모두가 다시 격파했다. 아산 구사는 북경을

baru genere de, dzun hūwa i fujiyang ni moringga yafahan
향해 갈 때에 遵化의 부장의 기병과 보병을

cooha be gidaha, gūsin morin baha, asan gūsa beging ci ša ho de
격파했다. 30마리의 말을 획득했다. 아산 구사는 북경으로부터 沙河에

hūng i poo ganame genefi, dobori cooha acafi gidaha, juwan juwe
紅夷炮를 가지러 가서 밤에 적병을 만나서 격파했다. 12마리의

morin baha, asan gūsai hongko, sehei, lu geo kiyoo de moringga
말을 획득했다. 아산 구사의 홍코· 서허이는 盧溝橋에서 기병을

cooha be gidafi, dehi juwe morin baha, asan, duin 19/20 gūsa be gaifi
격파하고, 42마리의 말을 획득했다. 아산은 4개 구사를 이끌고

uncehen bošome buksifi, nikan i jidere cooha be gidaha, juwan duin
후미를 쫓아서 매복하여 명의 돌아오는 군대를 격파했다. 14마리의

morin baha, ede ahanikan, ulai, hasala, cergei, hongko, junta,
말을 획득했다. 여기에 아하니칸· 울라이· 하살라· 처르거이· 홍코· 준타·

minggandari bihe, baintu i emgi sehei yafahan cooha be gidaha,
밍간다리가 있었다. 바인투와 함께 서허이는 보병을 격파했다.

lu geo kiyoo i yafahan cooha be gulu šanggiyan, kubuhe šanggiyan,
盧溝橋의 보병을 正白· 鑲白·

gulu lamun acan gidaha, cang ping jeo be geren gūsa acan 20/21
正藍이 함께 격파했다. 昌平州를 여러 구사가 함께

afaha, asan gūsa dung an hiyan hoton be gaiha, uju de handai
공격했다. 아산 구사는 東安縣城을 취했다. 첫째로 한다이

nirui gosin, jai de bamburi, turgei gūsa cang ping jeo be orin
니루의 고신, 둘째로 밤부리였다. 투르거이 구사는, 昌平州를 20개

gūsa uhei afaha, turgei gūsa neneme dosika, gūsa be ilden gaifi
구사가 함께 공격할 때 투르거이 구사가 먼저 진입했다. 구사를 일던이 이끌고

afaha, uju de manduhū nirui buku i booi mandukū tafaka, jai de
공격했다. 첫째로 만두후 니루의 부쿠의 집의 만두쿠가 올랐다. 둘째로

baturu giyūn wang ni booi 21/22 totoi, ilaci de asari nirui haida,
바투루 군왕의 집의 토토이, 셋째로 아사리 니루의 하이다,

duici de senioke nirui ufuli, cang ping jeo de bihe hafan dzung
넷째로 서니오커 니루의 우풀리였다. 昌平州에 있던 관원과 총병관

bing guwan emke weihun jafaha, uyun duka be kadalara wang
1명을 생포했다. 九門을 관할하는 王 太監·

taigiyan, ca yuwan emke, fujiyang ilan, ts'anjiyang juwe, šeobei
察院 1명· 副將 3명· 參將 2명· 守備

emke, tung pan emke, doron jafaha hafan juwan juwe, hū bu juwe
1명· 通判 1명· 掌印官 12명· 戶部 2명이었다.

bihe, turgei, 22/23 samsika tabcin genefi, hiong hiyan i hoton be
투르거이· 삼시카는 약탈하러 가서 雄縣城을

turgei gūsa neneme dosika, uju de bayan nirui namida tafaka, jai de
투르거이 구사가 먼저 진입했다. 첫째로 바얀 니루의 나미다가 올랐다. 둘째로

baihūla nirui cuku, ilaci de sahana nirui ibša, duici de turgei
바이훌라 니루의 추쿠, 셋째로 사하나 니루의 입샤, 넷째로 투르거이

nirui tambulu, turgei, suna efu, ubai, gi jeo de dzu i cooha
니루의 탐불루였다. 투르거이· 수나 어푸· 우바이는 薊州에서 祖(大壽)의 군대의

monggo i teile emu minggan be gidaha, morin emu tanggū gūsin 23/24
몽고인만의 1천명을 격파했다. 말 134마리를

duin baha, turgei gūsa lu geo kiyoo i cala moringga cooha emu
획득했다. 투르거이 구사는 盧溝橋의 저쪽으로 기병 1隊를

baksan be gidaha, morin emu tanggū juwan baha, turgei gūsai junta,
격파했다. 말 110마리를 획득했다. 투르거이 구사의 준타는

asan i gidaha han i hoton i moringga cooha de emgi gidaha,
아산이 격파한 황제의 城의 기병을 함께 격파했다.

turgei gūsai cergei, junta, gabula, baintu i gidaha yafahan cooha de
투르거이 구사의 처르거이· 준타· 가불라는 바인투가 격파한 보병을

meni teisu be gidaha, turgei gūsai junta, bayan beile i gidaha 24/25
각자 정면에서 격파했다. 투르거이 구사의 준타는 바얀 버일러가 격파한

jo jeo i moringga cooha de, meni teisu be gidaha, turgei gūsai moo
涿州의 기병을 각자 정면에서 격파했다. 투르거이 구사의 모오

mergen, singne, cang ping de isinjiha inenggi, han i hoton i baru
머르건· 싱너는 昌平에 도착한 날, 황제의 城을 향해

genefi emu tanggū cooha be gidaha, orin sunja morin baha, turgei
가서 100명의 적병을 격파했다. 25마리의 말을 획득했다. 투르거이

gūsai duša, han i hoton i amala hūng i poo ganame genefi, emu
구사의 두샤는 황제의 성의 북쪽에 紅夷炮를 가지러 가서 100명의

tanggū cooha be gidafi tofohon morin baha, turgei 25/26 gūsai ilden,
적병을 격파하고 15마리의 말을 획득했다. 투르거이 구사의 일던·

duša, jo jeo ci casi tabcin genefi, emu minggan cooha gidaha, orin
두샤는 涿州로부터 저쪽으로 약탈을 가서 1천명의 적병을 격파했다. 25마리의

sunja morin baha, turgei gūsai bayan, cang ping jeo ci mi yūn de
말을 획득했다. 투르거이 구사의 바얀은 昌平州로부터 密雲에

takūrara orin niyalma be bošofi ninggun morin baha, gulu šanggiyan,
파견한 20명을 추격하여 6마리의 말을 획득했다. 正白·

kubuhe šanggiyan, gulu lamun, monggo i ilan gūsa, ere ninggun
鑲白· 正藍과 몽고의 3개 구사, 이 6개

gūsa be darhan efu, turgei, ibai, dalai 26/27 gaifi, lu geo kiyoo i
구사를 다르한 어푸· 투르거이· 이바이· 달라이가 이끌고 盧溝橋의

juwe minggan yafahan cooha be gidaha, gulu lamun i darhan efu
2천명의 보병을 격파했다. 正藍의 다르한 어푸

gūsa, dalai gūsa, jo jeo i meng dzung bing guwan, hūwang fujiyang
구사· 달라이 구사는 涿州의 meng 총병관· hūwang 副將이

ni ilan minggan cooha gaifi, musei gulu lamun i ing de afanjime
3천 병사를 이끌고 우리의 正藍의 營에 공격해

jidere be okdome gidafi, emu tanggū gūsin ninggun morin baha,
오는 것을 응전하여 격파하고 136마리의 말을 획득했다.

darhan efu 27/28 gūsa, dalai gūsa, gu an hiyan be gaiki seme genefi,
다르한 어푸 구사· 달라이 구사는 固安縣을 취하려고 가서

san tun ing, dzun hūwa i han fujiyang moringga cooha juwe minggan,
三屯營· 遵化의 han 부장의 기병 2천과

yafahan cooha jakūn tanggū, gu an hiyan be dalime genehe be,
보병 800명이 固安縣을 지원하러 간 것을

neneme yafahan be ucarafi, gidafi gamahai hoton i da de
먼저 보병을 조우하여 격파해가면서 성 밑에

iliha moringga cooha de isinafi, amasi yarkiyame gajifi, hoton i
주둔한 기병에 이르러 다시 유인해 데려가서 성

da de fihebume waha, 28/29 gūsin ilan morin baha, lu geo kiyoo i
밑에 가득 채우도록 죽였다. 33마리의 말을 얻었다. 蘆溝橋의

yafahan cooha be juwe šanggiyan, gulu lamun gidafi waha, beging de
보병을 두 白旗와 正藍이 격퇴해 죽였다. 북경에

isinaha inenggi, gulu lamun, gulu šanggiyan, dzun hūwa i
도착한 날 正藍· 正白이 遵化의

han fujiyang ni moringga yafahan emu minggan cooha be bošofi,
han 부장의 기병과 보병 1천명의 군사를 추격하여

gulu lamun jakūn morin baha, liyang hiyang ni ebele iliha moringga
正藍이 8마리의 말을 얻었다. 良鄕의 이쪽에 주둔한 기병을

cooha be jakūn gūsa meni meni 29/30 teisu bošofi, gulu lamun i
팔기가 각각 맞은편을 추격하여 正藍旗가

gūsa gūsin ilan morin baha, gulu lamun šūn i hiyan be afame
33마리의 말을 얻었다. 正藍이 順義縣을 공격해

gaiha, ede emu jyhiyan, mi yūn i emu tung pan, cang ping ci
취했다. 여기에 1명의 知縣, 密雲의 1명의 通判, 昌平에서

burulame jihe emu jyjeo bihe, ere hoton de dundari nirui seksi
도주해온 1명의 知州가 있었다. 이 성에 둔다리 니루의 석시가

uju de tafaka, jai de saiguwan nirui tootung tafaka, šūn i hiyan be
처음으로 올랐다. 다음으로 사이구완 니루의 토오퉁이 올랐다. 順義縣을

gaiha 30/31 yamji dobori dulin de, dzun hūwa i lii fujiyang,
취한 밤 夜半에 遵化의 lii 부장과

jang ts'anjiyang, juwan juwe šeobei, yafahan cooha juwe minggan
jang 참장이 12명의 守備· 보병 2,500명을

sunja tanggū gaifi afanjiha be gidafi gemu waha, morin emu tanggū
이끌고 공격해온 것을 격퇴하고 모두 죽였다. 말 183마리·

jakūnju ilan, temen duin baha, juwe šeobei be weihun jafaha, bayan
낙타 4마리를 얻었다. 2명의 수비를 생포했다. 바얀

beile lu geo kiyoo i cooha be gidaha inenggi cargi gašan de iliha
버일러가 盧溝橋의 병사를 격퇴한 날, 그쪽의 촌락에 주둔한

yafahan i kuren i jakade 31/32 wang ilifi, liyang hiyang ni ebele
보병 부대 쪽에 王(아지거)이 주둔하고 良鄕의 이쪽에

iliha moringga cooha de, wang mimbe cooha gamame gene, acaci
주둔한 기병에 대해 왕이 나에게 '군사를 데려가라. 적군을 만나면

afabu, acarakūci naka seme unggifi, bata i cooha baksan baksan i
공격하라. 만나지 않으면 그만두어라'고 보냈는데 적군이 대오 별로

iliha be, musei cooha be teisu teisu unggifi gidaha, bayan beile,
주둔한 것을 우리 군대를 각각 대응해 보내 격퇴했다. 바얀 버일러는

juwe šanggiyan, gulu lamun, monggo i ilan gūsa, tumet i nadan
두 白旗· 正藍· 몽고의 3개 구사· 투메트의 7개

gūsa, šui si keo be 32/33 dosime jidere de, jase dukai ninggude
구사가 雖石口를 들어 올 때에 邊門의 위에

bata iliha be, tumete i yafahan, suna efu i karacin i yafahan be,
적이 주둔한 것을 투메트의 보병과 수나 어푸의 카라친 보병을

ubai, nomuntu be kadalame dosimbu seme afabufi, tere be
우바이와 노문투에게 관할해 들어가라고 맡기고 그들을

gidaha, fiyanggū gūsa šanggiyan jase be dosire de, gasha amala
격파했다. 피양구 구사가 長城을 들어갈 때 가스하는 뒤에서

fiyanjilafi, siowan fu i lii dzung bing guwan i juwe minggan cooha be
후미군이 되어 宣府의 李 총병관의 2천명의 군대를

gidaha, jo jeo de gulu 33/34 suwayan i gidaha cooha de amala
격파했다. 涿州에서 正黃이 격파한 군대를 뒤에서

amcafi waha, lu geo kiyoo i juwe ba i cooha be jakūn gūsai emgi
추격해 죽였다. 盧溝橋의 두 곳의 군대를 팔기가 함께

gidaha, nadan tu, gūsin morin baha, adai gūsa šanggiyan jase be
격파했다. 7개의 纛과 30마리의 말을 얻었다. 아다이 구사가 長城을

gaiha, hūng men i taigiyan i cooha be karacin be gaifi gidafi
취했다. 紅門의 太監의 군사를 카라친을 이끌고 격파하고

duka be gaiha, adai, jo jeo i g'o taigiyan i cooha be gidafi dehi
문을 취했다. 아다이는 涿州의 高 太監의 군대를 격파하고 49마리의

uyun morin baha, 34/35 adai, lu geo kiyoo i cooha be juwe jergi
말을 얻었다. 아다이가 盧溝橋의 군대를 두 번

gidafi ninggun morin baha, adai, bashan, sicin i morin yafahan i
격파하고 6마리의 말을 얻었다. 아다이 · 바스한이 시친의 기병과 보병을

cooha be gidafi duin morin baha, adai, bashan, hūng i poo ganafi,
격파하고 4마리 말을 얻었다. 아다이와 바스한은 紅夷炮를 가져가

beging ni cooha be gidafi juwan morin baha, adai, bashan, coo dzung
북경의 군대를 격파하고 10마리 말을 얻었다. 아다이와 바스한이 巢 총병관의

bing guwan i cooha be gidafi jakūnju morin baha, jo jeo hoton i
군대를 격퇴하고 80마리 말을 얻었다. 涿州城의

yafahan i kuren de 35/36 jakūn gūsai afara de, meiren i janggin
보병 부대에 팔기가 공격할 때 머이런 장긴

gandu, enggetu, yecen ere juwe gūsai emgi genehe bihe, buyandai
간두가 엉거투와 여천, 이 2개 구사와 함께 갔었다. 부얀다이

gūsa tabcin genehe niyalma be okdome genefi, siowan fu i cooha
구사가 약탈 간 사람을 맞이하러 갔는데 宣府의 군사가

jidere be ucarafi, buyandai, hūsibu, sereng tabunang gidafi emu
오는 것을 조우하여 부얀다이 · 후시부 · 서렁 타부낭이 격파하고 1명을

niyalma be weihun jafaha, sunja morin baha, buyandai, tantai,
사로잡았다. 5마리의 말을 얻었다. 부얀다이가 탄타이 ·

yekšu i emgi šanaha i cooha be jo jeo de gidafi, 36/37 tere coohai
역슈와 함께 山海의 군대를 涿州에서 격파하고 그 군대의

ts'anjiyang be jafaha, ulai gūsa šanggiyan jase dosire de, ulai wan
참장을 생포했다. 울라이 구사가 長城을 들어갈 때 울라이가 사다리를

sindafi tafaka, de šeng keo i cooha jasei ninggude emu taigiyan,
놓고 올랐다. 得勝口의 군대가 長城의 위에서 1명의 太監·

emu šeobei, ilan tanggū cooha be gidafi waha, coo dzung bing guwan i
1명의 수비· 300명의 군사를 격퇴하고 죽였다. 巢 총병관의

cooha tai de kurelehe de, ulai, ahanikan, bahi acafi gidaha,
군사가 臺에서 대오를 만들었을 때, 울라이· 아하니칸· 바히가 합세해서 격파했다.

nadanju nadan morin baha, lu geo kiyoo i 37/38 cooha be geren i
77마리의 말을 얻었다. 盧溝橋의 군대를 모두가

emgi gidaha, jai dasame liyang hiyang de isitala gidaha, gūsin ilan
함께 격파했다. 또 다시 良鄕에 이르기까지 격퇴했다. 33마리의

morin baha, ša ho i kiyoo de asan i emgi buksifi, cooha ucarafi,
말을 얻었다. 沙河橋에 아산과 함께 매복하여 적군을 조우해

beging ni guwali de isitala gidaha, juwan juwe morin baha, ulai
북경의 교외에 이르기까지 격퇴했다. 12마리의 말을 얻었다. 울라이

gūsai bayara unggadai, sabitu, minggandari, beging ni jakade emu
구사의 바야라인 웅가다이· 사비투· 밍간다리가 북경 쪽에서 한

baksan i cooha be gidaha, uyun morin 38/39 baha, ulai gūsai bayara
부대의 군대를 격파했다. 9마리의 말을 얻었다. 울라이 구사의 바야라가

ubai emgi genefi, cooha acafi liyang hiyang ni hoton de isitala
우바이와 함께 가서 적병을 만나 良鄕의 성에 이르기까지

gidaha, jo jeo de afanjiha cooha de, ayusi, batma susai niyalma be
격퇴했다. 涿州에서 공격해온 군대를 아유시와 바트마가 50명을

gaifi afaha, suna efu gūsa suna, ba jeo hoton i wang dzung bing
이끌고 공격했다. 수나 어푸 구사의 수나가 覇州城의 王 총병관의

guwan i cooha be gidaha, susai morin baha, suna gūsai arantu,
군대를 격파했다. 50마리의 말을 얻었다. 수나 구사의 아란투가

bayan beile i emgi ilan 39/40 tanggū cooha be gaifi, jase de ilan
바얀 버일러와 함께 300명의 군사를 이끌고 경계에서 300명의

tanggū cooha be gidaha, suna gūsai toho, arantu, jo jeo ci beging de
군사를 격퇴했다. 수나 구사의 토호· 아란투가 涿州에서 북경으로

genere ilan tanggū cooha be gidaha, orin ilan morin baha, suna
가는 300명의 군사를 격파했다. 23마리의 말을 얻었다. 수나

gūsai toktohoi, emelji, tung jeo de dosinara ilan tanggū yafahan i
구사의 톡토호이· 어멀지가 통주로 들어가는 300명의 보병을

cooha be gidaha, lu geo kiyoo i yafahan cooha be toktohoi, emelji,
격퇴했다. 盧溝橋의 보병을 톡토호이· 어멀지가

turgei i 40/41 emgi gidaha, suna, turgei, ubai, gi jeo de dzu i
투르거이와 함께 격파했다. 수나· 투르거이· 우바이가 薊州에서 祖(大壽) 휘하의

monggo i canggi emu minggan cooha be gidaha, emu tanggū gūsin
몽고인만 있는 1천의 군사를 격파했다. 134마리의

duin morin baha, enggetu gūsai hoisan, gūsin niyalma tabcin genefi,
말을 얻었다. 엉거투 구사의 호이산과 30명이 약탈을 가서

beging ci jidere cooha be acafi tanggū niyalma be gidafi nadanju
북경에서 오는 군대를 만나 100명을 격퇴하고 70마리의

morin baha, enggetu gūsai mungku, šanggiyan jase dosire de, coohai
말을 얻었다. 엉거투 구사의 뭉쿠가 長城을 들어갈 때 군대의

uncehen de tutafi 41/42 bisire de, hūwai lai i cooha, siowan fu i
후미에 남아 있을 때에 懷來의 군사와 宣府의

cooha ilan minggan ucarafi, nadan gūsai gidara de, mungku nadan
군사 3천명을 조우하여 일곱 구사로 격퇴할 때 뭉쿠가 일곱

gūsa ci neneme dosika, enggetu, jo jeo hoton be tuwanara de, cooha
구사보다 먼저 들어갔다. 엉거투가 涿州城을 보러갔을 때 적군을

acafi gidaha, jo jeo i ilan minggan cooha, musei kuren de afanjiha be
만나 격퇴했다. 涿州의 3천명의 군사가 우리 부대로 공격해오는 것을

gidaha, wang, enggetu mimbe coohai uncehen buksibuha bihe, jo
격퇴했다. 왕은 엉거투 나를 군대의 후미에 매복시켰었다.

jeo i emu minggan yafahan cooha be 42/43 gidaha, enggetu, lu geo
涿州의 1천명의 보병을 격퇴했다. 엉거투는 盧溝橋에서

kiyoo de cooha acafi gidaha, tere inenggi liyang hiyang [原檔殘缺]
적군을 만나 격퇴했다. 그 날 良鄕 〔原檔殘缺〕

jihe g'o taigiyan i cooha be gidaha, ibai gūsa lu geo kiyoo i
온 高 太監의 군대를 격파했다. 이바이 구사가 盧溝橋의

yafahan [原檔殘缺] gulu šanggiyan, kubuhe šanggiyan, gulu lamun,
도보 〔原檔殘缺〕 正白· 鑲白· 正藍

ere ilan gūsai [原檔殘缺] minggandari gūsa be gaifi gidaha, lu geo
이 3개 구사의 〔原檔殘缺〕 밍간다리 구사를 이끌고 격파했다. 盧溝橋의

kiyoo i ebergi cikin de [原檔殘缺] 43/44 udaci, hasala, bayara,
이쪽 언덕에 〔原檔殘缺〕 우다치· 하살라· 바야라·

goimanšose, minggandari meni ninggun [原檔殘缺] uncehen bošo
고이만쇼서· 밍간다리 우리 여섯 〔原檔殘缺〕 후미를 쫓으라고

seme werihe bihe, beging ci jihe karun be gidafi uyun morin baha,
남겨두었다. 북경에서 온 초탐을 격퇴하고 9마리의 말을 얻었다.

jo jeo i ebele sung šan i yafahan cooha kurelehe be, ibai bi,
涿州의 이쪽에 松山의 보병이 대오를 만든 것을 이바이 내가

turgei, yecen, enggetu i emgi gidaha, boo di hiyan de nadan gūsai
투르거이· 여천· 엉거투와 함께 격파했다. 寶坻縣을 7개 구사가

jergi de afaha, liyang hiyang de cooha bi seme gabsihiyan be 44/45
합동으로 공격했다. 良鄕에 군사가 있다 하여 前鋒을

gaifi, ibai genefi karun be bošome gidafi, amba cooha de isibufi
이끌고 이바이가 가서 초탐을 쫓아 격퇴하고 대군에 이르게 하여

juwan juwe morin baha, beging ni amargi dere de emu baksan
12마리의 말을 얻었다. 북경의 북면에 한 부대의

moringga cooha jihe be, minggandari, asan i emgi gidaha, siowan
기병이 온 것을 밍간다리가 아산과 함께 격퇴했다. 宣府의

fu i cooha jihe be safi karun bošo seme unggihe, tonggoro, bamburi,
군사가 온 것을 알고 초탐을 쫓으라고 보냈다. 통고로· 밤부리·

yabka karun be bošohoi, geren de isibufi gidaha, hūsibu gūsa 45/46
얍카가 초탐을 쫓으면서 본대에 이르게 하여 격파했다. 후시부 구사는

gioi yung guwan i angga ša tun de, siowan fu i emu minggan
居庸關口 沙屯에서 宣府의 1천

cooha be gidaha, lu geo kiyoo i cooha be geren i gidara de, mini
군사를 격퇴했다. 盧溝橋의 군사를 여럿이 격파할 때 나의

teisu gidaha, jai geli liyang hiyang de isitala gidara de, bi inu
맞은편을 격파했다. 또 다시 良鄕에 이르기까지 격파할 때 나도

mini gūsa be gaifi gidaha, karacin i juwe gūsa, kubuhe fulgiyan,
나의 구사를 이끌고 격파했다. 카라친의 2개 구사· 鑲紅·

kubuhe lamun i emgi sabing ni cooha be gidaha, šanggiyan 46/47
鑲藍과 함께 사빙의 군대를 격파했다. 長城의

jase i tule juwe fulgiyan, kubuhe lamun i emgi emu minggan
밖에서 두 홍기· 鑲藍과 함께 1천의

cooha be gidaha, uyunju morin baha, cang ping de wan kalka arafi
군사를 격파했다. 90마리의 말을 얻었다. 昌平에서 사다리와 방패차를 만들어

jergi de afaha, lu geo kiyoo i cooha be jakūn gūsai jergi de gidaha,
공동으로 공격했다. 盧溝橋의 군사를 팔기가 공동으로 격파했다.

beging ni amala emu tanggū cooha be gidaha, orin sunja morin baha,
북경의 북쪽에서 100명의 군사를 격퇴했다. 25마리의 말을 얻었다.

tumet i gumu taiji, wang lama, šanggiyan jase de okdoko 47/48
투메트의 구무 타이지· 王 라마가 長城에서 맞싸운

cooha be gidaha, cang ping ni hoton be wan kalka arafi jergi de
군대를 격파했다. 昌平城을 사다리와 방패차를 만들어 공동으로

afaha, tabcin de gumu, wang lama ding hing ni cooha be gidaha,
공격했다. 약탈에서 구무와 王 라마가 定興의 적병을 격파했다.

juwan morin baha, jo jeo i cooha be bayan beile, dalai i emgi
10마리의 말을 얻었다. 涿州의 군대를 바얀 버일러가 달라이와 함께

gidaha, lu geo kiyoo i cooha be juwe šanggiyan, gulu lamun i
격파했다. 盧溝橋의 군사를 두 백기가 正藍과

emgi gidaha, tumet hiya noyan, jo jeo i cooha be 48/49 dalai i
함께 격파했다. 투메트 히야 노얀이 涿州의 군사를 달라이와

emgi gidaha, lu geo kiyoo i yafahan cooha be dalai i emgi gidaha,
함께 격파하고 盧溝橋의 보병을 달라이와 함께 격파했다.

ši ting ju gūsa taigiyan bisire šancin be poo sindame afaha, dahaha,
石廷柱 구사가 太監이 있는 산성을 포를 쏘아 공격했다. 항복했다.

ding hing ci tucike morin yafahan cooha juwe tanggū be šentei
定興에서 나온 기병과 보병 200명을 션터이가

gidaha, lu geo kiyoo i cooha de jakūn gūsai emgi gidaha, juwan
격파했다. 盧溝橋의 군사를 팔기가 함께 격파했다. 18마리의

jakūn morin baha, da liyang juwang be 49/50 poo sindame afaha,
말을 얻었다. 褡褳莊을 포를 쏘아 공격했다.

dahaha, beki coohai samsika gūsai yungšun, jo jeo hoton ci tucike
항복했다. 步兵의 삼시카 구사의 융순이 涿州城에서 나온

cooha be gidafi gūsin nadan morin baha, yungšun, liyang hiyang ni
군사를 격퇴하고 37마리의 말을 얻었다. 융순은 良鄉의

cargi yafahan cooha be aliha cooha i emgi gidaha, samsika gūsa,
그쪽의 보병을 驍騎와 함께 격퇴했다. 삼시카 구사는

coo dzung bing guwan i uncehen i cooha juwe tai de šancilaha be
巢 총병관의 후미 군사가 두 臺에 산성을 쌓은 것을

ujulame gidaha, nadanju morin 50/51 baha, beki coohai saimuha, ye
앞장서 격퇴했다. 70마리의 말을 얻었다. 步兵의 사이무하가 ye

fujiyang ni cooha be gabsihiyan coohai emgi gidaha, gūsin morin
부장의 군대를 前鋒과 함께 격퇴했다. 30마리의 말을

baha, samsika gūsa, suna efu gūsa, žung ceng hiyan i hoton be
얻었다. 삼시카 구사와 수나 어푸 구사가 容城縣의 성을

acan afafi gaiha, uju de samsika gūsai oton nirui baihūta tafaka,
함께 공격해 취했다. 처음에 삼시카 구사의 오톤 니루의 바이후타가 올랐다.

jai de suna efu gūsai utaci tabunang tafaka, arsalan, liyang hiyang ni
다음에 수나 어푸 구사의 우타치 타부낭이 올랐다. 아르살란은 良鄕의

ebergi cooha be bošoro de, 51/52 encu baksan i cooha acafi gidaha,
이쪽으로 군사를 쫓을 때에 다른 부대의 군대를 만나 격퇴했다.

emu tu, juwan juwe morin baha,,
1개의 纛과 12마리의 말을 얻었다.

tongki fuka sindaha hergen i dangse

點·圈을 찍은 문자의 檔子

orin nadaci debtelin

27권

wesihun erdemungge i sucungga aniya uyun biya

숭덕 원년 9월

27권, 숭덕 원년 9월

tongki fuka sindaha hergen i dangse,,
點과 圈이 찍힌 문자의 檔子

○ gurun i efu ocir sengge cang ping ni juleri gulu fulgiyan i
구룬이 어푸 오치르 셍게는 昌平의 남쪽으로 正紅旗

monggo i emgi emu tanggū cooha be gidaha, juwan nadan morin
몽고와 함께 100명의 군사를 격파했다. 17마리의 말을

baha, lai šui hiyan de cooha acafi gidaha, orin morin baha, jakūn
얻었다. 涞水縣에서 군사를 조우하여 격파했다. 20마리의 말을 얻었다. 팔기의

gūsai gabsihiyan šanggiyan jase be dosire de, ubai, omoktu, bayan 1/2
前鋒이 長城을 들어갈 때, 우바이· 오목투· 바얀이

ilan gūsai gabsihiyan cooha, tumet i yafahan cooha be gaifi
3개 구사의 前鋒· 투메트의 보병을 이끌고

šanggiyan jase be afame gaiha, bata morin yafahan ilan tanggū bihe,
長城을 공격하여 취했다. 적은 기병과 보병 300명이 있었다.

cang ping jeo ci tucike inenggi, beging ni he i cooha be ucarafi,
昌平州에서 나온 날, 北京의 黑(雲龍)의 병사를 조우하여,

ubai, omoktu, hūmise, bayan meni duin gūsai gabsihiyan gidaha,
우바이· 오목투· 후미서· 바얀과 우리 4개 구사의 前鋒이 격파했다.

gūsin nadan morin baha, weihun ilan niyalma jafaha, ineku tere
37마리 말을 얻었다. 산 채로 3명을 잡았다. 같은 그

inenggi 2/3 beging ni amargi duka de cooha tucike bihe, meni duin
날 북경의 북쪽 문으로 군사가 나갔었다. 우리 4명이

nofi hecen de isitala gidaha, morin nadanju uyun, weihun duin
성에 이르기까지 격파했다. 말 79마리· 산 채로 4명의

niyalma jafafi benjihe, jakūn gūsai gabsihiyan beging ni nadan
사람을 잡아서 보내왔다. 팔기의 前鋒이 북경의 700명의

tanggū cooha be ucarafi, ulan de isitala gidaha, orin morin, emu
군사를 조우하여, 해자에 이르기까지 격파했다. 20마리 말· 1명의

niyalma jafafi benjihe, lu geo kiyoo de cooha acafi 3/4 juwe jergi
사람을 잡아서 보내왔다. 盧溝橋에서 군사를 조우하여 두 번

gidaha, morin ninju juwe, uksin etuhei duin niyalma bahafi benjihe,
격파했다. 말 62마리· 갑옷을 입은 4명을 얻어서 보내왔다.

omoktu ini gūsai gabsihiyan be gaifi, liyang hiyang de g'o taigiyan i
오목투는 그의 구사의 前鋒을 이끌고, 良鄕에서 高 太監의

ilan tanggū cooha be acafi gidaha, morin jakūn, uksin etuhei emu
300명의 군사를 조우하여 격파했다. 말 8마리· 갑옷을 입은 1명을

niyalma bahafi benjihe, jai inenggi wang, ubai, omoktu juwe gūsai
얻어서 보내왔다. 다음 날, 王(아지거)은 우바이· 오목투 2개 구사의

gabsihiyan be liyang hiyang de 4/5 cooha bi seme tuwanggime
前鋒을 良鄕에 군사가 있다고 살피러 가라고

unggifi, hoton i hanci ninggun tanggū cooha acafi gidafi, juwan
보냈는데, 성의 가까이서 600명의 군사를 조우하여 격파하고, 12마리

juwe morin, uksin etuhei emu monggo bahafi benjihe, šarhūda, arbuni,
말· 갑옷을 입은 1명의 몽고인을 잡아서 보내왔다. 샤르후다· 아르부니·

kajahai, nahai duin gūsai gabsihiyan, siowan fu i cooha be gidaha,
카자하이· 나하이의 4개 구사의 前鋒은 宣府의 군사를 격파했다.

morin orin, gūsin emu uksin baha, jakūn gūsai tofohoto niyalma be,
말 20마리· 31명의 甲兵을 얻었다. 팔기에서 15명씩을

bayan, hūmise, arbuni, kajahai gamame 5/6 tung jeo de genefi, g'o
바얀· 후미서· 아르부니· 카자하이가 이끌고 通州에 가서, 高

taigiyan i emu tanggū cooha be acafi gidaha, susai nadan morin,
太監의 100명의 군사를 조우하여 격파했다. 57마리의 말·

uksin etuhei juwe niyalma bahafi benjihe, dzun hūwa ci jihe orin
갑옷을 입은 2명을 잡아서 보내왔다. 遵化에서 온 21명의

emu karun i niyalma be, ubai, omoktu, hūmise, bayan acafi gemu
哨探者들을 우바이· 오목투· 후미서· 바얀이 조우하여 모두

baha, orin emu morin, duin niyalma bahafi benjihe, ye fujiyang ni
얻었다. 21마리 말· 4명의 사람을 잡아서 보내왔다. ye 副將의

cooha be 6/7 hūmise juwe suwayan i gabsihiyan be gaifi uju de
군사를 후미서가 2개 黃旗의 前鋒을 이끌고 가장 먼저

gidaha, hūmise beging ni hanci morin yafahan emu tanggū susai
격파했다. 후미서는 북경의 가까이서 기병과 보병 150명의

cooha be acafi gidaha, yafahan i emu niyalma be bahafi benjihe,
군사를 조우하여 격파했다. 보병 1명을 잡아서 보내왔다.

hūmise, bayan, g'o taigiyan i su el fung dz i juwe tanggū cooha be
후미서 · 바얀은 高 太監의 su el fung dz의 200명 군사를

acafi gidaha, duin morin juwe niyalma bahafi benjihe, nahai
조우하여 격파했다. 4마리 말 · 2명을 잡아서 보내왔다. 나하이는

jo jeo de 7/8 g'o taigiyan i cooha tucifi jidere be yarume gajifi,
涿州에서 高 太監의 군사가 나와서 오는 것을 유인해 데려와서,

gulu suwayan de isibufi, gūsai gabsihiyan be gaifi juleri dosika,
正黃旗에 이르게 하고, 구사의 前鋒을 이끌고 앞으로 나아갔다.

šarhūda hūwai lai hoton i morin yafahan i sunja tanggū cooha tucifi
샤르후다는 懷來城의 기병과 보병의 500명의 병사가 나와서

yarume iliha be, hoton de isitala bošofi juwe niyalma waha, juwe
유인하려고 선 것을, 성에 이르도록 압박하여 2명을 죽였다. 2마리

morin baha, tabcin genefi gulu fulgiyan, kubuhe fulgiyan acafi
말을 얻었다. 약탈 가서, 正紅旗 · 鑲紅旗와 만나서

feksihe, wen 8/9 an hoton de kubuhe fulgiyan i gabsihiyan neneme
진격했다. 文安城에서 鑲紅의 前鋒이 먼저

isinafi gaiha, hoton de uju de ušan nirui niyahan tafaka, jai de
도착하여 취했다. 성에 첫째로 우샨 니루의 니야한이 올랐다. 둘째로

tantai nirui hūhūna tafaka, beging ni emu tanggū moringga cooha
탄타이 니루의 후후나가 올랐다. 북경의 100명의 기병이

yaruha be, šarhūda, arbuni, nahai bošofi jakūn niyalma waha, jakūn
유인한 것을 샤르후다· 아르부니· 나하이가 쫓아서 8명을 죽였다. 8마리

morin baha, juwe niyalma be uksin etuhei jafafi benjihe, gi jeo i
말을 얻었다. 2명을 갑옷 입은 채로 잡아서 보내왔다. 薊州의

9/10 emu tanggū moringga cooha yaruha be, šarhūda, arbuni,
100명의 기병이 유인한 것을 샤르후다· 아르부니·

kajahai bošofi ilan niyalma waha, juwe niyalma be jafafi benjihe,
카자하이가 쫓아서 3명을 죽였다. 2명을 잡아서 보내왔다.

jo jeo i cooha be kajahai yarume gajifi yekšu i emgi gidaha,
涿州의 군사를 카자하이가 유인하여 데려와서 역슈와 함께 격파했다.

baintu i emgi ubai, omoktu, hūmise, bayan duin gūsai gabsihiyan be
바인투와 함께 우바이· 오목투· 후미서· 바얀이 4개 구사의 前鋒을

gaifi, sung šan i emu minggan yafahan cooha be gidaha, ubai,
이끌고 松山의 1천명의 보병을 격파했다. 우바이·

arbuni, bayan, 10/11 g'o taigiyan i moringga cooha emu tanggū
아르부니 · 바얀은 高 太監의 기병 100명이

beging de jidere be buksifi gidaha, nadan morin baha, kubuhe
북경으로 오는 것을 매복하여 격파했다. 7마리 말을 얻었다. 鑲白의

šanggiyan i gabsihiyan cooha be ubai gaifi, gi jeo i jugūn de dzu i
前鋒을 우바이가 이끌고, 薊州의 길에서 祖(大壽)의

monggo i emu minggan cooha dobori acafi yarume, turgei, suna
몽고병 1천명의 군사를 밤에 조우하고 유인하여, 투르거이 · 수나

efu de isibufi emgi gidaha, šarhūda, kajahai giyan cang ni emu
어푸에게 이르게 하고 함께 격파했다. 샤르후다 · 카자하이는 建昌의 100명의

tanggū moringga cooha be 11/12 acafi bošoho, emu monggo, emu
기병을 조우하여 쫓았다. 1명의 몽고인 · 1명의

nikan jafafi wang de benjihe, helen jafara karun bošofi baha morin
漢人을 잡아서 王에게 보내왔다. 정보제공포로를 잡으려는 哨探을 쫓아서 얻은 말이

ninju duin, niyalma ninju uyun, aiduri de majan, tunci, wang ni
64마리 · 사람이 69명이었다. 아이두리에게 마잔 · 툰치 · 王의

gocika bayara, beisei gucuse be afabufi, cang ping ni sung iogi i
親隨 바야라 · 버이서의 구추들을 맡겨서, 창평의 sung 유격의

moringga yafahan i emu kuren i cooha be gidaha, jo jeo de
기병과 보병 1隊의 군사를 격파했다. 涿州에

isinaha inenggi, wang, 12/13 jo jeo hoton be tuwa seme asan, turgei,
도착한 날, 王이 涿州城을 살피라고 아산· 투르거이·

darhan efu, yecen, yekšu, tantai, suna efu be unggihe bihe, jo jeo i
다르한 어푸· 여천· 역슈· 탄타이· 수나 어푸를 보냈었다. 涿州의

ilan tanggū cooha tucifi beki coohai orho moo ganaha niyalma be
300명의 군사가 나와서 步兵 중 草木을 취하러 간 자를

bošome gajire be ucarafi, hoton de niketele gidaha, jakūn morin
쫓아오는 것을 조우하고는, 성에 이르기까지 격파했다. 8마리 말을

baha,,
얻었다.

baha olji, tantai gūsai morin losa emu 13/14 minggan uyun tanggū
얻은 노획. 탄타이 구사의 말과 노새 1,988마리·

jakūnju jakūn, eihen ihan sunja minggan ilan tanggū uyunju uyun,
나귀와 소 5,399마리·

niyalma ninggun minggan ilan tanggū orin, uheri
사람 6,320명, 모두

emu tumen jakūn minggan juwe tanggū nadan,,
18,207이었다.

ice cahar monggo i morin losa juwe tanggū gūsin juwe, eihen ihan
새로 귀부한 차하르 몽고의 말과 노새는 232마리· 나귀와 소

juwe minggan duin tanggū juwan, niyalma nadan tanggū jakūnju,
2,410마리· 사람 780명·

honin 14/15 ninggun tanggū, uheri duin minggan orin juwe,,
양 600마리, 모두 4,022이었다.

adai gūsai morin losa uyun tanggū dehi ilan, eihen ihan sunja
아다이 구사의 말과 노새는 943마리· 나귀와 소 5,963마리·

minggan uyun tanggū ninju ilan, niyalma juwe minggan ninggun
사람 2,600명·

tanggū, honin sunja tanggū, uheri emu tumen juwan,,
양 500마리, 모두 10,010이었다.

baintu gūsai morin losa emu minggan ninggun tanggū, eihen
바인투 구사의 말과 노새는 1,600마리· 나귀

ilan minggan, ihan emu minggan 15/16 nadan tanggū, niyalma
3천마리· 소 1,700마리· 사람

ilan minggan jakūn tanggū, uheri emu tumen emu tanggū,,
3,800명, 모두 10,100이었다.

ice cahar monggo i morin losa ilan tanggū gūsin, eihen sunja tanggū
새로 귀부한 차하르 몽고의 말과 노새는 330마리· 나귀 560마리·

ninju, ihan emu minggan juwe tanggū uyunju, niyalma sunja tanggū
소 1,290마리· 사람 560명·

ninju, honin emu tanggū susai,
양 150마리,

uheri juwe minggan jakūn tanggū uyunju,, 16/17
모두 2,890이었다.

ulai gūsai morin losa ninggun tanggū gūsin uyun, eihen juwe
울라이 구사의 말과 노새는 639마리· 나귀

minggan gūsin sunja, ihan emu minggan duin tanggū nadanju
2,035마리· 소 1,476마리·

ninggun, niyalma juwe minggan ilan tanggū susai emu, uheri
사람 2,351명, 모두

ninggun minggan sunja tanggū emu,,
6,501이었다.

yekšu gūsai morin losa jakūn tanggū dehi emu, eihen emu minggan
역슈 구사의 말과 노새는 841마리· 나귀 1,752마리·

nadan tanggū susai 17/18 juwe, ihan jakūn tanggū susai ninggun,
소 856마리·

niyalma juwe minggan ninggun tanggū uyunju ninggun, uheri
사람 2,696명, 모두

jakūn minggan emu tanggū dehi ninggun,,
8,146이었다.

ice cahar monggo i morin losa emu tanggū juwan, eihen emu tanggū
새로 귀부한 차하르 몽고의 말과 노새는 110마리· 나귀 150마리·

susai, ihan emu tanggū tofohon, niyalma juwe tanggū juwan, uheri
소 115마리· 사람 210명, 모두

sunja tanggū jakūnju sunja,, 18/19
585이었다.

enggetu gūsai morin losa ninggun tanggū nadanju, eihen
엉거투 구사의 말과 노새는 670마리· 나귀

juwe minggan sunja tanggū gūsin ninggun, ihan emu minggan nadan
2,536마리· 소 1,700마리·

tanggū, niyalma emu minggan jakūn tanggū nadanju ilan, uheri
사람 1,873명, 모두

ninggun minggan nadan tanggū nadanju uyun,,
6,779이었다.

yecen gūsai morin losa emu minggan sunja tanggū, eihen ihan juwe
여천 구사의 말과 노새는 1,500마리· 나귀와 소

minggan sunja tanggū, 19/20 niyalma duin minggan ilan tanggū, uheri
2,500마리· 사람 4,300명, 모두

jakūn minggan ilan tanggū,,
8,300이었다.

ice cahar monggo i morin losa nadanju, eihen ihan emu tanggū
새로 귀부한 차하르 몽고의 말과 노새는 70마리· 나귀와 소 106마리·

ninggun, niyalma uyunju ninggun, uheri juwe tanggū nadanju juwe,,
사람 96명, 모두 272이었다.

buyandai gūsai morin losa juwe tanggū dehi nadan, eihen
부얀다이 구사의 말과 노새는 247마리· 나귀

emu minggan juwe tanggū nadanju, 20/21 ihan nadan tanggū, niyalma
1,270마리· 소 700마리· 사람

emu minggan ilan tanggū, honin ilan minggan,
1,300명· 양 3천마리,

uheri ninggun minggan sunja tanggū juwan nadan,,
모두 6,517이었다.

asan gūsai morin losa emu minggan sunja tanggū, eihen
아산 구사의 말과 노새는 1,500마리· 나귀

juwe minggan emu tanggū, ihan ninggun tanggū nadanju, niyalma
2,100마리· 소 670마리· 사람

ilan minggan juwe tanggū,
3,200명,

uheri nadan minggan duin tanggū nadanju,, 21/22
모두 7,470이었다.

ice cahar monggo i morin losa emu tanggū gūsin juwe, eihen
새로 귀부한 차하르 몽고의 말과 노새는 132마리 · 나귀

duin tanggū nadanju, ihan juwe tanggū gūsin ilan, niyalma ilan tanggū,
470마리 · 소 233마리 · 사람 300명,

uheri emu minggan emu tanggū gūsin sunja,,
모두 1,135이었다.

ibai gūsai morin losa emu minggan ilan tanggū, eihen juwe minggan
이바이 구사의 말과 노새는 1,300마리 · 나귀 2,050마리 ·

susai, ihan emu minggan, niyalma juwe minggan sunja tanggū, honin
소 1천마리 · 사람 2,500명 · 양

22/23 emu minggan sunja tanggū, uheri jakūn minggan ilan tanggū susai,,
1,500마리, 모두 8,350이었다.

turgei gūsai morin losa juwe minggan uyun tanggū susai emu, eihen
투르거이 구사의 말과 노새는 2,951마리 · 나귀

emu minggan ilan tanggū gūsin, ihan emu minggan nadanju nadan,
1,330마리 · 소 1,077마리 ·

honin emu minggan susai, niyalma duin minggan jakūn tanggū orin
양 1,050마리 · 사람 4,829명,

uyun, uheri emu tumen emu 23/24 minggan juwe tanggū gūsin nadan,,
모두 11,237이었다.

ice cahar monggo i morin losa juwe tanggū susai ninggun, eihen
새로 귀부한 차하르 몽고의 말과 노새는 256마리· 나귀

ilan tanggū jakūnju sunja, ihan juwe tanggū orin, niyalma juwe
385마리· 소 220마리· 사람 263명,

tanggū ninju ilan, uheri emu minggan dehi sunja,,
모두 1,045이었다.

suna efu gūsai morin losa ilan minggan emu tanggū, eihen ihan
수나 어푸 구사의 말과 노새 3,100마리· 나귀와 소와

honin jakūn minggan, 24/25 niyalma nadan minggan,
양 8천마리· 사람 7천명,

uheri emu tumen jakūn minggan emu tanggū,,
모두 18,100이었다.

darhan efu gūsai morin losa emu minggan duin tanggū gūsin jakūn,
다르한 어푸 구사의 말과 노새는 1,438마리·

eihen juwe minggan ninggun tanggū dehi, ihan jakūn tanggū,
나귀 2,640마리· 소 800마리·

niyalma ilan minggan ninggun tanggū ninju,
사람 3,660명,

uheri jakūn minggan sunja tanggū orin jakūn,, 25/26
모두 8,528이었다.

ice cahar monggo i morin losa emu tanggū orin nadan, eihen
새로 귀부한 차하르 몽고의 말과 노새는 127마리· 나귀

sunja tanggū jakūnju ninggun, ihan emu tanggū nadanju sunja, niyalma
586마리· 소 175마리· 사람

duin tanggū emu, uheri emu minggan juwe tanggū jakūnju duin,,
401명, 모두 1,284이었다.

dalai gūsai morin losa sunja tanggū orin ilan, eihen emu minggan
달라이 구사의 말과 노새는 523마리· 나귀 1,552마리·

sunja tanggū susai 26/27 juwe, ihan ilan tanggū susai ilan, niyalma
소 353마리· 사람

juwe minggan ilan tanggū gūsin jakūn,
2,338명,

uheri duin minggan nadan tanggū susai juwe,,
모두 4,752이었다.

fiyanggū gūsai morin losa jakūn tanggū dehi, ihan eihen duin
피양구 구사의 말과 노새는 840마리· 소와 나귀 4,460마리·

minggan duin tanggū ninju, niyalma sunja minggan ninggun tanggū,
사람 5,600명·

honin juwe minggan,
양 2천마리,

uheri emu tumen juwe minggan uyun 27/28 tanggū ninggun,,
모두 12,906이었다.

ice cahar monggo i morin losa emu tanggū gūsin sunja, eihen
새로 귀부한 차하르 몽고의 말과 노새는 135마리· 나귀

juwe tanggū ilan, ihan ilan tanggū dehi emu, niyalma juwe tanggū juwe,
203마리· 소 341마리· 사람 202명·

honin emu minggan, uheri emu minggan jakūn tanggū,,
양 1천마리, 모두 1,800이었다.

hūsibu gūsai morin losa ilan tanggū gūsin 28/29 juwe, eihen
후시부 구사의 말과 노새는 332마리· 나귀

ninggun tanggū jakūnju ninggun, ihan ninggun tanggū jakūnju,
686마리· 소 680마리·

niyalma uyun tanggū sunja, honin juwe minggan,
사람 905명· 양 2천마리,

uheri duin minggan ninggun tanggū ilan,,
모두 4,603이었다.

samsika gūsai beki coohai baha morin losa emu minggan duin tanggū
삼시카 구사의 步兵이 얻은 말과 노새는 1,401마리·

emu, temen juwe, eihen duin minggan orin, ihan duin minggan susai
낙타 2마리· 나귀 4,020마리· 소 4,054마리

29/30 duin, niyalma duin minggan jakūn tanggū, honin ninggun
사람 4,800명· 양 600마리,

tanggū, uheri emu tumen duin minggan uyun tanggū nadanju,,
모두 14,970이었다.

ši ting ju gūsai morin losa duin tanggū juwan jakūn, eihen
石廷柱 구사의 말과 노새는 418마리· 나귀

emu minggan emu tanggū, ihan juwe tanggū, niyalma emu minggan ilan
1,100마리· 소 200마리· 사람 1,390명·

tanggū uyunju, honin emu minggan ilan tanggū,
양 1,300마리,

uheri duin 30/31 minggan duin tanggū jakūn,,
모두 4,408이었다.

tumet hiya noyan gūsai morin losa emu tanggū, eihen sunja tanggū,
투메트 히야 노얀 구사의 말과 노새는 100마리· 나귀 500마리·

ihan emu tanggū, niyalma sunja tanggū,,
소 100마리· 사람 500명이었다.

gumu taiji gūsai morin losa emu tanggū jakūnju sunja, eihen
구무 타이지 구사의 말과 노새는 185마리· 나귀

emu minggan jakūn tanggū, niyalma emu minggan jakūn tanggū,, 31/32
1,800마리· 사람 1,800명이었다.

wang lama i gūsai morin losa juwe tanggū, eihen emu minggan,
王 라마의 구사의 말과 노새는 200마리· 나귀 1천마리·

niyalma emu minggan, ere ilan gūsa
사람 1천명으로 이 3개 구사는

uheri nadan minggan ninggun tanggū gūsin sunja,,
모두 7,635이었다.

karacin i juwe gūsai morin losa sunja tanggū juwan, eihen
카라친의 2개 구사의 말과 노새는 510마리· 나귀

juwe minggan sunja tanggū uyunju, ihan emu minggan emu tanggū
2,590마리· 소 1,170마리·

nadanju, niyalma 32/33 ilan minggan ilan tanggū, honin emu tanggū,
사람 3,300명· 양 100마리,

uheri jakūn minggan duin tanggū nadanju emu,,
모두 8,471이었다.

jebele galai gabsihiyan i baha morin losa sunja tanggū juwan nadan,
右翼의 前鋒이 얻은 말과 노새는 517마리·

eihen ihan jakūn tanggū jakūnju jakūn, niyalma emu minggan juwe
나귀와 소 888마리· 사람 1,218명,

tanggū juwan jakūn, uheri juwe minggan juwe tanggū ninju ilan,, 33/34
모두 2,263이었다.

dashūwan galai gabsihiyan i baha morin losa nadan tanggū gūsin
좌익의 前鋒이 얻은 말과 노새는 733마리·

ilan, eihen ihan uyun tanggū gūsin jakūn, niyalma emu minggan
나귀와 소 938마리· 사람 1,200명,

juwe tanggū, uheri juwe minggan jakūn tanggū nadanju emu, uheri
모두 2,871이었다. 모든

morin losa i ton, juwe tumen sunja minggan uyun tanggū nadanju
말과 노새의 수는 25,974마리·

duin, niyalma nadan tumen ilan minggan juwe tanggū uyunju, ihan
사람은 73,290명· 소와

eihen 34/35 jakūn tumen ilan minggan uyun tanggū uyunju, morin
나귀는 83,990마리로 말·

losa niyalma ihan eihen, uhereme ton, juwan jakūn tumen ilan
노새· 사람· 소· 나귀를 합한 수는 183,156이었다.

minggan emu tanggū susai ninggun, juwan ninggun gūsai deji gaiha
16개 구사가 헌상품으로 취한

morin, cang ping jeo hoton i emu tanggū, lu geo kiyoo i gidaha
말은 昌平州城의 100마리· 盧溝橋에서 격파한

coohai emu tanggū morin, juwan ninggun gūsai enculeme cooha
군사의 100마리 말이었다. 16개 구사가 독자적으로 군대를

gidaha hoton 35/36 fu gaiha deji morin, tantai gūsai uyunju morin,
격파하거나 성과 담을 취해 헌상한 말은 탄타이 구사의 90마리 말·

adai gūsai juwan nadan, baintu gūsai dehi jakūn, ulai gūsai orin sunja,
아다이 구사의 17마리· 바인투 구사의 48마리· 울라이 구사의 25마리·

yekšu gūsai orin, enggetu gūsai juwan, yecen gūsai dehi ninggun,
역슈 구사의 20마리· 엉거투 구사의 10마리· 여천 구사의 46마리·

buyandai gūsai tofohon, asan gūsai tofohon, turgei gūsai
부얀다이 구사의 15마리· 아산 구사의 15마리· 투르거이 구사의

susai, suna efu gūsai dehi ilan, darhan efu gūsa, dalai gūsa 36/37
50마리· 수나 어푸 구사의 43마리· 다르한 어푸 구사와 달라이 구사

acan emu tanggū, uheri morin ninggun tanggū uyunju, hoton afara
합하여 100마리로 모두 말 690마리이었다. 성을 공격하거나

cooha gidara de feye bahafi akū oho niyalma, tantai gūsai uyun,
군사를 격파할 때 상처를 입어 죽은 사람은 탄타이 구사의 9명·

adai gūsai sunja, baintu gūsai sunja, ulai gūsai sunja, yekšu gūsai
아다이 구사의 5명· 바인투 구사의 5명· 울라이 구사의 5명· 역슈 구사의

duin, enggetu gūsai emke, asan gūsai jakūn, ibai gūsai sunja, yecen
4명· 엉거투 구사의 1명· 아산 구사의 8명· 이바이 구사의 5명· 여천

gūsai emke, buyandai gūsai ilan, turgei 37/38 gūsai sunja, suna efu
구사의 1명· 부얀다이 구사의 3명· 투르거이 구사의 5명· 수나 어푸

gūsai sunja, darhan efu gūsai duin, fiyanggū gūsai duin, hūsibu gūsai
구사의 5명· 다르한 어푸 구사의 4명· 피양구 구사의 4명· 후시부 구사의

emke, samsika gūsai juwan, uheri nadanju sunja uksin i niyalma,
1명· 삼시카 구사의 10명, 모두 75명의 甲兵이었다.

nirui janggin feye bahafi akū ohongge duin, enggetu gūsai mungku,
니루의 장긴으로 상처를 입고 죽은 사람은 4명이다. 엉거투 구사의 뭉쿠는

hūwai lai hoton i cooha be gidara de feye bahafi akū oho, ibai
회래성의 군사를 격파할 때에 상처를 입고 죽었다. 이바이

gūsai sereng mangnai, šanggiyan jase be 38/39 dosire onggolo hoton
구사의 서렁 망나이는 長城을 들어가기 전, 성을

afara de feye bahafi akū oho, dalai gūsai budai, jakūn gūsai gaiha
공격할 때 상처를 입고 죽었다. 달라이 구사의 부다이는 팔기가 취한

cang ping jeo hoton de feye bahafi akū oho, buyandai gūsai
창평주 성에서 상처를 입고 죽었다. 부얀다이 구사의

batmadar, jo jeo i cargi ding hing hiyan de afafi feye bahafi akū oho,,
바트마다르는 涿州의 저편 定興縣에서 싸우다가 상처를 입고 죽었다.

○ juwan emu de, emu gūsai juwete amban, jalan tome funde
11일에, 1개 구사의 2명씩의 대신과 잘란마다 푼더

bošokū emte, niru tome ajige bošokū emte, emu nirui emte uksin,
보쇼쿠 1명씩, 니루마다 아지거 보쇼쿠 1명씩, 1개 니루의 1명씩의 갑병,

uheri de meiren i janggin gin lii, jalan i janggin uici be ejen
모두에게 머이런 장긴 金礪와 잘란 장긴 우이치를 어전으로

arafi coohai niyalma de bele musi okdome unggihe, esebe fiyanjilame
삼고 군사에게 쌀과 미수가루로 맞이하러 보냈다. 이들을 보호하기 위해

anggūnai, hairai de bayara cooha dehi niyalma adabufi 40/41 unggihe,,
앙구나이와 하이라이에게 바야라 병사를 40명 붙여 보냈다.

○ juwan juwe de, kamtu enggedei be amasi doroi baturu giyūn
12일에, 캄투와 엉거더이를 다시 도로이 바투루 군왕과

wang, bayan beile de takūraha, esede unggihe bithei gisun, gosin
바얀 버일러에게 파견했다. 이들에게 보낸 글의 말. 「어질고

onco hūwaliyasun enduringge han i hesei bithe, wasihūn dailame
관대하고 온화하고 성스러운 황제의 旨의 글. 서쪽을 정벌하러

amba cooha be alifi genehe doroi baturu 41/42 giyūn wang de
대군을 맡아서 출정한 도로이 바투루 군왕에게

wasimbuha, suweni jase furdan be efuleme, hoton hecen be gaime
내린다. 너희가 경계의 관문을 무너뜨리고, 성들을 취하고

cooha be gidame, horon algin be tuwabume yabuha be, bi donjifi
군사를 격파하고, 무위의 명성을 보이고자 행한 것을, 내가 듣고

urgunjeme wajirakū, suweni genehe amala gurun boo gemu sain,
기쁘기가 한량없다. 너희가 출정한 후에 國家가 모두 좋다.

abka weceku gosime, nimeku gashan inu umai akū, esei emgi
하늘과 家內神께서 자애하시어 질병과 재앙도 전혀 없다.」 이들과 함께

enduringge han, cooha genehe doroi baturu giyūn wang de
성스러운 황제는 출정했던 도로이 바투루 군왕에게

enggemu 42/43 tohohoi emu morin, sula ilan morin, doroi bayan beile
안장을 채운 1마리 말· 맨등인 3마리 말, 도로이 바얀 버일러에게

de juwe morin, jergi ci lakcaha ujui gung de emu morin, jai jakūn
2마리 말, 超品一等公에게 1마리 말, 또 八旗의

gūsai ejete de emte morin, hoto hiya be dabume sunja hiya tucibufi
어전들에게 1마리씩의 말, 호토 히야를 포함한 5명의 侍衛를 보내서

okdome benebuhe,, 43/44
맞이하러 보내게 했다.

○ juwan ilan de, ming gurun i ginjeo, ning yuwan i golo de
13일에, 명나라의 錦州· 寧遠 지역에

cooha genehe hošoi mergen cin wang, hošoi erke cin wang ni
출정한 호쇼이 머르건 친왕과 호쇼이 어르커 친왕이

takūraha mucengge jakūn niyalma be gaifi, emu nikan be benjime
파견한 무청거가 8명의 사람을 이끌고, 1명의 漢人을 보내며

mejige alanjime isinjiha,,
소식을 고하러 와서 도착했다.

○ ineku juwan ilan de, gurun i gungju be 44/45 beneme genehe
같은 13일에, 구룬이 공주를 보내러 간

hošoi ujen cin wang ni fujin jidere be, gurun i ejen fujin, juwan
호쇼이 우전 친왕의 푸진이 오는 것을, 國君 푸진이 10리

bai dubede okdofi sarin sarilafi dosika,,
앞에서 맞이하고 잔치를 베풀고 (성으로) 들어갔다.

○ ineku juwan ilan de, nio juwang ni ergi de poo sindaha mejige be
같은 13일에, 牛莊 쪽으로 포를 발사한 소식을

dacilabume sunggai bithesi de emu niyalma adabufi takūraha,,
알아보도록 숭가이 비트허시에게 1명의 사람을 붙여 파견했다.

tongki fuka sindaha hergen i dangse

點·圈을 찍은 문자의 檔子

orin jakūci debtelin

28권

wesihun erdemungge i sucungga aniya uyun biya

숭덕 원년 9월

28권, 숭덕 원년 9월

tongki fuka sindaha hergen i dangse,,
點· 圈을 찍은 문자의 檔子

○ juwan duin de, ming gurun i ginjeo, ning yuwan i baru
14일에, 명나라의 錦州와 寧遠 쪽으로

cooha genehe hošoi mergen cin wang, hošoi erke cin wang ni jakade
출병한 호쇼이 머르건 친왕과 호쇼이 어르커 친왕 쪽으로

suldei de uyun niyalma afabufi takūraha, esede unggihe bithei
술더이에게 9명의 사람을 맡겨 파견했다. 이들에게 보낸 글의

gisun, gosin onco hūwaliyasun enduringge han i hese, hese be
말. 「어질고 관대하고 온화하고 성스러운 황제의 旨. 명을

alifi 1/2 wasihūn dailame genehe hošoi mergen cin wang, erke cin
받들고 서쪽을 정벌하러 간 호쇼이 머르건 친왕과 어르커 친왕

wang sade wasimbuha, beging de dailame genehe baturu giyūn wang ni
등에게 내린다. 北京에 정벌하러 간 바투루 군왕이

takūraha mejige isinjiha, abkai kesi de baturu giyūn wang horon be
파견한 소식이 도착했다. 하늘의 은혜로 바투루 군왕이 무위를

tuwabume hecen hoton be gaime ba bade cooha be gidame ambula
보이고 성들을 취하며 곳곳에서 군사를 격파해 크게

urgun i yabuhabi, musei cooha genehe ambasa cooha gemu sain,
경사스럽게 행했다. 우리의 출정한 대신들과 군사가 모두 좋다.

ere gisun geren be algikini serengge 2/3 waka, cohome yargiyan be
이 말을 여럿에게 알리라고 하는 것이 아니라, 특별히 진실을

donjikini seme unggihe, gaiha hecen hoton uheri juwan juwe,
듣게 하라고 보냈다. 취한 성들은 도합 12개이고,

cooha be susai ninggun bade gidahabi, ememu gidaha de morin
군대를 56곳에서 격파했다. 어떤 공격에서는 말을

ambula bahabi, ememu gidaha de morin sunja ninggun ci wesihun
많이 얻었고, 어떤 공격에서는 말을 5-6마리 이상을

bahabi, olji niyalma ulha uheri ton juwan nadan tumen uyun
얻었다. 노획한 사람과 가축을 합친 수가 179,820이고,

minggan jakūn tanggū orin, ulin ehe be waliyame defelinggu sain
재화는 조악한 것을 버리고 완전하고 좋은

be sonjome muterei 3/4 teile acihabi, neneme šanggiyan jase dosire
것을 뽑아 할 수 있는 한 실었다. 앞서 長城에 들어가기

onggolo asan gūsa diyoo o, cang an ling juwe hoton gaiha be suwe
전에 아산 구사가 鵰鶚과 長安嶺 2개의 성을 취한 것을 너희가

donjiha, šanggiyan jase be dosika manggi monggo cang ping ni hafan be
들었다. 長城을 들어간 후 몽고인이 昌平의 관원을

wafi dahaha serengge tašan, musei cooha cang ping ni cooha be
죽이고 항복했다고 하는 것은 거짓이다. 우리의 군사가 昌平의 군사를

gidafi gemu wafi hecen de cooha komso seri iliha be safi, orin gūsa
격파하고 모두 죽이고 성에 군사가 조금 서있는 것을 보고, 20개의 구사가

acan afafi okto i 4/5 tuwa fushufi hecen i cooha fucihiyalabufi leose
함께 공격하니 화약에 불이 붙어 성의 적군이 화상을 입고 樓子가

dulekebi, tere šolo de turgei gūsa neneme tafafi gaihabi, ding hing
불탔다. 그 틈에 투르거이 구사가 먼저 올라서 취했다. 定興縣을

hiyan be juwe suwayan, juwe fulgiyan, kubuhe lamun, manju monggo
兩黃· 兩紅· 鑲藍· 만주와 몽고의

juwan gūsa afafi, tantai gūsa neneme tafafi gaihabi, an su hiyan be
10개의 구사가 공격하고, 탄타이 구사가 먼저 올라서 취했다. 安肅縣을

baintu gūsa emhun afafi gaihabi, an jeo be yecen gūsa emhun
바인투 구사가 혼자 공격하고 취했다. 安州를 여천 구사가 혼자

afafi gaihabi, boo di hiyan be juwe suwayan, 5/6 juwe fulgiyan,
공격하고 취했다. 寶坻縣을 兩黃· 兩紅·

juwe šanggiyan, kubuhe lamun, beki cooha, ujen cooha, manju monggo
兩白· 鑲藍· 步兵· 重軍· 만주와 몽고와

nikan uheri juwan gūsa afafi yecen gūsa neneme uribufi gaihabi,
한인, 도합 10개의 구사가 공격하고 여천 구사가 먼저 무너뜨리고 취했다.

dung an hiyan be asan gūsa emhun afafi gaihabi, hiong hiyan be
東安縣을 아산 구사가 혼자 공격하고 취했다. 雄縣을

turgei, samsika, ere juwe gūsa afafi turgei gūsa neneme tafafi gaihabi,
투르거이 · 삼시카, 이 2개의 구사가 공격하고 투르거이 구사가 먼저 올라서 취했다.

šūn i hiyan be darhan efu, dalai gūsa afafi darhan efu gūsa 6/7
順義縣을 다르한 어푸 · 달라이 구사가 공격하고 다르한 어푸 구사가

neneme tafafi gaihabi, žung ceng hiyan be samsika, suna, ere juwe
먼저 올라서 취했다. 容城縣을 삼시카 · 수나, 이 2개의

gūsa afafi samsika gūsa neneme tafafi gaihabi, wen an hiyan be
구사가 공격하고 삼시카 구사가 먼저 올라서 취했다. 文安縣을

kubuhe fulgiyan i gabsihiyan cooha emhun gaihabi,,
鑲紅의 前鋒이 혼자 취했다.」

○ juwan ninggun de, poo sindaha mejige be dacilame genehe
16일에, 포를 발사한 소식을 알아보러 갔던

sunggai bithesi isinjiha, sunggai alame daiming 7/8 gurun i cooha
숭가이 비트허시가 도착했다. 숭가이가 고하기를 "대명국의 군사가

cuwan i emu tanggū susai isime jifi, nio juwang ni cargi dalin i
선박 150척 가까이 와서, 牛莊의 그쪽 강둑의

tai be dobori kaha bihebi, musei tai niyalma serefi gabtašara jakade,
臺를 밤에 포위하였습니다. 우리의 臺의 사람이 알아차려 활을 쐈기 때문에,

bata uthai poo sindame burulame genehebi, musei nio juwang hoton de
적이 곧 포를 발사하며 도망쳐 갔습니다. 우리의 牛莊城에

tehe ambasa cooha gaifi amcaci, bata cuwan de teme jabdufi
머무는 대신들이 군사를 이끌고 쫓으니, 적은 선박에 오를 틈도

bahakūbi,, 8/9
없었습니다.」"

○ ineku juwan ninggun de, solho i hūdai ulin i eden i jalin de
같은 16일에, 조선과 교역할 재화의 부족분 때문에

i jeo hoton de orhoda beneme genehe mafuta, hasitan isinjiha,
義州城에 인삼을 보내러 갔던 마푸타와 하시탄이 도착했다.

ese genere de jeng giyang ni julergi sahaliyan oforo be gidafi, ming
이들이 갈 때에 鎭江의 남쪽의 사할리얀 오포로를 격파하고, 명나라의

gurun i karun i juwan niyalma be bahafi fonjici, ninggun iogi
哨探 10명을 붙잡고 물으니, "6명의 遊擊이

juwe minggan cooha be 9/10 gaifi giyang bira be doofi, giyan cang ni
2천명의 군사를 이끌고 강을 건너 鹻場

baru genehe seme alaha manggi, mafuta, hasitan tanggū niyalma be
쪽으로 갔다"고 고하니, 마푸타와 하시탄이 100명을

gaifi giyang ni baru songko faitame geneci, bata bederefi giyang bira be
이끌고 강 쪽으로 흔적을 추적하여 갔는데, 적이 퇴각하여 강을

doofi geneme jabdufi bahakūbi,,
건너서, 추격해갈 겨를이 없었다.

○ juwan jakūn de, daiming gurun i cooha giyang ni 10/11 bira be
18일에, 대명국의 군사가 강을

doofi giyan cang be sucunjimbi sere mejige be donjifi unggihe
건너 鹻場을 습격한다고 하는 소식을 듣고 보낸

ušan, gisha, loki isinjiha, esei alaha gisun, musei giyan cang hoton de
우샨· 기스하· 로키가 도착했다. 이들이 고한 말. "우리의 鹻場城에

tehe amban jingsengge, samha juwan ninggun niyalma be gaifi
주둔한 大臣인 징성거와 삼하가 16명을 이끌고

jasei tule songko faitame genefi karun sindahakū dulbai bihe be,
경계 밖에 흔적을 추적하여 가서 哨探을 두지 않고 느슨하게 있는 것을,

bata neneme sabufi holkonde gidafi museingge gemu 11/12 gaibuhabi,
적이 먼저 알아차리고 갑자기 격파하여, 우리 것이 모두 빼앗겼습니다.

bata tubaci uthai bederehebi, meni onggolo tung yuwan pu de tehe
적이 그곳에서 곧 퇴각했습니다. 우리의 전에 通遠堡에 주둔한

asan se donjifi bata i songko be bahafi fargame genehebi, be inu
아산 등이 듣고 적의 흔적을 찾고 추격하러 갔습니다. 우리도

tere songko de dosifi dobori dulime fargame genehei aiha i cala
그 흔적대로 진입하고 밤을 새워 추격하러 가면서 靉河 쪽에서

asan sebe acaha, asan se alame, be giyang ni bira de isitala
아산 등을 만났습니다. 아산 등이 고하길 '우리가 강에 이르기까지

fargaha bihe, bata dobori dulime genefi 12/13 meni onggolo giyang ni
추격했습니다. 적은 밤을 새워 가서 우리보다 앞서 강을

bira be doofi geneme jabduhabi seme alaha manggi, tereci be
건너 갈 시간을 벌었습니다' 라고 고한 후, 그 후 우리는

amasi bederehe,,
되돌아왔습니다."

○ juwan uyun de, irešen, liyeliyehun, jaisa, toktonju, sarbu sei
19일에, 이러션· 리열리여훈· 자이사· 톡톤주· 사르부 등이

takūraha bithei gisun, meni sunja niyalma jihe cooha be amcame
발송한 글의 말. 「우리 5명이 온 군대를 뒤쫓아

genefi hūlhame tuwaci, niyang niyang gung ni dogon de bata 13/14
가서 몰래 살펴보니, 娘娘宮의 나루터에 적이

cargi dalin de inu ilihabi ebergi dalin de inu ilihabi, cuwan liyoha
그쪽 강둑에도 주둔했고 이쪽 강둑에도 주둔했습니다. 선박은 遼河를

bira be lasha ilihabi, cuwan i baran be tuwaci, tanggū funcembi,
막아 주둔했습니다. 선박의 수량을 살펴보니, 100척 남짓이었습니다.

musei weihu i cooha komso ofi latunaci hokoro mangga seme
우리 통나무배의 군사는 적어서 접근하면 떨어져나오기 어렵다고 하여

amasi bederefi, liyeliyehun i yafahan cooha hai jeo birai angga de
되돌아와서, 리열리여훈의 步兵은 海州 河口에

iliha, dalin de nio juwang ni jaisa gaifi iliha, ko sangga de 14/15
주둔하고, 강둑에는 牛莊의 자이사가 취하여 주둔했습니다. 코 상가에

tehe tai hehe juse be gemu gocika, hahasi be poo agūra jafabufi
주둔한 臺의 여성과 아이들을 모두 철수시키고, 남자들에게 포와 병기를 쥐여주고

dalbade dayabume ilibuhabi, den fodoho jugūn i jase de irešen i
옆에서 의지하며 주둔하게 했습니다. 高柳樹道의 경계에 이러션의

yafahan cooha iliha, muse be geodebufi yaka ba be necire ayoo
步兵이 주둔했습니다. 우리를 속이고 어느 곳을 침범하지 않을까

seme, dabsun i ba be goci seme sarbu be unggihe, jase hanci
하여 鹽田을 철수하라고 사르부를 보냈습니다. 경계 가까이

tehe ba be gocika, bata i cuwan wesinerahū seme, musei 15/16
주둔한 곳을 철수시키고, 적의 선박이 올라갈까 염려된다고 하여 우리

weihu i karun be hai jeo birai angga be gidame sindahabi seme
통나무배의 哨探을 海州 河口를 지키도록 배치했습니다.」라고

mejige alanjime, emu nikan be bahafi benjihe,,
소식을 고해오러, 1명의 漢人을 잡아서 보내왔다.

○ ineku juwan uyun de, irešen sei takūraha mejige de emu gūsai
같은 19일에, 이러션 등이 파견한 소식에 1개 구사의

emte amban cooha emu tanggū dehi, uheri de isun be 16/17 ejen arafi,
1명씩의 大臣과 군사 140명 모두에게 이순을 어전으로 삼아

irešen sei jakade cooha aisilame unggihe,,
이러션 등의 쪽으로 군사를 돕도록 보냈다.

○ orin de, doroi elehun beile de bayarai cooha susai afabufi
20일에, 도로이 얼러훈 버일러에게 바야라 군사 50명을 맡기고

uheri cooha de ejen obufi, ineku irešen sei jakade unggihe,,
모든 군사의 어전으로 삼아서 같은 이러션 등의 쪽으로 보냈다.

○ ineku orin de, daicing gurun i 17/18 gosin onco hūwaliyasun
같은 20일에, 「大淸國의 어질고 관대하고 온화하고

enduringge han i hese, amba jiyanggiyūn cen du ming de unggihe,
성스러운 황제의 旨. 大將軍 cen du ming에게 보낸다.

si abkai arbun erin ucuri be takafi, sini jalan halame mafari tehe
너는 하늘의 형세와 時運을 알고, 너의 대대로 선조들이 거주한

ba na eifu susu be gūnime mini emgi acafi emu hūsun i daiming ni
땅과 묘와 고향을 생각하여 나와 함께 만나서 협력하여 대명의

doro be kicefi bayan wesihun be uheleki seme, yang ceng siyoo,
政道를 도모하고 부귀를 함께하자고, yang ceng siyoo와

deng de be siran siran i takūraha be safi, 18/19 bi urgunjeme wajirakū,
deng de를 계속 파견한 것을 알고, 나는 기쁘기가 한량없다.

jiyanggiyūn unenggi minde ofi uhei hūsun i amaga inenggi abkai
장군이 진실로 나에게 (귀부)하여서 함께 협력하여 훗날 천하를

fejergi be mutebuci, bayan wesihun be inu alin birai gese enteheme
평정하면 부귀가 또한 山河와 같이 영원하리라.

kai, kung io de, geng jung ming, šandung ni golo be facuhūrafi
孔有德과 耿仲明은 山東 지역에 난을 일으켜

minde jidere jakade, bi uthai nimaha muke be baha adali urgunjeme,
나에게 온 까닭에, 내가 곧 물고기가 물을 얻은 것처럼 기뻐하며,

kung io de be ginggun ijishūn wang obuha, geng jung 19/20 ming be
孔有德을 恭順王으로 삼았고, 耿仲明을

gūnin ijishūn wang obuha, šang k'o hi, guwang lu doo, cang šan doo,
懷順王으로 삼았고, 尙可喜는 廣鹿島· 長山島·

ši ceng doo be gaifi dahame jidere jakade, bi uthai urgunjeme
石城島를 이끌고 항복해 왔기 때문에, 나는 곧 기뻐하며

bodohonggo ijishūn wang obuha, te jiyanggiyūn abkai arbun be
智順王으로 삼았다. 지금 장군이 하늘의 형세를

takafi, daiming ni doro dubere be safi, erin ucuri de acabume dahame
알고, 대명의 정치가 끝나가는 것을 알고, 時運에 부합하도록 항복해

jici, jiyanggiyūn i gung gebu inu ilan wang ci encu akū kai, 20/21
온다면, 장군의 功名 또한 3명의 왕과 다르지 않을 것이리라.

jiyanggiyūn olhon de tucifi minde umesi dahame jifi uhei hūsun i
장군은 육지로 나와서 나에게 확실히 항복해 와서 함께 협력하여

nikan i doro be kiceki sembio, uthai tubade bifi dorgideri hūsun
明의 정도를 도모하겠다고 할 것인가, 곧 그곳에 있어서 몰래 힘을

aisilaki sembio, ere juwe babe emken be lashalame toktobufi geli
보태겠다고 할 것인가? 이 두 가지 중 하나를 확실하게 정하고 또

hūdun mejige isibu, cohome ineku niyalma be takūraki seci, amba
속히 소식을 보내라. 특별히 같은 사람을 파견하고자 하면, 큰

weile be firgenderahū seme tuttu bithei teile isibuha, hūdula
일을 폭로할까 우려되니 그래서 글만 이르게 했다. 서두르고

hūdula, ere bithe be mederi dalin de cuwan akūnjire 21/22 dogon i
서두르라.」 이 글을 해안에 선박이 접안하는 나루터

teisu iletu bade moo hafirafi niyalma de sabubume sisi seme doroi
방향으로 눈에 띄는 곳에 나무를 끼우고 사람에게 알리도록 꽂으라고 하며 도로이

elehun beile de unggihe,,
얼러훈 버일러에게 보냈다.

○ ineku orin de, daiming gurun i ta šan i hoton ci dalai,
같은 20일에, 대명국의 塔山城으로부터 달라이·

baihū, baindai gebungge ilan monggo orin sunja morin gajime ukame
바이후· 바인다이 라는 3명의 몽고인이 25마리의 말을 가지고 도망쳐

jihe,, 22/23
왔다.

○ orin emu de, daiming gurun de cooha genehe doroi baturu
21일에, 대명국에 출병한 도로이 바투루

giyūn wang, doroi bayan beile i takūraha nikan duin niyalma be
군왕 · 도로이 바얀 버일러가 보낸 니칸이 4명을

gaifi mejige alanjime jihe, esei gajiha bithei gisun, asan, tantai,
이끌고 소식을 알리러 왔다. 이들이 가져온 글의 말. 「아산 · 탄타이 ·

ulai, enggetu emu nirui duite uksin cooha be gaifi tutafi buksiha
울라이 · 엉거투가 1개 니루의 4명씩의 甲兵을 데리고 잔류하여 매복하고

bihe, dzun hūwa, san tun ing ni emu šeobei 23/24 cooha gajime
있었습니다. 遵化 · 三屯營의 한 守備가 군사를 이끌고

tuwanjiha be, tantai, enggetu, acafi gašan de kafi gemu waha,
정탐하러 온 것을 탄타이 · 엉거투가 합세하여 마을에서 포위하고 모두 죽였습니다.

ninju ninggun morin baha, musei cooha jase tucike manggi šanaha emu
66마리의 말을 얻었습니다. 우리의 군사가 경계를 나간 뒤 山海關의 1명의

ciyandzung, duin badzung, morin i cooha emu tanggū, yafahan cooha
千總 · 4명의 百總 · 기병 100명 · 보병

emu tanggū, musei coohai uncehen be tuwanjiha be, asan ucarafi
100명이 우리의 군대의 후미를 정탐하러 온 것을 아산이 조우하여

gemu waha, jakūnju morin baha, emu badzung be 24/25 weihun
모두 죽였습니다. 80마리의 말을 얻었습니다. 1명의 百總을 산채로

jafaha,,
잡았습니다.」

○ ineku orin emu de, dung ging hoton de tehe amban urgana
같은 21일에, 東京城(遼陽)에 있던 대신 우르가나가

mejige alanjime isinjiha, erei gajiha bithei gisun, ninggun hoton i
소식을 알리러 와서 도착했다. 이들이 가져온 글의 말. 「6개 城의

niyalma acafi lioi šūn keo de tuwaname genefi juwan ninggun inenggi
사람이 모여 旅順口에 정탐하러 가서 16일을

tehe, juwe cuwan be emu jergi 25/26 saha, jai emu cuwan be emgeri
머물렀습니다. 2척의 배를 한 번 보았습니다. 또 1척의 배를 한 번

saha, mederi dalin be tuwaci, songko inu akū, mederi de tuwaci,
보았습니다. 해안을 살펴보니 흔적이 또한 없었고, 바다를 바라보니

cuwan inu akū,,
배가 또한 없었습니다.」

○ orin juwe de, hai jeo birai angga ci doroi elehun beile i
22일에, 海州河口로부터 도로이 얼러훈 버일러가

takūraha gulu šanggiyan i urgana nirui keikete isinjiha, erei
보낸 正白旗의 우르가나 니루의 커이커터가 도착했다. 이들이

gajiha bithei gisun, cuwan 26/27 kemuni da iliha niyang niyang
가져온 글의 말. 「배가 여전히 처음 정박했던 娘娘宮의

gung ni dogon de emu tanggū bi, jai liyoha i angga de juwan
나루터에 100척이 있습니다. 또 遼河의 河口에 10척의

cuwan bi, ere be yoo jeo de tehe sarpa tuwanaha bihe, yoo jeo de
배가 있습니다. 이를 耀州에 주둔한 사르파가 살피러 갔었습니다. 耀州에서

ini hoton i da cooha emu tanggū susai uksin, dabsun i cooha
저들의 성의 원래 군사는 150명의 甲兵, 鹽田의 군사

jakūnju uksin, terei dele baisan, emungge, senioke, hife gaifi ninju
80명의 甲兵입니다. 그들 외에 바이산· 어뭉거· 서니오커· 히퍼가 데리고 간

duin 27/28 uksin, hai jeo i wang ni emu amban, dehi uksin, uheri
64명의 甲兵, 海州의 왕의 1명의 대신· 40명의 甲兵, 모두

moringga emu tanggū cooha be yoo jeo de tebuhe, irešen i pu de
말을 탄 100명의 군사를 耀州에 주둔시켰습니다. 이러션의 堡에는

ini pu i cooha emu tanggū gūsin uksin, terei dele isun, yabuhai,
그의 堡의 군사 130명의 甲兵과 그들 외에 이순· 야부하이·

fuka, hasitan, situ ninju uksin, dung ging ni juwe wang ni jakūnju
푸카· 하시탄· 시투의 60명의 甲兵, 東京(遼陽)의 두 왕의 80명의

uksin, uheri emu tanggū dehi uksin, irešen i 28/29 pu debi,
甲兵 모두 140명의 甲兵이 이러션의 堡에 있습니다.

hai jeo i moringga orin jakūn uksin, yafahan ninju juwe uksin, ere
海州의 기병 28명의 甲兵· 보병 62명의 甲兵, 이들

uyunju uksin be liyeliyehun gaifi hai jeo bira de weihu tuwakiyambi,
90명의 甲兵을 리열리여훈이 데리고 海州河에서 통나무배를 지키고 있습니다.

uheri morin i cooha ilan tanggū juwan ninggun uksin, yafahan
모두 기병 316명의 甲兵과 보병

ilan tanggū juwan ninggun uksin,, 29/30
316명의 甲兵입니다.」

○ orin ilan de, mafuta, loki de emu gūsai emte amban, emu
23일에, 마푸타· 로키에게 1개 구사의 1명씩의 대신, 1개

nirui emte niyalma be afabufi, doroi baturu giyūn wang, doroi bayan
니루의 1명씩의 사람을 맡겨서 도로이 바투루 군왕· 도로이 바얀

beile i cooha be okdofi, liyoha bira be cuwan i doobu seme
버일러의 군대를 맞이하여 遼河를 배로 건너게 하라고

unggihe,,
보냈다.

○ ineku orin ilan de, jamba, ubasi, gūlmahūn be 30/31 cooha genehe
같은 23일에, 잠바· 우바시· 굴마훈을 출병한

doroi baturu giyūn wang, doroi bayan beile de takūraha,
도로이 바투루 군왕· 도로이 바얀 버일러에게 파견했다.

takūraha gisun, mama i mejige bisire akū be kimcime yargiyalame
보낸 말. 「천연두의 소식이 있는지 없는지를 상세히 확실하게

baicafi, coohai niyalmai dosire inenggi be boljofi neneme alanju
조사하여 군사들이 들어갈 날을 정해서 먼저 알려오라」

sehe,,
고 했다.

○ orin duin de, hai jeo birai angga ci doroi elehun beile i
24일에, 海州河口로부터 도로이 얼러훈 버일러가

takūraha gulu šanggiyan i urgana 31/32 nirui tarbu mejige alanjime
보낸 正白旗의 우르가나 니루의 타르부가 소식을 알리러 와서

isinjiha, erei gajiha bithei gisun, fuka, emungge bithe beneme
도착했다. 이들이 가져온 글의 말. 「푸카· 어뭉거에게 글을 보내러

genefi, cuwan i hanci emu gabtan i dubede genefi tuwaha, niyang
가서, 배의 근처 一 射程 끝에 가서 보았습니다. 娘娘宮

niyang gung dogon i gidame iliha amba cuwan ninju sunja ilihabi,
나루터에 지키고 있는 큰 배 65척이 정박해 있었습니다.

mederi angga de ninggun cuwan ilihabi,, 32/33
海口에는 6척의 배가 정박해 있었습니다.」

○ orin sunja de, cooha genehe doroi baturu giyūn wang, doroi
25일에, 출병한 도로이 바투루 군왕· 도로이

bayan beile i neneme takūraha kamtu, enggedei sei emgi jihe
바얀 버일러가 먼저 보낸 캄투· 엉거더이 등과 함께 온

niyalma, amala mejige alanjime jihe nikasa be, enduringge han hese
사람, 나중에 소식을 알리러 온 니칸 등에게 성스러운 황제가 旨를

wasimbume, suwe neneme mejige alanjime, baha olji be werifi emte
내리기를, 「너희가 먼저 소식을 알리러 와서 얻은 노획을 남겨두고 하나씩의

beyei teile jihe bihe, te suwe gemu okdome genefi meni meni
몸만 왔었다. 지금 너희는 모두 가지러 가서 각각의

baha 33/34 olji be liyoha bira be tuwame doobufi saikan asarame
얻은 노획을 遼河을 살펴보고 건너서 잘 거두어서

gaju sehe,,
가져와라」고 했다.

○ ineku orin sunja de, cooha genehe doroi baturu giyūn wang,
같은 25일에, 출병한 도로이 바투루 군왕·

doroi bayan beile de takūraha jamba, ubasi, gūlmahūn isinjiha, esei
도로이 바얀 버일러에게 보낸 잠바· 우바시· 굴마훈이 도착했다. 이들의

alanjiha gisun, musei amba cooha liyoha bira be 34/35 orin sunja ci
고해온 말. 「우리의 대군이 遼河를 25일부터

doome deribuhe, juwan juwe hūng i poo, emu fa gung be yooni
건너기 시작했습니다. 12문의 紅夷炮와 1문의 法熕炮[1]를 모두

1 '法熕炮'는 16세기 초 명대 嘉靖 연간부터 명에 수입되어 사용된 서양의 대포이다. 發貢, 發鑛, 發槓,

isibufi, gahai hoton de juwan hūng i werihe, juwe hūng i, emu
이르게 해서 가하이 城에 10문의 紅夷炮를 남겨두고, 2문의 紅夷炮와 1문의

fa gung be gajifi neihe hoton de werihebi, mama i mejige heohen
法熕炮를 가져와서 開城에 남겨두었습니다. 천연두의 소식은 허오헌

bira ci casi bihe, tereci ebsi akū sembi,, 35/36
江에서 저쪽에 있었습니다. 거기에서 이쪽으로는 없다고 합니다.」

○ orin ninggun de, cooha genehe doroi baturu giyūn wang, doroi
26일에, 출병한 도로이 바투루 군왕· 도로이

bayan beile de jamba, gūlmahūn be geli amasi takūrafi unggihe, ese de
바얀 버일러에게 잠바· 굴마훈을 또 다시 파견했다. 이들에게

henduhe gisun, enduringge han tucifi juwan ba i dubede okdombi,
유시한 말. 「성스러운 황제가 나와서 10里 앞에서 맞이할 것이다.

doroi baturu giyūn wang, doroi bayan beile suwe musei hafasa be 36/37
도로이 바투루 군왕· 도로이 바얀 버일러 너희는 우리의 관원들을

meiren i janggin ci wesihun, dain de jafaha hafasa be gajime
머이런 장긴 이상과 전장에서 잡은 관원들을 데리고

juleri beye sei teile acara bade jio sehe,,
먼저 본인들만 만날 곳으로 오라」고 했다.

發碽, 法熕, 法貢, 法攻 등으로 다양하게 표기했다. 發貢 등은 아마도 경량형 야전대포를 가리키는 포르투갈어 falcão에서 유래한 명칭으로 추정된다. 아래 논문 참조. 鄭誠, 「發熕考－16世紀傳華的歐式前裝火炮及其演變」, 『自然科學史研究』 제32권 第4期, 2013, pp.504～522.

○ ineku orin ninggun de, ming gurun i ginjeo ning yuwan i
같은 26일에, 명나라의 錦州· 寧遠의

golo de cooha genehe hošoi mergen cin wang, hošoi erke cin wang
지역으로 출병한 호쇼이 머르건 친왕· 호쇼이 어르커 친왕이

cooha bederefi i jeo i golo be tucifi 37/38 jimbi seme kicungge,
回軍하여 義州 지역으로 나와서 온다고 키충거·

subai mejige alanjime isinjiha,,
수바이가 소식을 전하러 와서 도착했다.

○ orin nadan de, taiheo i urihe inenggi seme bithe coohai geren
27일에, 太后가 崩한 날이라 하여 文武의 여러

hafasa gulu etuku etufi hashū ici gala arame faidame wajiha manggi,
대신들이 素服을 입고 좌우로 나누어 정렬하기를 마친 후에

enduringge han gulu etuku etufi daicing duka de tucifi 38/39 soorin de
성스러운 황제가 素服을 입고 大淸門으로 나와서 옥좌에

tehe, enduringge han hese wasimbume, bithe coohai ujulaha
앉았다. 성스러운 황제가 旨를 내리기를, 「文武의 우두머리

ambasa be hūturingga munggan i enduri soorin de hiyan dengjan
대신들을 福陵의 神位에 香을 피우고 燈에

dabume hacingga tubihe dobofi nure gingneme gingguleme dorolome
불을 붙이며 각종 과일을 드리고 황주를 올리며 공경히 예를 다하여

wece seme takūraha, wecehe bithei gisun, gosin hiyoošungga doro de
제사하라」고 보냈다.　　제사지낸 글의 말.　「자애롭고　효성스러운　도리에

akūmbuha ginggun ijishūn eldengge hūturingga enduringge hūwangheo
힘을 다하고　공손하고　유순하며 빛나고　　복 있는　　　성스러운　皇后

eniye i hūturingga munggan i enduri soorin i juleri, soorin be
어머니의　　　　福陵의　　　　　　　　神位의　　앞에　　大位를

39/40 siraha hiyoošungga jui gelhun akū wesimburengge, enduringge
계승한　효성스러운　아들이　　감히　　　　올립니다.　　　성스러운

hūwangheo eniye i urihe inenggi, kesi erdemu be gūnime tuwame
皇后　　어머니의　　崩하신　날,　　　　　恩德을　　　생각해　　보니

alimbaharakū akame ofi, wecere jaka be dagilafi ambasa be
참을 수 없이　　　슬퍼서　　제사지낼　물건을　준비하여　대신들을

takūrafi ginggulеme wecembi,,
보내어　　　공경히　　제사드립니다.」

○ ineku orin nadan de, ming gurun i cooha 40/41 cuwan i jifi
같은　　　27일에,　　　　　명나라의　　　　兵船이　　　　　　　　　　와서

niyang niyang gung ni dogon de ilihabi seme donjifi, cooha gaifi
娘娘宮의　　　　　　　나루터에　정박했음을　　듣고　　군사를 이끌고

genehe doroi elehun beile isinjiha,,
갔던　　　도로이 얼러훈 버일러가 도착했다.

○ orin jakūn de, enduringge han ming gurun de cooha genehe
28일에, 성스러운 황제가 명나라에 출병한

doroi baturu giyūn wang, doroi bayan beile, jergi ci lakcaha 41/42
도로이 바투루 군왕· 도로이 바얀 버일러· 超品一等公

ujui gung yangguri, geren beise se ambasa be okdome morin erinde
양구리· 여러 버이서들· 관원들을 맞이하러 午時에

mukden hecen i na i tukiyehe duka be tucifi juwan ba i dubede
盛京의 地載門으로 나가서 10里의 앞에서

okdofi, cooha genehe doroi baturu giyūn wang, doroi bayan beile,
맞이하고 출정한 도로이 바투루 군왕· 도로이 바얀 버일러·

jergi ci lakcaha ujui gung yangguri, beise se ambasa be acafi
超品一等公 양구리· 버이서들· 대신들을 만나서

teksileme faidafi jakūn tu be juleri 42/43 sisifi, monggo buren
가지런히 정렬하여 8개의 纛을 앞에 꽂고 몽고 나팔·

yehere buren burdeme, laba bileri fulgiyeme, abka de ilan jergi
소라 나팔을 불고 나팔과 날라리를 불고 하늘에 세 번

niyakūrafi uyun jergi hengkilehe, tereci enduringge han suwayan
무릎 꿇고 아홉 번 고두했다. 그 후 성스러운 황제는 황색

cacari caha bade jifi tehe manggi, cooha genehe doroi baturu giyūn
천막을 친 곳에 와서 앉은 뒤에, 출정했던 도로이 바투루 군왕·

wang, doroi bayan beile, jergi ci lakcaha ujui gung yangguri, geren
도로이 바얀 버일러· 超品一等公 양구리가 여러

beise se ambasa be gaifi 43/44 faidafi iliha manggi, hūlara hafan faida
버이서들· 대신들을 이끌고 정렬하여 선 뒤 贊禮官이 "정렬하라"

seme hūlaha manggi geren gemu faidaha, ibe sehe manggi ibehe,
고 외치자 여럿이 모두 정렬했다. "나아가라" 라고 하자 나아갔다.

niyakūra seme hūlaha manggi, doroi baturu giyūn wang etehe baha
"무릎 꿇으라" 고 외치자 도로이 바투루 군왕이 승리를 취한

urgun i bithe be juwe galai tukiyeme jafafi wesimbume, geren be
기쁨의 글을 두 손으로 받들어 잡아 올리고 무리를

gaifi niyakūraha, tere bithe be enduringge han i hesei suduri yamun i
거느리고 무릎 꿇었다. 그 글을 성스러운 황제의 旨로 國史院의

bithei da garin, lošo, 44/45 narhūn yamun i bithei da fan wen
大學士 가린· 로쇼, 秘書院의 大學士 范文程이

ceng ganafi enduringge han i juleri niyakūrafi hūlaha, tere
받아서 성스러운 황제의 앞에서 무릎 꿇고 읽었다. 그

wesimbuhe bithede henduhe gisun, gosin onco hūwaliyasun enduringge
올린 글에서 말한 말. 「어질고 관대하고 온화하고 성스러운

han i ujen hese be alifi amba cooha be gaifi wasihūn daiming gurun
황제의 重旨를 받아 대군을 거느리고 서쪽으로 대명국을

be dailame genehe doroi baturu giyūn wang ajige i wesimbure
정벌하러 간 도로이 바투루 군왕 아지거가 올리는

gisun, abkai kesi 45/46 enduringge han i hūturi horon de daiming ni
말. 하늘의 은혜와 성스러운 황제의 복과 위력에 대명의

jase furdan be efuleme dosifi daiming han i tehe beging hecen i
경계의 관문을 무너뜨리고 들어가서 대명 皇帝가 있는 北京城의

šurdeme ba na be manabume juwan juwe hecen be gaiha, susai jakūn
주변 지역을 짓밟고 12개의 성을 취했습니다. 58

jergi cooha gidaha, juwan jakūn tumen olji baha, dzung bing guwan
번 군대를 격파했습니다. 18만의 노획을 얻었습니다. 總兵官

coo pi cang sebe weihun jafaha, musei geren ambasa coohai niyalma
巢丕昌 등을 생포했습니다. 우리의 여러 대신들과 군사들은

gemu urgun i yabufi 46/47 sain i isinjiha, tuttu bithe hūlame wajiha
모두 기꺼이 가서 무사히 도착했습니다.」 그렇게 글 읽기를 마치고

manggi, enduringge han i hesei bithei da garin, doroi baturu giyūn
나서 성스러운 황제의 旨로 大學士 가린이 도로이 바투루 군왕을

wang ni baru henduhe gisun, enduringge han i hese, doroi baturu
향해 유시한 말. 「성스러운 황제의 旨. 도로이 바투루

giyūn wang, geren ambasa suwe abkai gosire de acabume gemu uhe
군왕과 여러 대신들, 너희가 하늘의 자애함을 만난 것은 모두 함께

hūsun i kiceme yabuha haran kai, han i hese be donjime wajiha
힘껏 열심히 행했기 때문이다.」 황제의 旨를 듣기를 마친

manggi, hūlara hafan i 47/48 niyakūra hengkile seme hūlara be
뒤에 贊禮官의 "무릎 꿇고 고두하라"고 외친 것을

tuwame ilan jergi niyakūrafi uyun jergi hengkilehe manggi, enduringge
보고 세 번 무릎 꿇고 아홉 번 고두한 후에 성스러운

han hese wasimbume hendume, goro bade yabufi joboho wang beile
황제가 旨를 내려 말하기를, 「먼 곳에 가서 고생한 왕· 버일러·

beise se ambasa be tebeliyeme acaki sehe manggi, doroi baturu
버이서들· 대신들을 껴안으며 만나자.」라고 하자 도로이 바투루

giyūn wang jergi ci ibeme jifi emu jergi niyakūrafi hengkilefi
군왕이 반열에서부터 나와서 한 번 무릎 꿇고 고두하며

tebeliyeme acara de, doroi baturu giyūn wang ni goro 48/49 bade
껴안으며 만날 때 도로이 바투루 군왕이 먼 곳으로

coohalame genefi beye joboho cira yadaha be safi, enduringge han
정벌하러 가서 몸이 고생하고 얼굴이 수척한 것을 보고 성스러운 황제가

mujilen efujefi yasai muke tuhebuhe, tereci doroi bayan beile, jergi
마음이 아파서 눈물을 흘렸다. 그 후 도로이 바얀 버일러·

ci lakcaha ujui gung yangguri, gūsai beise fiyanggū, aiduri, majan,
超品一等公 양구리· 구사이 버이서 피양구· 아이두리· 마잔·

tunci, bolo, hoto, durhu, ere geren buya gūsai beise se siran siran
툰치· 볼로· 호토· 두르후, 이 여러 작은 구사이 버이서들이 연이어

i ahūn i bodome wang ni 49/50 acaha songkoi tebeliyeme acaha,
형을 헤아려서 왕이 만난대로 안으며 만났다.

gūsai beise se acame wajiha manggi, gūsai ejen baintu age, yecen,
구사이 버이서들을 만나기를 마친 후, 구사의 어전 바인투 아거· 여천·

asan, turgei, darhan efu, yekšu, tantai, samsika siran siran i ibefi
아산· 투르거이· 다르한 어푸· 역슈· 탄타이· 삼시카가 잇달아 나아가

emu jergi niyakūrafi hengkilefi buhi be tebeliyeme acaha, terei sirame
한 번 무릎 꿇고 고두하고 무릎을 껴안으며 배알했다. 그에 이어서

cooha de jafafi gajiha dzung bing guwan coo pi cang sebe
전쟁에서 잡아서 데려온 總兵官 巢丕昌 등을

niyakūrame hengkileme acabuha, tuttu acame 50/51 wajiha manggi,
무릎 꿇고 고두하며 만나게 했다. 그렇게 만나기를 마친 후,

doroi baturu giyūn wang, doroi bayan beile, jergi ci lakcaha ujui
도로이 바투루 군왕· 도로이 바얀 버일러· 超品一等公

gung yangguri be ici ergi ashan de enduringge han i hanci tebuhe,
양구리를 우측에 성스러운 황제에 가깝게 앉혔다.

beise se ambasa coohai niyalma be gemu jergi bodome ici ergide
버이서들· 대신들· 병사들을 모두 등급을 헤아려 오른쪽에

tebufi amba sarin sarilara de, aisin i hūntahan de arki tebufi doroi
앉혀서 큰 잔치를 베풀 때, 금 술잔에 소주를 채워서 도로이

baturu giyūn wang de 51/52 han i galai omibuha, terei sirame doroi
바투루 군왕에게 황제가 손수 마시게 했다. 이에 이어서 도로이

bayan beile de omibuha, terei sirame jergi ci lakcaha ujui gung
바얀 버일러에게 마시게 했다. 이에 이어서 超品一等公

yangguri de omibuha, terei sirame gūsai ejete de aisin i hūntahan
양구리에게 마시게 했다. 이에 이어서 구사의 어전들에게 금 술잔에

de arki tebufi han i galai emte hūntahan omibuha, tuttu sarilame
소주를 채워서 황제가 손수 1잔씩 마시게 했다. 그렇게 잔치하기를

wajiha manggi, cooha genehe doroi baturu giyūn wang, doroi bayan
마친 후, 출병했던 도로이 바투루 군왕· 도로이 바얀

beile, geren beise se ambasa be gaifi 52/53 enduringge han tangse de
버일러· 여러 버이서들· 대신들을 이끌고 성스러운 황제가 堂子에

genefi ilan jergi niyakūrafi uyun jergi hengkilehe, tereci hanciki be
가서 세 번 무릎 꿇고 아홉 번 고두했다. 그 후 撫近門으로

hairandara duka be dosifi bonio erinde genggiyen elhe boode wesike,,
들어가서 申時에 淸寧宮에 올랐다.

○ gūsin de, enduringge han uheri be baicara jurgan i aliha
30일에, 성스러운 황제가 都察院 承政

amban asidarhan, 53/54 narhūn bithei yamun i aliha bithei da fan
아시다르한·　　秘書院 大學士

wen ceng, ashan i da jamba, gurun i suduri yamun i aliha bithei
范文程·　學士 잠바·　國史院 大學士

da garin, kooli selgiyere yamun i ashan i bithei da hūkio sebe
가린·　弘文院 大學士　후키오 등을

takūrame, cooha genehe doroi baturu giyūn wang, gūsai ejete
파견하여,　출병했던　도로이 바투루 군왕과　구사의 어전들인

fiyanggū, baintu, asan, yecen, turgei, darhan, yekšu, tantai sei jergi
피양구·　바인투·　아산·　여천·　투르거이·　다르한·　역슈·　탄타이　등등

geren ambasai baru hendume, bi donjici musei coohai niyalmai dube
여러　대신들을　향해　말하기를, "내가 듣건대, 우리　병사의　후미가

fe 54/55 liyoo yang ni birai wehe dogon de isitala bi sere, ambasa
舊遼陽河의　워허　나루터에　이르러 있다고 한다. 대신들

suwe isinjifi juwe inenggi oho, suwe hūdun okdome ganaci
너희가 도착하고　2일이　되었다.　너희가　속히　맞이하여 데려와야

acambihe kai, ambasa suwembe teisu teisu bade afabufi wesihun
마땅하다.　대신들　너희를　각각의　지위에　맡겨서　귀하게

tukiyefi gosime ujirengge, cooha irgen i jalin de kai, mini emu
등용해서 사랑하고 보살피는 것은　軍民을　위해서이다.　나의　한

beyei mujilen aibide isinara, han elhe amban wesihun ningge, gemu
몸의 마음은 어디에 이르겠는가? 황제가 편안하고 대신이 귀한 것은 여러

cooha irgen de akdahabi kai, suwe gung gebu 55/56 bahaci, inu coohai
軍民에게 의지해온 것이다. 너희가 功名을 얻은 것은 또한 병사들이

niyalmai sain de kai, suwe buceme afaha coohai niyalmai be
잘한 데에 있다. 너희가 죽음을 무릅쓰고 싸운 병사를

gūnirakū neneme boode isinjifi tesebe herserakūngge, julge buya
생각하지 않고 먼저 집에 도착하여 그들을 신경 쓰지 않은 것은, 옛날의 사소한

julen i kooli de emu niyalma be ekcin jolo hutu jafafi jeki seme
이야기의 예에서 한 사람을 추악한 귀신이 잡아 먹으려고

jafunure de, tere niyalmai kasara basara sere juwe yendahūn ejen de
씨름할 때, 그 사람의 카사라·바사라라는 2마리 개가 주인을

dafi, jolo hutu i emgi jafunuhai, jolo hutu be saime wafi, ejen i
구하고자 추악한 귀신과 함께 씨름하여 추악한 귀신을 물어 죽여 주인의

ergen be 56/57 tucibufi boode bedereme jidere de, juwe yendahūn
목숨을 구해내고 집에 돌아 올 때, 2마리 개가

jafunuha ambula ofi, šadafi boode isinjirakū oho manggi, ejen bi
씨름한 것이 격렬해서 지쳐서 집에 도착하지 못하자, 주인이 '내가

juleri genefi jetere jaka gajime okdoro seme hendufi, boode jifi juse
앞서 가서 먹을 것을 가져 와서 맞이하겠다'고 말하고, 집에 와서 자식들과

sargan be acara ebitele jetere jakade, joboho be gūnirakū, yendahūn be
부인을 만나 배불리 먹는 바람에 고생한 것을 생각하지 않고 개를

okdoro be onggohobi, juwe yendahūn ejen okdonjirakū muse
맞이할 것을 잊었다. 2마리 개는 '주인이 맞이하러 오지 않는다. 우리가

buceme jafunufi ejen be tucibuhe, ejen muse be onggofi okdonjirakū 57/58
죽도록 씨름해서 주인을 구했다. 주인이 우리를 잊고 맞이하러 오지 않는데

oci, muse ejen i jakade ainu genembi seme uthai alin de derifi
우리가 주인 때문에 왜 가겠는가?' 라며 즉시 산에서 변하여

jarhū niohe oho sembi, tere tuttu geli doro bio, ainci baili be
승냥이와 늑대가 되었다고 한다. 그 같은 일이 또한 이치가 있는가? 생각건대 은혜를

sarkū joboho be onggoho be henduhebi kai, terei adali ambasa, suwe
모르고 고생한 것을 잊은 것을 말한 것이다. 그와 같이 대신들 너희가

neneme boode isinjifi suweni jalin de buceme afaha coohai niyalma be
먼저 집에 도착하여 너희를 위해서 죽도록 싸운 병사를

onggofi okdomburakū, tere jugūn de joboro isinjirakū suilara oci,
잊고 맞이하지 않아서, 그들이 길에서 괴롭거나 돌아오지 못해 고생하게 되면

yendahūn be okdohakū niyalma ci 58/59 ai encu seme henduhe
개를 맞이하지 않은 사람과 무엇이 다른가?" 라고 말하자,

manggi, geren ambasa gemu jabume, enduringge han i genggiyen i
여러 대신들이 모두 답하기를, "성스러운 황제의 영명하신

hendure de, be aiseme jabure, meni beye okdome geneki seme gisun
말씀에 우리가 무어라 답하겠습니까? 우리가 몸소 맞이하러 가겠습니다"고

wesimbuhe manggi, enduringge han hese wasimbume, gūsai ejete i
상주하니, 성스러운 황제가 旨를 내려, 「구사의 어전들이

beye genere be naka, fejergi meiren i janggin sabe mutere sain
몸소 가는 것을 하지마라. 아래의 머이런 장긴들을 일을 잘하는

niyalma be tuwame tucibufi, amargi coohai niyalma be okdome
사람을 살펴 뽑아서, 후미의 병사를 맞이하러

unggi 59/60 seme hendufi, meiren i janggin sabe okdome unggihe,,
보내라」고 말해서, 머이런 장긴들을 (병사를) 맞이하도록 보냈다.

○ ineku gūsin de, isun sei jakade kubuhe fulgiyan i tejin nirui
같은 30일에, 이순 등에게 鑲紅의 터진 니루의

belektei, gulu šanggiyan i pohan nirui haise be takūraha, esede
벌럭터이와 正白의 포한 니루의 하이서를 파견했다. 이들에게

unggihe bithei gisun, enduringge han i hese, suwe nikan i sisinjiha
보낸 글의 말. 「성스러운 황제의 旨. 너희가 漢人이 끼워 가져온

bithe be benjihengge sain, musei bithe be ineku cuwan i teisu
글을 보내온 것은 잘했다. 우리의 글도 같은 배의 쪽으로

sisina, 60/61 nikan i cuwan bedereme geneci, isun sini emgi genehe
끼워 가져가라. 漢人의 배가 돌아 가면, 이순은 너와 함께 간

ambasa coohai niyalma nikan i ilan wang ni cooha gemu bedereme
대신들· 병사· 漢人의 세 왕의 군대와 함께 돌아

jio, dung ging, an šan, hai jeo, ere jergi hoton i emu hoton emte
와라. 東京· 鞍山· 海州 이들 성의 한 성에 한명씩

ambasa beyei teile bedereme meni meni hoton de jikini, gūwa
대신들 자신만 돌아가서 각각의 성으로 오라. 다른

ambasa coohai niyalma gemu irešen i jakade tubade bikini, nikan
대신들과 병사들은 모두 이러션 쪽에 있으라. 漢人의

i cuwan kemuni bici, bederere be tuwame bisu, cuwan 61/62 bederere
배가 아직도 있다면, 돌아가는 것을 살피고 있어라. 배가 돌아가기

onggolo dabsun i niyalma be ume sindara, ukame generahū, cuwan
전에 鹽夫를 풀어놓지 마라. 도망갈까 우려된다. 배가

bederehe manggi, dabsun i niyalma be sindafi fuifubu,,
돌아간 뒤에 鹽夫를 풀어서 (소금을) 끓이게 하라.」

○ daiming gurun i cen dzung bing guwan de unggihe bithei
대명국의 cen 總兵官에게 보낸 글의

gisun, daicing gurun i gosin onco hūwaliyasun enduringge han i
말. 「大淸國의 어질고 관대하고 온화하고 성스러운 황제의

hese, cen amba jiyanggiyūn de unggihe, sini takūraha yang ceng
旨. cen 大將軍에게 보낸다. 네가 파견한 yang ceng

siyoo, deng de i 62/63 alaha gisun, cen jiyanggiyūn i hendurengge,
siyoo와 deng de가 고한 말로는, cen 將軍이 말한 것은,

bi daci liyoodung ni niyalma, ba na mafari susu be gūnime, mini
"나는 원래 遼東의 사람으로, 고향 땅과 조상의 고향을 생각하여 그대(만주)의

baru oki sembi sere jakade, bi urgunjeme bithe benebuhe, terei
쪽이 되고 싶다"고 했기 때문에 나는 기쁘게 글을 보내게 했다. 그

gisun yargiyan tašan be sarkū, sini gisun jortai be ainambahafi
말의 진위를 알 수 없다. 너의 말이 고의인지를 어찌

sara, karu bithei gisun ambula buyarahabi, mini mujilen, daci
알수 있겠는가? 답서의 말은 매우 잡다했다. 나의 마음은 원래

suweni adali tenteke buya gisun be yaburakū, tuttu oci ambasa
너희처럼 그러한 소소한 말을 행하지 않는다. 그렇게 하면 大人들의

niyalmai jurgan 63/64 waka kai, bi geli sini ehe gisun de karulame
義가 아니다. 내가 또 너의 악한 말에 답하고자

gūniha doro bio, te daiming ni doro wasifi tulergi hafasa holo
생각할 리가 있겠는가? 지금 대명의 정사가 쇠퇴하고, 外官은 거짓과

koimali be dele arafi dergi de holtombi, dorgi bithei ambasa jalingga
교활함을 귀하게 여겨 위를 속인다. 안의 문관들은 간사하고

ehe, ejen i yasa šan be dasimbi, terei dade cooha gidabume hecen
악하여 주인의 눈과 귀를 가린다. 그 원래 군대는 패배하고 城은

hoton gaibume ba na maname niyalma buceme irgen de banjire šolo
빼앗기고 영토는 파괴되고, 사람은 죽고 백성은 살아갈 겨를도

akū jobolon ohobi, 64/65 mini dain deribuhe ci ebsi daiming ni
없이 고통스럽게 되었다. 내가 전쟁을 시작하고부터 대명의

suweni jergi ambasa jiyanggiyūn cooha, akūci mende wabure,
너희 등급의 대신들과 장병은 혹은 우리에게 죽거나,

akūci suweni han wara wasibure wajiha dabala, gung be jalukiyafi
아니면 너희의 황제가 죽이거나 강등시켜버렸을 뿐이다. 功을 채우고

hafan funglu be kemuni tuwakiyame banjirengge te geli bio, ere
官의 봉록을 여전히 지키며 살아가는 자가 지금도 있는가? 이

ubabe mergen mentuhun i gemu sara ba kai, jiyanggiyūn šumin
것을 賢者도 愚者도 모두 아는 바이다. 장군이 깊이

bodofi erin ucuri be amcame dahame jici, jiyanggiyūn i gung,
헤아려 시세를 좇아 투항해 오면, 장군의 功은

kung, geng, šang, 65/66 ilan wang ci encu akū kai, julge dailiyoo,
孔(有德)·耿(仲明)·尙(可喜) 세 王과 다르지 않을 것이다. 옛날에 大遼·

aisin, dai yuwan siran siran i nikan i doro be gaifi banjiha be,
金· 大元이 잇달아 漢人의 政道를 취해 살아온 것을

jiyanggiyūn inu sambi dere, jiyanggiyūn aikabade sahakū oci, tere
장군 또한 알 것이다. 장군이 만약 몰랐다면, 그

ilan gurun i banjiha kooli be tuwaci acambi, abka jing membe
세 나라가 살아온 예를 살펴야 한다. 하늘은 항상 우리를

gosime wehiyeme aisilambi, uttu oci amba doro be muterakū
사랑하고 지탱해주며 도와준다. 그렇다면 큰 정치를 못할

doro bio, te nikan i ambasai 66/67 boolaha bithe be bahafi tuwaci,
리가 있겠는가? 지금 漢人 대신들이 보고한 글을 얻어서 보면,

koimali jalingga holo tašan ambula yendehebi, han amban ishunde
교활하고 간사하며 거짓됨이 매우 만연해 있다. 황제와 대신 서로

facuhūn ehe umesi jalukabi, ere gemu nikan i gurun efujere doro
혼란과 악행이 매우 가득하다. 이는 모두 漢人의 나라가 무너지고 政道가

dubere erin ofi tuttu kai, jiyanggiyūn si nikan i efujere doro
끝날 때여서 그러한 것이다. 장군 너는 漢人의 무너지는 정사를

be dahūme aitubuci mutereo, ubabe kimcime gūnifi šumin bodofi
다시 회복시킬 수 있겠는가? 이를 상세히 생각하고 깊이 헤아려

hūdulaci acambi,,
속히 부합하라.」

tongki fuka sindaha hergen i dangse
點·圈을 찍은 문자의 檔子

orin uyuci debtelin
29권

wesihun erdemungge i sucungga aniya juwan biya
숭덕 원년 10월

29권, 숭덕 원년 10월

tongki fuka sindaha hergen i dangse,,
點· 圈을 찍은 문자의 檔子.

○ juwan biyai ice juwe de, enduringge han, ming gurun i ning
10월 초 2일에, 성스러운 황제가 명나라의 寧遠과

yuwan, ginjeo goloi baru cooha genehe hošoi mergen cin wang, hošoi
錦州 지역으로 출병했던 호쇼이 머르건 친왕· 호쇼이

erke cin wang, doroi yoto beile, doroi hooge beile, gūsai beise se,
어르커 친왕· 도로이 요토 버일러· 도로이 호오거 버일러· 구사이 버이서들·

geren ambasa be okdome meihe erinde 1/2 mukden hecen i hūturi
여러 대신들을 맞이하러 巳時에 盛京의 福勝門을

hūsun de etehe duka be tucifi, sunja ba i dubede okdofi, cooha
나서서 5里 앞에서 맞이하고,

genehe hošoi mergen cin wang, hošoi erke cin wang, doroi beile se,
출병했던 호쇼이 머르건 친왕· 호쇼이 어르커 친왕· 도로이 버일러들·

gūsai beise se, geren ambasa be acafi teksileme faidafi, jakūn tu be
구사이 버이서들· 여러 대신들을 만나서 정돈하여 정렬하고, 8개의 纛을

juleri sisifi, monggo buren yehere buren burdeme, laba bileri
앞에 꽂고, 몽고 나팔과 소라 나팔을 불며, 나팔과 날라리를

fulgiyeme, 2/3 abka de ilan jergi niyakūrafi uyun jergi hengkilehe,
불고, 하늘에 세 번 무릎 꿇고 아홉 번 고두했다.

tereci enduringge han suwayan cacari caha bade jifi, soorin de
그리고서 성스러운 황제가 황색 천막을 친 곳에 와서 옥좌에

tehe manggi, cooha genehe hošoi mergen cin wang, hošoi erke cin
앉자, 출병했던 호쇼이 머르건 친왕· 호쇼이 어르커 친왕·

wang, doroi beile se, gūsai beise se, geren ambasa be gaifi faidafi
도로이 버일러들· 구사이 버이서들이 여러 대신들을 이끌고 정렬해

iliha manggi, hūlara hafan faida seme hūlaha manggi, geren gemu
서니, 贊禮官이 "정렬하라"고 외치자, 무리가 모두

faidaha, ibe sehe manggi 3/4 ibehe, niyakūra seme hūlaha manggi,
정렬했다. "나아가라"고 하자, 나아갔다. "무릎 꿇으라"고 외치자,

hošoi mergen cin wang, hošoi erke cin wang, geren be gaifi
호쇼이 머르건 친왕· 호쇼이 어르커 친왕이 무리를 이끌고

niyakūraha, hūlara hafan i hūlara be tuwame ilan jergi niyakūrafi
무릎 꿇었다. 贊禮官이 외치는 것을 보며 세 번 무릎 꿇고

uyun jergi hengkilehe, enduringge han hese wasimbume hendume,
아홉 번 고두했다. 성스러운 황제가 명을 내려 말하기를,

tebeliyeme acaki sehe manggi, hošoi mergen cin wang, jergi ci
"껴안으며 만나자" 라고 말하자 호쇼이 머르건 친왕이 행렬에서

ibefi emu jergi niyakūrafi emu jergi hengkilefi tebeliyeme acaha, 4/5
나아가 한 번 무릎 꿇고 한 번 고두하고 껴안으며 만났다.

terei sirame hošoi erke cin wang, emu jergi niyakūrafi emu jergi
그에 이어 호쇼이 어르커 친왕이 한 번 무릎 꿇고 한 번

hengkilefi tebeliyeme acaha, tereci doroi yoto beile, doroi hooge
고두하고 껴안으며 만났다. 그 후 도로이 요토 버일러· 도로이 호오거

beile, gūsai beise šoto, nikan, bohoto, jakana, tuncika, murhu se
버일러· 구사이 버이서 쇼토· 니칸· 보호토· 자카나· 툰치카· 무르후 등이

ahūn i bodome, siran siran i mergen cin wang, erke cin wang ni
맏을 헤아려 연이어 머르건 친왕· 어르커 친왕이

acaha songkoi tebeliyeme acaha, tereci ujen coohai gūsai ejen 5/6
만난 대로 껴안으며 만났다. 그 후 重軍의 구사의 어전

ši ting ju, ma guwang yuwan julesi ibefi emte jergi niyakūrafi, emte
石廷柱· 馬光遠이 앞에 나아가 한 번씩 무릎 꿇고 한 번씩

jergi hengkilefi, buhi be tebeliyeme acaha, tuttu acara doro wajiha
고두했으며 무릎을 껴안으며 만났다. 그렇게 알현하는 예를 마친 후에

manggi, hošoi mergen cin wang, hošoi erke cin wang, doroi yoto
호쇼이 머르건 친왕· 호쇼이 어르커 친왕· 도로이 요토

beile, doroi hooge beile be ici ergi ashan de han i hanci tebuhe,
버일러· 도로이 호오거 버일러를 오른쪽 옆에 황제의 가까이에 앉게 했다.

jai gūsai beise se, geren ambasa be 6/7 jergi bodome gemu ici ergi
또 구사이 버이서들· 여러 대신들을 등급을 헤아려 모두 오른쪽에

de tebufi cai omibuha, tereci enduringge han, cooha genehe wang
앉게 하고 차를 마시게 했다. 그 후 성스러운 황제는 출병한 왕들·

sa, beile se, beise se, ambasa be gaifi, tangse de genefi monggo
버일러들· 버이서들· 대신들을 이끌고 堂子에 가서 몽고

buren, yehere buren burdeme, laba bileri fulgiyeme, ilan jergi
法螺와 소라 나팔을 불고 나팔과 날라리를 불며 세 번

niyakūrafi uyun jergi hengkilefi, hanciki be hairandara duka be
무릎 꿇고 아홉 번 고두하고 撫近門을

dosifi, 7/8 honin erinde genggiyen elhe boode wesike,,
들어가 未時에 淸寧宮에 올랐다.

○ ineku ice juwe de, sung šan ci ukame jihe jao io de de
같은 초 2일에, 松山으로부터 도망쳐 온 jao io de에게

sargan, aha emu juru, emu ihan, emu eihen, eigen sargan de emte
부인· 노복 1쌍· 1마리의 소· 1마리의 당나귀를, 부부에게 1벌씩의

jergi etuku, jibehun sishe cirku yooni bufi, sun meiren i janggin de
옷· 이불과 베개를 모두 주고 孫 머이런 장긴에

8/9 afabufi šang yang pu de tebune sehe,,
맡겨 尙陽堡에 가서 살게하라고 했다.

○ ineku ice juwe de, dergi hanciki amba fujin, dergi ashan i
같은 초 2일에, 東宸 大 푸진과 東側

ijishūn fujin, halhūn muke de genefi jidere be okdome, enduringge
淑 푸진이 온천에 갔다가 오는 것을 맞이하러 성스러운

han bonio erinde 9/10 mukden hecen i tondo erdemu de wesibuhe
황제가 申時에 묵던 城의 德盛門을

duka be tucifi, hunehe birai dalin de acafi amasi jifi, coko erinde
나가서 渾河의 河岸에서 만나고 돌아와 酉時에

genggiyen elhe boode wesike,,
淸寧宮에 올랐다.

○ ice duin de, monggo i korcin de takūraha kooli selgiyere
초 4일에, 몽고 코르친에 보낸 弘文院

yamun i aliha bithei da hife isinjiha,, 10/11
大學士 히퍼가 도착했다.

○ ineku ice duin de, be tung be neneme nimeku de siraraků
같은 초 4일에, be tung be가 이전에 병에 걸려 세습하지 못했다고

sehe bihe, nimeme akū oho manggi, be tung be fukjin deribume
했다. 병사한 후에, be tung be가 처음 시작하여

fekšun arame baitalara de tusa araha seme, jui be ing k'o be ineku
明礬을 만들어 사용함에 이익이 되었다 하여 아들 be ing k'o를 같은

nirui janggin siraha, dain de buceci sirambi, nimeku de 11/12 buceci
니루 장긴으로 계승시켰다. 전쟁에서 죽으면 계승한다. 병으로 죽으면

sirarakū,,
계승하지 않는다.

○ ice sunja de, gosin onco hūwaliyasun enduringge han i hesei
초 5일에, 어질고 관대하고 온화하고 성스러운 황제의 旨로

amba dasan i yamun de geren be isabufi hūlaha gisun, muse neneme
大政殿에 무리를 모이게 하고 외친 말. 「우리가 이전에

niyalma isabure jalin de jobombihe kai, te ba ba i niyalma ambula
사람을 모으기 위해 고생했었다. 지금 곳곳의 사람이 많이

isahabi, musei coohai 12/13 niyalmai morin be bireme tarhūla, coohai
모였다. 우리 군사들과 사람들의 말을 모두 살찌워라. 병사들의

agūra uksin saca beri sirdan ai ai jaka be saikan dagila, dogon
병기· 갑옷과 투구· 활과 화살· 각종 물건을 잘 준비하라. 나루터가

jafara be tuwame amba cooha aššambi, morin turga ohode, gūsai
어는 것을 살펴서 대군이 움직여라. 말이 수척하게 되면 구사

ejen nirui janggisa de gemu weile sehe, ere songkoi bithe arafi
어전과 니루 장긴들에게 모두 죄라고 했다. 이대로 글을 써서

tulergi goloi wang sa, beile sebe selgiyeme hendu seme bithe
外藩의 왕들과 버일러들에게 선포하여 말하라.」라고 글을

wasimbuha,, 13/14
내렸다.

○ ineku ice sunja de, ming gurun i baru wasihūn dailame
같은 초 5일에, 명나라를 향해 서쪽을 정벌하러

genehe gūsai ejete, ceni deji gajiha ulin be amba dasan i yamun de
간 구사의 어전들과 그들이 헌상품으로 가져온 물건을 大政殿에서

dere i dele faidame sindafi, enduringge han de gisun
탁상의 위에 정렬하여 놓고 성스러운 황제에게 말을

wesimbuhe manggi, han, jurgan i ambasa de hese wasimbume,
올린 후에 황제가 部의 대신들에게 旨를 내려

coohalaha ambasai deji 14/15 gajiha ai ai jaka be, ehe sain be
「출정한 대신들이 헌상품으로 가져온 각종 물건을 나쁘고 좋음을

ilgame tuwafi wesimbu sehe, jurgan i ambasa tuwafi enduringge
구별하여 보고 올려라」 고 했다. 部의 대신들이 보고 성스러운

han de gisun wesimbuhe manggi, han hese wasimbume hendume,
황제에게 말을 올린 후에 황제가 旨를 내려 말하기를,

bi donjici, baintu dergi be onggohakū, daci baha sain jaka be, deji
「내가 듣기로 바인투가 황상을 잊지 않고 처음부터 얻은 좋은 물건을 헌상품으로

tucibufi gingguleme gajihangge sain, ulai, tantai, adai, asan, ibai,
내어서 공손하게 가져온 것이 좋다. 울라이· 탄타이· 아다이· 아산· 이바이·

suna, fiyanggū, samsika sei gajihangge inu sain, tereci yekšu, 15/16
수나· 피양구· 삼시카 등이 가져온 것 또한 좋다. 그 외에 역슈·

enggetu, buyandai, yecen, turgei, hūsibu, darhan efu, dalai se, daci
엉거투· 부얀다이· 여천· 투르거이· 후시부· 다르한 어푸· 달라이 등이 처음부터

dergi be onggofi ceni beyei bahara de dosifi, deji gaihakū jifi jugūn de
皇上을 잊고 그들 자신의 획득물로 들여서 헌상품으로 취하지 않고 와서, 길에서

buya coohai niyalmai bahangge be ergeleme suweleme gaifi deji
하찮은 병사가 얻은 것을 강제로 뒤져 취해서 헌상품으로

gajihangge, giyan de acarakū, daci gaifi gingguleme asarame ainu
가져온 것이 도리에 맞지 않다. 처음부터 취해서 삼가 보관하며 어찌

gajihakū, jai tuttu ume seme henduhe,, 16/17
가져오지 않았는가? 또 그렇게 하지 말라」 라고 말했다.

○ doroi baturu giyūn wang, doroi bayan beile i deji benjihe
도로이 바투루 군왕· 도로이 바얀 버일러가 헌상품으로 보내온

ulin i ton, doroi baturu giyūn wang aisin juwan yan, aisin i
재물의 수. 도로이 바투루 군왕은 금 10량· 금

hūntahan jakūn, taili duin, gu i hūntahan juwan, toohan emke,
술잔 8개· 잔받침 4개· 옥 술잔 10개· 띠돈 1개·

nicuhe gidakū juwan, nicuhe hose juwe, menggun emu minggan yan,
진주 이마 장식 10개· 진주 상자 2개· 은 1천량·

suwayan giltasikū emke, cekemu ilan, niowanggiyan juwangduwan
황색 片金 1필· 倭緞 3필· 녹색 粧緞

emke, fulgiyan gecuheri juwe, 17/18 suje juwe, pengduwan juwan,
1필· 붉은색 망단 2필· 비단 2필· 彭緞 10필·

g'ao lii bu emke, fangse juwe, lingse juwe, funiyesun emke, ša juwe,
고려포 1필· 紡絲 2필· 綾子 2필· 양털모직물 1필· 紗 2필·

cekemu etuku ilan, juwangduwan etuku ilan, undurakū etuku ilan,
倭緞 옷 3벌· 粧緞 옷 3벌· 龍緞 옷 3벌·

gecuheri etuku juwe, ša gecuheri etuku juwe, aiha etuku juwe,
蟒緞 옷 2벌· 紗 망단 옷 2벌· 유리 옷 2벌·

isu etuku ilan, suje etuku ilan, gulhun suje etuku uheri susai,
靑素緞 옷 3벌· 비단 옷 3벌· 온전한 비단 옷 모두 50이다.

bayan beile aisin juwe yan, 18/19 menggun emu tanggū yan, suwayan
바얀 버일러는 금 2량· 은 100량· 황색

he dz emke, genggiyen emke, lo suje emke, isu emke, pengduwan
양털모직물 1필· 石靑素緞 1필· 羅 비단 1필· 민무늬 청색비단 1필· 彭緞

yangduwan duin, fangse lingse ilan, ša juwe, ifiha etuku juwe,
洋緞 4필· 紡絲 綾子 3필· 紗 2필· 꿰맨 옷 2벌·

pengduwan etuku juwe, ša etuku juwe, etuku suje uheri orin,,
彭緞 옷 2벌· 紗 옷 2벌· 옷· 비단 모두 20이다.

○ jai juwan jakūn gūsade deji gaihangge morin 19/20 gūsin
또한 18개 구사에서 헌상품으로 가져온 것. 말 38마리·

jakūn, gecuheri, suje, suje etuku uheri emu tanggū ninju, menggun
망단과 비단과 비단 옷 모두 160· 은

jakūn tanggū yan, gu i tampin emke, hūntahan ilan, menggun i
800량· 옥 병 1개· 술잔 3개· 은

hūntahan taili duin juru deji gaiha,,
술잔과 잔받침 4벌씩을 헌상품으로 가져왔다.

○ ice ninggun de, niyang niyang gung ni dogon de genehe isun
초 6일에, 娘娘宮의 나루터에 갔던 이순

se isinjiha, ese alame, niyang niyang gung ni 20/21 dogon de
등이 도착했다. 그들이 고하기를, "娘娘宮의 나루터에

jihe ming gurun i cuwan i cooha bederehe manggi, be jihe seme
온 명나라의 水軍이 돌아간 후에 저희가 왔습니다"고

enduringge han de gisun wesimbuhe,,
성스러운 황제에게 말을 올렸다.

○ ineku ice ninggun de, enduringge han i hesei amba dasan i
같은 초 6일에, 성스러운 황제의 旨로 大政殿에

yamun de geren be isabufi hūlaha 21/22 gisun, aisin be enggemu
무리를 모이게 하고 외친 말. 「금을 안장과

hadala yaya jaka de ume ijure, yaya aisin bisire bayan niyalma
굴레 등 모든 물건에 도금하지 말라. 무릇 금이 있는 부유한 자라면

oci, moro fila saifi sabka tū, ulin akū hafirabuha bade baitalaci ombikai,
사발· 접시· 숟가락·젓가락에 도금하라. 재물이 없는 궁벽한 곳에서 사용해야 한다.

ijuha aisin be amasi sume gaici bahambio, ereci julesi,
도금한 것을 다시 벗겨 취할 수 있겠는가? 이후 앞으로

aisin ijure be umesi naka, jai cooha genefi ulin baha niyalma, ulin
금을 도금하는 것을 엄히 금한다. 또 출병하여 재물을 얻은 자는 재물을

be malhūšame etu, ulin baha seme kubun fororo, mocin 22/23 samsu
절약하여 입어라. 재물을 얻었다 하여 棉花를 뽑거나 毛靑布를

jodoro be ume nakara,,
직조하는 것을 그만두지 말라.」

○ ice nadan de wasimbuha bithei gisun, gosin onco hūwaliyasun
초 7일에, 내린 글의 말. 「어질고 관대하고 온화하고

enduringge han i hese, daci toktobume geren de wasimbuha gisun,
성스러운 황제의 旨. 원래 정하여 무리에게 내린 말에서

nicuhe, tana, aisin, menggun, alha, gecuheri, sain suje, yaya sain
"진주· 동주· 금· 은· 閃緞· 망단· 질 좋은 비단 모두 좋은

jaka dele benjici acara jaka be meni meni gūsai ejete de
물건을 위로 보내오면 적합한 것을 각각 구사의 어전들에게

benju, 23/24 benjirakū gidaci weile, tereci tulgiyen, tenteke jaka be
보내라. 보내지 않고 숨기면 치죄한다. 그 외에 그러한 물건을

bahaci, baha niyalma gaisu sehe bihe kai, te donjici gūsa akū
얻으면 얻은 사람이 취하라"고 했었다. 지금 듣건대 구사가 없고,

niru akū ejen akū niyalmai adali benere bade genehekū, gidafi
니루가 없고, 어전이 없는 사람처럼 보낼 곳에 가지 않고 숨겨서

gajifi ere mini bahangge, ere mini booi aha i bahangge seme,
취하고 "이것은 내가 얻은 것이다. 이것은 나의 노복이 얻은 것이다"라며

ini beye be sain arame, meni meni cisui cisui benjindumbi, tenteke
그 스스로를 잘했다고 지어내며 각각 마음대로 보내온다. 그러한

niyalma tede anagan arafi sain jaka be 24/25 ambula gidafi somime
사람은 거기에 구실을 만들어 좋은 물건을 많이 숨기고 감추어서

gajifi komso tucibufi tuwabure arga kai, terei hūlhame benjire
가져오고 적게 내놓아 보이려는 모략일 것이다. 그 몰래 보내온

jaka, eitereci ejen i giyan i iletu baharangge kai, tenteke
물건은 모두 주인이 이치대로 명백하게 얻어야 할 것이다. 그러한

benjihengge be alime gaici, alime gaijara niyalma inu buya, benjire
보내온 것을 받아들이면 받아들인 사람 또한 소인이고 보내온

niyalma inu hūlha kai, yaya niyalma meni meni baha jaka be
사람 또한 도둑이다. 모든 사람이 각각 얻은 것을

gūsai ejen de benefi, gūsai ejen uheri bargiyafi, terei bahangge seme
구사의 어전에게 보내고 구사의 어전이 모두 모아서 그가 얻은 것이라고

ejeme bithe arafi, baintu i adali niyalma 25/26 tucibufi asarame
기록하여 글을 쓰고 바인투와 같은 사람이 내놓아 보관하며

ginggguleme gajifi dorolome tuwabuci, tere giyan kai,,
공손하게 가져와 예로써 내보이면 그것이 도리일 것이다.」

○ ice jakūn de, enduringge han, suduri yamun i lo sio gin,
초 8일에, 성스러운 황제가 國史院의 羅繡錦·

yang fang hing, liyang jeng da, narhūn bithei yamun i lii ci fang,
楊方興· 梁正大, 秘書院의 李棲鳳·

lei hing, kooli selgiyere bithei yamun i wang 26/27 wen kui, ci guwe
雷興, 弘文院의 王文奎· 齋國儒,

žu, uheri be baicara yamun i u ging doo, wang ši je, ese de emte
都察院의 吳景道· 王之哲, 이들에게 1마리씩의

morin šangnaha,,
말을 상으로 내렸다.

○ ineku ice jakūn de, doroi baturu giyūn wang ni cooha ci
같은 초 8일에, 도로이 바투루 군왕의 군대로부터

jafafi gajiha dzung bing guwan coo pi cang, inde bisire juwan
잡아서 데려온 총병관 巢조昌에게, 그에게 있던 10명의

haha 27/28 juwan hehe be dabume gūsin juru aha, ini duin morin be
남자와 10명의 여자를 포함하여 30쌍의 노복, 그의 4마리의 말을

dabume tofohon morin, ini duin losa be dabume sunja losa, sunja
포함하여 15마리의 말, 그의 4마리의 노새를 포함하여 5마리의 노새와 5마리의

eihen, ihan tofohon buhe,,
당나귀, 소 15마리를 주었다.

○ ineku ice jakūn de, ginjeo ci ukame jihe liyang ho de
같은 초 8일에, 錦州로부터 도망쳐 온 liyang ho에게

sargan bufi, eigen 28/29 sargan de emte jergi etuku, jibehun sishe
처를 주고 부부에게 1벌씩의 옷· 이불과

cirku yooni, juwe juru aha, juwe morin, juwe ihan, emu losa, eihen
베개 1벌· 2쌍의 노복· 2마리의 말· 2마리의 소· 1마리의 노새· 당나귀

emke buhe,,
1마리씩을 주었다.

○ ice uyun de, tumet i ombu cūhur i jakade hūda genehe
초 9일에, 투메트의 옴부 추후르 쪽으로 교역을 하러간

nomtu, hūmise isinjiha,, 29/30
놈투· 후미서가 도착했다.

○ juwan emu de, gulu lamun i yengge, aita ukara de hebe bihe,
11일에, 正黃의 영거는 아이타가 도망칠 때에 모의했었다.

dage ukara de geli hebe bihe, dalingho de genehe fonde, ini
大哥가 도망칠 때에 다시 모의했었다. 大凌河에 갔을 때에 그

booi emu akdun haha be giyansi unggihe, mergen cin wang, erke cin
집의 한 건장한 남자를 간세로 보냈었다. 머르건 친왕과 어르커 친왕이

wang ni emgi ning yuwan i baru cooha genehe de, yengge, cen tu wei
함께 寧遠을 향해 출병했을 때에 영거가 前屯衛

jaka ci ini emu 30/31 niyalma be takūraha, ere duin weile be
쪽으로부터 그의 1명의 사람을 보냈었다. 이 4가지 일을

duileci, gemu yargiyan ofi yengge be waha, boigon be talafi
심리하니 모두 사실이어서 영거를 죽였다. 戶를 몰수하여

ini deote de buhe,,
그의 동생들에게 주었다.

○ juwan juwe de, uheri be baicara jurgan i gulu suwayan i
12일에, 都察院의 正黃의

u ging doo be, ini jurgan i nikan bithesi gulu fulgiyan i u janggin i
吳景道를 그 部의 한인 비트허시인 正紅의 u 장긴이

31/32 kadalara lii min biyoo gercileme, geren wang,
관할하는 李民表가 고발하기를, "여러 왕·

ninggun jurgan i aliha ambasa, geren hafasa, daicing duka i tule
六部의 承政 대신들· 여러 대신들이 大淸門의 밖에서

niyakūrafi han be amba soorin be alime gaisu seme hacihiyara de,
무릎 꿇고 황제에게 大座를 받아 취하시라며 재촉할 때에

u ging doo suduri ejere yamun de gisureme tefi, geren hafasai jergi de
吳景道는 國史院에서 말하며 앉아있고 여러 대신들의 등급으로

hengkilehekū, ere be bithei yamun i jang ing kui sambi,
고두하지 않았습니다. 이를 文館의 張應魁가 압니다.

ere 32/33 emu weile, u ging doo, dargū i emgi daicing duka i
이것이 첫째 죄입니다. 吳景道는 다르구와 함께 大淸門의

dorgi, dergi tangkan de bakcilame tefi hendume, mini ere etuku de
안쪽의 동쪽 계단에서 마주보고 앉아 말하기를, '나의 이 옷에

bi alimbaharakū girume ofi oilo kurume daldame etuhe seme
내가 견딜 수 없이 부끄러워서 겉의 쿠리매로 숨겨서 입었다' 라고

dargū de henduhe, dzu janggin i boode genefi duka be dosire de,
다르구에게 말했습니다. 祖(大壽) 장긴의 집에 가서 문을 들어갈 때에

wang ši je be hūlafi si etuku su, ede bi alimbaharakū 33/34
王之哲에게 소리쳐서 '너는 옷을 벗어라. 그것에 내가 견딜 수 없이

girumbi seme gisurehe, ere be dzu janggin i booi niyalma sambi,
치욕스럽다'라고 말했습니다. 이것을 祖(大壽) 장긴의 家人이 압니다.

ere juwe weile, u ging doo daicing dukai wargi dalbade tefi
이것이 둘째 죄입니다. 吳景道는 大淸門의 서쪽 옆에 앉아

hendume, ninggun jurgan i aliha ambasa be gemu waci acambi seme
말하기를, "'六部의 承政들을 모두 죽여야 마땅하다'라고

amba gisun i henduhe, ere be dzu janggin sambi, ere ilan weile,
大言을 말했습니다. 이것을 祖(大壽) 장긴이 압니다. 이것이 셋째 죄입니다.

u ging doo yamularakū, inenggidari nure omime ambula soktome,
吳景道는 등청하지 않고 매일 황주를 마시며 크게 취하여

eihen ci 34/35 tuhefi dere gemu nionggajaha bihe, ere duin weile,
당나귀에서 떨어지고 얼굴이 전부 찰과상을 입었습니다. 이것이 넷째 죄입니다.

u ging doo ini boode juwe ihan bifi holtome emu ihan bi seme,
吳景道는 그의 집에 2마리의 소가 있는데 속여서 1마리의 소가 있다며

šangnara jergi de geli emu ihan gaiha, ere sunja weile, tai kadalara
상을 내리는 등급에서 다시 1마리의 소를 취했습니다. 이것이 다섯째 죄입니다. 臺를 관할하는

ts'ui janggin, u ging doo be nimehe seme dere dasafi nure gamafi
ts'ui 장긴은 吳景道가 병에 걸렸다면서 상을 차려 황주를 가져와

omire de, u ging doo 35/36 jetere jeku akū sere jakade, ts'ui janggin
먹을 때에 吳景道가 먹을 음식이 없다고 말한 이유로 ts'ui 장긴이

sain nure juwe malu, juwe sejen i jeku be, ini hojihon be benebuhe,
좋은 황주 2병· 2대의 수레에 담긴 음식을 그의 사위를 시켜 보내도록 했습니다.

ts'ui janggin i efu mao hing fu i gisurehe be, si el donjiha, erei
ts'ui 장긴의 사위 mao hing fu가 말한 것을 si el이 들었습니다. 이것이

šerime gaiha ninggun weile, u ging doo eihen yalufi dzu janggin i
속여서 취한 여섯째 죄입니다. 吳景道가 당나귀를 타고 祖(大壽) 장긴의

juleri yabuha, ere doro be jurceme gidašaha, ere 36/37 nadan weile,
앞으로 갔습니다. 이는 예법을 위반하고 능멸한 것입니다. 이것이 일곱째 죄입니다.

meni yamun de šui ting gioi, tung jeng be gercileme jihe de, meni
저희의 아문에 šui ting gioi가 佟整을 고발하러 왔을 때에 저희들의

nikan i ambasa sung gu gebungge niyalma be da gerci seme bithede
한인 대신들 중 sung gu라는 이름을 가진 자를 본래 고발자라며 글에

nonggime arabuha, ere jakūn weile be gercilefi, fafun de benjifi
더하여 썼습니다. 이것이 여덟째 죄입니다"고 고발하고 法司에 보내

duileci, gemu tašan ofi, gerci lii min biyoo be waha, ninggun
심리하니 모두 거짓이어서 고발자 李民表를 죽였다. "六部의

jurgan i aliha ambasa be gemu 37/38 waci acambi seme henduhe be
承政 대신들을 모두 죽여야 마땅하다" 라고 말한 것을

donjiha, dzu k'o fa de fonjici, mujangga seme alaha, dzu k'o fa be si
들은 祖可法에게 물으니 사실이라고 고했다. 祖可法에 대해서는 "너는

sini jurgan i niyalmai gisurere be donjifi, si ainu alahakū, si
너의 部의 사람이 말한 것을 듣고 너는 어찌 고하지 않았는가? 너는

holtombi seme dabuhakū, dzu k'o fa de tuhere an i weile dehi sunja
거짓말한다"라며 신경쓰지않고 祖可法에게 처벌할 규정대로 贖을 45량

yan gaiha, u janggin be si sini niyalma be baicahakū, 38/39 encu
취했다. u 장긴을 "너는 너의 사람을 조사하지 않고 다른

gūsade ainu tebuhe seme tuhere an i gūsin yan i weile gaiha,
구사에 어찌하여 두었는가?"라며 처벌하는 규정대로 30량의 贖을 취했다.

lang wei be, si sini ehe facuhūn yabuha be u ging doo be dele
郎位를 "너는 너의 악하고 문란하게 행동한 것을 吳景道가 위에

wesimbuhe seme kimuleme, encu gūsai lii min biyoo be gajifi boo
상주했다며 원한을 품고 다른 구사의 李民表를 데려와 집을

bufi tebuhe, huwekiyebufi habšabuha, sini habšabuha weile gemu
주어 살게 했으며 사주하여 고소하게 했다. 네가 고소하게 한 죄가 모두

tašan oho, erei turgunde, lang wei i boo be talafi, 39/40 emu ubu be
거짓으로 드러났다." 이러한 이유로 郎位의 집을 몰수하고 1分은

fafun de gaiha, emu ubu be lang wei de buhe,,
법사에서 취했다. 1分은 郎位에게 주었다.

○ ineku juwan juwe de, ning yuwan ci ukame jihe lio yen ju
같은 12일에, 寧遠으로부터 도망쳐 온 劉銀住에게

de sargan bufi, eigen sargan de emte jergi etuku, aha juwe juru,
처를 주고 부부에게 1벌씩의 옷· 노복 2쌍·

ihan emke, eihen emke buhe,, 40/41
소 1마리씩· 당나귀 1마리씩을 주었다.

○ ineku juwan juwe de, tulergi goloi monggo karacin i
같은 12일에, 外藩 몽고 카라친의

gurushiyab dureng, ini ambasa, doroi baturu giyūn wang ni emgi
구루스히얍 두렁이 그의 대신들 및 도로이 바투루 군왕과 함께

cooha genehe ambasa be gaifi, enduringge han de hengkileme deji
출정한 대신들을 이끌고 성스러운 황제에게 고두하며 헌상품을

benjime jihe manggi, enduringge han genggiyen elhe booi hūwa de
보내러 온 후에 성스러운 황제가 淸寧宮의 뜰에

dosimbuha manggi, 41/42 gurushiyab dureng, ini ambasa be gaifi,
들어오게 하자 구루스히얍 두렁이 그의 대신들을 이끌고

niyakūrame hengkileme acaha, acame wajiha manggi, hengkileme jihe
무릎 꿇고 고두하며 만났다. 만나기를 마치자 고두하러 온

doroi sarin sarilaha, tere sarin de gurushiyab dureng ceni gajiha
예로 잔치를 베풀었다. 그 잔치에서 구루스히얍 두렁 그가 가져온

deji jafahangge, gurushiyab dureng ini booi ulin, juwangduwan
헌상품을 바친 것. 구루스히얍 두렁이 그의 집의 재물인 粧緞

emke, sunja gecuheri, duin suje, cooha de baha deji juwe morin,
1필· 5필의 망단· 4필의 비단· 전쟁에서 얻은 헌상품인 2마리의 말·

ilan losa, menggun emu tanggū gūsin 42/43 ilan yan, emu ifiha ša,
3마리의 노새· 은 133량· 1필의 수놓은 紗·

emu suje, suje etuku ilan, sereng tabunang uyun losa, emu gecuheri
1필의 비단· 비단 옷 3벌, 서렁 타부낭이 9마리의 노새· 1벌의 망단

etuku, juwan duin suje etuku, tofohon suje, emu tanggū yan
옷· 14벌의 비단 옷· 15필의 비단· 100량의

menggun, wandan tabunang emu morin, juwe losa, uyun suje etuku,
은, 완단 타부낭이 1마리의 말· 2마리의 노새· 9벌의 비단 옷,

yebšu booi ulin, emu juwangduwan, emu gecuheri, ilan suje, juwe
엽슈가 집의 재물인 1필의 粧緞· 1필의 망단· 3필의 비단· 2마리의

morin, maji emu 43/44 morin, emu losa, daicing emu losa, ayusi emu
말, 마지가 1마리의 말· 1마리의 노새, 다이칭이 1마리의 노새, 아유시가 1마리의

losa, sonom emu morin, juwe losa, namusai emu morin, bodi emu
노새, 소놈이 1마리의 말· 2마리의 노새, 나무사이가 1마리의 말, 보디가 1마리의

morin, geren i cooha gidafi deji gajiha morin uyun jafaha bihe,
말, 여러 병사들이 격퇴하여 헌상품으로 취한 말 9마리를 바쳤다.

enduringge han tuwafi gurushiyab dureng ni emu juwangduwan,
성스러운 황제가 보고 구루스히얍 두렁의 1필의 粧緞·

sunja gecuheri, duin suje, suje etuku ilan, dehi 44/45 yan menggun,
5필의 망단· 4필의 비단· 비단 옷 3벌· 40량의 은·

juwe morin, juwe losa, sereng ni ilan losa, suje etuku ilan, menggun
2마리의 말· 2마리의 노새, 서렁의 3마리의 노새· 비단 옷 3벌· 은

dehi yan, wandan i emu morin, emu losa, suje etuku juwe, maji i
40량, 완단의 1마리의 말· 1마리의 노새· 비단 옷 2벌, 마지의

emu morin, emu losa, sonom i emu morin, daicing ni emu losa,
1마리의 말· 1마리의 노새, 소놈의 1마리의 말, 다이칭의 1마리의 노새,

ayusi i emu losa, geren i cooha gidafi gajiha morin jakūn gaiha,
아유시의 1마리의 노새, 여러 병사들이 격퇴하여 취한 말 8마리를 취했다.

tereci gemu bederebuhe,,
그 나머지는 모두 돌려보냈다.

tongki fuka sindaha hergen i dangse
點·圈을 찍은 문자의 檔子

gūsici debtelin
30권

wesihun erdemungge i sucungga aniya juwan biya
숭덕 원년 10월

30권, 숭덕 원년 10월

tongki fuka sindaha hergen i dangse,,
點·圈을 찍은 문자의 檔子

○ tofohon de, hošoi mergen cin wang, hošoi erke cin wang, ming
15일에, 호쇼이 머르건 친왕· 호쇼이 어르커 친왕이 명나라를

gurun i baru cooha genefi ginjeo hoton de ing iliha manggi, hoton i
향해 출병하여 錦州城에 營을 세운 후, 성의

dorgi ts'ui ing ši gebungge niyalma ujulafi susai isire niyalma
안의 崔應時 라는 사람이 수장이 되어 50명에 이르는 사람들이

hebdefi, hū io šeng de bithe jafabufi hošoi erke cin 1/2 wang de
의논하여, 胡有升에게 글을 쥐여주어 호쇼이 어르커 친왕에게

takūraha, tere bithe de henduhe gisun, fucihi hesei abka emu
보냈다.[1] 그 글에서 말한 말. 「부처의 명으로 하늘은 한명의

di wang be na de wasibufi abkai fejergi be facuhūrambi, ju i doro
帝王을 땅에 내려보내서 天下를 어지럽힌다. 朱氏의 政道는

dubefi, te amba aisin i fulehe sure han tucifi ejeleme ilimbi, abkai
끝나고 지금 大金의 출신인 수러 한이 나와서 점령하고 선다. 천하의

---

1 『清太宗實錄』31권 숭덕 1년 10월 丙戌조 기록에 의하면, 錦州城의 崔應時 등은 數千言의 歌謠를 지어서 호쇼이 머르건 친왕과 호쇼이 어르커 친왕에게 보냈다.

fejergi irgen be genggiyen han tucifi uheleme toktobumbi, dergi
백성을 경기연 한이 나와서 통일하고 평정한다. 동쪽

duin bai aisin i cooha dahambi, amargi cahar dahambi, ere ejen 2/3
네 곳의 金의 군대가 따른다. 북쪽의 차하르가 따른다. 이 주인을

oihorilaci ojorakū, abka, fe i funde ice be unggifi abkai fejergi be
경시할 수 없다. 하늘은 옛 것 대신에 새 것을 보내어 천하를

halame jalan be dahūme toktobumbi, ju i doro dubefi abka de
교체하고 세대를 바꾸어 정한다. 朱氏의 政道는 끝나서 하늘로

bederehe, sure han iliha manggi, geren fucihi enduri wasifi sure han
돌아갔다. 수러 한이 선 후에 여러 부처와 神이 내려와 수러 한을

de aisilame han tembi, ere doron abka na salgabuha ci abkai 3/4
도와서 황제에 즉위시킨다. 이 인장은 天地가 개벽한 이래 하늘이

buhengge, nikan han kesi akū ofi, monggo i gala de waliyabuha
준 것이다. 명의 황제에게는 은혜가 없어서 몽고인의 수중에 떨어진지

sunja tanggū aniya i dubede sure han de ombi, amala mile fucihi be
500년 뒤에 수러 한의 것으로 된다. 후에 미륵 부처를

acaha manggi, sain niyalma tucifi sini aisin i beye de dorgideri
만난 후에 賢人이 나와서 그대의 金身을 비밀리에

aisilambi, olhome tucibume gisurerakū, abkai fejergi juwan ilan golo de
돕는다. 두려워서 드러내어 말할 수 없지만 천하 13省에

gemu saisa niyalma bi, guwan yen pusa 4/5 sinde aisilame han tembi,
모두 賢人이 있다. 관음보살이 그대를 도와서 황제에 즉위시킨다.

sansi bade emu unenggi fucihi tucifi aisin i beye de acaki seme
山西 지역에 한명의 진실한 부처가 나와서 金身과 만나려고

inenggidari songgombi, cananggi sansi goloi ping yang fu i si ho wang
매일 哭한다. 이전에 山西省의 平陽府의 西河王이

duin niyalma be takūrafi, cohome liyoodung de sure han be
네 사람을 보내어, 특히 遼東에서 수러 한으로 하여금

han te seme ganafi ertele bedereme jidere unde, sansi golo 5/6
황제에 즉위하라고 데리러 가서 지금까지 돌아오지 않는다. 山西省이

unenggi han be aliyafi acaha manggi turgun be alaki sembi, meni
진실한 황제를 기다려서 만난 후 이유를 고하겠다고 한다. 우리

sansi i ping yang fu i irgen niyalma han i isinjire be aliyafi
山西의 平陽府의 백성은 한이 도착하기를 기다려

irgen be bargiyafi, damu ilan duin minggan cooha be gajime jihede,
백성을 모아서, 다만 3-4천명의 병사를 데려 오면

ba be damu dahafi han i emgi beging de genefi han tembi, julergi
지역민은 오직 따라서 한과 함께 北京에 가서 (그대가) 황제로 즉위한다. 남쪽

goloi hūguwang, sycuwan, jegiyang, fugiyan, guwangdung, guwangsi,
省인 湖廣· 四川· 浙江· 福建· 廣東· 廣西는

gemu sansi i ping yang fu i 6/7 emu niyalma de dorgideri yabume,
모두 山西의 平陽府의 한 사람에게 은밀하게 통하여

dorgi tulergi be emu bade acabufi sure han be wehiyeme han tembi,
內外를 한 곳에 합쳐서 수러 한을 지지하여 (그대가) 황제로 즉위한다.

emu ejen de aisilambi, juwe ejen de aisilarakū, ere bithe i ejen be
한 주인에게 협조하고 두 주인에게 협조하지 않는다. 이 글의 주인을

helnehede, aisin i cooha labdu oci emu tumen, komso oci sunja
부르러 갈 때 金의 병사는 많으면 1만, 적으면 5천을

minggan unggi, guwan wang 7/8 enduri be tuwabume, simbe jorime
보내라. 關王神이 현시하여 그대를 가리켜

sansi i ping yang fu i bade gamafi emu sain niyalma be acambi,
山西의 平陽府의 지역에 데려가서 한 賢人을 만난다.

yan ging de genefi simbe wehiyeme han tebumbi, aikabade tere
燕京에 가서 그대를 지지하고 황제에 즉위시킨다. 만약 그가

isinjirakū ohode, sini han terengge ilan duin biya goidambi, tere
오지 않게 되면 그대의 황제 즉위가 3-4개월 지체된다. 그가

isinjifi sini aisin i beye de acaha manggi, majige andande dulimbai 8/9
와서 그대의 金身과 만난 후, 순식간에 中京을

ging be dahūme ilibufi abkai fejergi irgen sasa dahame jimbi, emu
다시 세우고 천하의 백성이 모두 복종하여 온다. 一代의

jalan i di wang si ejeleme ilire be abkai fejergi niyalma sarkū,
帝王인 그대가 점령하여 설 것을 천하의 사람들은 모른다.

sansi cin jin i ba i emu genggiyen niyalma, tolgin de sini aisin i
山西 秦과 晉의 땅의 한 총명한 사람이 꿈에 그대의 金身을

beyebe sabufi acaki sembi, damu jugūn goro dalibufi isinjici mangga,
보고 만나려고 한다. 다만 길이 멀고 막혀서 도달하기 어렵다.

ertele aliyafi abkai fejergi facuhūraha, 9/10 si yan ging be efulere
지금까지 기다려서 天下는 어지러워졌다. 그대는 燕京을 무너뜨릴

giyan ofi, duin dere jakūn hošo sasa jifi sinde aisilame han tembi,
이치가 있으니 四面과 八方 모두 와서 그대를 도와 (그대가) 황제로 즉위한다.

guwan yen pusa tugi de tuwabume den jilgan i sure han seme
관음보살이 구름에서 나타나서 큰 소리로 "수러 한" 이라고

hūlame, meni gurun i unenggi doron be sinde benehe be, si kemuni
부르고, 우리 나라의 참된 인장을 그대에게 준 것을 그대는 여전히

ulhirakū, cung jeng ni hūturi wajifi doro dubehe, 10/11 si tucifi ejelere
깨닫지 못한다. 崇禎의 福이 다하여 政道가 끝났다. 그대가 나가서 통치하는

giyan, abka cahar be takūrafi sinde unenggi doron be benere de,
이치다. 하늘이 차하르를 보내서 그대에게 참된 인장을 보낼 때

guwan yen pusa, mile pusa, geren fucihi enduri gemu aisilame abkai
관음보살· 미륵보살· 여러 부처와 신이 모두 도와서 천하를

fejergi be ejelere doron be benehe, tere udu tumen cooha beging de
통치할 인장을 보냈다. 그들 수만명 병사가 북경에

dosikangge ja gūnici ojorakū, guwan ši yen pusa 11/12 sini amba
들어온 것이 쉽다고 생각할 수 없다. 관세음보살이 그대의 대군을

cooha be jase dosimbure be si ainambahafi sambi, juwe minggan
경계로 들어가게 하는 것을 그대가 어찌 알 수 있겠는가. 2,500

sunja tanggū amba forgon be, wacihiyame sini amba aisin ejeleme
大運을 모두 그대의 大金이 점유하여

ilimbi, abkai fejergi be ejeleme ilirengge ajige weile waka kai, aisin i
선다. 천하를 점유하여 서는 것은 작은 일이 아닌 것이다. 金의

cooha, wargi monggo gemu ba bade ulin jaka be durime cuwangname
병사나 서쪽의 몽고인은 모두 곳곳에서 재물을 약탈하니

amba weile be muterakū, sini beye cooha gaifi jifi, aisin i
큰 일을 할 수 없다. 그대가 직접 병사를 이끌고 와서 金의

cooha be tacihiyame 12/13 ba be jorime tuwakiyabume, yan ging be
병사를 가르치고 장소를 지시하여 보이고 燕京을

afame baha de, tere boobai mohon akū kai, šanaha i tulergi jakūn
공격하여 취하면 그 보배가 끝이 없을 것이다. 산해관 밖의 8개

hoton i cooha be wacihiyame wasihūn dailame gamaha, hoton
城[2]의 군대가 모두 서쪽으로 정벌하러 갔고, 성이

2 산해관 밖의 여덟 城(關外八城)은 錦州 · 寧遠 · 松山 · 杏山 · 塔山 · 中前 · 中後 · 前屯를 가리킨다.

gemu untuhun oho, ere ucuri si cooha be amba jugūn deri jihe de,
모두 비게 되었다. 이 때에 그대의 군대가 大路를 통해 와서

umai suilarakū jakūn hoton, šanaha, beging, abkai fejergi juwan 13/14
전혀 고생하지 않고 여덟 성· 산해관· 북경· 천하의 13省을

ilan golo be si baharakū ohode, minbe huthufi wame geren
얻지 못하게 되면, 나를 묶어서 죽이고 여러

jiyanggiyūn de tuwabu, bi inu buceki, beleni abkai fejergi be sindafi
장군에게 보이라. 나도 죽겠다. 지금 천하를 두고

cooha baitalame bahanarakū, baibi ulin aisi be doosidarangge, amba
군대를 쓰지 못하고 공연히 재물과 이익을 탐하는 것은 大人의

niyalmai yabun waka kai, abkai fejergi coohai niyalma, aisin i cooha be
행동이 아닌 것이다. 천하의 병사는 金의 군대를

saha de, niyaman šurgembi silhi meijembi, daci bodofi fulgiyan 14/15
보면 심장이 떨리고 간담이 부서진다. 처음에 계획하여 丙子(숭덕1년)·

singgeri fulahūn ihan aniya sure han beging de han tembi,
丁丑年(숭덕2년)에 수러 한은 北京에서 황제에 즉위한다.

tanggūnggeri afaci tanggūnggeri etembi, batalara niyalma akū,
백번 싸워서 백번 이긴다. 적대할 자가 없다.

dung šeng šen jeo baci emu di wang tucimbi, gebu amba aisin, neneme
東勝身洲 땅에서 한명의 帝王이 나온다. 이름은 大金이다. 이전에

dai yuwan, daiming juwe han, sunja tanggū aniya jalundara onggolo,
大元과 大明 두 황제가 500년을 채우기 전에

amba aisin i 15/16 han dasame ilifi abkai fejergi be ejelembi, tere
大金의 황제가 다시 서서 천하를 통치한다. 그

mile fucihi banjinjihangge, abkai fejergi irgen kūbulime halambi,
미륵부처가 下生한 것은 천하의 백성을 바꾸기 위한 것이다.

sure han abkai fejergi be ejeleme iliha manggi, abka, geren enduri
수러 한이 천하를 점유하고 선 후에 하늘· 여러 神兵·

cooha, uyun usiha, orin jakūn usiha, gūsin ninggun enduri, dehi jakūn
9星· 28宿· 36仙· 48神·

enduri, susai ilan fucihi, ninggun pusa, guwan wang cooha gaifi
53부처· 6보살· 關王이 군대를 이끌고

aisilame afambi, nadanju juwe saisa, jakūnju 16/17 emu dung ni
도와서 싸운다. 72賢· 81洞의

enduringge niyalma, ilan minggan šabi dz lu, yan hūi sasa tucifi
聖人· 3천 弟子 子路와 顏回가 일제히 나와서

sure han de aisilame han tembi, yan ging be efulefi jakūn hošoi
수러 한을 도와서 (그대가) 황제로 즉위한다. 燕京을 무너뜨리고 八方의

cooha emu bade isambi, tere gemu sini gala de bucembi, abkai cooha
군대가 한 곳에 모인다. 그들 모두 그대의 손에 죽는다. 天兵·

abkai jiyanggiyūn aisilame, amba aisin be fe soorin de dahūme
天將이 도와서 大金을 옛 보위에 다시

tebumbi, 17/18 daci bodofi ere forgon de si tucire giyan, šanaha
즉위시킨다. 시초에 계획하여 이 時運에 그대가 나올 이치이다. 산해관

furdan i jergi be gemu gidabumbi, emu boo be efulefi abkai fejergi
등은 모두 패배한다. 一家를 멸하여 천하가

meijembi, emu boo be šanggabufi emba aisin dahūme yendembi, ice
무너진다. 一家를 성취하게 하여 大金이 다시 흥한다. 새로운

i fe be halara, abkai fejergi dasame toktoro amba weile be gemu
것으로 옛 것을 바꾸어 천하가 다시 안정되는 큰 일을 모두

wacihiyame sambi, tanggū hacin gemu mini songkoi ohode 18/19
다 안다. 백 가지 모두 나 처럼 되면

gemu bahambi, fucihi hendume, amba aisin be guwan yen pusa
모두 이룬다. 부처가 말하기를, "大金을 관음보살이

aisilame jalan de ilifi abkai fejergi be sure han aitubumbi,
돕기 위해 세상에 서고, 천하를 수러 한이 회복시킨다"(라고 했다.)

aikabade abkai erin dubehekū oci, we ere weile be gisurembi, abkai
만약 天時가 끝나지 않았으면 누가 이 일을 말하겠는가? 천하의

fejergi irgen gemu tolgin de banjimbi kai, ere forgon de 19/20 abka
백성 모두의 꿈에 나올 것이다. 이 時運에 하늘이

mimbe takūrafi amba aisin de aisilame abkai fejergi de han tembi,
나를 보내서 大金을 도와서 천하에 황제로 즉위시킨다.

tolgin i gese weile be sarkūngge akū, mujilen de tebufi asarara
꿈 처럼 일을 모르는 것이 아니다. 마음에 두고 간직할

gojime wede alara, si dergi hošo de giyalabuhabi, bi wargi ergi de
뿐 누구에게 말하겠는가? 그대는 동쪽 방향에 격절되어 있고, 나는 서쪽에서

geleme aššarakū, inenggidari amgaha de gūnime, tolgin de kidume
두려워서 움직이지 않는다. 매일 잘 때에 생각하고 꿈에서 그리워하고

ereme tuwame, yasa gemu farhūn oho, yasai muke be hafirafi
바라며 보고, 눈은 모두 흐릿해지고 눈물을 머금고

olhome gisurerakū, mujilen 20/21 akame hefeli de yasai muke jaluka,
두려워서 말하지 못한다. 마음이 슬프고 가슴에 눈물이 찬다.

ergen be šelefi geneki seci, boo be waliyafi juse sargan jobombi,
목숨을 버리고 가려고 해도, 집을 버리면 자식들과 처가 고생한다.

mini wang abkai fejergi jalin erin be dahūme halambi, duin mederi be
나의 왕은 천하 때문에 時世를 다시 바꾼다. 四海를

facuhūrame uyun jeo hecen i irgen kokirambi, sini mujilen be
어지럽히고 九州의 城의 백성을 해친다. 그대의 마음을

emu jergi icemleme dasatafi abkai fejergi be ejele, nenehe jalan i
한번 새로이 하고 정돈하여 천하를 점유하라. 이전 세대의

han sei gese akū, 21/22 sinde abkai fejergi be encu ilibumbi, erebe
황제들과 같지 않다. 그대에게 천하를 특별하게 세워준다. 이것을

si ulhirakū, abka sini dz wei usiha be takūrafi abkai fejergi be encu
그대는 모른다. 하늘은 그대의 紫微星을 보내서 천하를 특별히

toktobumbi, abkai fejergi hafasa genggiyen han be aliyahabi, yan
평정한다. 천하의 관원들은 겅기연 한을 기다리고 있다. 燕京을

ging be efulehe manggi, ju soorin ci bederembi, dulimbai ging ilire
함락시킨 후에 朱氏는 보위에서 물러난다. 中京을 세우는

be si kemuni tolgin i adali bi, enduri elhe aniya jalan 22/23
것을 그대는 여전히 꿈 처럼 생각한다. 神은 평화로운 해에 세상을

icemleme halambi, cang an i bade wargi cin be ambula efulembi,
새롭게 바꾼다. 長安 땅에서 西秦을 크게 붕괴시키고,

mini beyebe bargiyafi amba weile be icihiyabu, mimbe enteheme
내가 직접 거두어서 큰 일을 처리하게 하라. 나를 영원히

dubei niyalma seme ume gūnire, da hūn dun i fun ci hesebuhengge,
말단의 사람이라고 생각하지 말라. 시초에 渾沌의 나눔으로부터 명을 받기를,

tuktan han tehede julgei emu adali, suwayan morin aniya, abka
처음에 즉위한 때에 옛날과 같이 戊午年(천명3년)에 하늘이

simbe fulingga niyalma be bargiya seme takūraha, fulingga akūngge
그대를 복있는 자를 거두라고 보냈다. 복이 없는 자는

jeyen de genehe, fulingga bisirengge 23/24 sinde aisilame han tembi,
칼날에 죽고 복이 있는 자는 그대를 도와서 (그대가) 황제로 즉위한다.

orin aniya cooha yabufi, fulgiyan singgeri aniya amba cooha be
20년을 전쟁하고 丙子年(숭덕1년) 대군을

unggifi yan ging be efulefi muduri soorin de tembi, sini gūnire gūnin
보내서 燕京을 함락시키고 龍座에 즉위한다. 그대의 생각하는 뜻은

oihori akū, fucihi hesei abkai takūrahangge jakūn hošo sasa sinde
경솔하지 않다. 부처의 지시로 하늘이 보낸 자가 八方에서 일제히 그대를

aisilame abkai fejergi be si uhereme bargiyambi, ere jergi weile
돕고 천하를 그대는 통일하고 수습한다. 이런 류의 일은

gemu mini sarangge, 24/25 mujilen de tebufi sini han tere be aliyahabi,
모두 내가 아는 것으로, 마음에 두고 그대가 즉위하는 것을 기다리고 있다.

abkai fejergi an kooli muduri etuku tugi sabu etumbi, mini nikan i
천하의 常例로 용무늬 옷과 구름무늬 신을 신는다. 내가 明의

amba weile yabuci, gemu funiyehe be sulabufi wangse[3] etu, dade nikan
大事를 이루면 모두 털을 남겨서 망건을 써라. 처음에 明을

be bahara onggolo, sini aisin i kooli funiyehe fusifi banjimbihe, te
얻기 전에 그대의 金나라의 例로 털을 깎고 살았었다. 이제

nikan be bahaci, daiming hūwangdi hafasai etuku mahala i an be
明을 얻으면 대명 황제의 관원들의 옷과 겨울모자의 例를

3 'wangse'는 한어 '網子' 즉 망건(網巾)의 음역으로 추정된다.

25/26 dahame icemleme halafi emu adali obu, neneme dalingho de
따라 새롭게 바꾸어서 하나처럼 되어라. 이전에 大陵河에서

bi sinde emu niyalma be benefi, simbe tere be jafafi ume sindara
내가 그대에게 한 사람을 보내서, 그대에게 "그를 잡고 놓아주지 말라"고

sehengge, si uthai sindafi unggihe, tere be sindafi unggirakū bihe
했는데, 그대는 즉시 놓아주어 보냈다. 그를 놓아주어 보내지 않고 있었으면

bici, beging be aifini bahambihe, ere mudan de tere cooha gaifi
북경을 벌써 얻었을 것이다. 이번에 그가 병사를 이끌고

wasihūn dailanafi, cung jeng 26/27 imbe wesibufi du yuwanšuwai obufi
서쪽을 정벌해서 崇禎帝는 그를 승진시켜 都元帥로 삼아

abkai fejergi hafasa gemu inde kadalabumbi, udu cooha be gaifi
천하의 관원들이 모두 그에게 관할되게 했다. 비록 병사를 이끌고

yabumbi seme mujilen kemuni sini baru, abkai fejergi amba weile
간다 해도 마음은 여전히 그대의 쪽이다. 천하의 大事는

gisureme wajirakū, ere bithe be tuwafi ebšeme amba cooha be gaifi
말하기를 다 할 수 없다. 이 글을 보고 급히 대군을 이끌고

amba jugūn be jio, dalire niyalma akū, emu niyalma be takūrafi
큰 길로 오라. 막을 자가 없다. 한 사람을 보내서

mejige alanggi, bi 27/28 ubade belheki, jakūn hoton emu hoton be
소식을 보고하라. 나는 여기에서 준비하겠다. 8개 성의 1개 성을

baha de gūwa be gemu bahambi kai, gūwa mudan gese ume gūnire,
얻으면 다른 것을 모두 얻는 것이다. 다른 때처럼 생각하지 말라.

amba cooha šanaha de jifi ing ilibuha de, umai suilaburakū, jakūn
대군이 산해관에 와서 營을 세운 때에 전혀 수고하지 않고 8개

hoton uthai dahambi, angga be sihede tere aibi deri ukambi, ainara
성은 즉시 항복한다. 입구를 막으면 그가 어디를 통해 도주하겠는가? 어쨌건

ebšeme jio, fucihi hesei abkai han aisilame 28/29 simbe han obumbi,
급히 오라. 부처의 지시로 天帝가 도와서 그대를 즉위시킬 것이다.

coohai niyalma be fafulafi ulin be ume doosidara, gin luwan diyan
병사에게 금지시켜서 재물을 탐하지 말게 하라. 金鑾殿의

muduri soorin de tehe manggi, hafasa be icemleme halame sinda,
龍座에 앉은 후 관원들을 새로이 바꾸어 임명하라.

doosi miosihon hafasa be wacihiyame wafi, fe soorin de dahūme
탐욕하고 사악한 관원들을 모두 죽이고, 옛 옥좌에 다시

tefi abkai fejergi be ejele, bi te dai yuwan, daiming sunja tanggū
앉아서 천하를 점유하라. 나는 지금 大元과 대명이 500년을

aniya jalundarakū amba aisin i 29/30 han fe doro be dahūme
채우지 못하고 大金의 한이 옛 政道를 다시

yendebumbi seme gisurehebi, sunja tanggū aniya i sidende urunakū
일으킨다고 말하고 있다. 500년 사이에 반드시

enduringgge niyalma tucimbi serengge, musei han be kai,
덕이 있는 사람이 나온다고 하는 것은 우리의 황제인 것이다.

tumen tumen aniya goidakini,,
만만년 영원하라.」

○ ts'ui ing ši de hošoi erke cin wang, doroi hooge beile i karu
崔應時에게 호쇼이 어르커 친왕· 도로이 호오거 버일러가 답을

unggihe bithei gisun, 30/31 daicing gurun i hošoi erke cin wang,
보낸 글의 말. 「대청국의 호쇼이 어르커 친왕·

doroi hooge beile i bithe, ginjeo i hoton be tuwakiyara ts'ui
도로이 호오거 버일러의 글. 錦州城을 지키는 崔(應時)

jiyanggiyūn de unggihe, sini takūraha juwe niyalma jifi, ts'ui
장군에게 보낸다. 그대가 보낸 두 사람이 와서 "崔(應時)

jiyanggiyūn gurun boo be gaifi, amba weile be mutebuki, abkai erin
장군이 國家를 이끌어 大事를 성취하려고 한다. 天時에

de acabuki sehe manggi, meni jihe gūnin de acabuha seme
맞추려고 한다" 라고 하니, 우리가 온 뜻과 부합하여

urgunjeme wajirakū, meni cooha gaifi jihengge, inu abka be dahame
기쁘기 그지없다. 우리가 군대를 이끌고 온 것은 또한 天意를 따르고

niyalmai gūnin de 31/32 acabume jihebi, unenggi ere weile be
人心과 합치하도록 왔다. 진실로 이 일을

mutebuci, sini bayan wesihun be ai hendure, jiyanggiyūn akdarakū
이루면 그대의 부귀는 말할 것도 없다. 장군이 믿지 못하면

oci kung, geng, šang be donjihakūbio, sini ere gung tere ilan
孔(有德) · 耿(仲明) · 尙(可喜) 에 대해 듣지 않았는가? 그대의 이 功은 그 세

niyalma ci ai dalji, tere anggala, dalingho i tanggū jergi afafi
사람보다 뛰어나다. 그 뿐만 아니라 大凌河의 백번 싸워서

gamaha hafan cooha be ujifi, gurun de uju jergi amban obufi
데려온 관원과 병사를 살려서 국가에 1등 대신으로 삼아서

baitalaha be jiyanggiyūn inu donjiha dere, 32/33 julgeci ebsi mergese,
쓴 것을 장군도 들었을 것이다. 옛날부터 智者들은

abkai erin be dahame ucuri de acabume yabuhangge inu ambula bi,
天時를 따르고 時運에 맞추어 행한 자가 또한 많이 있다.

jiyanggiyūn ai sarkū, damu jihe juwe niyalma de jiyanggiyūn i
장군이 어찌 모르겠는가? 다만 온 두 사람에게 장군의

bithe akū ofi, be kenehunjembi, unenggi sain gūnin bici, hūdun
글이 없어서 우리는 의심한다. 진실로 좋은 뜻이 있으면 속히

akdun bithe unggi sehe manggi, ts'ui ing ši i boljome unggihe
믿을 글을 보내라.」라고 한 후, 崔應時가 약속하여 보낸

bithei gisun, orin juwe de ambula sain, 33/34 yamjiha manggi
글의 말. 「22일에 大吉하다. 저녁 이후

jai ging ni onggolokon amba cooha be dasatafi hecen i julergi emu
2更 조금 전에 대군을 정렬하여 성의 남쪽의 한

bade tatabu, dergi guwan i tulergi emu bade tatabu, hecen i
곳에 배치하라. 東關의 밖의 한 곳에 배치하라. 성의

amargi derei dukai wargi ilaci fuka i teisuleme ing ilifi ume aššara,
북면의 문의 서쪽 셋째 甕城을 향해서 진을 치고 움직이지 말라.

tuttu oho manggi, bi dorgideri hūsutuleki, amba cooha be dasatafi
그렇게 된 후에 나는 내부에서 힘을 다하겠다. 대군을 정렬하여

duin dere ci gemu sasari kaicabu, sasari juwe jergi kaicaha 34/35
사면으로부터 모두 일제히 함성지르게 하라. 일제히 두 번 함성지른

manggi, ilaci jergi kaicara de, wan be dasatafi hecen i fejile
후에 세 번 함성지를 때 사다리를 정돈하여 성의 아래에

isibu, bi hecen i ninggude sasari gala aššaki, hecen i ninggude
이르게 하라. 나는 성의 위에서 일제히 행동하겠다. 성의 위에서

dengjan be jafafi acinggiyambi, gūwa keremu inu wacihiyame dengjan
등불을 잡고 흔들겠다. 다른 성가퀴도 모두 등불을

be lakiyahabi, tere be calame tuwarahū, san guwan miyoo i wargi de
걸겠다. 그것을 잘못 볼까 우려된다. 三官廟의 서쪽에

wacihiyame monggoso bi, tede olhošo, monggorome bahanara
모두 몽고인들이 있다. 그들을 주의하라. 몽고말을 할 수 있는

niyalma be unggifi hendure gisun, 35/36 suwe hūdun meni han de
사람을 보내서 말하게 하기를 "너희는 속히 우리 한에게

daha seme gisurebu, dergi guwan i amargi derei duka, dergi derei
항복하라"고 말하게 하라. 東關의 북면의 문, 동면의

duka, julergi derei duka, ede gemu emte tanggū niyalma duka be
문, 남면의 문, 여기에 모두 100명씩의 사람이 문을

tuwakiyahabi, aisin i cooha be dasatafi gemu sasari julesi jio, abka,
지키고 있다. 金의 군대를 정렬하여 모두 일제히 전진해 오라. 하늘과

fucihi dalimbi, mini gūwa gisun gisurehe seme wajirakū, 36/37 hecen i
부처가 보호할 것이다. 나의 다른 일에 대해서는 말이 다 끝나지 않았다. 성의

ninggude mini niyalma gemu šanggiyan guwafu be temgetuleme
위에서 나의 사람은 모두 흰 막대기를 표식하도록

hūwaitambi,[4] mini hecen i ninggude bisire niyalma manjurame den
묶을 것이다. 나의 성의 위에 있는 사람이 만주어로 큰

jilgan i hūlame ohode, uthai hecen i dade isinju, wan be ilibuha
소리로 외치면 즉시 성의 아래에 도착하라. 사다리를 세운

manggi, hecen i dabali futa be tuhebume sindara, tere futa be gala
후에, 성을 넘어서 밧줄을 늘어뜨려 두겠다. 그 밧줄을 손으로

---

4 [簽註] gingguleme baicaci, fe manju gisun bithede, šanggiyan guwafu be temgetuleme hūwaitambi serengge, uthai šanggiyan umiyesun be guwafu de hūsibufi temgetu obumbi sere gūnin sehebi,, 삼가 찾아보니 『舊淸語』에서 'šanggiyan guwafu be temgetuleme hūwaitambi'(흰 막대기를 표식하도록 묶는다)는 것은 즉 'šanggiyan umiyesun be guwafu de hūsibufi temgetu obumbi'(흰 띠를 곤봉에 둘러서 표식으로 삼는다)는 뜻이라고 했다.

tatame jafafi wesihun tafanju, mujilen de tumen tumen ejeme gaisu,
당겨 잡고 위로 올라오라. 마음에 만만번 기억해 두라.」

tuttu boljome gisureme 37/38 wajifi, hošoi erke cin wang, coohai
그렇게 약속하여 말하기를 마치고, 호쇼이 어르커 친왕은 병사들에게

niyalma be wan dagilabufi, ginjeo hoton i amargi dere be jai ging
사다리를 준비시키고 錦州城의 북쪽 면을 2更의

ni dubede afanafi, boljoho erin jurcefi weile mutehekū bederehe
끝에 공격하러 가서, 약속한 때에 엇갈려서 일을 이루지 못하고 돌아온

manggi, hoton i dorgi niyalma serefi ts'ui ing ši i jergi niyalma be
후에, 성의 안의 사람들이 알아서 崔應時 등의 사람들을

baicame jafara de, jang šoo jeng, men ši wen, men ši k'o, cin
조사하고 체포할 때 張紹禎· 門世文· 門世科· 秦永福

yung fu se ukame tucifi 38/39 jihebi, hošoi mergen cin wang, hošoi
등은 도주하여 빠져나와서 왔다. 호쇼이 머르건 친왕· 호쇼이

erke cin wang gajifi enduringge han de acabuha manggi, enduringge
어르커 친왕이 데려와서 성스러운 한에게 보인 후에 성스러운

han hese wasimbume hendume, udu deribuhe weile be mutehekū
한은 旨를 내려서 말하기를, "비록 시작한 일을 이루지

bicibe, da gūnin kemuni muse de bihe seme, hū io šeng be meiren
못했지만 本心은 항상 우리에게 있다"고 하고, 胡有升을 머이런

i janggin obufi, juwe sargan bufi, uju jergi hūrha seke i dahū 39/40
장긴으로 삼고, 2명의 妻를 주고, 1급의 후르하 貂皮 털가죽외투

emke, dobihi dahū emke, sain gecuheri burgiyen manju seke i doko i
1벌· 여우 털가죽외투 1벌· 양질의 蟒緞 겉감과 만주 초피 속감의

sijigiyan jibca emke, cuse i burgiyen i honci jibca emke, jingse
袍 가죽옷 1벌· 紬子의 겉감의 양 가죽옷 1벌· 頂子를

hadaha seke i mahala emke, seke i kamtu mahala emke, aisin
박은 초피 겨울모자 1개· 초피 氈帽와 겨울모자 1개· 금

ijume dushuhe umiyesun de fungku fadu huwesi hūwaitahai emke,
입히고 조각한 요대에 수건과 주머니와 단도를 묶은 것 1개·

šempi kubuhe uju jergi gūlha emu juru, jai jergi gūlha emu juru,
綠斜皮를 테두른 1급의 신발 1쌍· 2급의 신발 1쌍

40/41 suje orin, mocin samsu jakūnju, menggun sunja tanggū yan,
비단 20필· 毛靑布 80필· 은 500량·

uju jergi foloho jebele de beri niru sisihai emke, uju jergi
1급의 조각한 화살통에 활과 화살을 꽂은 것 1개· 1급의

foloho enggemu, hadala, kūdarhan, ulkume, kandarhan, fulgiyan jafu
조각한 안장· 굴레· 밀치· 말가슴걸이· 말가슴장식· 붉은 모직물

i tohoma, samsu i sijiha gidacan, sarin i soforo i enggemu juwe,
말다래· 翠藍布를 꿰맨 안장장식· 가랑이가죽 깔개 있는 안장 2개·

necin foloho hadala, kūdarhan, fulgiyan jafu i tohoma, samsu i
음각한 굴레· 밀치· 붉은 모직물 말다래· 翠藍布를

sijiha gidacan, šanggiyan jafu i soforo i 41/42 enggemu juwe, bai
꿰맨 안장장식· 흰 모직물 깔개 있는 안장 2개· 일반

hitha hadaha hadala, kūdarhan, šanggiyan jafu i tohoma, ihaci
금장식을 박은 굴레· 밀치· 흰 모직물 말다래· 소가죽

gidacan, aha dehi juru, morin orin, losa juwan, eihen juwan, ihan
안장장식· 노예 40쌍· 말 20마리· 노새 10마리· 당나귀 10마리· 소

orin, jai jang šoo jeng, men ši wen be jalan i janggin obufi
20마리를 주었다. 둘째, 張紹禎과 門世文을 잘란 장긴으로 삼고,

juwete sargan bufi, silun i dahū emte, dobihi dahū emte,
2명씩의 妻를 주고, 스라소니 털가죽외투 1벌씩· 여우 털가죽외투 1벌씩·

cuse i burgiyen i honci jibca emte, jingse hadaha 42/43 seke i
紬子 겉감의 양 가죽옷 1벌씩· 頂子를 박은 초피

mahala emte, jai jergi foloho umiyesun de fungku fadu huwesi
겨울모자 1개씩· 2급의 조각한 요대에 수건과 주머니와 단도를

hūwaitahai emte, šempi hafiraha gūlha emte juru, jai jergi foloho
묶은 것 1개씩· 綠斜皮를 끼운 신발 1쌍씩· 2급의 조각한

enggemu emte, hadala, kūdarhan, ulkume, kandarhan, fulgiyan jafu i
안장 1개씩· 굴레· 밀치· 말가슴걸이· 말가슴장식· 붉은 모직물

tohoma, samsu i sijiha gidacan, sarin i soforo i enggemu emte,
말다래· 翠藍布를 꿰맨 안장장식· 가랑이가죽 깔개 있는 안장 1개씩·

necin foloho hadala, kūdarhan, fulgiyan jafu i tohoma, samsu i
음각한 굴레· 밀치· 붉은 모직물 말다래· 翠藍布를

sijiha gidacan, šanggiyan jafu i soforo i 43/44 enggemu juwete,
꿰맨 안장장식· 흰 모직물 깔개 있는 안장 2개씩·

hitha hadaha hadala, kūdarhan, šanggiyan jafu i tohoma, ihaci
금장식을 박은 굴레· 밀치· 흰 모직물 말다래· 소가죽

gidacan, jai jergi foloho jebele de beri niru sisihai emte, aha
안장장식· 2급의 조각한 화살통에 활과 화살을 꽂은 것 1개씩· 노예

gūsita juru, morin tofohoto, losa sunjata, eihen sunjata, ihan tofohoto,
30쌍씩· 말 15마리씩· 노새 5마리씩· 당나귀 5마리씩· 소 15마리씩·

suje tofohoto, mocin samsu ninju sunjata, menggun duite tanggū yan,
비단 15필씩· 毛靑布 65필씩· 은 400량씩을 주었다.

ilaci cin yung fu, men ši k'o be nirui 44/45 janggin obufi, sargan
셋째 秦永福· 門世科를 니루 장긴으로 삼고, 처

emte bufi, dobihi dahū emte, cuse i burgiyen i honci jibca emte,
1명씩을 주고, 여우 털가죽외투 1벌씩· 紬子 겉감의 양 가죽옷 1벌씩·

seke i kamtu mahala emte, foloho umiyesun de fungku fadu huwesi
초피 氈帽와 겨울모자 1개씩· 조각한 요대에 수건과 주머니와 단도를

hūwaitahai emte, šempi hafiraha gūlha emte juru, suje juwanta,
묶은 것 1개씩· 綠斜皮를 끼운 신발 1쌍씩· 비단 10필씩·

mocin samsu susaita, menggun ilata tanggū yan, aha orita juru,
毛靑布 50필씩· 은 300량씩· 노예 20쌍씩·

ilaci jergi foloho jebele de beri niru 45/46 sisihai emte, hokton i
3급의 조각한 화살통에 활과 화살을 꽂은 것 1개씩· 참나무

enggemu emte, ilaci jergi foloho hadala, kūdarhan, fulgiyan jafu i
안장 1개씩· 3급의 조각한 굴레· 밀치· 붉은 모직물

tohoma, samsu i sijiha gidacan, sarin i soforo i enggemu emte,
말다래· 翠藍布를 꿰맨 안장장식· 가랑이가죽 깔개 있는 안장 1개씩·

necin foloho hadala, kūdarhan, fulgiyan jafu i tohoma, samsu i
음각한 굴레· 밀치· 붉은 모직물 말다래· 翠藍布를

sijiha gidacan, šanggiyan jafu i soforo enggemu emte, hitha
꿰맨 안장장식· 흰 모직물 깔개 있는 안장 1개씩· 금장식을

hadaha hadala, kūdarhan, šanggiyan jafu i tohoma, ihaci gidacan,
박은 굴레· 밀치· 흰 모직물 말다래· 소가죽 안장장식·

morin juwanta, losa sunjata, eihen 46/47 sunjata, ihan juwanta, ede
말 10마리씩· 노새 5마리씩· 당나귀 5마리씩· 소 10마리씩, 여기에

boo bufi niyalmai baitalara ai ai jaka gemu bufi mujakū ujihe,,
집을 주고 사람이 사용하는 각종 물건을 모두 주고 잘 보살폈다.

tongki fuka sindaha hergen i dangse

點·圈을 찍은 문자의 檔子

gūsin emuci debtelin

31권

wesihun erdemungge i sucungga aniya juwan biya

숭덕 원년 10월

31권, 숭덕 원년 10월

tongki fuka sindaha hergen i dangse,,
點·圈을 찍은 문자의 檔子

○ juwan ninggun de, enduringge han, hošoi cin wang sa, doroi
16일에, 성스러운 황제는 호쇼이 친왕들· 도로이

giyūn wang sa, doroi beile se, gūsai beise sebe gaifi, sarhū, jaifiyan i
군왕들· 도로이 버일러들· 구사이 버이서들을 거느리고 사르후· 자이피얀

baru giyahūn maktame muduri erinde dorgi be hūwaliyambure
쪽으로 매사냥을 하러 辰時에 內治門을

duka be tucifi, ninggun debume giyahūn maktafi, orin ilan de
나가 6일을 묵으며 매사냥을 하고 23일

honin 1/2 erinde hūturi hūsun de etehe duka be dosika,,
未時에 福勝門을 들어왔다.

○ ineku juwan ninggun de, tulergi goloi monggo beise ambasa de
같은 16일에, 外藩 몽고의 버일러들· 대신들에게

irgen i hūlha holo ehe facuhūn be gisureme fafun i bithe
民人의 절도와 악행을 논의하는 법률 문서를

wasimbume, culgan culgame, cahar, kalkai beise sede uheri be
내리고 회맹하러, 차하르· 칼카의 버일러들에게 都察院의

baicara 2/3 jurgan i aliha amban asidarhan nakcu, monggo jurgan i
承政 아시다르한 낙추· 몽고아문의

aliha amban dayaci tabunang, korcin i beise sede kooli selgiyere
承政 다야치 타부낭을, 코르친의 버일러들에게는 弘文院

yamun i aliha bithei da hife, monggo jurgan i aliha amban nikan be
대학사 히퍼· 몽고아문의 承政 니칸을

unggihe, esede unggihe bithei gisun, enduringge han i hese,
보냈다. 이들에게 보낸 글의 말. 「성스러운 황제의 旨를

asidarhan nakcu, hife sede 3/4 wasimbuha, culgan de isaha goloi
아시다르한 낙추와 히퍼 등에게 내린다. 회맹에 모인 지역의

geren hošoi cin wang, doroi giyūn wang, doroi beile, yaya beise
모든 호쇼이 친왕· 도로이 군왕· 도로이 버일러· 모든 버이서들에게

sei baru hendure gisun, te juhe jafame uthai coohalambi, ere sidende
하는 말. "지금 얼음이 얼면 곧 출병할 것이다. 그 사이에

yaya niyalma enduringge han de hengkileme genere be, hengkileme
모든 사람이 성스러운 황제에게 고두하러 가는 것, 고두하러

unggire be, jai niyamarame jidere be gemu naka seme nakabu,
보내는 것, 또 친척으로 오는 것을 모두 중지하라"고 하여 중지시켜라.

ere gisun be 4/5 enduringge han i hese seme ume hendure, suweni
이 말을 성스러운 황제의 旨라고 말하지 말라. 너희의

cisui seme hendu, jidere be nakabure turgun, musei dorgi gurun i
뜻이라고 말해라. 오는 것을 중지시킨 이유는 우리 內國의

jeku ufarahabi, jeku salame ulebure sula anggala ambula, hengkileme
곡식이 잘못되어 곡식을 분배하여 먹여야 할 閑散 인구가 많다. 고두하러

jihe niyalmai morin de jeku ulebuci hamirakū, tuttu ofi
온 사람의 말에게 곡식을 먹이면 감당할 수 없다. 그래서

nakabu sembi, ere bithe be suwe niyalma de donjiburakū jendu
중지시키라고 한다. 이 글을 너희는 사람들에게 알리지 말고 조용히

tuwafi somime asara,, 5/6
보고 숨겨 보관하라.」

○ tulergi goloi hošoi cin wang, doroi giyūn wang, doroi beile de
「外藩의 호쇼이 친왕· 도로이 군왕· 도로이 버일러에게

enduringge han jurgan i ujulaha ambasa be takūrafi,
성스러운 황제가 部의 우두머리 대신들을 파견하여

culgan culgara, amba doroi baita icihiyara, weile beideme unggire
회맹하거나 큰 정사를 처리하거나 죄를 심문하러 보낼 경우,

oci, wang ni jakai gurun i niyalma[1], jihe amban i gebu, jihe
왕의 곁에 있는 국인이 온 대신의 이름과

1 [簽註] gingguleme kimcici, ere wang ni jakai gurun i niyalma sere gisun, ainci uthai wang ni jakade bisire gurun i niyalma sere gisun dere,,
삼가 고찰하건대 이 'wang ni jakai gurun i niyalma'(왕의 곁의 國人)라는 말은 아마도 곧 'wang ni jakade bisire gurun i niyalma'(왕의 곁에 있는 國人)이라는 말일 것이다.

baitai turgun be neneme feksime wang de alana, wang donjihai
온 용건을 먼저 말달려 왕에게 보고하라. 왕은 듣는대로

uthai 6/7 sunja ba i dubede okdo, han i hesei bithe bici, wang
곧 5里 앞에서 맞이하라. 황제의 명한 글이 있으면 왕은

geren be gaifi gemu morin ci ebufi wargi ergide faidame ilifi, han i
무리를 거느리고 모두 말에서 내려 서쪽에 정렬하여 서서 황제가

hesei bithe duleke manggi, morin yalufi amargi deri amcame
명한 글이 지나간 후 말을 타고 뒤에서 따라

dosifi, han i bithe be juleri sindafi gamame boode isinaha manggi,
들어가고 황제의 글을 앞에 놓고 받들어 집에 도착한 후,

dere de hiyan dabufi, bithe gamaha amban 7/8 bithe be dere de
탁자에 향을 태우고 글을 받든 대신은 글을 탁자에

sindafi, dergi ashan de wasihūn forome ilimbi, wang emu jergi
놓고 동쪽 측면에서 서쪽을 향하여 선다. 왕은 한 번

niyakūrafi ilan jergi hengkilefi, wang niyakūrahai bimbi, bithe
무릎 꿇고 세 번 고두하고 왕은 무릎 꿇고 있는다. 글을

gamaha amban bithe be dere ci gaifi, hūlara niyalma de bufi,
받든 대신은 글을 탁자에서 취하여 贊禮官에게 주고

hūlara niyalma ilihai hūlame wajiha manggi wang de alibumbi,
찬례관은 선 채로 읽기를 마친 후 왕에게 바친다.

wang juwe galai alime gaifi, ini niyalma de 8/9 bufi, emu jergi
왕은 두 손으로 받들어 취하여 그의 사람에게 주고, 한 번

niyakūrafi ilan jergi hengkileme wajiha manggi, hesei bithe be
무릎 꿇고 세 번 고두하기를 마친 후, 명한 글을

neneme asarabufi, wang takūraha amban ishunde emte jergi niyakūrafi
먼저 보관하게 하고, 왕과 파견한 대신이 서로 한 번씩 무릎 꿇고

emte jergi hengkileme doro arafi, dulimba be funtuhun obufi, takūraha
한 번씩 고두하는 예를 하고, 중앙을 비워두게 하고 파견한

amban dergi ergide, wang wargi ergide bakcilame tembi, han i
대신은 동쪽에, 왕은 서쪽에 마주보고 선다. 황제의

hesei bithe akū oci, wang uthai morin i dele 9/10 acafi, emte
명한 글이 없으면 왕은 곧 말 위에서 만나고 각자의

ergide adafi boode isinaha manggi, morin ci ebufi ishunde emte
방향에서 병렬하여 집에 도착한 후 말에서 내려 서로 한 번씩

jergi niyakūrafi emte jergi hengkilefi, wang wargi de, genehe amban
무릎 꿇고 한 번씩 고두하고 왕은 서쪽에, 출정한 대신은

dergi de bakcilame te, han i hese be alara de, wang niyakūrafi
동쪽에 마주보고 서라. 황제의 旨를 고할 때 왕은 무릎 꿇고

donji, enduringge han i kesi šang benere, hetu baita takūraha
들어라. 성스러운 황제가 恩賞을 보내면 (혹은) 중요하지 않은 일로 파견한

ambasa hiyasa geneci, ineku jakai gurun i niyalma, jihe 10/11 amban i
대신들· 시위들이 가면, 마찬가지로 (왕) 옆의 國人이 온 대신의

gebu, baitai turgun be neneme alana, wang ini kūwaran tucime
이름과 용건을 먼저 보고하라. 왕은 그의 처소(營)를 나가

okdofi boode isinaha manggi, han i kesi šang be alibure de,
맞이하고 집에 도착한 후 황제의 恩賞을 받게 할 때

niyakūrame alime gaifi, eture jaka oci, etufi han i baru juwe jergi
무릎 꿇고 받아 취하고, 입는 물건이면 입고 황제의 방향으로 두 번

niyakūrafi ninggun jergi hengkilembi, bai ulin jetere jaka oci,
무릎 꿇고 여섯 번 고두한다. 보통 재물이나 먹는 물건이면

niyakūrafi alime gaifi 11/12 ineku juwe jergi niyakūrafi ninggun jergi
무릎 꿇고 받아 취하고 마찬가지로 두 번 무릎 꿇고 여섯 번

hengkile, ineku dulimba be funtuhun obufi, wang dergi de,
고두하라. 마찬가지로 중앙을 비워두고 왕은 동쪽에,

genehe amban wargi de tembi, genehe ambasa be fuderengge, okdoko
출정한 대신은 서쪽에 선다. 출정한 대신들을 전송하는 것은 맞이한

bade fudeme benembi, tulergi wang, beile, beise sei hengkileme
곳에서 전송하여 보낸다. 外藩의 왕· 버일러· 버이서들이 고두하러

unggihe niyalma, aika benjime jihe niyalma de enduringge han kesi
보낸 사람, 무언가를 보내러 온 사람에게 성스러운 황제가 恩賞을

šang be ini ejen de bufi 12/13 unggici, isinaha manggi booci okdome
그의 주인에게 주려고 보내면, 도착한 후 집에서부터 맞이하러

tucifi alime gaifi, han i baru juwe jergi niyakūrafi ninggun jergi
나와서 받아 취하고, 황제의 방향으로 두 번 무릎 꿇고 여섯 번

hengkile, dorgi tulergi hošoi cin wang, doroi giyūn wang, doroi beile,
고두하라. 內外의 호쇼이 친왕· 도로이 군왕· 도로이 버일러·

gūsai beise se ishunde elcin yabuci, kemuni fe an i oso,, 13/14
구사이 버이서들이 서로 사신을 보내면 그대로 예전대로 하라.」

○ ineku juwan ninggun de, gosin onco hūwaliyasun enduringge
같은 16일에, 「어질고 관대하고 온화하고 성스러운

han i hesei toktobuha, cin wang, giyūn wang ni sargan gaijara, jui
황제의 旨로 정했다. 친왕· 군왕이 처를 娶하거나 자식을

bure, urun gaijara yengsi sarin de, enduringge han, gurun i ejen
주거나 며느리를 얻어 혼인잔치할 때 성스러운 황제· 國君 푸진·

fujin, dergi amba fujin, 14/15 wargi amba fujin, dergi ashan i fujin,
東大 푸진· 西大 푸진· 東側 푸진·

wargi ashan i fujin generakū, hošoi cin wang, doroi giyūn wang ci
西側 푸진은 가지 않는다. 호쇼이 친왕· 도로이 군왕 이하

fusihūn, ujulaha ambasa, gurun i gungju se, hošoi gungju se, hošoi
우두머리 대신들· 구룬이 공주들· 호쇼이 공주들· 호쇼이

fujisa, doroi fujisa ci fusihūn gemu gene, doroi beile i sargan
푸진들· 도로이 푸진들 이하는 모두 가라. 도로이 버일러가 처를

gaijara, jui bure, urun gaijara yengsi de, 15/16 doroi giyūn wang,
취하거나 아들을 주거나 며느리를 얻어 혼인잔치할 때 도로이 군왕·

doroi fujin ci fusihūn, ujulaha ambasa gemu gene, gūsai beise sei
도로이 푸진 이하 우두머리 대신들은 모두 가라. 구사이 버이서들이

sargan gaijara, jui bure, urun gaijara yengsi de, doroi beile,
처를 취하거나 아들을 주거나 며느리를 얻어 혼인잔치할 때 도로이 버일러·

doroi beile i sargan, ujulaha ambasa gemu gene, ere genere de baita
도로이 버일러의 처· 우두머리 대신들은 모두 가라. 이 갈 때 일이

bici naka, baita akū baibi siltame generakūci, jurgan i wang
있으면 그만두어라. 일이 없는데 그냥 핑계대고 가지 않으면 部의 왕이

baica, tulergi goloi wang, goloi beile sei 16/17 sargan jui benjire
조사하라. 外藩의 왕· 지역의 버일러들이 딸을 시집보내오는

yengsi sarin, dorgi gurun i gungju se, hošoi gungju se, gege sebe
혼인잔치, 국내의 구룬이 공주들· 호쇼이 공주들· 거거들을

tulergi goloi wang, goloi beile sede bure yengsi sarin, tulergi de
外藩의 왕· 지역의 버일러들에게 시집보내는 혼인잔치, 外藩에

buhe gurun i gungju, hošoi gungju, hošoi gege, doroi gege sebe
시집보낸 구룬이 공주· 호쇼이 공주· 호쇼이 거거· 도로이 거거들을

okdoro fudere doro be gemu neneme wasimbuha bithei songkoi dergi
맞이하고 전송하는 예는 모두 앞서 내린 글대로 上의

hese be tuwambi, hošoi cin wang ni 17/18 sargan gaijara, urun gaijara
旨를 살핀다. 호쇼이 친왕이 처를 취하거나 며느리를 얻을

de etuku benerengge, sijigiyan cuba[2] hūsihan nicuhe aisin menggun i
때 옷을 보내는 것은 袍· 女齊肩朝褂· 치마는 진주와 금은으로

ilha hadame ifime, juwangduwan gecuheri bai suje uheri jakūn jergi,
꽃무늬를 박고 수놓은 粧緞· 蟒緞· 무늬없는 비단으로 총 8벌,

gecuheri suje i jibehun sishe ninggun jergi, aisin i monggolikū emke,
망단· 비단 이불과 요 6벌, 금 목걸이 1개,

fadu emke, amba sifikū ilan, ajige sifikū ilan, suihun emu jergi,
전대 1개, 큰 비녀 3개, 작은 비녀 3개, 귀걸이 1쌍,

guifun juwan, gurun i ambasai juse be 18/19 gaici, sargan jui i
반지 10개이다. 나라의 대신들의 자식들을 娶할 경우 딸의

ama de gecuheri goksi umiyesun mahala gūlha, eme de gecuheri
아버지에게 蟒緞 無扇肩朝衣· 요대· 겨울모자· 신발을, 어머니에게 망단

sijigiyan cuba hūsihan aisin i suihun, juwe morin de foloho
袍· 女齊肩朝褂· 치마· 금귀걸이· 2마리 말에 조각한

---

2 cuba(女齊肩朝褂)는 여성이 입는 大禮服의 일종으로 龍緞(undurakū)으로 만든 소매 없는 上衣를 가리킨다.

enggemu tohohoi bumbi, gurun i ambasa, hošoi cin wang de sadun
안장을 채워서 준다. 나라의 대신들이 호쇼이 친왕과 사돈을

jafaci, jafan tofohon morin, tofohon foloho enggemu hadala, tofohon
맺으면 聘禮는 15마리 말· 15개의 조각한 말안장과 굴레· 15개의

uksin saca, doroi giyūn wang ni sargan gaijara, 19/20 urun gaijara
갑옷과 투구이다. 도로이 군왕이 처를 취하거나 며느리를 얻을

de etuku benerengge, sijigiyan cuba hūsihan nicuhe aisin menggun i
때 옷을 보내는 것은, 袍· 女齊肩朝褂· 치마는 진주와 금은으로

ilha hadame ifime, juwangduwan gecuheri bai suje uheri nadan jergi,
꽃무늬를 박고 수놓은 粧緞· 蟒緞· 무늬없는 비단으로 총 7벌,

gecuheri suje i jibehun sishe sunja jergi, aisin i monggolikū emke,
망단· 비단 이불과 요 5벌, 금목걸이 1개,

fadu emke, amba sifikū ilan, ajige sifikū ilan, suihun emu jergi,
전대 1개, 큰 비녀 3개, 작은 비녀 3개, 귀걸이 1쌍,

guifun jakūn, gurun i ambasai juse be gaici, sargan 20/21 jui i
반지 8개이다. 나라의 대신들의 자식을 娶할 경우 딸의

ama de gecuheri goksi umiyesun mahala gūlha, eme de suje i
아버지에게 蟒緞 無扇肩朝衣· 요대· 겨울모자· 신발을, 어머니에게 비단

sijigiyan cuba hūsihan aisin i suihun, emu morin de foloho
袍· 女齊肩朝褂· 치마· 금귀걸이· 1마리 말에 조각한

enggemu, emu morin de sarin i soforo enggemu tohofi bumbi, gurun i
안장을, 1마리 말에 가랑이가죽의 말안장깔개가 있는 안장을 채워서 준다. 나라의

ambasa, doroi giyūn wang de sadun jafaci, jafan juwan ilan morin,
대신들이 도로이 군왕과 사돈을 맺으면 빙례는 13마리 말·

juwan ilan foloho enggemu hadala, juwan ilan uksin 21/22 saca,
13벌의 조각한 말안장과 굴레· 13벌의 갑옷과 투구이다.

doroi beile i sargan gaijara, urun gaijara de etuku benerengge,
도로이 버일러가 처를 취하거나 며느리를 얻을 때 옷을 보내는 것은

sijigiyan cuba hūsihan nicuhe aisin menggun i iliha hadame ifime,
袍· 女齊肩朝褂· 치마는 진주와 금은으로 꽃무늬를 박고 수놓은

juwangduwan gecuheri bai suje uheri ninggun jergi, gecuheri suje i
粧緞· 蟒緞· 무늬없는 비단으로 총 6벌, 망단· 비단

jibehun sishe duin jergi, aisin i monggolikū emke, fadu emke,
이불과 요 4벌, 금목걸이 1개, 전대 1개,

amba sifikū ilan, ajige sifikū ilan, suihun emu jergi, guifun ninggun,
큰 비녀 3개, 작은 비녀 3개, 귀걸이 1쌍, 반지 6개이다.

gurun i ambasai 22/23 juse be gaici, sargan jui i ama de gecuheri
나라의 대신들의 자식을 娶할 경우 딸의 아버지에게 蟒緞

goksi umiyesun gūlha mahala, eme de suje i sijigiyan cuba
無扇肩朝衣· 요대· 신발· 겨울모자를, 어머니에게 비단 袍· 女齊肩朝褂·

hūsihan aisin i suihun, emu morin de foloho enggemu hadala tohofi,
치마· 금귀걸이· 1마리 말에 조각한 안장과 굴레를 채우고

emu morin sula bumbi, gurun i ambasa, doroi beile de sadun jafaci,
1마리 말은 맨등으로 준다. 나라의 대신들이 도로이 버일러와 사돈을 맺으면

jafan juwan emu morin, juwan emu foloho enggemu hadala, juwan
빙례는 11마리 말· 11개의 조각한 말안장과 굴레· 11벌의

emu uksin 23/24 saca, gūsai beise sei sargan gaijara, urun gaijara de
갑옷과 투구이다. 구사이 버이서들이 처를 취하거나 며느리를 얻을 때

benerengge, sijigiyan cuba hūsihan nicuhe aisin menggun i ilha
보내는 것은 袍· 女齊肩朝褂· 치마는 진주와 금은으로 꽃무늬를

hadame ifime, juwangduwan gecuheri bai suje uheri sunja jergi,
박고 수놓은 粧緞· 蟒緞· 무늬없는 비단으로 총 5벌,

gecuheri suje i jibehun sishe ilan jergi, aisin i monggolikū emke,
망단· 비단 이불과 요 3벌, 금목걸이 1개,

amba sifikū juwe, ajige sifikū juwe, suihun emu jergi, guifun duin,
큰 비녀 2개, 작은 비녀 2개, 귀걸이 1쌍, 반지 4개이다.

gurun i ambasai juse be 24/25 gaici, sargan jui i ama de puse noho
나라의 대신들의 자식을 취할 경우 딸의 아버지에게 흉배가 있는

suje i goksi umiyesun mahala gūlha, eme de suje i sijigiyan
비단 無扇肩朝衣· 요대· 겨울모자· 신발을, 어머니에게 비단 袍·

cuba hūsihan aisin i suihun, emu morin de foloho enggemu
女齊肩朝褂· 치마· 금귀걸이· 1마리 말에 조각한 말안장과

hadala tohofi bumbi, gurun i ambasa, gūsai beise de sadun jafaci,
굴레를 채워서 준다. 나라의 대신들이 구사이 버이서들과 사돈을 맺으면

jafan uyun morin, uyun foloho enggemu hadala, uyun uksin saca,
빙례는 9마리 말· 9개 조각한 말안장과 굴레· 9벌 갑옷과 투구이다.

delhere unde jui oci 25/26 ama i songko, delhehe jui oci ini jergi be
아직 분가하지 않은 아들일 경우 아버지를 따른다. 분가한 아들일 경우 그의 등급을

tuwambi, benere etuku bilaha ci fulu beneci weile, baharakū
살펴본다. 보내는 옷을 정한 것보다 많이 보내면 죄로 한다. 할 수 없는

niyalma juwe sadun hebei ekiyehun oci weile akū, emu jergi de
사람은 두 사돈이 의논하여 줄이면 죄로 하지 않는다. 1벌에는

cuba sijigiyan camci hūsihan fakūri, ere sunja etuku, ilha hadara
女齊肩朝褂· 袍· 短衣· 치마· 바지, 이 다섯 가지 옷이다. 꽃무늬를 꿰맨

etuku, ifime etuku emu jergi ci fulu ume benere, tulergi golo de
옷· 재봉한 옷은 1벌 이상 보내지 말라. 外藩에

buhe 26/27 gege de fudere doro, hošoi gege oci dahara sargan jui
시집보낸 거거에게 전송하는 예는 호쇼이 거거일 경우 시녀

jakūn, dahabume unggire sula boigon sunja, doroi gege de oci
8명· 딸려 보내는 閑散戶 5호, 도로이 거거일 경우

dahara sargan jui nadan, dahabume unggire sula boigon duin,
시녀 7명· 딸려 보내는 한산호 4호,

doroi beile i jui gege de oci dahara sargan jui ninggun, dahabume
도로이 버일러의 거거일 경우 시녀 6명· 딸려

unggire sula boigon ilan, gūsai gege de oci dahara 27/28 sargan jui
보내는 한산호 3호, 구사의 거거일 경우 시녀

sunja, dahabume unggire sula boigon juwe, ere fudere de huhun i
5명· 딸려 보내는 한산호 2호이다. 이들을 전송할 때 乳母

eme ama be ton de daburakū, unggici unggirakūci ini ejen i ciha,
부부는 수에 넣지 않는다. 보낼지 안 보낼지는 그 주인의 뜻이다.

ere bilaha ci fulu fudeci weile, ekiyehun de weile akū, ulin ulha
이 정한 것보다 많이 보내면 죄로 하고, 줄이면 죄로 하지 않는다. 재물· 가축을

fuderengge ejen i ciha, hošoi cin wang ni sargan gaijara, urun
전송하는 것은 주인의 뜻이다. 호쇼이 친왕이 처를 취하거나 며느리를

gaijara yengsi sarin de, sunja 28/29 uyun ulha wa, ninju dere,
얻어서 혼인잔치 할 때는 五九의 가축을 잡고 60개의 床·

ninju malu arki, hejeme genere de duin uyun ulha wa, susai dere,
60병의 소주를, 정혼하려 갈 때는 四九의 가축을 잡고 50개의 상·

susai malu arki, doroi giyūn wang ni sargan gaijara, urun gaijara de
50병의 소주를, 도로이 군왕이 처를 취하거나 며느리를 얻을 때는

duin uyun ulha wambi, susai dere, susai malu arki, hejeme genere de
四九의 가축을 잡고 50개의 상· 50병의 소주를, 정혼하러 갈 때는

ilan uyun ulha wa, dehi dere, dehi malu arki 29/30 gama, doroi
三九의 가축을 잡고 40개의 상· 40병의 소주를 가져가라. 도로이

beile i sargan gaijara, urun gaijara de, ilan uyun ulha wambi, dehi
버일러가 처를 취하거나 며느리를 얻을 때는 三九의 가축을 잡고 40개의

dere, dehi malu arki, hejeme genere de juwe uyun ulha wa, gūsin
상· 40병의 소주를, 정혼하러 갈 때는 二九의 가축을 잡고 30개의

dere, gūsin malu arki gama, gūsai beise sei sargan gaijara, urun
상· 30병의 소주를 가져가라. 구사이 버이서들이 처를 취하거나 며느리를

gaijara de, juwe uyun ulha wambi, gūsin dere, gūsin malu arki,
얻을 때는 二九의 가축을 잡고 30개의 상· 30병의 소주를,

hejeme genere de 30/31 emu uyun ulha wa, orin dere, orin malu arki
정혼하러 갈 때는 一九의 가축을 잡고 20개의 상· 20병의 소주를

gama, karu burakū, delhere unde jui oci ama be dahambi, delhehe
가져가라. 답례를 주지 말라. 아직 분가하지 않은 자식이면 아버지를 따른다. 분가한

jui oci ini jergi de gamambi, cin wang ci fusihūn sargan jui
자식이면 그의 등급에 따라 가져간다. 친왕 이하가 딸을

buci, amata be tuwarakū hojihon i jergi be tuwambi, jurceci
줄 경우 아버지들을 보지 않고 사위의 등급을 본다. 어기면

fafun i weile, ere bithe be dorolon jurgan, cin wang ci fusihūn 31/32
규정대로 죄로 한다. 이 글을 예부는 친왕 이하

beise ci wesihun wasimbu, jergi ci lakcaha ujui gung ni sargan gaijara,
버이서 이상에게 내리라. 超品一等公이 처를 취하거나

urun gaijara yengsi de, juwan juwe honin, arki nure gūsin malu,
며느리를 얻어 혼인잔치할 때 12마리 양· 소주와 황주 30병·

orin dere, hejeme genere de jakūn honin, arki nure orin sunja malu,
20개의 床, 정혼하러 갈 때는 8마리 양· 소주와 황주 25병·

suje etuku duin jergi, suje i jibehun sishe juwe jergi, mocin samsu i
비단 옷 4벌· 비단 이불과 요 2벌· 毛靑布

etuku emu jergi, mocin samsu i 32/33 jibehun sishe emu jergi,
옷 1벌· 毛靑布 이불과 요 1벌·

aisin i monggolikū emke, aisin i sifikū ilata jihai ilan, aisin i suihun,
금목걸이 1개· 금비녀 3錢짜리 3개· 금귀걸이.

ilaci jergi gung, gūsai ejete, amban janggin, aliha amban i
三等公· 구사의 어전들· 암바 장긴· 承政이

sargan gaijara, urun gaijara yengsi de, juwan honin, arki nure
처를 취하거나 며느리를 얻어 혼인잔치할 때는 10마리 양· 소주와 황주

orin sunja malu, tofohon dere, hejeme genere de ninggun honin, arki
25병· 15개의 床, 정혼하러 갈 때는 6마리 양· 소주와

nure orin malu, suje etuku ilan 33/34 jergi, suje i jibehun sishe juwe jergi,
황주 20병· 비단 옷 3벌· 비단 이불과 요 2벌·

mocin samsu i etuku emu jergi, mocin samsu i jibehun sishe
毛靑布 옷 1벌· 毛靑布 이불과 요

emu jergi, aisin i monggolikū emke, aisin i sifikū ilata jihai juwe,
1벌· 금목걸이 1개· 금비녀 3錢짜리 2개·

aisin i suihun, meiren i janggin, bayarai tui janggin, han i uju jergi
금귀걸이. 머이런 장긴· 바야라의 纛의 장긴· 황제의 1등 侍衛가

hiya i sargan gaijara, urun gaijara yengsi de, jakūn honin,
처를 취하거나 며느리를 얻어 혼인잔치할 때는 8마리 양·

arki nure orin malu, juwan 34/35 dere, hejeme genere de duin honin,
소주와 황주 20병· 10개의 床, 정혼하러 갈 때는 4마리 양·

arki nure tofohon malu, suje etuku juwe jergi, suje i jibehun sishe
소주와 황주 15병· 비단 옷 2벌· 비단 이불과 요

emu jergi, mocin samsu i etuku emu jergi, mocin samsu i jibehun sishe
1벌· 毛靑布 옷 1벌· 毛靑布 이불과 요

emu jergi, aisin i monggolikū emke, aisin i sifikū juwete jihai juwe,
1벌· 금목걸이 1개· 금비녀 2錢짜리 2개·

aisin i suihun, jalan i janggin, bayarai jalan i janggin,
금귀걸이. 잘란 장긴· 바야라의 잘란 장긴·

ashan i amban, 35/36 han i jai jergi hiya, wang sai uju jergi hiya i
參政· 황제의 2등 시위· 왕들의 1등 시위가

sargan gaijara, urun gaijara yengsi de, ninggun honin, arki nure
처를 취하거나 며느리를 얻어 혼인잔치 할 때는 6마리 양· 소주와 황주

tofohon malu, jakūn dere, hejeme genere de ilan honin, arki nure
15병· 8개의 床, 정혼하러 갈 때는 3마리 양· 소주와 황주

juwan malu, suje i etuku juwe jergi, suje i jibehun sishe emu
10병· 비단 옷 2벌· 비단 이불과 요 1벌·

jergi, mocin samsu i etuku emu jergi, mocin samsu i jibehun sishe
毛靑布 옷 1벌· 毛靑布 이불과 요

emu jergi, 36/37 aisin i suihun, aisin i sifikū emte jihai juwe,
1벌· 금귀걸이· 금비녀 1錢짜리 2개.

nirui janggin, han i ilaci jergi hiya, wang sai jai jergi hiya i sargan
니루 장긴· 황제의 3등 시위· 왕들의 2등 시위가 처를

gaijara, urun gaijara yengsi de, duin honin, arki nure juwan malu,
취하거나 며느리를 얻어 혼인잔치할 때 4마리 양· 소주와 황주 10병·

ninggun dere, hejeme genere de juwe honin, arki nure jakūn malu,
6개의 床, 정혼하러 갈 때는 2마리 양· 소주와 황주 8병·

suje i etuku emu jergi, mocin samsu i 37/38 etuku emu jergi,
비단 옷 1벌· 毛靑布 옷 1벌·

suje i jibehun samsu i sishe emu jergi, aisin i suihun, juwan i da,
비단 이불과 翠藍布 요 1벌· 금귀걸이. 什長·

funde bošokū, ajige bošokū, wang sai ilaci jergi hiya i sargan
푼더 보쇼쿠· 小 보쇼쿠· 왕들의 3등 시위가 처를

gaijara, urun gaijara yengsi de, ilan honin, arki nure jakūn malu,
취하거나 며느리를 얻어 혼인잔치할 때는 3마리 양· 소주와 황주 8병,

hejeme genere de emu honin, arki nure sunja malu, mocin samsu i
정혼하러 갈 때는 1마리 양· 소주와 황주 5병· 毛靑布

etuku juwe jergi, mocin 38/39 samsu i jibehun sishe emu jergi,
옷 2벌· 毛靑布 이불과 요 1벌·

menggun i suihun, geren irgen i sargan gaijara, urun gaijara
은귀걸이. 여러 백성이 처를 취하거나 며느리를 얻어

yengsi de, juwe honin, arki nure sunja malu, hejeme genere de emu
혼인잔치할 때는 2마리 양· 소주와 황주 5병, 정혼하러 갈 때는 1마리

honin, arki nure ilan malu, mocin samsu i etuku emu jergi,
양· 소주와 황주 3병· 毛靑布 옷 1벌·

mocin samsu i jibehun sishe emu jergi, menggun i suihun, ulgiyan be
毛靑布 이불과 요 1벌· 은귀걸이. 돼지는

honin i ton de dosimbu, niongniyaha 39/40 niyehe coko be bahara be
양의 수에 넣어라. 거위· 오리· 닭은 능력을

tuwame, ejen i cihai gama, karu ume bure, bilaha ton ci fulu
보고 주인의 뜻대로 가져가라. 답례를 주지 말라. 정한 수보다 많이

waci, fulu gamaci, karu buci, fafun i weile, baharakū niyalma
잡거나 많이 가져가거나 답례를 주면 규정대로 죄로 한다. 능력없는 사람이

ekiyehun benere gamara de weile akū, delhere unde jui oci ama i
줄여서 보내거나 가져갈 때는 죄가 아니다. 분가하지 않은 자식이면 아버지에

songko, delhehe jui ini jergi be tuwambi, etuku benere, ulha wara,
따른다. 분가한 자식이면 그의 등급을 본다. 옷을 보내고 가축을 잡고

arki nure gamarangge, 40/41 sargan jui be tuwarakū hojihon i jergi be
소주와 황주를 가져가는 것은 딸을 보지 않고 사위의 등급을

tuwambi, dorgi tulergi wang sa, beile se, beise se sadun jafara de
본다. 內外의 왕들· 버일러들· 버이서들이 사돈을 맺을 때

ulha jafan bure ton, juwe sadun emu adali sunjata tanggū booi
가축을 빙례로 주는 수는, 두 사돈이 똑같이 500호씩

jušen bici, tulergi wang sa, beile se oci, susai morin, susai ihan,
속민이 있을 경우 外藩의 왕들· 버일러들이면 50마리 말· 50마리 소·

sunja tanggū honin bumbi, dorgi wang sa, beile se oci, juwan 41/42
500마리 양을 준다. 內地의 왕들· 버일러들이면 10마리

morin de foloho enggemu tohofi juwan uksin acifi, tereci encu geli
말에 조각한 안장을 채우고 10벌 갑옷을 실은 것· 거기에 따로 다시

orin uksin, susai suje, mocin boso sunja tanggū, menggun i solha
20벌의 갑옷· 5필의 비단· 毛青布 500필· 은 밥그릇

emke, cara emke, dongmo emke bumbi, jušen gese akū emu niyalmai
1개· 술잔 1개· 茶桶 1개를 준다. 속민이 (수가) 같지 않고 한 사람의

jušen komso oci, komso jušen i teisuleme bumbi, tanggū booci
속민이 적으면 적은 속민(가진 쪽)에 맞추어 준다. 100戶

fusihūn juwan booci wesihun jušen oci, juwan morin 42/43 juwan
이하 10戶 이상 속민이 있으면 10마리 말· 10마리

ihan, tanggū honin bumbi, beile se bai niyalma sadun jafara de inu
소· 100마리 양을 준다. 버일러들이 평민과 사돈을 맺을 때에도

ere songkoi bumbi, juwe bai niyalma sadun jafaci, sunja morin,
이대로 준다. 두 평민이 사돈을 맺으면 5마리 말·

sunja ihan, susai honin, ere fafun be jurceme fulu buci, fulu buhe
5마리 소· 5마리 양으로 한다. 이 규정을 어기고 많이 주면 많이 준

ulha be gaifi, juwe sadun de wang sa, beile se, beise se oci, ilata
가축을 취한다. 두 사돈에서, 왕들· 버일러들· 버이서들이면 三九씩

uyun gaimbi, bai niyalma oci 43/44 emte uyun gaimbi, ekiyehun
취하고 평민일 경우 一九씩 취한다. 줄여서

buci weile akū, hojihon buceci, buhe jafan be amasi gaisu, sargan jui
주면 죄가 아니다. 사위가 죽으면 준 빙례를 되돌려 받아라. 딸이

buceci, buhe jafan be hontoholome gaisu, gosin onco hūwaliyasun
죽으면 준 빙례를 半分하여 받아라.」「어질고 관대하고 온화하고

enduringge han i hesei dorolon jurgan i hošoi erke cin wang
성스러운 황제의 旨로 예부의 호쇼이 어르커 친왕이

toktobuha, hošoi cin wang de, tulergi goloi cin wang, giyūn wang,
정한다. 호쇼이 친왕에게 外藩의 친왕· 군왕·

beise se ci 44/45 wesihun, sargan jui be benjime sadun i eigen sargan i
버이서들 이상의 딸을 시집보내러 사돈 부부가

beye jici, etuburengge, sadun i eigen sargan de juwari etuku
직접 올 경우 입히는 옷은, 사돈 부부에게 여름옷

emte jergi, tuweri etuku emte jergi, sahalca sekei dahū emte, emu
1벌씩· 겨울옷 1벌씩· 흑초피 털가죽외투 1벌씩· 1개의

uju jergi foloho umiyesun, loho, emu jebele de beri niru sisihai, emu
1등급 조각한 요대· 腰刀· 1개의 화살집에 활과 화살을 꽂은 것· 1개의

sain uksin de foloho saca galaktun, juwe morin de uju 45/46 jergi
좋은 갑옷에 조각한 투구와 갑옷 소매· 2마리 말에 1등급

foloho enggemu hadala tohofi, gecuheri suje gūsin, mocin samsu juwe
조각한 말안장과 굴레를 채운 것· 망단과 비단 30필· 毛靑布 200필·

tanggū, menggun i solha emke, dongmo emke, cara emke bumbi,
은 밥그릇 1개· 茶桶 1개· 술잔 1개를 준다.

dahame jihe gucuse de haha hehe uheri gūsin niyalma de etubumbi,
수행하러 온 구추들에게는 남녀 모두 30명에게 옷을 입힌다.

duin niyalma de gecuheri, gecuheri akū oci bolilame ifiha ergume,[3]
4명에게 망단, 망단이 없으면 團龍을 놓고 재봉한 朝衣,

ninggun niyalma de puse ifiha ergume, juwan niyalma de 46/47 bai
6명에게 흉배를 재봉한 朝衣, 10명에게 무늬없는

suje i ergume, juwan niyalma de mocin samsu i ergume, doroi
비단 朝衣, 10명에게 毛靑布 朝衣(를 입힌다). 도로이

giyūn wang de, goloi cin wang sargan jui be benjime sadun i eigen
군왕에게 지역의 친왕이 딸을 시집보내러 사돈 부부가

sargan jici, cin wang ni songko, giyūn wang ci fusihūn beise se
오면 (호쇼이) 친왕(의 예)에 따른다. 군왕 이하 버이서들

ci wesihun sargan jui be benjime sadun i eigen sargan jici,
이상 딸을 시집보내러 사돈 부부가 오면

etuburengge, sadun i eigen sargan de juwari 47/48 etuku emte jergi,
입히는 옷은 사돈 부부에게 여름옷 1벌씩·

3 [簽註] gingguleme baicaci, manju gisun i buleku bithede, gecuheri de jodoho kūwaran bisire ishun muduri be bolin sembi sehebi, kimcici, ere bolilame ifiha ergume sere gisun, ainci bolin sindame ifiha ergume sere gisun dere,,
삼가 찾아보니 『淸文鑑』에서 망단에 編織한 테두리가 있고 마주한 龍을 'bolin'(團龍)이라 한다고 했다. 고찰하건대 이 'bolilame ifiha ergume'(團龍을 놓고 재봉한 朝衣)라는 말은 'bolin sindame ifiha ergume'(團龍을 놓고 재봉한 朝衣)라는 말일 것이다.

tuweri etuku emte jergi, sahalca sekei dahū emke, hūrha sekei
겨울옷 1벌씩· 흑초피 털가죽외투 1벌· 후르하 초피

dahū emke, emu uju jergi foloho umiyesun, loho, emu jebele de beri
털가죽외투 1벌· 1개의 1등급 조각한 요대· 腰刀· 1개의 화살집에 활과

niru sisihai, juwe morin de uju jergi foloho enggemu emke, bai
화살을 꽂은 것· 2마리 말에 1등급 조각한 말안장 1개와 보통의

foloho enggemu emke tohofi, gecuheri suje orin sunja, mocin samsu
조각한 말안장 1개를 채운 것· 망단과 비단 25필· 毛靑布 150필·

emu tanggū susai, 48/49 menggun i solha emke, dongmo emke
은 밥그릇 1개· 茶桶 1개를

bumbi, dahame jihe gucuse de etuburengge, haha hehe uheri orin
준다. 수행하러 온 구추들에게 입히는 옷은, 남녀 모두 25명에게

sunja niyalma de etubumbi, ilan niyalma de gecuheri, gecuheri akū oci
입힌다. 3명에게 망단, 망단이 없으면

bolilame ifiha ergume, sunja niyalma de puse ifiha ergume, nadan
용을 놓아 재봉한 朝衣, 5명에게 흉배를 재봉한 朝衣, 7명에게

niyalma de bai sujei ergume, juwan niyalma de mocin samsu i ergume,
무늬없는 비단 朝衣, 10명에게 毛靑布 朝衣(를 입힌다).

doroi beile de, goloi 49/50 cin wang, giyūn wang sargan jui be
도로이 버일러에게 지역의 친왕· 군왕이 딸을

benjime jici, cin wang, giyūn wang ni songko, doroi beile ci fusihūn
시집보내러 오면 친왕· 군왕의 예를 따른다. 도로이 버일러 이하

beise se ci wesihun sargan jui be benjime sadun i eigen sargan
버이서들 이상 딸을 시집보내러 사돈 부부가

jici, etuburengge, sadun i eigen sargan de erin be tuwame
오면 입히는 옷은, 사돈 부부에게는 계절에 따라

etuku emte jergi, hūrha sekei dahū emke, silun i dahū emke, emu
의복 1벌· 후르하 초피 털가죽외투 1벌· 스라소니 털가죽외투 1벌· 1개의

uju jergi foloho 50/51 umiyesun, loho, emu jebele de beri niru sisihai,
1등급 조각한 요대· 腰刀· 1개의 화살집에 활과 화살을 꽂은 것·

emu morin de uju jergi foloho enggemu hadala tohofi, gecuheri
1마리 말에 1등급 조각한 안장과 굴레를 채운 것· 망단과

suje orin, mocin samsu emu tanggū, menggun i dongmo emke
비단 20필· 毛靑布 100필· 은 茶桶 1개를

bumbi, dahame jihe gucuse de etuburengge, haha hehe uheri orin
준다. 수행하러 온 구추들에게 입히는 옷은 남녀 모두 20명에게

niyalma de etubumbi, juwe niyalma de gecuheri, gecuheri akū oci
입힌다. 2명에게 망단, 망단이 없으면

bolilame ifiha ergume, 51/52 ilan niyalma de puse ifiha ergume, sunja
용을 놓아 재봉한 朝衣, 3명에게 흉배를 재봉한 朝衣, 5명에게

niyalma de bai suje i ergume, juwan niyalma de mocin samsu i
무늬없는 비단 朝衣, 10명에게 毛靑布

ergume, dahaha gucuse de etuburengge, erin be tuwarakū gecuheri
朝衣(를 입힌다). 수행한 구추들에게 입히는 옷은 계절을 따지지 않고 망단

suje i ergume jursu, mocin samsu i ergume emursu ara,
비단 朝衣는 두 겹으로, 毛靑布 朝衣는 한 겹으로 지어라.

juwe sadun yaya emke wesihun oci, wesihun sadun i jergi de
두 사돈의 어느 하나가 (신분이) 높으면 높은 사돈의 등급에 따라

etubumbi, efute meyete dahame jici, erin be tuwame 52/53 emte
입힌다. 처의 형제들이 따라 오면 계절에 따라 1벌씩

jergi etuku etubumbi,,
옷을 입힌다.」

tongki fuka sindaha hergen i dangse

點·圈을 찍은 문자의 檔子

gūsin juweci debtelin

32권

wesihun erdemungge i sucungga aniya juwan biya

숭덕 원년 10월

32권, 숭덕 원년 10월

tongki fuka sindaha hergen i dangse
點· 圈을 찍은 문자의 檔子

○ juwan nadan de, gulu šanggiyan i tung jeng be ini booi šui ting gioi,
17일에, 正白의 佟整을 그의 집의 徐廷擧·

ju guwe ming, gin ši k'o, u yang gioi, ioi žu i gercileme,
ju guwe ming· gin ši k'o· u yang gioi· ioi žu i 가 고발하길,

emu hacin han be gidašame bithe gajihakū, emu hacin abka
「1件. 황제를 기만하여 글을 가져오지 않았다. 1件. 하늘에

wecere de genehekū bime, 1/2 han i šangnara de beye jifi alime
제사지낼 때 가지 않았으면서 황제가 상 내릴 때에는 직접 와서 받아

gaiha, emu hacin wang ni sargan fujin akū ohode sinahilara, benere de
취했다. 1件. 왕의 아내 푸진이 죽었을 때 상복을 입거나 운구할 때

genehekū, emu hacin dorolon i jurgan i cin wang ni akū ohode
가지 않았다. 1件. 예부의 친왕이 죽었을 때

sinahilara, benere de genehekū, hise efime sarilame sebjeleme
상복을 입거나 운구할 때 가지 않고 광대 놀음하며 잔치를 열고 희희낙락하며

tehe, emu hacin lio aita ukame genere de geng wen jang, siyoo
있었다. 1件. 劉 아이타가 도망쳐 갈 때에 geng wen jang· siyoo

ding dz, wang de sy, lo šang 2/3 siyoo, wang jiyoo gung, ere sunja
ding dz· wang de sy· lo šang siyoo· wang jiyoo gung, 이 5명이

niyalma duin jibca, sujei etuku, emu amba bofun benjihe, terei ton be
4벌의 가죽옷· 비단옷· 1장의 큰 보자기를 보내왔다. 그 속셈을

sarkū werifi genehe, emu hacin yen iogi i lio jiye gebungge emu
모르고 남겨두어서 (아이타가) 갔다. 1件. yen 유격의 lio jiye 라는 한

haha be gidahabi, emu hacin tung el be takūrafi ini aša be
사내를 은닉했었다. 1件. 佟二를 보내 그의 형수를

hahūrame waha, emu hacin tang da gebungge niyalma dalingho de 3/4
목을 졸라 죽였다. 1件. tang da 라는 사람이 大凌河에서

poo de goifi bucehe, ede šangnaha emu tanggū yan menggun be i
화포에 맞아 죽었다. 이에 상 내린 100량의 은을 그가

gaiha, emu hacin lii ceng lung gebungge niyalma bucehe, terei duin
가졌다. 1件. lii ceng lung 이라는 사람이 죽었다. 그의 4개의

yuwamboo menggun be i gaiha, fafun be dabame bucehe niyalmai
元寶 銀을 그가 가졌다. 법도를 어기고 죽은 사람의

sargan be eše de buhe, emu hacin dalingho be gaime genehe de,
아내를 (그녀의) 시동생에게 주었다. 1件. 大凌河를 취하러 갔을 때에

baibi bucehe morin be 4/5 holtome cooha de bucehe seme,
그냥 죽은 말을 속여서 전장에서 죽었다고

u ciyandzung be takūrafi juwe morin i hūda gaiha, emu hacin ini
u 천총을 보내서 2마리의 말의 값을 취했다. 1件. 그의

booi wang jing yuwan gebungge niyalma be tantame erulefi, jang pi be
집의 wang jing yuwan 이라는 사람을 때려 고문하고 jang pi에게

yendahūn fajan be angga de ašumbu seme fajan ašumbufi ilaci inenggi
개똥을 입에 물게 하라고 하여 똥을 입에 물린 지 3일째에

bucehe, emu hacin duleke aniya alban i jeku amba hule i
죽었다. 1件. 작년에 공납할 곡식 大斛으로

orin hule be, jeku i 5/6 ku de benehekū, emu hacin ilan hūwašan
20斛을 곡식 창고에 보내지 않았다. 1件. 3명의 和尙

nikan be du diyei bithe arahakū gidafi ini boode aha obuha,
한인을 도첩의 문서를 만들지 않고 숨겨서 그의 집에 노비로 삼았다.

emu hacin wailan i sargan be ini hojihon de buhe bihe, sargan jui
1件. 外郞의 아내를 그의 사위에게 주었었는데 딸이

ojorakū ojoro jakade, niyalma takūrafi hahūrame waha, emu hacin
안된다고 하자 사람을 보내서 목을 졸라 죽였다. 1件.

man el, man fu, šan u, šui san, lii guwang siyan be 6/7 gidahabi,
man el · man fu · šan u · šui san · lii guwang siyan을 은닉했다.

emu hacin cen šang jy, sirdan faksi wen de ts'ai be gidahabi,
1件. cen šang jy와 화살 匠人 wen de ts'ai를 은닉했다.

emu hacin šui ting gioi menggun gūsin yan, menggun i moro, alikū,
1件. 徐廷擧의 은 30량· 은 사발· 쟁반·

menggun i toohan umiyesun, uheri orin jakūn yan sunja jiha, jai
은 띠돈이 있는 요대 총 28량 5전 그리고

emu geo morin be i gaiha, emu hacin alban i moo be hūlhame
1마리의 암말을 그가 취했다. 1件. 공납할 나무를 몰래

uncafi emu tanggū yan 7/8 menggun gaiha, dulin funcebufi ini boo
팔아서 100량의 은을 취했다. 반을 남겨서 그의 집을

araha, dulin be gūwa de juwen buhe, emu hacin dalingho i duin
짓고 반은 다른 사람에게 빌려 주었다. 1件. 大凌河의 4명의

hafan i sargan i hūda emu tanggū ninju yan menggun be siden i ku ci
관원의 아내의 값 160량 은을 公庫에서

gaifi i gaiha, emu hacin g'ai jeo i jeku jafaha ts'ang guwan
취해 그가 가졌다. 1件. 蓋州의 곡식을 관할하는 倉官

hūwang io gung gebungge ilan haha be gidafi ini boode 8/9 aha
hūwang· io· gung 이라는 3명의 남자를 숨겨서 그의 집에 노비로

obuhabi, emu hacin uheri be baicara yamun i wailan lii min biyoo de
삼았었다. 1件. 都察院의 外郎 李民表에게

encu gūsa bime boo bufi huwekiyebume, uheri be baicara
다른 구사이면서 집을 주고 꼬드겨서 도찰원의

yamun i ashan i amban u ging doo be gercilebuhe, ere be uheri
參政 吳景道를 고발하도록 시켰다.」 이를 도찰원에서

be baicara yamun ci fafun de benjifi duileci, juwan emu weile
法司로 보내와서 심리하니 11가지 죄가

yargiyan ofi, tung jeng be wame beidefi 9/10 enduringge han de
사실이어서 佟整을 死罪로 판결하고 성스러운 황제에게

wesimbuhe manggi, enduringge han hese wasimbume hendume, wara be
상주하자 성스러운 황제가 旨를 내려 말하여 죽이는 것을

nakabufi beyei jalin de tanggū yan menggun gaiha, ilaci jergi
그만두고 몸 대신에 100량의 은을 취했다. 3등

jalan i janggin be efulefi boigon talafi, tung jeng ni beye de araha
잘란 장긴을 혁직하고 戶를 몰수하고 佟整 자신을 위해 지은

etuku be ilan ubu sindafi tung jeng de emu ubu, erke cin wang de
옷을 3分하여 佟整에게 1分, 어르커 친왕에게

juwe ubu buhe, hacingga okto be ilan ubu 10/11 sindafi tung jeng
2分을 주었다. 각종 약을 3分하여 佟整에게

de emu ubu, wang de juwe ubu buhe, sula ulin, nikan etuku, tana,
1分, 왕에게 2分을 주었다. 자잘한 재물· 한인 의복· 東珠·

nicuhe, aisin, menggun be wacihiyame gaifi wang ni boode buhe,
진주· 금· 은을 모두 취해서 왕의 집에 주었다.

tung jeng de orin haha i emu tokso, ihan juwan duin, morin juwe,
佟整에게 20명의 장정이 있는 1개의 장원· 소 14마리· 말 2마리·

eihen juwe bufi, tereci funcehe aha ihan morin ai ai jaka be
당나귀 2마리를 주고 그로부터 남은 노비· 소· 말· 각종 물품을

yooni gaifi, hošoi erke cin wang be 11/12 ini gūsai yadara joboro
모두 취하고 호쇼이 어르커 친왕으로 하여금 그의 구사의 빈곤한

niyalma de tuwame bu sehe,,
사람에게 살펴서 주라고 했다.

○ orin sunja de, enduringge han i banjiha inenggi seme
25일에, 성스러운 황제가 태어난 날이라고

hūturingga munggan de hiyan dengjan dabume hacingga tubihe
福陵에 향과 등불을 피우고 각종 과일을

dobome, nure gingneme wecebume, jergi ci lakcaha ujui 12/13 gung
바치고 황주를 바쳐 제사지내게 하고자 超品一登公

yangguri, bithe coohai ujulaha ambasa be takūraha, wecehe bithei
양구리와 文武의 우두머리 대신들을 파견했다. 祭文의

gisun, ama dergi taidzu abkai hese be alifi forgon be mukdembuhe,
말. 「아버지 上 태조, '하늘의 명을 받아 運을 흥성시키고

gurun i ten be fukjin ilibuha, ferguwecuke gungge, gosin
나라의 기초를 처음으로 세우시고 신묘한 功과 자애로운

hiyoošungga, horonggo enduringge hūwangdi eniye dergi taiheo gosin
효순과 위엄이 있는 성스러운 황제', 어머니 上 태후, '자애롭고

hiyoošungga, doro de akūmbuha, ginggun ijishūn, hūturingga
효성스러운 도리에 힘을 다하고 공손하고 유순하며 복 있고

eldengge enduringge hūwangheo i hūturingga munggan i enduri
빛나고 성스러운 황후'의 福陵의 神位

soorin i 13/14 juleri, soorin be siraha hiyoošulara jui niyakūrafi
앞에 옥좌를 이은 효자가 무릎 꿇고

wesimbure gisun, enenggi ama dergi taidzu, eniye dergi taiheo mimbe
올리는 말. 오늘은 아버지 上 태조와 어머니 上 태후께서 저를

ujihe inenggi, bi ama dergi taidzu, eniye dergi taiheo i urgunjeme
낳으신 날입니다. 제가 아버지 上 태조와 어머니 上 태후께서 기쁘게

ujihe kesi erdemu ujen baili be gūnime, beyei funde ambasa be
길러주신 恩德이 厚澤함을 생각하여 저 대신에 대신들을

unggifi hiyan 14/15 dengjan dabume nure tubihe dobofi wecere jaka be
보내 향과 등불을 피우고 황주와 과일을 바치고 제사할 공물을

dagilafi wecembi, ambasa genefi weceme wajifi bedereme jihe manggi,
준비하여 제사지냅니다.」 대신들이 가서 제사지내기를 마치고 돌아 온 후

enduringge han i banjiha inenggi seme, urgun i doroi hošoi cin
성스러운 황제가 태어난 날이라고 경하의 예로 호쇼이 친왕들·

wang sa, doroi giyūn wang sa, doroi beile se, gūsai beise se, bithe
도로이 군왕들· 도로이 버일러들· 구사이 버이서들이 문무

coohai geren hafasa be gaifi, wesihun dasan i yamun de faidame
여러 관원들을 데리고 崇政殿에서 정렬하기를

wajiha manggi, 15/16 enduringge han meihe erinde tucifi soorin de
마치자 성스러운 황제가 巳時에 나와서 옥좌에

tehe, hūlara hafan hūlame faida sehe manggi, hošoi cin wang sa,
앉았다. 찬례관이 외치길 "정렬하라"고 하자 호쇼이 친왕들·

doroi giyūn wang sa, doroi beile se, gūsai beise se, bithe coohai
도로이 군왕들· 도로이 버일러들· 구사이 버이서들이 문무

geren hafasa be gaifi faidaha, ibe sehe manggi ibehe, niyakūra
여러 관원들을 이끌고 정렬했다. "나아가라"고 하자 나아갔다. "무릎 꿇으라"

sehe manggi, hošoi mergen cin wang urgun i doroi wesimbure
고 하자 호쇼이 머르건 친왕이 경하의 예로 올리는

manju bithe be juwe galai wesihun tukiyeme 16/17 jafafi geren be
만주 글을 두 손으로 높이 받들어 잡고 여럿을

gaifi niyakūraha, suduri yamun i aliha bithei da garin okdome
이끌고 무릎 꿇었다. 國史院 大學士 가린이 맞이하러

ganafi, gajifi enduringge han i juleri niyakūrafi hūlaha, tere
가서 가져와서 성스러운 황제의 앞에서 무릎 꿇고 낭독했다. 그

bithei gisun, gosin onco hūwaliyasun enduringge han ejen de, hošoi
글의 말. 「어질고 관대하고 온화하고 성스러운 황제 폐하께 호쇼이

cin wang, doroi giyūn wang, doroi beile, bithe coohai geren ambasa
친왕· 도로이 군왕· 도로이 버일러· 문무 여러 대신들이

urgun i doroi wesimbure gisun, ere inenggi, 17/18 enduringge han
경하의 예로 올리는 말. 오늘 성스러운 황제

ejen i tumen jalafun i fulingga i eldeke inenggi, gubci gurun
주군의 萬壽의 복이 빛난 날입니다. 전국이

elhe, tumen irgen taifin, dergi fejergi gemu urgun sebjen i
평안하고 만 백성이 태평하며 上下가 모두 기쁘고 즐겁게

banjirengge, ere inenggi ci deribuhengge, enduringge han ejen i
사는 것이 오늘에서 시작되었습니다. 성스러운 황제 폐하의

jalgan tumen se okini seme gingguleme baimbi, tuttu bithe
수명이 만세가 되기를 삼가 바랍니다.」 그렇게 글을

hūlame wajiha manggi, hūlara hafan i hūlara be tuwame ilan jergi
낭독하기를 마친 후 찬례관이 외치는 것을 보고 세 번

niyakūrafi uyun 18/19 jergi hengkilehe, terei sirame monggo i korcin i
무릎 꿇고 아홉 번 고두했다. 그 뒤를 이어 몽고의 코르친의

kitat nakcu, sanggarjai nakcu, geren ambasa be gaifi iliha, hūlara
키타트 낙추· 상가르자이 낙추가 여러 대신들을 이끌고 섰다. 찬례관이

hafan hūlame faida sehe manggi faidaha, ibe sehe manggi ibehe,
외치길 "정렬하라"고 하자 정렬했다. "나아가라"고 하자 나아갔다.

niyakūra sehe manggi, kitat nakcu urgun i doroi wesimbure
"무릎 꿇으라"고 하자 키타트 낙추가 경하의 예로 올리는

monggo bithe be juwe galai wesihun tukiyeme jafafi geren be gaifi
몽고 글을 두 손으로 높이 받들어 잡고 여럿을 이끌고

niyakūraha, suduri yamun i 19/20 gusi okdome ganafi, gajifi
무릎 꿇었다. 國史院의 구시가 맞이하러 가서 가져와서

enduringge han i juleri niyakūrafi hūlame wajiha manggi, hūlara
성스러운 황제의 앞에 무릎 꿇고 낭독하기를 마친 후 찬례관이

hafan i hūlara be tuwame ilan jergi niyakūrafi uyun jergi hengkilehe,
외치는 것을 보고 세 번 무릎 꿇고 아홉 번 고두했다.

terei sirame amban janggin ši ting ju, ma guwang yuwan, nikan i
그 뒤를 이어 암반 장긴 石廷柱· 馬光遠이 한인

geren hafasa be gaifi iliha, hūlara hafan hūlame faida sehe manggi
여러 대신들을 이끌고 섰다. 찬례관이 외치길 "정렬하라"고 하자

faidaha, ibe sehe manggi ibehe, niyakūra sehe 20/21 manggi, ši
정렬했다. "나아가라"고 하자 나아갔다. "무릎 꿇으라"고 하자 石廷柱가

ting ju i urgun i doroi wesimbure nikan bithe be juwe galai
경하의 예로 올리는 한문 글을 두 손으로

tukiyeme jafafi niyakūraha, narhūn yamun i aliha bithei da fan
받들어 잡고 무릎 꿇었다. 秘書院 大學士 范文程이

wen ceng okdome ganafi, gajifi enduringge han i juleri
나가 맞이해 가져와서 성스러운 황제의 앞에서

niyakūrafi hūlame wajiha manggi, hūlara hafan i hūlara be tuwame
무릎 꿇고 낭독하기를 마친 후 찬례관이 외치는 것을 보고

ilan jergi niyakūrafi uyun jergi hengkilehe, tuttu urgun i doroi
세 번 무릎 꿇고 아홉 번 고두했다. 그렇게 경하의 예로

acame wajiha 21/22 manggi, hacin hacin i efin efime amba
만나기를 마친 후 각종 기예를 부리며 큰

sarin sarilame wajiha manggi, enduringge han, hošoi doronggo ahūn
잔치를 베풀기를 마치자 성스러운 황제가 호쇼이 도롱고 兄

cin wang be boode neneme bedereme gene seme ishunde dorolome
친왕을 집에 먼저 돌아가라고 서로 예를 갖춰

anahūnjafi, doronggo ahūn cin wang ni genere de, enduringge han
양보하고 도롱고 兄 친왕이 갈 때에 성스러운 황제가

soorin ci ilifi dorolome fudefi, bonio erinde genggiyen elhe boode
옥좌에서 일어나 예를 갖춰 전송하고 申時에 淸寧宮에

wesike, urgun i doroi hošoi 22/23 cin wang sa, doroi giyūn wang sa,
올랐다. 경하의 예로 호쇼이 친왕들· 도로이 군왕들·

doroi beile sei jafahangge, hošoi doronggo ahūn cin wang
도로이 버일러들이 바친 것. 호쇼이 도롱고 兄 친왕

daišan, doroi jaka jafaha ton, tana ilan, seke orin, foloho enggemu
다이샨이 예물로 바친 수는 東珠 3개· 초피 20장· 조각한 안장과

hadala tohoho morin emke, sula morin juwe, hošoi ujen cin wang
굴레를 맨 말 1마리· 맨등말 2마리이다. 호쇼이 우전 친왕

jirgalang, doroi jaka jafaha ton, tana ilan, seke orin, foloho enggemu
지르갈랑이 예물로 바친 수는 東珠 3개· 초피 20장· 조각한 안장과

hadala 23/24 tohoho morin emke, sula morin juwe, hošoi mergen
굴레를 맨 말 1마리· 맨등말 2마리이다. 호쇼이 머르건

cin wang dorgon, doroi jaka jafaha ton, tana ilan, seke orin, foloho
친왕 도르곤이 예물로 바친 수는 동주 3개· 초피 20장· 조각한

enggemu hadala tohoho morin emke, sula morin juwe, hošoi erke
안장과 굴레를 맨 말 1마리· 맨등말 2마리이다. 호쇼이 어르커

cin wang dodo, doroi jaka jafaha ton, tana ilan, seke orin, foloho
친왕 도도가 예물로 바친 수는 동주 3개· 초피 20장· 조각한

enggemu hadala tohoho morin emke, sula morin 24/25 juwe, doroi
안장과 굴레를 맨 말 1마리· 맨등말 2마리이다. 도로이

baturu giyūn wang ajige, doroi jaka jafaha ton, tana juwe, seke
바투루 군왕 아지거가 예물로 바친 수는 동주 2개· 초피

tofohon, foloho enggemu hadala tohoho morin emke, sula morin emke,
15장· 조각한 안장과 굴레를 맨 말 1마리· 맨등말 1마리이다.

doroi giyūn wang adali, doroi jaka jafaha ton, tana juwe, seke
도로이 군왕 아달리가 예물로 바친 수는 동주 2개· 초피

tofohon, foloho enggemu hadala tohoho morin emke, sula morin emke,
15장· 조각한 안장과 굴레를 맨 말 1마리· 맨등말 1마리이다.

doroi beile yoto, doroi jaka 25/26 jafaha ton, tana emke, seke juwan,
도로이 버일러 요토가 예물로 바친 수는 동주 1개· 초피 10장·

foloho enggemu hadala tohoho morin emke, doroi beile hooge,
조각한 안장과 굴레를 맨 말 1마리이다. 도로이 버일러 호오거가

doroi jaka jafaha ton, tana emke, seke juwan, foloho enggemu hadala
예물로 바친 수는 동주 1개· 초피 10장· 조각한 안장과 굴레를

tohoho morin emke, doroi elehun beile dudu, doroi jaka jafaha ton,
맨 말 1마리이다. 도로이 얼러훈 버일러 두두가 예물로 바친 수는

tana emke, seke juwan, foloho enggemu hadala tohoho morin emke,
동주 1개· 초피 10장· 조각한 안장과 굴레를 맨 말 1마리이다.

doroi bayan 26/27 beile abatai, doroi jaka jafaha ton, tana emke, seke
도로이 바얀 버일러 아바타이가 예물로 바친 수는 동주 1개· 초피

juwan, foloho enggemu hadala tohoho morin emke,,
10장· 조각한 안장과 굴레를 맨 말 1마리이다.

○ orin ninggun de, enduringge han de monggo i korcin i
26일에, 성스러운 황제에게 몽고의 코르친의

kitat nakcu, sanggarjai nakcu hengkileme jihe doroi ihan honin wafi
키타트 낙추· 상가르자이 낙추가 고두하러 온 예로 소와 양을 잡아서

sarin 27/28 dagilafi genggiyen elhe booi hūwa de sarilaha, tere sarin de
잔치를 준비하여 청녕궁의 뜰에서 잔치했다. 그 연회에서

kitat nakcu, sanggarjai nakcu i jafahangge, foloho enggemu
키타트 낙추와 상가르자이 낙추가 바친 것. 조각한 안장과

hadala tohohoi juwe morin, sula orin sunja morin jafaha bihe,
굴레를 맨 2마리의 말· 맨등의 25마리 말을 바쳤다.

enggemu hadala tohoho juwe morin, sula ilan morin gaiha, tereci
안장과 굴레를 맨 2마리의 말과 맨등의 3마리 말을 취했다. 나머지는

gemu bederebuhe,, 28/29
모두 되돌려주었다.

○ ineku orin ninggun de, bithei ilan yamun i bithei da se,
같은 26일에, 內三院의 大學士들과

bithesi sebe cooha de genehekū seme, enduringge han emu tanggū
비트허시 등이 출정하지 않았다고 성스러운 황제가 175량의

nadanju sunja yan menggun šangnaha,,
은을 상 내렸다.

○ orin nadan de, solho i bai mi gebungge hafan, tofohon
27일에, 조선의 bai mi 라는 관원이 15명의

niyalma be gaifi solho wang ni 29/30 bithe wesimbume hengkileme
사람을 이끌고 조선 왕의 서신을 올리고 고두하러

jihe manggi, enduringge han hese wasimbume hendume, sini wang
온 후 성스러운 황제가 旨를 내려 말하기를, 「너의 왕이

mini unggihe bithe be tuwahakū amasi unggihe, sini bithe be bi
내가 보낸 글을 보지 않고 되돌려 보냈다. 너의 글을 내가

ainu tuwambi seme tuwahakū, bai mi be amasi bederebume orin
왜 보겠느냐」라고 하며 보지 않았다. bai mi를 되돌아가게 하여 29일에

uyun de unggihe,,
보냈다.

○ ineku orin nadan de, 30/31 enduringge han i hesei boigon i
같은 27일에, 성스러운 황제의 旨로 호부

jurgan i aliha amban inggūldai, mafuta, amba dasan i yamun de
承政 잉굴다이와 마푸타가 崇政殿에

geren be isabufi hūlaha gisun, jeku bisire niyalma suwe hūda jing
여러 사람을 모아 외친 말. 「곡식이 있는 자 너희는 값이 마침

mangga erin be aliyafi uncaki seme ainu asarambi, sini anggala de
비쌀 때를 기다려 팔겠다고 왜 저장해두는가? 너희 口數에

teisulebume bodofi, funcehe jeku be te uthai tucibufi hūdai bade unca,
맞춰서 계산하고 남은 곡식을 지금 바로 내놓아 시장에서 팔아라.

jeku bisire niyalma jeku tucibufi uncarakū ojorahū 31/32 seme, jakūn
곡식이 있는 자가 곡식을 내놓아 팔지 않을까 염려되어 八家의

booi emte tanggū hule jeku tucibufi hūdai bade uncabumbi, jai muke
100斛씩의 곡식을 내놓아 시장에서 팔게 할 것이다. 또 물이

noho usin oci, handu hife šušu tari, olhon usin oci, gūwa
있는 밭이면 멥쌀· 피· 수수를 경작하라. 3마른 밭이면 다른

hacin i jeku tari, usin de hukun be kiceme juwe, simen be
종류의 곡식을 경작하라. 밭에 비료를 힘써 운반하라. 물기를

amcame erde tari, simen be amcame tarirakū erin tutafi weileci,
쫓아서 아침 일찍 경작하라. 물기를 쫓아서 경작하지 않고 때를 지체하여 경작하면

jeku aide bahambi, erde tarire yangsara hukšere erin be amcabume
곡식을 어떻게 얻겠는가? 일찍 경작하고 김매고 흙을 북돋을 때를 따라잡게 하여

weileci, 32/33 jeku bahambi kai,,
경작해야 곡식을 얻는 것이다.」

○ orin jakūn de, monggo kalka i maha samadi secen han de
28일에, 몽고 칼카[1]의 마하 사마디 세첸 칸에게

1 여기에서의 '칼카'는 다얀 칸의 아들 거러선저(1513~1549)의 후손이 고비사막 너머 북쪽으로 이주해 성립한 北칼카(外칼카)를 가리킨다. 외칼카의 좌익인 투시예투 칸部 · 세첸 칸部와 우익인 자삭투 칸部 가운데 후금과 일찍 통교한 세력은 세첸 칸부과 투시예투 칸부이다. 세첸 칸部는 천총9년(1635)에 후금에 사신을 파견해 공수동맹을 제안했다. 이후 숭덕2년(1637)에 투시예투 칸 곰보 도르지와 세첸 칸이 청에 사신을 보내 홍 타이지가 추진하고 있던 달라이 라마 초청에 대해 동의를 표하

ui jaisang ni emgi elcin genehe nomida, anai mejige alanjime isinjiha,,
우이 자이상과 함께 사신으로 간 노미다· 아나이가 소식을 고하러 와서 도착했다.

○ orin uyun de, ta šan ci ukame jihe 33/34 dalai de sargan bufi,
29일에, 塔山에서 도망쳐 온 달라이에게 아내를 주고

sunja juru aha, juwe ihan, emu eihen, juwe suje, mocin boso orin,
5쌍의 노비· 2마리 소· 1마리 당나귀· 2필의 비단· 毛靑布 20필을,

bayandai, baihū de sargan emte buhe, aha duite juru, juwete ihan,
바얀다이와 바이후에게 아내 1명씩을 주고 노비 4쌍씩· 2마리씩의 소·

emte eihen, emte suje, mocin boso orita, ceni ukame jidere de
1마리씩의 당나귀· 1필씩의 비단· 毛靑布 20필씩, 그들이 도망쳐 올 때

gajiha orin ilan morin be yooni buhe, ere ilan niyalmai sargan
가져온 23마리의 말을 전부 주었다. 이 3명의 사람이 아내를

gaijara de 34/35 fangse emte, kamkū emte da, amba mocin duite,
취할 때에 紡絲 1필씩· 帽段 1尋씩· 큰 毛靑 4필씩·

ajige mocin duite, hobai emte, honin emte, arki juwete malu buhe,,
작은 毛靑 4필씩· 花布 1필씩· 양 1마리씩· 소주 2병씩 주었다.

고 동행을 제안하기도 했다.

— 16函 —

33권 숭덕 원년 11월
34권 숭덕 원년 11월
35권 숭덕 원년 11월
36권 숭덕 원년 11월
37권 숭덕 원년 11월
38권 숭덕 원년 12월

tongki fuka sindaha hergen i dangse
點·圈을 찍은 문자의 檔子

gūsin ilaci debtelin
33권

wesihun erdemungge i sucungga aniya omšon biya
숭덕 원년 11월

33권, 숭덕 원년 11월

tongki fuka sindaha hergen i dangse,,
點· 圈을 찍은 문자의 檔子

○ omšon biyai ice juwe de, cahar i gungju be jimbi seme
11월 초 2일에, 차하르의 공주가 온다고 하여

enduringge han i hesei hošoi mergen cin wang, hošoi erke cin wang,
성스러운 황제의 旨로 호쇼이 머르건 친왕· 호쇼이 어르커 친왕·

hooge beile, gūsai beise se ambasa be gaifi emu dedume okdoko,, 1/2
호오거 버일러가 구사이 버이서들과 대신들을 이끌고 하룻밤 묵으며 맞이했다.

○ ice ilan de, genggiyen elhe booi gurun i ejen fujin, da gosin i booi
초 3일에, 淸寧宮의 황후가 麟趾宮의

wesihun amba fujin, hūturingga booi jingji fujin, wang sai
貴大 푸진· 永福宮의 莊妃· 왕들의

fujisa, beise sei fujisa, ambasa i sargata be gaifi juwan ba i dubede
妃들· 버이서들의 妃들· 대신들의 아내들을 이끌고 10里 끝에서

okdofi amba sarin sarilafi dosika,, 2/3
맞이하고 큰 잔치를 베풀고 (성으로) 들어갔다.

enduringge han, ice ilan de doroi baturu giyūn wang daiming
성스러운 황제가 초 3일에 도로이 바투루 군왕이 대명국으로

gurun de cooha genefi, hecen hoton gaiha cooha gidaha urgun be
출정하여 성곽을 취하고 적군을 격파한 기쁨을

ama dergi taidzu de alame taimiyoo de wecehe, tere bithei gisun,
아버지 上 태조께 고하러 태묘에서 제사지냈다. 그 글의 말.

ama dergi taidzu, abkai hese be alifi forgon be mukdembuhe, gurun i
「'아버지 上 태조 하늘의 명을 받아 運을 일으키시고 나라의

ten be 3/4 fukjin ilibuha, ferguwecuke gungge gosin hiyoošungga
기초를 처음 세우시고 신묘한 공과 자애로운 효순과

horonggo enduringge hūwangdi i enduri miyoo i soorin i juleri,
위엄이 있는 성스러운 황제'의 神廟의 位 앞에서

soorin be siraha hiyoošulara jui beyei funde ambasa be takūrafi
大位를 이은 효자 대신에 대신들을 보내

niyakūrafi wesimbure gisun, ama dergi taidzu i werihe hūturi horon de,
무릎 꿇고 올리는 말. 아버지 上 태조께서 남기신 福과 武威에

bi doroi baturu giyūn wang ajige be ujulafi doroi bayan beile
제가 도로이 바투루 군왕 아지거를 수장으로 하여 도로이 바얀 버일러

abatai, jergi ci lakcaha ujui gung yangguri, jakūn 4/5 gūsai ejete de
아바타이· 超品一等公 양구리· 八旗의 어전들에게

cooha afabufi, daiming gurun be dailame unggifi, daiming ni jase
군사를 맡겨 대명국을 정벌하러 보내서 대명의 경계의

furdan be efuleme dosifi, daiming ni jalan jalan i han sai eifu
관문을 부수고 들어가 대명의 역대 황제들의 능묘를

munggan be tuwakiyame tere cang ping jeo hecen, amba ajige jeo
지키며 있는 昌平州城과 크고 작은 州縣

hiyan uheri juwan juwe hecen be afame gaifi, daiming han i tehe
총 12개 성을 공격해 취하고 대명 황제가 있는

beging hecen i šurdeme ba na be manabume yabume susai jakūn jergi
북경성의 주변 지역을 유린하고 58번

5/6 cooha gidaha, daiming ni dzung bing guwan coo pi, coo ceng[1]
적군을 격파했습니다. 대명의 총병관 巢丕昌

sebe weihun jafaha, juwan jakūn tumen olji bahafi gajiha,
등을 생포했습니다. 18만의 노획을 얻어 취했습니다.

ere gemu ama dergi taidzu i daci kiceme gūniha gūnin bihe,
이 모두가 아버지 上 태조께서 원래 힘써 뜻하신 마음이었습니다.

tuttu ofi ama dergi taidzu enduri beyebe urgunjekini seme
그리하여 아버지 上 태조의 신령을 기쁘게 해드리고자

wesimbumbi, ereci amasi dorgideri aisilame wehiyere be buyeme
아룁니다. 이후로 은밀히 加護해주시기를 바라여

jalbarime baimbi,, 6/7
빌며 청합니다.」

---

1 'coo pi, coo ceng'은 'coo pi ceng'(巢丕昌)의 誤記이다.

○ ineku ice ilan de, doroi baturu giyūn wang wasihūn daiming gurun be
같은 초 3일에, 도로이 바투루 군왕이 서쪽의 대명국을

dailame genefi, hecen hoton gaiha, cooha gidaha urgun i
정벌하러 가서 성곽을 취하고 적군을 격퇴한 기쁨의

doroi enduringge han hesei hūturingga munggan de ambasa be
예로 성스러운 황제의 旨로 福陵에 대신들을

takūrafi hiyan dengjan dabume, nure tubihe dobome, sunja hacin i
보내어 향과 등불을 피우고 황주와 과일을 올리고 5종류의

hoošan tumen 7/8 jiha deijime wecebuhe,,
종이 1만 錢을 태우며 제사지내게 했다.

○ ice duin de, cahar i gungju amba sarin sarilaha, tere sarin de
초 4일에, 차하르의 공주가 큰 연회를 열었다. 그 연회에서

gungju i jafaha ton, aisin i dongmo emke, aisin i cara emke,
공주가 바친 數. 금 茶桶 1개· 금 술잔 1개·

aisin i tampin emke, hūba i erihe emke, nicuhe i erihe emke,
금 호리병 1개· 琥珀 염주 1개· 진주 염주 1개·

nomin i erihe emke, šuru i erihe emke, 8/9 gu i erihe emke,
靑金石 염주 1개· 산호 염주 1개· 옥 염주 1개·

nicuhe i gahari emke, gecuheri juwe, juwangduwan juwe, undurakū
진주를 박은 布衫 1벌· 蟒緞 2필· 粧緞 2필· 龍緞

etuku ilan, cekemu etuku juwe, ilan wadan be dabume puru uyun,
의복 3벌· 왜단 의복 2벌· 3장의 홑청을 포함해 양탄자 9장·

funggaha i suje emke, uyu nomin sindaha hadala kūdarhan emu juru,,
翎羽 비단 1필· 녹송석과 청금석을 박은 굴레와 밀치끈 1쌍.

○ omšon biyai ice sunja de, hūsibu i gūsai 9/10 udahai jalan i
11월 초 5일에, 후시부 구사의 우다하이 잘란의

siran nirui todong gebungge emu niyalma, saldu i emgi genefi
시란 니루의 토동 이라는 한 사람이 살두와 함께 가서

wabuhabi, erei turgunde jalan i janggin udahai de tuhere weile
살해당했다. 이러한 이유로 잘란 장긴 우다하이에게 처벌할 贖을

gaiha,,
취했다.

○ adai i gūsai bashan tatan de tehe inenggi, laihū nirui juwe
아다이 구사의 바스한이 숙영에 머문 날, 라이후 니루의 두

niyalma, seose nirui emu niyalma be facuhūn yabubufi wabuhabi,
사람이 서오서 니루의 한 사람을 문란하게 행동하게 해 죽임당하게 했다.

erei turgunde 10/11 bashan de susai yan i weile gaiha,,
이러한 이유로 바스한에게 50량의 贖을 취했다.

○ adai i gūsai irencen hoton afara de emu kalka isibuhakū
아다이 구사의 이런천이 성을 공격할 때에 1개의 방패차가 이르지 않게 한

turgunde, irencen be susai šusiha i jalin de juwan ninggun yan
이유로 이런천을 50대 채찍 대신에 16량

ninggun jiha ninggun fun menggun gaiha,, 11/12
6전 6분의 은을 취했다.

○ adai i gūsai laihū tatan de tehe inenggi, gandu nirui emu
아다이 구사의 라이후가 숙영에 머문 날, 간두 니루의 한

niyalma be facuhūn yabubufi wabuhabi, erei turgunde laihū be
사람을 문란하게 행동하게 해 죽임당하게 했다. 이러한 이유로 라이후를

nadanju šusiha i jalin de orin ilan yan ilan jiha ilan fun menggun
70대 채찍 대신에 23량 3전 3분의 은을

gaiha,,
취했다.

○ fiyanggū i gūsai beki coohai jalan i janggin saimuha, 12/13
피양구 구사의 步兵의 잘란 장긴 사이무하가

ini jalan i monggūldoi nirui emu niyalma be facuhūn yabubufi
그의 잘란의 몽굴도이 니루의 한 사람을 문란하게 행동하게 해서

wabuhabi, erei turgunde saimuha de susai yan i weile gaiha,,
죽임 당하게 했다. 이러한 이유로 사이무하에게 50량의 贖을 취했다.

○ yecen i gūsai jalan i janggin hūngniyaka tabcilafi, cahar i
여천 구사의 잘란 장긴 훙니야카가 약탈가서 차하르의

jamsu jaisang facuhūn yabufi wabuha turgunde, hūngniyaka de
잠수 자이상이 문란하게 행동하다 죽임당한 이유로 훙니야카에게

tuhere an i gūsin yan i weile gaiha,, 13/14
처벌할 상례의 30량의 贖을 취했다.

○ yecen i gūsai nom temuru i dorjin i kutule tabcin genefi
여천 구사의 놈 터무루의 도르진의 쿠툴러가 약탈 가서

facuhūn yabufi wabuhabi, erei turgunde nom temuru de susai šusiha
문란하게 행동하다 죽임당했다. 이러한 이유로 놈 터무루에게 50대 채찍

i jalin de juwan ninggun yan ninggun jiha ninggun fun menggun
대신에 16량 6전 6분의 은을

gaiha,,
취했다.

○ fiyanggū i gūsai gabsihiyan coohai saimuha nirui emu 14/15
피양구 구사의 前鋒의 사이무하 니루의 한

bayara jase tucifi sibartai de ukanju fargame genefi wabuhabi, erei
바야라가 경계를 나가 시바르타이로 도망자를 추격해 가서 죽임당했다. 이러한

turgunde šarhūda de tuhere an i gūsin yan gaiha,,
이유로 샤르후다에게 처벌할 규정의 30량을 취했다.

○ fiyanggū i gūsai sibuhai tabcin genefi, ini nirui emu niyalma
피양구 구사의 시부하이가 약탈 가서 그의 니루의 한 사람이

facuhūn yabufi wabuhabi, erei turgunde sibuhai be tanggū šusiha
문란하게 행동하다 죽임당했다. 이러한 이유로 시부하이를 100대 채찍으로

tantaha,, 15/16
때렸다.

○ fiyanggū i gūsai haise hūng i poo be gahai de benere de,
피양구 구사의 하이서는 紅夷砲를 가하이에 보낼 때에

emu nirui emte niyalma be gamahabi, emu nirui ilata niyalma de
1개 니루당 1명씩의 사람을 데려갔다. 1개 니루당 3명씩의 사람들에게

ejen arahakū geren i songkoi unggifi, aimbu nirui emu niyalma
어전을 임명하지 않고 무리 대로 보내서, 아임부 니루의 1명의 사람이

bucehebi, ere giran be gulu lamun i sacikū nirui [原檔殘缺] gajihabi,
죽었다. 이 시신을 正藍旗의 사치쿠 니루의 〔原檔殘缺〕 가져왔다.

erei turgunde 16/17 haise i nirui janggin be efulehe, susai šusiha i
이러한 이유로 하이서의 니루 장긴을 혁직했다. 50대 채찍을

jalin de juwan ninggun yan ninggun jiha ninggun fun i weile
대신하여, 16량 6전 6푼의 贖을

gaifi, giran gajiha niyalma de buhe,,
취하여, 시신을 가져온 사람에게 주었다.

○ fiyanggū i gūsai meiren i janggin sihan tabcin genefi,
피양구 구사의 머이런 장긴 시한은 약탈하러 가서,

sibuhai nirui emu niyalma facuhūn yabufi wabuhabi, 17/18 erei
시부하 니루의 1명이 문란하게 행동하여 죽임당했다. 이러한

turgunde sihan de susai yan i weile gaiha,,
이유로 시한에게 50량의 贖을 취했다.

○ dalai i gūsai jalan i janggin tanggūi, nirui janggin belgei
달라이 구사의 잘란 장긴 탕구이는 니루 장긴 벌거이를

gaifi tabcin genefi, belgei nirui nadan niyalma fakcafi juwe niyalma
데리고 약탈을 가서, 벌거이 니루의 7명이 이탈하여 2명은

wabuhabi, sunja niyalma tucikebi, erei turgunde belgei be susai
죽임당했고, 5명은 탈출했다. 이러한 이유로 벌거이를 50대

šusiha i 18/19 jalin de juwan ninggun yan ninggun jiha ninggun fun
채찍을 대신하여 16량 6전 6푼의

menggun gaiha, tanggūi de tuhere weile gaiha, fakcaha sunja
은을 취했다. 탕구이에게는 처벌할 贖을 취했다. 이탈한 5명을

niyalma be tanggūta šusiha tantaha,,
100대씩 채찍을 때렸다.

○ tantai i gūsai gabsihiyan coohai nahai šo jeo i cooha de
탄타이 구사의 前鋒의 나하이는 朔州의 전투에서

juleri dosika seme holtoho emu weile, juraka 19/20 nirui jihai i
앞장서서 진공했다고 속인 첫째 죄, 주라카 니루의 지하이의

kutule facuhūn yabufi wabuha juwe weile, erei turgunde nahai de
쿠툴러가 문란하게 행동하여 죽임당한 둘째 죄, 이러한 이유로 나하이에게

susai yan i weile gaiha,,
50량의 贖을 취했다.

○ fiyanggū i gūsai saldu, gūsai ejen de fonjihakū tabcin genefi
피양구 구사의 살두는 구사의 어전에게 묻지 않고, 약탈을 가서

duin niyalma wabuhabi, erei turgunde saldu be tanggū šusiha
4명이 죽임당했다. 이러한 이유로 살두를 100대 채찍을

tantafi oforo šan 20/21 tokoho, boigon be facabufi ini wang de buhe,,
때리고 코와 귀를 뚫고, 戶를 나누어 그의 王에게 주었다.

○ fiyanggū i gūsai labasihi jalan i segei nirui emu bayara,
피양구 구사의 라바시히 잘란의 서거이 니루의 1명의 바야라가

saldu i emgi genefi wabuhabi, erei turgunde labasihi be tanggū
살두와 함께 가서 죽임당했다. 이러한 이유로 라바시히에게 100대

šusiha tantaha,,
채찍을 때렸다.

○ buyandai i gūsai jalan i janggin bingtu gaifi tabcin 21/22
부얀다이 구사의 잘란 장긴 빙투가 이끌고 약탈을

genefi, birasi efu i emu bayara, tuledei nirui ilan niyalma facuhūn
가서, 비라시 어푸의 1명의 바야라· 툴러더이 니루의 3명이 문란하게

yabufi wabuhabi, erei turgunde bingtu de susai yan i weile gaiha,,
행동하여 죽임당했다. 이러한 이유로 빙투에게 50량의 贖을 취했다.

○ yekšu i gūsai booi onggotu nirui hūmin facuhūn yabufi
역슈 구사의 보오이 옹고투 니루의 후민이 문란하게 행동하여

wabuhabi, erebe tarbu gaifi tabcilahabi, wabuha niyalma de ejen
죽임당했다. 이를 타르부가 이끌고 약탈갔었다. 살해된 사람에게 어전을

arafi unggihekū turgunde, tarbu de 22/23 tuhere weile tofohon yan
임명하여 보내지 않은 이유로, 타르부에게 처벌할 贖 15량의

menggun gaiha,,
은을 취했다.

○ turgei i gūsai cergei, cang ping ni hoton gaiha de, ini deo
투르거이 구사의 처르거이는 昌平城을 취할 때, 그의 동생

turgei, ilden be haršame šangnaha, sung šan, hing šan i cooha de
투르거이·일던을 편애하여 상을 주었다. 松山· 杏山의 전투에서

gūsai ejete i fu be bitu sehe gisun be, junta, junggin, esede
구사 어전들이 담을 에워싸라고 한 말을 준타· 중긴 이들에게

alahakū bime, alaha seme 23/24 holtoho, jase tucike manggi uncehen
알리지 않았으면서 알렸다고 속였다. 경계를 나간 후, 후미를

bargiyahakū, ere ilan weile i turgunde duin tanggū yan i weile
거두지 않았다. 이 3가지 죄를 이유로, 400량의 贖을

gaiha,,
취했다.

○ beki coohai gūsai ejen samsika ini gūsai sunja niyalma be
步兵의 구사의 어전 삼시카는 그의 구사의 5명을

facuhūn yabubufi wabuhabi, ini gūsai duin kalka isibuhakū, ere
문란하게 행동하게 하여 죽게 했다. 그의 구사의 4개 방패차를 보내지 않았다. 이

juwe weile i turgunde sunja tanggū yan i weile arafi sunja 24/25
2가지 죄로 인하여 500량의 죄에 처하여 500량의

tanggū yan menggun gaiha,,
은을 취했다.

○ turgei i gūsai ilden, cang ping ni hoton de emu kalka
투르거이 구사의 일던은 昌平城에서 1개의 방패차를

isibuhakū turgunde, jakūnju šusiha i jalin de jakūnju yan, susai
보내지 않은 이유로 80대 채찍 대신에 80량· 50량의

yan i weile, uheri emu tanggū gūsin yan i weile gaiha,, 25/26
贖, 모두 130량의 贖을 취했다.

○ fiyanggū beise gūsai niyalma be facuhūn yabubufi jakūn
피양구 버이서는 구사의 사람을 문란하게 행하게 하여 8명이

niyalma wabuha, jase tucike manggi uncehen bargiyahakū, jase
죽임을 당했다. 경계를 나간 후, 후미를 거두지 않았다. 경계를

tucire de burulaha, baturu giyūn wang be šerihe seme holtoho, ini
나갈 때에 패주했다. 바투루 군왕이 협박했다고 속였다. 그의

gūsai sunja kalka yooni isibuhakū, ere sunja weile i turgunde
구사의 5개 방패차를 모두 보내지 않았다. 이 5가지 죄를 이유로

gūsai ejen nakabuha, ninggun tanggū yan i weile gaiha, olji gemu
구사의 어전에서 혁직했다. 600량의 贖을 취했다. 노획을 모두

gaiha,, 26/27
빼앗았다.

○ hūsibu i gūsai tujan ini gūsai kalka yooni isibuhakū, ini
후시부 구사의 투잔은 그의 구사의 방패차를 모두 보내지 않았다. 그의

nirui juwe niyalma, ahan nirui ninggun niyalma facuhūn yabufi
니루의 2명, 아한 니루의 6명이 문란하게 행하여

wabuhabi, ere juwe weile i turgunde juwe tanggū susai yan i
죽임당했다. 이 2가지 죄를 이유로 250량의

weile gaiha,, 27/28
贖을 취했다.

○ hūsibu ini gūsai niyalma be facuhūn yabubufi juwan niyalma
후시부는 그의 구사의 사람을 문란하게 행하게 하여 10명을

wabuha emu weile, jase tucifi uncehen bargiyahakū juwe weile,
죽게 한 첫째 죄, 경계를 나가서 후미를 거두지 않은 둘째 죄,

burulaha ilan weile, baturu giyūn wang be šerihe seme holtoho duin
패주한 셋째 죄, 바투루 군왕이 협박했다고 속인 넷째

weile, kalka yooni isibuhakū sunja weile, erei turgunde ninggun
죄, 방패차를 전혀 보내지 않은 다섯째 죄, 이러한 이유로 600량의

tanggū yan i weile gaiha, gūsai ejen nakabuha, olji gaiha,, 28/29
贖을 취했다. 구사의 어전을 그만두게 했다. 노획을 빼앗았다.

○ buyandai funde bošokū be nakabufi mujilen bahabukū gaihabi,
부얀다이는 푼더 보쇼쿠를 그만두게 하고 啓心郞으로 발탁했고,

ajige bošokū be funde bošokū sindafi tabcin unggifi, nadan niyalma
小 보쇼쿠를 푼더 보쇼쿠로 임명하여 약탈을 보내어 7명이

wabuha, jase tucike manggi uncehen bargiyahakū, ini gūsai emu
죽임당했다. 경계를 나간 후 후미를 거두지 않았다. 그의 구사의 1개

kalka isibuhakū, burulaha, ere duin weile i turgunde gūsai ejen
방패차를 보내지 않았다. 패주했다. 이 4가지 죄를 이유로 구사의 어전을

nakabuha, hafan efulehe, ninggun tanggū yan i 29/30 weile gaiha,
그만두게 했다. 관직을 혁직했다. 600량의 贖을 취했다.

olji gaiha,,
노획을 빼앗았다.

○ fiyanggū i gūsai lolo jase tucike manggi, ini jalan i mangkū
피양구 구사의 롤로는 경계를 나간 후, 그의 잘란의 망쿠

nirui emu niyalma nimeme bucehe be baicahakū ofi sahakūbi, tere
니루의 1명이 병에 걸려 죽은 것을 조사하지 않아 모르고 있었다. 그

niyalma be kubuhe suwayan i tahai nirui [原檔殘缺] gajihabi,
사람을 양황기의 타하이 니루의 〔原檔殘缺〕 데리고 왔다.

cang ping ni hoton de kalka isibuhakū jase tucire de 30/31 hahana i
昌平城에 방패차를 보내지 않았다. 경계를 나갈 때 하하나와

emgi ashan de bihe be, tui janggin mucengge i emgi bihe seme
함께 측면에 있던 것을 纛 장긴 무청거와 함께 있었다고

holtoho, ere ilan weile i turgunde tanggū šusiha i jalin de tanggū yan,
속였다. 이 3가지 죄를 이유로 100대 채찍 대신에 100량·

tanggū yan i weile, uheri juwe tanggū yan i weile gaiha,,
100량의 贖, 모두 200량의 贖을 취했다.

○ fiyanggū i gūsai kamciha cang ping ni hoton de kalka
피양구 구사의 캄치하는 昌平城에 방패차를

isibuhakū, jase tucire de hahana i emgi ashan de 31/32 bihe be,
보내지 않았다. 경계를 나갈 때, 하하나와 함께 측면에 있던 것을

tui janggin mucengge i emgi bihe seme holtoho, ere juwe weile i
纛 장긴 무청거와 함께 있었다고 속였다. 이 2가지 죄를

turgunde jakūnju šusiha i jakūnju yan, weile i susai yan, uheri
이유로 80대 채찍 대신 80량· 贖 50량, 모두

emu tanggū gūsin yan i weile gaiha,,
130량의 贖을 취했다.

○ fiyanggū i gūsai yandai cang ping ni hoton de kalka
피양구 구사의 얀다이는 昌平城에 방패차를

isibuhakū turgunde, jakūnju šusiha i jalin de jakūnju 32/33 yan
보내지 않은 이유로 80대 채찍 대신에 80량을

gaiha,,
취했다.

○ fiyanggū i gūsai lama cang ping ni hoton de kalka isibuhakū
피양구 구사의 라마는 昌平城에 방패차를 보내지 않은

turgunde, jakūnju šusiha i jalin de jakūnju yan gaiha,,
이유로 80대 채찍 대신에 80량을 취했다.

○ fiyanggū i gūsai wehe baturu cang ping ni hoton de 33/34
피양구 구사의 워허 바투루는 昌平城에

kalka isibuhakū turgunde, jakūnju šusiha tantaha,,
방패차를 보내지 않은 이유로, 80대 채찍을 때렸다.

○ hūsibu i gūsai menggei cang ping ni hoton de kalka
후시부 구사의 멍거이는 昌平城에 방패를

isibuhakū, ini nirui emu niyalma be facuhūn yabubufi wabuha,
보내지 않았다. 그 니루의 1명을 문란하게 행하게 하여 죽게 했다.

uncehen bargiyahakū, ere ilan weile i turgunde jakūnju šusiha
후미를 거두지 않았다. 이 3가지 죄를 이유로 80대 채찍을

tantaha,, 34/35
때렸다.

○ hūsibu i gūsai coktu cang ping ni hoton de kalka
후시부 구사의 촉투는 昌平城에 방패차를

isibuhakū, siowan fu i cooha be gūsai ejen i emgi gidaha be
보내지 않았다. 宣府의 군사를 구사의 어전과 함께 공격한 것을

emhun gidaha seme holtome bithe unggihe, ere juwe weile i
혼자 공격했다고 속여서 글을 보냈다. 이 2가지 죄를

turgunde jakūnju šusiha i jalin de jakūnju yan gaiha,,
이유로 80대 채찍 대신에 80량을 취했다.

○ suna efu i gūsai imtu cang ping ni hoton de 35/36 kalka
수나 어푸 구사의 임투는 昌平城에 방패차를

isibuhakū turgunde, jakūnju šusiha tantara jalin de jakūnju yan
보내지 않은 이유로, 80대 채찍을 때리는 대신에 80량을

gaiha,,
취했다.

○ yekšu i gūsai šanggiyan holo cang ping ni hoton de kalka
역슈 구사의 샹기안 홀로는 昌平城에 방패차를

isibuhakū turgunde, jakūnju šusiha tantaha,,
보내지 않은 이유로 80대의 채찍을 때렸다.

○ dalai i gūsai šobaha cang ping ni hoton de 36/37 kalka
달라이 구사의 쇼바하는 昌平城에 방패차를

isibuhakū turgunde, jakūnju šusiha tantaha,,
보내지 않은 이유로 80대의 채찍을 때렸다.

○ yecen i gūsai uju amba cang ping ni hoton de kalka
여천 구사의 우주 암바는 昌平城에 방패차를

isibuhakū turgunde, jakūnju šusiha jalin de jakūnju yan gaiha,,
보내지 않은 이유로 80대의 채찍 대신에 80량을 취했다.

○ ibai i gūsai demtu cang ping ni hoton de 37/38 ini gūsai
이바이 구사의 덤투는 昌平城에 그의 구사의

tonggoru kalka isibuhakū turgunde, tanggū šusiha tantara jalin de
통고루의 방패차를 보내지 않은 이유로 100대 채찍을 때리는 대신에

tanggū yan gaiha, jai weile i tanggū yan gaiha,,
100량을 취했다. 또 贖 100량을 취했다.

○ yecen i gūsai sidangga deji jafaha ehe, booi menggun
여천 구사의 시당가는 헌상품을 바친 것이 나빴다. 집의 은을

nonggime jafaha, ini gūsai uju amba i kalka isibuhakū, ere ilan
더하여 바쳤다. 그의 구사의 우주 암바의 방패차를 보내지 않았다. 이 3가지

weile i turgunde tanggū 38/39 šusiha i emu tanggū yan, weile i
죄를 이유로 100대 채찍 대신 100량· 贖으로

emu tanggū yan gaiha,,
100량을 취했다.

○ kubuhe šanggiyan i gurbusi efu cang ping ni hoton gaiha de,
鑲白旗의 구르부시 어푸는 昌平城을 취할 때

turgei, ilden de haršame šangnaha turgunde, tanggū yan i weile
투르거이· 일던에게 편애하며 상을 준 까닭에 100량의 贖을

gaiha,, 39/40
취했다.

○ beki coohai meiren i janggin yungšun ini gūsai šanggiyan holo i
步兵의 머이런 장긴 융순은 그의 구사의 샹기얀 홀로의

kalka, afuni i kalka, ere juwe kalka isibuhakū turgunde,
방패차· 아푸니의 방패차, 이 2개의 방패차를 보내지 않은 이유로

tanggū šusiha tantara jalin de tanggū yan, weile i juwe tanggū
100대의 채찍을 때리는 대신에 100량· 贖으로 200량을

yan gaiha,,
취했다.

○ beki coohai meiren i janggin ginggūlda ini nirui emu niyalma be
步兵의 머이런 장긴 깅굴다는 그의 니루의 1명을

facuhūn yabubufi wabuha, ini gūsai 40/41 imtu i kalka, namtai
문란하게 행동하게 하여 죽게 했다. 그의 구사의 임투의 방패차· 남타이

wejihe i kalka isibuhakū, ere juwe weile i turgunde, tanggū
워지허의 방패차를 보내지 않았다. 이 2가지 죄를 이유로 100대

šusiha i jalin de emu tanggū yan, weile i juwe tanggū susai yan
채찍 대신 100량· 贖으로 250량을

gaiha,,
취했다.

○ turgei i gūsai manduhū kalka isibuhakū emu weile, burulaha
투르거이 구사의 만두후는 방패차를 보내지 않은 첫째 죄, 패주한

juwe weile, erei turgunde tanggū šusiha i 41/42 tanggū yan, weile i
둘째 죄, 이러한 이유로 100대 채찍 대신 100량· 贖으로

tanggū yan gaiha,,
100량을 취했다.

○ darhan efu i gūsai namtai wejihe kalka isibuhakū emu weile,
다르한 어푸 구사의 남타이 워지허는 방패차를 보내지 않은 첫째 죄,

burulaha juwe weile, erei turgunde emu tanggū yan i weile gaiha,,
패주한 둘째 죄, 이러한 이유로 100량의 贖을 취했다.

○ baintu i gūsai fosori burulaha emu weile, ini 42/43 jalan i
바인투 구사의 포소리는 패주한 첫째 죄, 그의 잘란의

emu niyalma be facuhūn yabubufi wabuha juwe weile, erei turgunde
1명을 문란하게 행하게 하여 죽게 한 둘째 죄, 이러한 이유로

jakūnju šusiha tantaha, susai yan i weile gaiha,,
80대 채찍을 때렸다. 50량의 贖을 취했다.

○ yekšu i gūsai kebtu burulaha emu weile, ini jalan i giošan
역슈 구사의 컵투는 패주한 첫째 죄, 그의 잘란의 기오샨

nirui emu nimere niyalma be waliyaha juwe weile, erei turgunde
니루의 1명의 병든 사람을 방치한 둘째 죄, 이러한 이유로

jakūnju šusiha i 43/44 jakūnju yan, weile i susai yan gaiha,,
80대의 채찍 대신 80량· 贖으로 50량을 취했다.

○ asan burulaha emu weile, jase tucike manggi uncehen be
아산은 패주한 첫째 죄, 경계를 나간 후 후미를

bargiyahakū, ere juwe weile i turgunde olji gaiha,,
거두지 않은 이 둘째 죄를 이유로 노획을 빼앗았다.

○ turgei gūsai niyalma be facuhūn yabubufi ilan 44/45 niyalma
투르거이는 구사의 사람을 문란하게 행하게 하여 3명을

wabuha, jase tucike manggi uncehen bargiyahakū, ini gūsai emu
죽게 했다. 경계를 나간 후 후미를 거두지 않았다. 그의 구사의 1개

kalka isibuhakū, burulaha, ere duin weile i turgunde juwe tanggū
방패차를 보내지 않았다. 패주했다. 이 4가지 죄를 이유로 200량의

yan i weile gaiha, olji gaiha,,
贖을 취했다. 노획을 빼앗았다.

○ ibai jase tucike manggi uncehen bargiyahakū, esen, heohen
이바이는 경계를 나간 후, 후미를 거두지 않았다. 어선· 허오헌

baturu, šobaha de jurgan jorihakū, sung šan, 45/46 hing šan i
바투루· 쇼바하에게 조항을 지시하지 않았다. 松山· 杏山의

cooha de, gulu lamun, juwe šanggiyan i joriha jurgan be jurcehe be
전투에서 正藍旗· 두 白旗의 지시한 조항을 어긴 것을

gidaha, ini gūsai emu kalka isibuhakū, ere duin weile i
숨겼다. 그의 구사의 1개의 방패차를 보내지 않았다. 이 4가지 죄를

turgunde duin tanggū yan i weile gaiha,,
이유로 400량의 贖을 취했다.

○ yekšu jase tucike manggi uncehen bargiyahakū, ini booi emu
역슈는 경계를 나간 후 후미를 거두지 않았다. 그의 집의 1명·

niyalma, gūsai juwe niyalma be facuhūn 46/47 yabubufi wabuhabi,
구사의 2명을 문란하게 행하게 하여 죽게 했다.

ahūn doronggo cin wang, doroi giyūn wang, ere juwe wang ni booi
兄 도롱고 친왕· 도로이 군왕, 이 2명의 왕의 집의

niyalmai baha puseli de dosifi ninggun bade durime gaihabi, wang ni
사람이 얻은 점포에 들어가서 6곳에서 약탈해서 빼앗았다. 왕의

booi niyalma be kiyoo be karmame doobuhakūbi, temen jafaha
집의 사람을 다리를 보호하려고 건너지 못하게 했다. 낙타를 끄는

niyalma be tantahabi, booi niyalma baha emu haha jui be sacime
사람을 때렸다. 집의 사람이 얻은 1명의 남자를 베어

wahabi, daisungga baha juwe losa be 47/48 wang ni booi niyalma de
죽였다. "다이숭가가 얻은 2마리 노새를 王의 집의 사람에게

ainu buhe seme hafirahabi, daisungga baha juwe losa be i
왜 주었나?"하고 협박했다. 다이숭가가 얻은 2마리 노새를 그는

deji gaihabi, jase tucire de burulahabi, erei duin weile i turgunde
헌상품으로 취했다. 경계를 나갈 때 패주했다. 이러한 4가지 죄를 이유로

gūsai ejen nakabuha, hafan efulehe, ninggun tanggū yan i weile
구사의 어전을 그만두게 했다. 관직을 혁직했다. 600량의 贖을

gaiha, olji gaiha,, 48/49
취했다. 노획을 빼앗았다.

○ baintu sung šan i cooha de, gulu lamun, juwe šanggiyan i
바인투는 松山의 전투에서 正藍旗· 두 白旗가

joriha jurgan jurcehe be gidaha emu weile, gūsai emu niyalma be
지시한 조항을 어긴 것을 숨긴 첫째 죄, 구사의 1명을

facuhūn yabubufi wabuhabi, jase tucike manggi uncehen bargiyahakū,
문란하게 행하게 하여 죽게 했다. 경계를 나간 후 후미를 거두지 않았다.

burulaha, ere duin weile i turgunde juwe tanggū yan i weile
패주했다. 이 4가지 죄를 이유로 200량의 贖을

gaiha,, 49/50
취했다.

○ enggetu sung šan i cooha de, gulu lamun, juwe šanggiyan i
엉거투는 松山의 전투에서 正藍旗· 두 白旗가

joriha jurgan jurcehe be gidaha, jase tucike manggi uncehen
지시한 조항을 어긴 것을 숨겼다. 경계를 나간 후, 후미를

bargiyahakū, burulaha, ere ilan weile i turgunde duin tanggū yan i
거두지 않았다. 패주했다. 이 3가지 죄를 이유로 400량의

weile arafi duin tanggū yan menggun gaiha, olji gaiha,,
죄에 처하여, 400량의 은을 취했다. 노획을 빼앗았다.

○ ulai jase tucike manggi uncehen bargiyahakū, baturu 50/51
울라이는 경계를 나간 후, 후미를 거두지 않았다. 바투루

giyūn wang be šerihe seme holtoho, burulaha, erei ilan weile i
군왕이 협박했다고 속였다. 패주했다. 이러한 3가지 죄를

turgunde duin tanggū yan i weile gaiha, olji gaiha,,
이유로 400량의 贖을 취했다. 노획을 빼앗았다.

○ tantai jase tucike manggi uncehen bargiyahakū, baturu giyūn
탄타이는 경계를 나간 후 후미를 거두지 않았다. 바투루 군왕이

wang be šerihe seme holtoho, burulaha, ere ilan weile i turgunde
협박했다고 속였다. 패주했다. 이 3가지 죄를 이유로

juwe tanggū yan i 51/52 weile gaiha, olji gaiha,,
200량의 贖을 취했다. 노획을 빼앗았다.

○ yecen sung šan, hing šan i cooha be gemu waha seme holtoho,
여천은 松山· 杏山의 군사를 모두 죽였다고 속였다.

ineku ere cooha de gulu lamun, juwe šanggiyan i joriha jurgan
같은 이 전투에서 正藍旗· 두 白旗가 지시한 조항을

jurcehe be gidaha, jase tucifi uncehen bargiyahakū, baturu
어긴 것을 숨겼다. 경계를 나가서 후미를 거두지 않았다. 바투루

giyūn wang be šerihe seme holtoho, ini gūsai 52/53 emu kalka
군왕이 협박했다고 속였다. 그의 구사의 1개 방패차를

isibuhakū, burulaha, ere ninggun weile i turgunde juwe tanggū yan i
보내지 않았다. 패주했다. 이 6가지 죄를 이유로 200량의

weile gaiha, olji gaiha,,
贖을 취했다. 노획을 빼앗았다.

○ suna efu jase tucike manggi uncehen bargiyahakū, burulaha,
수나 어푸는 경계를 나간 후 후미를 거두지 않았다. 패주했다.

ere juwe weile i turgunde juwe tanggū yan i weile gaiha, olji
이 2가지 죄를 이유로 200량의 贖을 취했다. 노획을

gaiha,, 53/54
빼앗았다.

○ darhan efu ini gaiha hoton i ninggude cooha tuwakiyabuhakū
다르한 어푸는 그가 취한 성의 위에서 병사에게 감시시키지 않아서

ofi, bata i cooha dosika, gūsai niyalma be facuhūn yabubufi juwe
적군이 침입했다. 구사의 사람을 문란하게 행하게 하여 2명을

niyalma wabuha, cang ping ni hoton de wan sindafi jai jergi de
죽게 했다. 昌平城에 사다리를 두어서 두 번

tafaka seme holtoho, cang ping de baha temen be, wang de deji
올라갔다고 속였다. 昌平에서 얻은 낙타를 왕에게 헌상품으로

seme baiha, 54/55 gulu šanggiyan i gidaha cooha be emgi gidaha
하겠다고 요구했다. 正白旗가 격퇴한 군대를 함께 무찔렀다고

seme holtoho, gūsai juwe kalka isibuhakū, jase tucifi uncehen
속였다. 구사의 2개 방패차를 보내지 않았다. 경계를 나가서 후미를

bargiyahakū, burulaha, ere jakūn weile i turgunde duin tanggū yan i
거두지 않았다. 패주했다. 이 8가지 죄를 이유로 400량의

weile gaiha, olji gaiha,,
贖을 취했다. 노획을 빼앗았다.

○ adai ini gūsai emu kalka isibuhakū, jase 55/56 tucike manggi
아다이는 그의 구사의 1개 방패차를 보내지 않았다. 경계를 나간 후

uncehen bargiyahakū, burulaha, ere ilan weile i turgunde juwe
후미를 거두지 않았다. 패주했다. 이 3가지 죄를 이유로 200량의

tanggū yan i weile arafi juwe tanggū yan menggun gaiha, olji
죄에 처하여 200량의 은을 취했다. 노획을

gaiha,,
빼앗았다.

○ baturu giyūn wang cang ping ni hoton be gaiha manggi,
바투루 군왕은 昌平城을 취한 후,

šangnara giyan waka bime ini gūsai niyalma de geren de hebe
상을 줄 이유가 아닌데도 그의 구사 사람에게, 여러 사람과 의논도

akū 56/57 haršame šangnaha, tantai be ulin durime gencehelehe sehe,
없이 편애하여 상을 주었다. 탄타이가 재물을 약탈하고 구타했다고 했다.

jase tucire de beye tutahakū uncehen gaibuha, ere ilan weile i
경계를 나갈 때 자신이 머물지 않고 후미를 공격당했다. 이 3가지 죄를

turgunde ilan minggan yan i weile arafi ilan minggan yan menggun
이유로 3천량의 죄에 처하여 3천량의 은을

gaiha,,
취했다.

○ bayan beile ini gaiha hoton de cooha 57/58 tuwakiyabuhakū ofi,
바얀 버일러는 그가 취한 성에서 병사에게 감시하게 하지 않아서

dobori bata i cooha dosika, jase tucire de beye tutahakū
야밤에 적군이 침입했다. 경계를 나갈 때 자신이 머물지 않고

uncehen gaibuha, erei turgunde emu minggan yan i weile arafi
후미를 거두지 않았다. 이러한 이유로 1천량의 죄에 처하여

emu minggan yan menggun gaiha,,
1천량의 은을 취했다.

○ darhan efu i gūsai holohoi gūsai juwe kalka isibuhakū be,
다르한 어푸 구사의 홀로호이는 구사의 2개 방패차를 보내지 않은 것을

sunja kalka yooni isibuha seme 58/59 holtoho, juwe kalka isibuhakū,
5개 방패차를 모두 보냈다고 속였다. 2개 방패를 보내지 않았다.

erei turgunde tanggū šusiha i tanggū yan, weile i juwe tanggū
이러한 이유로 100대 채찍 대신 100량, 贖으로 250량을

susai yan gaiha,,
취했다.

○ buyandai i gūsai sinda tabcin genehe bade nadan niyalma
부얀다이 구사의 신다는 약탈 간 곳에서 7명을

wabuhabi, erei turgunde weile i juwe tanggū susai yan, tanggū
죽게 했다. 이러한 이유로 贖으로 250량, 100대

šusiha i tanggū yan gaiha,, 59/60
채찍 대신 100량을 취했다.

○ yecen i gūsai alamu gūsai duin niyalma be facuhūn yabubufi
여천 구사의 알라무는 구사의 4명을 문란하게 행하게 하여

wabuha, burulaha, erei turgunde olji gaiha,,
죽게 했다. 패주했다. 이러한 이유로 노획을 빼앗았다.

○ hūsibu i gūsai siran burulaha turgunde, olji gaiha,,
후시부 구사의 시란은 패주한 이유로 노획을 빼앗았다.

○ yekšu i gūsai daisungga burulaha turgunde, olji gaiha,, 60/61
역슈 구사의 다이숭가는 패주한 이유로 노획을 빼앗았다.

○ fiyanggū i gūsai mucengge burulaha turgunde, olji gaiha,,
피양구 구사의 무청거는 패주한 이유로 노획을 빼앗았다.

○ tantai i gūsai gūwara uncehen bargiyahakū, burulaha, erei
탄타이 구사의 구와라는 후미를 거두지 않았다. 패주했다. 이러한

turgunde olji gaiha,,
이유로 노획을 빼앗았다.

○ turgei i gūsai duša, turgei i emgi gidaha cooha be 61/62
투르거이 구사의 두샤는 투르거이와 함께 격파한 군사에 대해

bithe unggire de, duša ini gebu be emhun arafi unggihe, burulaha
글을 보낼 때, 두샤 그의 이름만을 써서 보냈다. 패주했다.

turgunde, olji gaiha,,
이 이유로 노획을 빼앗았다.

○ baindai i gūsai unggadai jase tucike manggi uncehen be
바인다이 구사의 웅가다이는 경계를 나간 후 후미를

bargiyahakū, burulaha, erei turgunde olji gaiha,,
거두지 않았다. 패주했다. 이러한 이유로 노획을 빼앗았다.

○ ibai i gūsai minggandari uncehen be bargiyahakū,
이바이 구사의 밍간다리는 후미를 거두지 않았다.

burulaha, 62/63 erei turgunde olji gaiha,,
패주했다. 이러한 이유로 노획을 빼앗았다.

○ darhan efu i gūsai olosecen jase i dorgi ci bucehe niyalma be
다르한 어푸 구사의 올로서천은 경계의 안에서 죽은 사람을

suna efu gajiha be, olosecen jasei tule weihun bihe seme
수나 어푸가 데려 왔는데 올로서천은 (죽은 사람이) 경계의 밖에서는 살아 있었다고

holtoho, burulaha turgunde olji gaiha, holtoho turgunde susai yan
속였다. 패주한 이유로 노획을 빼앗았다. 속인 이유로 50량의

i weile gaiha,, 63/64
贖을 취했다.

○ dalai i gūsai namu gūsai niyalma be facuhūn yabubufi juwe
달라이 구사의 나무는 구사의 사람을 문란하게 행하게 하여 2명을

niyalma wabuha, emu kalka isibuhakū, burulaha, erei turgunde olji
죽게 했다. 1개의 방패차를 보내지 않았다. 패주했다. 이러한 이유로 노획을

gaiha,,
빼앗았다.

○ asan i gūsai hongko ini emgi genehe emu niyalma be
아산 구사의 홍코는 그와 함께 갔던 1명을

facuhūn yabubufi wabuha, burulaha, erei 64/65 turgunde olji gaiha,,
문란하게 행하게 하여 죽게 했다. 패주했다. 이러한 이유로 노획을 빼앗았다.

○ yekšu i gūsai dumbai burulaha turgunde, olji gaiha,,
역슈 구사의 둠바이는 패주한 이유로 노획을 빼앗았다.

○ jergi ci lakcaha ujui gung jase tucire de uncehen de tutaki
超品一等公은 경계를 나갈 때 후미에서 머무르라고

seme baturu giyūn wang be mujilen bahabuhakū, erei turgunde
바투루 군왕의 마음을 깨우치게 하지 않았다. 이러한 이유로

tuhere an i weile i 65/66 uyunju yan gaiha,,
처벌할 규정의 贖으로 90량을 취했다.

○ fiyanggū i gūsai gasha ini gūsai sunja kalka yooni isibuhakū,
피양구 구사의 가스하는 그의 구사의 5개 방패차를 모두 보내지 않았다.

erei turgunde juwe tanggū yan i weile gaiha, meiren kadalara be
이러한 이유로 200량의 贖을 취했다. 머이런을 관할하는 것을

nakabuha, olji gaiha,, 66/67
그만두게 했다. 노획을 빼앗았다.

○ kubuhe suwayan i ahanikan uksin etuhekū jase tucime
양황기의 아하니칸은 갑옷을 입지 않고, 경계를 나가서

juleri tu be gaifi burulaha turgunde, juwe tanggū yan i weile gaiha,
앞에서 纛을 이끌고 패주한 이유로 200량의 贖을 취했다.

jalan kadalara niru bošoro be nakabuha,,
잘란을 관할하고 니루를 領催하는 것을 그만두게 했다.

○ kubuhe fulgiyan i buršan ini gūsai emu kalka isibuhakū, jase
鑲紅旗의 부르샨은 그의 구사의 1개의 방패차를 보내지 않았다. 경계를

tucire de burulaha, erei turgunde 67/68 meiren kadalara niru bošoro
나갈 때 패주했다. 이러한 이유로 머이런을 관할하고 니루를 領催하는

be nakabuha, juwe tanggū yan i weile gaiha, olji gaiha,,
것을 그만두게 했다. 200량의 贖을 취했다. 노획을 빼앗았다.

○ gulu fulgiyan i yekšu i jui doolan uksin etuhekū jase tucime
正紅旗의 역슈의 아들 도올란은 갑옷을 입지 않고 경계를 나가서

juleri burulaha turgunde, jalan kadalara be nakabuha, juwe tanggū
앞에서 패주한 이유로 잘란을 관할하는 것을 그만두게 했다. 200량의

yan i weile gaiha, olji gaiha,, 68/69
贖을 취했다. 노획을 빼앗았다.

○ gulu lamun i jonggodoi ini jalan i nanjilan nirui emu
正藍旗의 종고도이는 그의 잘란의 난질란 니루의 1명을

niyalma facuhūn yabufi wabuha, jase tucire de burulaha, ini jalan i
문란하게 행하게 하여 죽게 했다. 경계를 나갈 때 패주했다. 그의 잘란의

kalka isibuhakū be isibuha seme holtoho, kalka isibuhakū, ere
방패차를 보내지 않은 것을 보냈다고 속였다. 방패차를 보내지 않았다. 이

duin weile i turgunde weile i tanggū yan, tanggū šusiha i
4가지 죄를 이유로 贖 100량· 100대 채찍 대신

tanggū yan gaiha,, 69/70
100량을 취했다.

○ gulu lamun i suihede ini jalan i kalka isibuhakū be
正藍旗의 수이허더는 그의 잘란의 방패차를 보내지 않은 것을

isibuha seme holtoho, kalka isibuhakū, ini gūsai singnai be ula de
보냈다고 속였다. 방패차를 보내지 않았다. 그의 구사의 싱나이가 울라로

ukaka seme holtoho, ere ilan weile i turgunde tanggū šusiha
도망갔다고 속였다. 이 3가지 죄를 이유로 100대 채찍을

tantaha, weile i tanggū yan gaiha,, 70/71
때렸다. 贖으로 100량을 취했다.

○ baintu i gūsai arašan, jang dooli i cooha de juleri dosifi
바인투 구사의 아라샨은 "張(春) 道吏의 군사에게 앞서서 쳐들어가서

gala feye baha, olhon ninggun feye baha, uju jergi feye de
손에 부상을 입었다. 타박상을 6곳 상처 입었다. 1등의 상처로

šangnaha, juleri dosika be erketu, totoi sambi, erebe dacilaci, jang
상을 내렸다. 앞서 들어간 것을 어르커투와 토토이가 안다"고 했다.이것을 힐문하니 張(春)

dooli i cooha de gulu lamun i aliha cooha, gocika bayara gemu
道吏의 군사에 正藍旗의 驍騎, 親隨 바야라는 모두

biyaluha bihe, onggobufi juleri dosika seme holtoho turgunde,
숨었다. 이를 숨기고 앞서 들어갔다고 속인 이유로

tuhere 71/72 weile gaiha,,
처벌할 贖을 취했다.

○ kubuhe fulgiyan i arbuni, erke cin wang gaifi ginjeo be
鑲紅旗의 아르부니는 "어르커 친왕이 이끌고 錦州를

tabcilafi cooha gidaha de, ši dzung bing guwan i emu uksin i niyalma,
약탈하고 적군을 격파할 때 石(廷柱) 總兵官의 1명의 甲兵이

ginjeo hoton i jakade iliha cooha be musei cooha seme
錦州城 부근에 선 병사를 우리 군사라고

tašarame dosifi, nikan sacime tuhebufi uju gaijara be, 72/73 babulai,
오인하여 들어가서 明軍이 베어 쓰러뜨리고 머리를 취할 뻔한 것을, 바불라이·

arbuni, budan, meni ilan niyalma dosifi tucibuhe, erebe babulai sambi,
아르부니· 부단 우리 3명이 들어가 구출했다. 이를 바불라이가 안다"고 했다.

erebe dacilaci, tere niyalma be budan tucibuhebi, arbuni tucibuhengge
이를 힐문하니, 그 사람은 "부단이 빼내왔다. 아르부니가 빼내온 것은

tašan, erei turgunde holtoho weile uyun yan gaiha,,
거짓이다"고 했다. 이런 이유로 속인 죄로 90량을 취했다.

○ ginjeo hoton de wan isibuhakū turgunde asan i gūsai
錦州城에 사다리를 보내지 않은 이유로 아산 구사의

handai, omoktu, tantai i gūsai furdan, dainju, 73/74 baintu i gūsai
한다이· 오목투, 탄타이 구사의 푸르단· 다인주, 바인투 구사의

anggin, bangsun, ere ninggun niyalma de tuhere weile gaiha,,
앙긴· 방순, 이 6명에게 처벌할 贖을 취했다.

○ kubuhe lamun i lolo, kamciha, yandai, ceni gūsai teile
鑲藍旗의 롤로· 캄치하· 얀다이는 그들의 구사만으로

enculeme gaiha hoton de, ceni beye hoton i hanci fafulame dosikakū,
독자적으로 취한 성에서, 그들 자신은 성 가까이서 금지하고 들어가지 않았다.

wan be isibuhakū seme ini gūsai ejen fiyanggū beise fafun de
사다리를 보내지 않았다고 그의 구사의 어전 피양구 버이서가 法司에

74/75 alafi duileci, yargiyan ofi lolo, kamciha, yandai be gemu
고하여 審理하니 사실이어서, 롤로· 캄치하· 얀다이를 모두

tanggūta šusiha tantaha, meiren i janggin gasha be kadalame
100대 채찍을 때렸다. 머이런 장긴 가스하는 관할하지

mutehekū seme tanggū šusiha i tanggū yan, weile i tanggū yan
못했다고 100대 채찍 대신 100량· 贖으로 100량의

weile araha, ere ilan niyalmai baha olji, gasha i juwe tanggū yan be
죄에 처했다. 이 3명이 얻은 노획· 가스하의 200량을

gemu gaifi, ini gūsai ejen cin wang de buhe,, 75/76
모두 빼앗아 그의 구사의 어전 친왕에게 주었다.

○ gulu lamun i dalai ini gūsai dai darhan de enduringge han de
正藍旗의 달라이는 그의 구사의 다이 다르한에게 성스러운 황제에게

deji gaimbi seme duin tanggū uyunju nadan yan menggun gaifi
헌상품을 올리겠다고 497량의 은을 취하여

deji burakū, i gaihabi seme fafun de alafi duileci, juwe
헌상품을 올리지 않고 그가 취했다고 法司에 고소당하여 審理하니, 280량을

tanggū jakūnju yan, jase tucire de gaibuhabi, juwe tanggū juwan
경계를 나갈 때 취하게 했고, 217량을

nadan yan gajifi gidaha 76/77 yargiyan ofi, dalai be gūsai ejen
취하여 숨긴 것이 사실이어서, 달라이에게 구사의 어전을

nakabuha, hafan efulehe, tanggū yan i weile gaiha, olji gaiha,,
그만두게 했다. 관직을 혁직했다. 100량의 贖을 취했다. 노획을 빼앗았다.

○ wabuha niyalmai oron toodame gaifi meni meni niru de buhe,,
죽임당한 사람의 결원을 보충하고자 취하여 각각 니루에 주었다.

tongki fuka sindaha hergen i dangse

點·圈을 찍은 문자의 檔子

gūsin duici debtelin

34권

wesihun erdemungge i sucungga aniya omšon biya

숭덕 원년 11월

34권, 숭덕 원년 11월

tongki fuka sindaha hergen i dangse,,
點·圈을 찍은 문자의 檔子

○ ice ninggun de, tulergi goloi monggo i niru banjibume genehe
초 6일에, 外藩 몽고의 니루를 편성하러 갔던

asidarhan nakcu, dayaci tabunang isinjiha, esei gajiha bithei
아시다르한 낙추와 다야치 타부낭이 도착했다. 이들이 가져 온 문서의

gisun, naiman i darhan giyūn wang ni jakūn tanggū boo, juwan
말. 「나이만의 다르한 군왕의 800戶는 16개의

ninggun niru, janggin i gebu unetei, siretu, šaji, daiduci, tangtuk,
니루로, 장긴의 이름은 우너터이·시러투·샤지·다이두치·탕툭·

manggūša, bayantu, sengge, tanggūi, tulga, alak, 1/2 kasak, ebugen,
망구샤·바얀투·셍게·탕구이·툴가·알락· 카삭·어부건·

cola, kesigu, esigeldei, sanggan i emu tanggū boo, juwe niru,
촐라·커시구·어시걸더이. 상간의 100戶는 2개의 니루로,

janggin i gebu g'odei, barang, tusiyetu i emu tanggū boo, juwe
장긴의 이름은 고더이·바랑. 투시예투의 100戶는 2개의

niru, janggin i gebu bekidei, sirga, waciri i ninju boo, janggin i
니루로, 장긴의 이름은 버키더이·시르가. 와치리의 60戶의 장긴의

gebu mandun, nakiya i emu tanggū susai boo, ilan niru, janggin i
이름은 만둔. 나키야의 150戶는 3개의 니루로, 장긴의

gebu hurluk, nabtai, imtu, ere uheri emu minggan juwe tanggū 2/3
이름은 후를룩· 납타이· 임투. 이 모든 1,210戶는

juwan boo, orin duin niru, šari i emu tanggū boo, juwe niru,
24개의 니루다. 샤리의 100戶는 2개의 니루로,

janggin i gebu jolbin, jama, gungge i emu niru, janggin i gebu
장긴의 이름은 졸빈· 자마. 궁거의 1개의 니루의 장긴의 이름은

lolo, aohan i bandi efu i jakūn tanggū susai boo, juwan nadan
롤로. 아오한의 반디 어푸의 850戶는 17개의

niru, janggin i gebu darhan bekidei, labatai, bekidei, linghoo, samu,
니루로, 장긴의 이름은 다르한 버키더이· 라바타이· 버키더이· 링호오· 사무·

cooldur, donoi, edene, abaga, namusai, haise, sumer, bulaktai, babai,
초올두르· 도노이· 어더너· 아바가· 나무사이· 하이서· 수머르· 불락타이· 바바이·

harijai, 3/4 donoi, baidula, sonom i duin tanggū susai boo, uyun niru,
하리자이· 도노이· 바이둘라. 소놈의 450戶는 9개의 니루로,

janggin i gebu hayang, doolihū, omoktu, šodoi, seoke, gunggene,
장긴의 이름은 하양· 도올리후· 오목투· 쇼도이· 서오커· 궁거너·

batu, mani, bodi, ere uheri emu minggan ilan tanggū boo, orin
바투· 마니· 보디. 이 모든 1,300戶는 26개의

ninggun niru, barin i ayusi i sunja tanggū ninju boo, juwan emu
니루다. 바린의 아유시의 560戶는 11개의

niru, janggin i gebu menggelei, kubege, buhandai, kuluk, usuhai,
니루로, 장긴의 이름은 멍걸러이· 쿠버거· 부한다이· 쿨룩· 우수하이·

babuhū, jaisang, mangkada, 4/5 bayandai, haise, baisgal, moo kitat i
바부후· 자이상· 망카다· 바얀다이· 하이서· 바이스갈. 모오 키타트의

orin boo, hūbilgan i tofohon boo, gumu i uyun boo, gurbusi i
20戶, 후빌간의 15戶, 구무의 9戶, 구르부시의

juwan ninggun boo, ese emu niru, janggin i gebu bayar, ere
16戶, 이들은 1개의 니루로 장긴의 이름은 바야르. 이

uheri ninggun tanggū orin boo, juwan juwe niru, barin i manjusiri
모든 620戶는 12개의 니루다. 바린의 만주시리의

i nadan tanggū nadanju boo, tofohon niru, janggin i gebu laba,
770戶는 15개의 니루로, 장긴의 이름은 라바·

engkesen, kuibung, jongtu, esen, temdei, seose, 5/6 menggen, jongtu,
엉커선· 쿠이붕· 종투· 어선· 텀더이· 서오서· 멍건· 종투·

bayar, jobin, hododu, batu, unege, engkesen, sereng efu i emu
바야르· 조빈· 호도두· 바투· 우너거· 엉커선. 서렁 어푸의 110戶는

tanggū juwan boo, juwe niru, janggin i gebu uladai, sanggarjai,
2개의 니루로, 장긴의 이름은 울라다이· 상가르자이.

ere uheri jakūn tanggū jakūnju boo, juwan nadan niru, jarut i ici
이 모든 880戶는 17개의 니루다. 자루트의

ergi galai sanggari i ilan tanggū boo, ninggun niru, janggin i
右翼의 상가리의 300戶는 6개의 니루로, 장긴의

gebu hangsidai, teher, coruhe, namu, corunghai, delger, bayartu i
이름은 항시다이· 터허르· 초루허· 나무· 초룽하이· 덜거르. 바야르투의

juwe 6/7 tanggū nadanju boo, sunja niru, janggin i gebu siobaga,
270戶는 5개의 니루로, 장긴의 이름은 시오바가·

minggadar, gusi, belgen, asitu, cing baturu i ilan tanggū jakūnju
밍가다르· 구시· 벌건· 아시투. 칭 바투루의 380戶는

boo, nadan niru, janggin i gebu tojing, baidu, bayan, mungke, tubei,
7개의 니루로, 장긴의 이름은 토징· 바이두· 바얀· 뭉커· 투버이·

bomboro, tumei, honici, iricei i gūsin boo, gumu i orin sunja boo
봄보로· 투머이· 호니치. 이리처이의 30戶, 구무의 25戶를

kamcibufi emu niru obuha, janggin i gebu bubu, gumu i nadanju
합쳐서 1개의 니루로 삼았는데, 장긴의 이름은 부부. 구무의 75戶는

sunja boo, susai 7/8 boo be emu niru obuha, janggin i gebu boroju,
50戶를 1개의 니루로 삼았는데, 장긴의 이름은 보로주.

batma i susai boo, janggin i gebu kitat, sira kitat i dehi boo,
바트마의 50戶의 장긴의 이름은 키타트. 시라 키타트의 40戶,

sanggarjai i orin boo, ese emu niru, janggin i gebu minggatu,
상가르자이의 20戶, 이들은 1개의 니루로 장긴의 이름은 밍가투.

jirgalang ni emu tanggū juwan boo, juwe niru, janggin i gebu
지르갈랑의 110戶는 2개의 니루로, 장긴의 이름은

gūwaljin, gadasun, engkesen i emu tanggū gūsin ninggun boo, emu
구왈진· 가다순. 엉커선의 136戶는

tanggū boo be juwe 8/9 niru obuha, janggin i gebu tagatai, gūnatu,
100戶를 2개의 니루로 삼았는데, 장긴의 이름은 타가타이· 구나투.

edeng ni ninju ninggun boo, susai boo be emu niru obuha, janggin i
어덩의 66戶는 50戶를 1개의 니루로 삼았는데, 장긴의

gebu angga, engkesen i gūsin ninggun boo, edeng ni juwan ninggun
이름은 앙가. 엉커선의 36戶, 어덩의 16戶를

boo kamcibufi emu niru obuha, janggin i gebu donji, dorji i gūsin
합쳐서 1개의 니루로 삼았는데, 장긴의 이름은 돈지. 도르지의 30戶,

boo, neliyet i orin boo, dujiyen i duin boo, ese emu niru, janggin
널리여트의 20戶, 두지연의 4戶, 이들은 1개의 니루로 장긴의

i gebu 9/10 hūba, labatai i emu tanggū boo, juwe niru, janggin i
이름은 후바. 라바타이의 100戶는 2개의 니루로, 장긴의

gebu okidei, jisukei, baihūndai i emu tanggū boo, juwe niru, janggin
이름은 오키더이· 지수커이. 바이훈다이의 100戶는 2개의 니루로, 장긴의

i gebu uladai, bayandai, bidengtu i nadanju sunja boo, susai boo be
이름은 울라다이·바얀다이. 비덩투의 75戶는 50戶를

emu niru obuha, janggin i gebu lala, gendun i nadanju sunja boo,
1개의 니루로 삼았는데, 장긴의 이름은 랄라. 건둔의 75戶는

susai boo be emu niru obuha, janggin i gebu julgur, bidengtu
50戶를 1개의 니루로 삼았는데, 장긴의 이름은 줄구르. 비덩투의

i 10/11 orin sunja boo, gendun i orin sunja boo be kamcibufi emu
25戶, 건둔의 25戶를 합쳐서 1개의

niru obuha, janggin i gebu coigil, budasiri i susai sunja boo,
니루로 삼았는데, 장긴의 이름은 초이길. 부다시리의 55戶의

janggin i gebu baisai, manjusiri i dehi ninggun boo, janggin i
장긴의 이름은 바이사이. 만주시리의 46戶의 장긴의

gebu hūnggor, ere uheri emu minggan uyun tanggū jakūnju boo,
이름은 훙고르. 이 모든 1,980戶는

gūsin jakūn niru, yondon i gūsin jakūn boo, seosenghei i uyun boo,
38개의 니루다. 욘돈의 38戶, 서오성허이의 9戶,

ese 11/12 emu niru, janggin i gebu batma, sereng ni orin uyun boo,
이들은 1개의 니루로, 장긴의 이름은 바트마. 서렁의 29戶,

gurusk'ab i ninggun boo, ese emu niru, janggin i gebu hanui,
구루스캅의 6戶, 이들은 1개의 니루로 장긴의 이름은 하누이.

ere jakūnju juwe boo, juwe niru, cegen i emu tanggū gūsin boo,
이 82戶는 2개의 니루다. 처건의 130戶는

tanggū boo be juwe niru obuha, janggin i gebu bahūi, nayantai,
100戶를 2개의 니루로 삼았는데, 장긴의 이름은 바후이· 나얀타이.

cegen i gūsin boo, sonom i tofohon boo be kamcibufi emu niru, 12/13
처건의 30戶, 소놈의 15戶를 합쳐서 1개의 니루로,

janggin i gebu tabuljin, gumu i jakūnju boo susai boo be emu
장긴의 이름은 타불진. 구무의 80戶는 50戶를 1개의

niru, janggin i gebu boodaga, gumu i gūsin boo, burdahū i juwan
니루로, 장긴의 이름은 보오다가. 구무의 30戶, 부르다후의 17戶를

nadan boo be kamcibufi emu niru obuha, janggin i gebu guldehu,
합쳐서 1개의 니루로 삼았는데, 장긴의 이름은 굴더후.

ayusi i jakūnju nadan boo, susai boo be emu niru obuha, janggin i
아유시의 87戶는 50戶를 1개의 니루로 삼았는데, 장긴의

gebu baidu, ayusi i gūsin nadan boo, uban i juwan duin boo
이름은 바이두. 아유시의 37戶, 우반의 14戶를

be 13/14 kamcibufi emu niru obuha, janggin i gebu bijege, lamajab i
합쳐서 1개의 니루로 삼았는데, 장긴의 이름은 비저거. 라마잡의

gūsin ninggun boo, janggin i gebu haban, aya, hanggidai juwe nofi
36戶의 장긴의 이름은 하반. 아야와 항기다이 2명의

susai boo, emu niru, janggin i gebu ubanaci, daigung, hūnggor
50戶는 1개의 니루로, 장긴의 이름은 우바나치. 다이궁과 훙고르

juwe nofi de emu tanggū boo, juwe niru, janggin i gebu baidu,
2명에 (속한) 100戶는 2개의 니루로, 장긴의 이름은 바이두·

ahatu, ere uheri sunja tanggū gūsin boo, juwan emu niru, jarut i
아하투. 이 모든 530戶는 11개의 니루다. 자루트의

14/15 hashū ergi galai neici i duin tanggū boo, jakūn niru,
左翼의 너이치의 400戶는 8개의 니루로,

janggin i gebu onggoi, unggadai, dalai, janggūtai, harabudai, bodo,
장긴의 이름은 옹고이· 웅가다이· 달라이· 장구타이· 하라부다이· 보도·

bambuhai, noirtu, hūbiltu i duin tanggū boo, jakūn niru, janggin i
밤부하이· 노이르투. 후빌투의 400戶는 8개의 니루로, 장긴의

gebu dootu, balgasu, budui, tutuhai, baju, tokokū, unggan, teberihu,
이름은 도오투· 발가수· 부두이· 투투하이· 바주· 토코쿠· 웅간· 터버리후.

kabahai weijeng ni emu tanggū susai boo, ilan niru, janggin i gebu
카바하이 워이정의 150戶는 3개의 니루로, 장긴의 이름은

esendei, bugūluk, mandusun, 15/16 sangtu i susai boo, emu niru,
어선더이· 부굴룩· 만두순. 상투의 50戶는 1개의 니루로,

janggin i gebu cobong, olbok i gūsin boo, sanggūl i orin boo,
장긴의 이름은 초봉. 올복의 30戶, 상굴의 20戶,

ese emu niru, janggin i gebu haise, urgudeng ni emu tanggū gūsin
이들은 1개의 니루로, 장긴의 이름은 하이서. 우르구덩의 130戶는

boo, tanggū boo be juwe niru, gūsin boo be emu niru obuha, janggin i
100戶를 2개의 니루로, 30戶를 1개의 니루로 삼았는데, 장긴의

gebu bakoli, olbok, kita, sonin i susai boo, emu niru, janggin i
이름은 바콜리·올복·키타. 소닌의 50戶는 1개의 니루로, 장긴의

gebu maoci, 16/17 olbok i susai boo, emu niru, janggin i gebu
이름은 마오치. 올복의 50戶는 1개의 니루로, 장긴의 이름은

badana, kitat i susai boo, emu niru, janggin i gebu kenjei, esendei i
바다나. 키타트의 50戶는 1개의 니루로, 장긴의 이름은 컨저이. 어선더이의

dehi boo, laba i juwan juwe boo, ese emu niru, janggin i gebu
40戶, 라바의 12戶, 이들은 1개의 니루로, 장긴의 이름은

tungsai, kitat i orin boo, sanggūl i juwan boo, sanggarjai i juwan boo,
통사이. 키타트의 20戶, 상굴의 10戶, 상가르자이의 10戶,

waciri i sunja boo, nangnuk i sunja boo, ese emu niru,
와치리의 5戶, 낭눅의 5戶, 이들은 1개의 니루로,

janggin i gebu 17/18 jakamohai, ere uheri emu minggan duin tanggū
장긴의 이름은 자카모하이. 이 모든 1,430戶는

gūsin boo, orin uyun niru, tubai sereng ni ilan tanggū juwan boo,
29개의 니루다. 투바이 서렁의 310戶는

ninggun niru, janggin i gebu tangtu, botakū, dokul, langsu, dorji,
6개의 니루로, 장긴의 이름은 탕투· 보타쿠· 도쿨· 랑수· 도르지·

engke, dorji i susai boo, janggin i gebu yang, jamsu, manggūtai,
엉커. 도르지의 50戶의 장긴의 이름은 양. 잠수· 망구타이·

gumu, kesik, ere duin nofi de susai boo, janggin i gebu engke, ere
구무· 커식, 이 4명에게 (속한) 50戶의 장긴의 이름은 엉커. 이

uheri 18/19 duin tanggū juwan boo, jakūn niru, cobogo i nadanju
모든 410戶는 8개의 니루다. 초보고의 77戶,

nadan boo, samadi i gūsin boo, ere juwe niru, janggin i gebu
사마디의 30戶, 이 2개의 니루의 장긴의 이름은

sibak, ajinda, sanggarja, haise, urat, ere ilan nofi de susai boo,
시박· 아진다. 상가르자· 하이서· 우라트, 이 3명에게 (속한) 50戶의

janggin i gebu sibaotai, kitat i susai boo, emu niru, janggin i
장긴의 이름은 시바오타이. 키타트의 50戶는 1개의 니루로, 장긴의

gebu ordok, bargū mukūn i susai ninggun boo, emu niru, janggin i
이름은 오르독. 바르구 일족의 56戶는 1개의 니루로, 장긴의

gebu 19/20 barcigir, kitat i orin boo, gumu i juwan boo, ere
이름은 바르치기르. 키타트의 20戶, 구무의 10戶, 이

emu niru, janggin i gebu adui, ere uheri juwe tanggū uyunju boo,
1개의 니루의 장긴의 이름은 아두이. 이 모든 290戶는

ninggun niru, durben keoket i darhan joriktu i ilan tanggū
6개의 니루다. 두르벤 케오케트의 다르한 조릭투의 370戶는

nadanju boo, nadan niru, janggin i gebu darhan cinuwa, acisun,
7개의 니루로, 장긴의 이름은 다르한 치누와· 아치순·

nomun, buda, jaisang, temdeku, jugai, urgūdul i ninggun tanggū
노문· 부다· 자이상· 텀더쿠· 주가이. 우르구둘의 670戶는

nadanju boo, juwan ilan niru, 20/21 janggin i gebu kanggajai, daya,
13개의 니루로, 장긴의 이름은 캉가자이· 다야·

hamu, anggaltu, sebun, onggo, umalai, anggajai, mulugū, unggadai,
하무· 앙갈투· 서분· 옹고· 우말라이· 앙가자이· 물루구· 웅가다이·

sanai, abandai, dardung, sonom i ilan tanggū juwan jakūn boo,
사나이· 아반다이· 다르둥. 소놈의 318戶는

ninggun niru, janggin i gebu kitat, angga, sereng, kudoi, sanggar,
6개의 니루로, 장긴의 이름은 키타트· 앙가· 서렁· 쿠도이· 상가르·

bujai, irjam i nadan tanggū nadanju ninggun boo, tofohon niru,
부자이. 이르잠의 776戶는 15개의 니루로,

janggin i gebu ubasi, horgo, mendu, jagal, mendu, janggūga, jagai,
장긴의 이름은 우바시· 호르고· 먼두· 자갈· 먼두· 장구가· 자가이·

buyan, 21/22 dakdamo, ayabai, tulugen, haidai, tolbai, toktohoi, gunjilei,
부얀· 닥다모· 아야바이· 툴루건· 하이다이· 톨바이· 톡토호이· 군질러이.

suke i ninju boo, janggin i gebu emlik, ere uheri juwe minggan
수커의 60戶의 장긴의 이름은 엄릭. 이 모든 2,194戶는

emu tanggū uyunju duin boo, dehi juwe niru, moominggan i batma i
42개의 니루다. 모오밍간의 바트마의

emu tanggū uyunju emu boo, duin niru, janggin i gebu bagūjai,
191戶는 4개의 니루로, 장긴의 이름은 바구자이·

silemu, mohūr, degejei, janggūhai i jakūnju uyun boo, juwe niru,
실러무· 모후르· 더거저이. 장구하이의 89戶는 2개의 니루로,

janggin i gebu botoi, 22/23 bogodoi, huring ni mukūn i emu tanggū
장긴의 이름은 보토이· 보고도이. 후링의 일족의 100戶는

boo, juwe niru, janggin i gebu dayaci, buiga, hongdui mukūn i
2개의 니루로, 장긴의 이름은 다야치· 부이가. 홍두이 일족의

susai boo, janggin i gebu barcigir, undurhū i orin boo, coijiri i
50戶의 장긴의 이름은 바르치기르. 운두르후의 20戶, 초이지리의

gūsin boo, ere emu niru, janggin i gebu tobogo, ere uheri duin
30戶, 이 1개의 니루의 장긴의 이름은 토보고. 이 모든 480戶는

tanggū jakūnju boo, juwan niru, mujang ni emu minggan boo, orin
10개의 니루다. 무장의 1천戶는 20개의

niru, janggin i gebu honggodoi, 23/24 canggei, tumei, baigal, hūbai,
니루로, 장긴의 이름은 홍고도이· 창거이· 투머이· 바이갈· 후바이·

heokei, unggai, bortoi, torbaga, hūbatai, abujai, bujigir, bainggi, sonin,
허오커이· 웅가이· 보르토이· 토르바가· 후바타이· 아부자이· 부지기르· 바잉기· 소닌·

asigū, keder, haidai, jongnong, daga, donoi, dalai i jakūn tanggū
아시구· 커더르· 하이다이· 종농· 다가· 도노이. 달라이의 800戶는

boo, juwan ninggun niru, janggin i gebu gedei, banji, bayan, tegus,
16개의 니루로, 장긴의 이름은 거더이· 반지· 바얀· 터구스·

borji, tuktaga, honggodoi, biyashū, kitat, laisa, tabin, abatai, gumur,
보르지· 툭타가· 홍고도이· 비야스후· 키타트· 라이사· 타빈· 아바타이· 구무르·

tubei, ibai, dayan, sirgai, barcigi i jui kitat, mani 24/25 juwe nofi de
투버이· 이바이· 다얀· 시르가이. 바르치기의 아들 키타트와 마니 2명에게 (속한)

emu tanggū boo, juwe niru, janggin i gebu inadu, yanggūr, haise i
100戶는 2개의 니루로, 장긴의 이름은 이나두· 양구르. 하이서의

juwe tanggū boo, duin niru, janggin i gebu coga, hobong, koko,
200戶는 4개의 니루로, 장긴의 이름은 초가· 호봉· 코코·

minggan, gumu i emu tanggū boo, juwe niru, janggin i gebu
밍간. 구무의 100戶는 2개의 니루로, 장긴의 이름은

toktohū, ibandai, guru i susai boo, janggin i gebu honggodoi,
톡토후· 이반다이. 구루의 50戶의 장긴의 이름은 홍고도이.

ayusi i susai boo, janggin i gebu anggal, yesui i susai boo, 25/26
아유시의 50戶의 장긴의 이름은 앙갈. 여수이의 50戶의

janggin i gebu tulusun, coshi i ilan tanggū boo, ninggun niru,
장긴의 이름은 툴루순. 초스히의 300戶는 6개의 니루로,

janggin i gebu bootu, hontu, mani, takūhai, teberihu, yeosi, anggaljur i
장긴의 이름은 보오투· 혼투· 마니· 타쿠하이· 터버리후· 여오시. 앙갈주르의

emu tanggū dehi boo, ilan niru, janggin i gebu bubu, unggai,
140戶는 3개의 니루로, 장긴의 이름은 부부· 웅가이·

unagai, angga i emu tanggū juwan boo, juwe niru, janggin i gebu
우나가이. 앙가의 110戶는 2개의 니루로, 장긴의 이름은

ubasi, haradahū, coshi i jui bandi, babai juwe nofi emu tanggū
우바시· 하라다후. 초스히의 아들 반디와 바바이 2명의 100戶는

boo, 26/27 juwe niru, janggin i gebu buhatu, coronggū, ere uheri
2개의 니루로, 장긴의 이름은 부하투· 초롱구. 이 모든

ilan minggan boo, ninju niru, ongniyot i dureng giyūn wang ni
3천戶는 60개의 니루다. 옹니요트의 두렁 군왕의

nadan tanggū boo, juwan duin niru, janggin i gebu batu, badarahū,
700戶는 14개의 니루로, 장긴의 이름은 바투· 바다라후·

haisakū, dongcong, šajindara, coi, coiskeb, genggene, g'arma, bakin,
하이사쿠· 동총· 샤진다라· 초이· 초이스컵· 겅거너· 가르마· 바킨·

bahai, arana, bahūndai, ebugen, honici i susai boo, janggin i gebu
바하이· 아라나· 바훈다이· 어부건. 호니치의 50戶의 장긴의 이름은

sahū, coktu i susai boo, 27/28 janggin i gebu tuntai, ere uheri
사후. 촉투의 50戶의 장긴의 이름은 툰타이. 이 모든

jakūn tanggū boo, juwan ninggun niru, hara cerik g'arma i emu
800戶는 16개의 니루다. 하라 처릭 가르마의

tanggū susai boo, ilan niru, janggin i gebu degetu, loosa, dosi,
150戶는 3개의 니루로, 장긴의 이름은 더거투·로오사·도시.

nomidai i nadanju boo, janggin i gebu baidu, arana i emu tanggū
노미다이의 70戶의 장긴의 이름은 바이두. 아라나의 167戶는

ninju nadan boo, ilan niru, janggin i gebu borohū, esendei, budai,
3개의 니루로, 장긴의 이름은 보로후·어선더이·부다이.

sonidai i susai boo, janggin i gebu talidai, 28/29 adisai i susai
소니다이의 50戶의 장긴의 이름은 탈리다이. 아디사이의 50戶,

boo, jaisai i tofohon boo, ese emu niru, janggin i gebu sioge, ere
자이사이의 15戶, 이들은 1개의 니루로 장긴의 이름은 시오거. 이

uheri sunja tanggū boo, uyun niru, ongniyot i darhan daicing ni
모든 500戶는 9개의 니루다. 옹니요트의 다르한 다이칭의

uyun tanggū gūsin boo, juwan jakūn niru, janggin i gebu sutei,
930戶는 18개의 니루로, 장긴의 이름은 수터이·

kemjene, dabagai, jakai, okcot, haise, kitat, lama, nemengge, dorji,
컴저너·다바가이·자카이·옥초트·하이서·키타트·라마·너멍거·도르지·

ataga, mandusi, tabitu, atai, dandulai, ubasi, honghotu, 29/30 kitat,
아타가· 만두시· 타비투· 아타이· 단둘라이· 우바시· 홍호투· 키타트.

bandi i juwe tanggū gūsin boo, duin niru, janggin i gebu gundei,
반디의 230戶는 4개의 니루로, 장긴의 이름은 군더이·

toktaga, toose, omaljar, dalahai i ilan tanggū gūsin ninggun boo,
톡타가· 토오서· 오말자르. 달라하이의 336戶는

ninggun niru, janggin i gebu bayan, baisang, dorji, hūlai, donoi, bandi,
6개의 니루로, 장긴의 이름은 바얀· 바이상· 도르지· 훌라이· 도노이· 반디

šayang ni emu tanggū nadanju sunja boo, ilan niru, janggin i gebu
샤양의 175戶는 3개의 니루로, 장긴의 이름은

tanggūi, dahū, ariya, bambu i emu tanggū ninju boo, 30/31 ilan niru,
탕구이· 다후· 아리야. 밤부의 160戶는 3개의 니루로,

janggin i gebu abutai, anji, butaci, ere uheri emu minggan jakūn
장긴의 이름은 아부타이· 안지· 부타치. 이 모든 1,830戶는

tanggū gūsin boo, gūsin duin niru, urat i tuba i emu tanggū ninju boo,
34개의 니루다. 우라트의 투바의 160戶는

ilan niru, janggin i gebu budui, mani, dalu, coktu i susai boo,
3개의 니루로, 장긴의 이름은 부두이· 마니· 달루. 촉투의 50戶는

emu niru, janggin i gebu sibao, togūi i ninju sunja boo, susai boo be
1개의 니루로, 장긴의 이름은 시바오. 토구이의 65戶는 50戶를

emu niru, janggin i 31/32 gebu jooli, bandisk'ab i jakūnju boo,
1개의 니루로, 장긴의 이름은 조올리. 반디스캅의 80戶는

susai boo be emu niru, janggin i gebu bumbu, togo i tofohon boo,
50戶를 1개의 니루로, 장긴의 이름은 붐부. 토고의 15戶·

bandisk'ab i gūsin boo be kamcibufi emu niru, janggin i gebu anu,
반디스캅의 30戶를 합쳐서 1개의 니루로, 장긴의 이름은 아누.

darjai i emu tanggū nadanju duin boo, ilan niru, janggin i gebu
다르자이의 174戶는 3개의 니루로, 장긴의 이름은

gender, šatu, tulugen, sanggarjai i jakūnju boo, susai boo be
건더르· 샤투· 툴루건. 상가르자이의 80戶는 50戶를

emu niru, janggin i gebu temdengtu, 32/33 urjan i jakūnju boo,
1개의 니루로, 장긴의 이름은 텀덩투. 우르잔의 80戶는

susai boo be emu niru, janggin i gebu lamaso, sanggarjai i gūsin
50戶를 1개의 니루로, 장긴의 이름은 라마소. 상가르자이의 30戶,

boo, urjan i gūsin boo be kamcibufi emu niru, janggin i gebu
우르잔의 30戶를 합쳐서 1개의 니루로, 장긴의 이름은

duyang, sumer i orin boo, manggūldai i orin boo, sonin i juwan
두양. 수머르의 20戶, 망굴다이의 20戶, 소닌의 10戶,

boo, hūragai i juwan boo be kamcibufi emu niru, janggin i gebu
후라가이의 10戶를 합쳐서 1개의 니루로, 장긴의 이름은

dorji, ere uheri nadan tanggū susai boo, 33/34 juwan duin niru, urat i
도르지. 이 모든 750戶는 14개의 니루다. 우라트의

sereng ni emu tanggū dehi sunja boo, ilan niru, janggin i gebu
서렁의 145戶는 3개의 니루로, 장긴의 이름은

tubet, borji, jogūntai, haboi i susai boo, janggin i gebu kesiku,
투버트· 보르지· 조군타이. 하보이의 50戶의 장긴의 이름은 커시쿠.

obuhū i orin boo, samu i juwan juwe boo, senggui i jakūn boo,
오부후의 20戶, 사무의 12戶, 성구이의 8戶,

aomok i juwan boo be kamcibufi emu niru, janggin i gebu bayan,
아오목의 10戶를 합쳐서 1개의 니루로, 장긴의 이름은 바얀.

daicing ni susai boo, janggin i 34/35 gebu oonoi, dorji i orin boo,
다이칭의 50戶의 장긴의 이름은 오오노이. 도르지의 20戶,

bumbai i juwan ninggun boo, coirgi i juwan duin boo be kamcibufi
붐바이의 16戶, 초이르기의 14戶를 합쳐서

emu niru, janggin i gebu kahatai, muruja i juwan duin boo, emu
1개의 니루로, 장긴의 이름은 카하타이. 무루자의 14戶를 1개의

niru, janggin i gebu tulugen, ere uheri ilan tanggū uyunju sunja
니루로, 장긴의 이름은 툴루건. 이 모든 395戶는

boo, jakūn niru, urat i ebugen i orin juwe boo, olbon i gūsin boo,
8개의 니루다. 우라트의 어부건의 22戶, 올본의 30戶,

ese emu niru, 35/36 janggin i gebu bardai, silmi i emu tanggū
이들은 1개의 니루로, 장긴의 이름은 바르다이. 실미의 124戶는

orin duin boo, tanggū boo juwe niru, janggin i gebu bagatur, odol,
100戶를 2개의 니루로, 장긴의 이름은 바가투르· 오돌.

silmi i orin duin boo, sarman i orin duin boo kamcibufi emu niru,
실미의 24戶, 사르만의 24戶를 합쳐서 1개의 니루로,

janggin i gebu coro, langsu i nadanju emu boo, susai boo be emu
장긴의 이름은 초로. 랑수의 71戶는 50戶를 1개의

niru, janggin i gebu heridei, langsu i orin emu boo, šari i orin
니루로, 장긴의 이름은 허리더이. 랑수의 21戶, 샤리의 29戶,

uyun 36/37 boo, ere emu niru, janggin i gebu baidal, budari i gūsin
이것은 1개의 니루로, 장긴의 이름은 바이달. 부다리의 30戶,

boo, jamsu i orin emu boo, ese emu niru, janggin i gebu tooha,
잠수의 21戶, 이들은 1개의 니루로, 장긴의 이름은 토오하.

ombo i orin boo, ergehei i juwan ilan boo, sabu i juwan nadan
옴보의 20戶, 어르거허이의 13戶, 사부의 17戶,

boo, ese emu niru, janggin i gebu buduru, sarja i orin ilan boo,
이들은 1개의 니루로, 장긴의 이름은 부두루. 사르자의 23戶,

sayang ni orin nadan boo, ese emu niru, janggin i gebu 37/38 aina,
사양의 27戶, 이들은 1개의 니루로, 장긴의 이름은 아이나.

erdeni mukūn i emu niru, janggin i gebu burcehe, aluha i dehi
어르더니 일족은 1개의 니루로, 장긴의 이름은 부르처허. 알루하의 43戶,

ilan boo, sonin i nadan boo, ere emu niru, janggin i gebu medehen,
소닌의 7戶, 이것은 1개의 니루로, 장긴의 이름은 머더헌.

mantai i tofohon boo, cootu i juwan emu boo, aburgū i juwan
만타이의 15戶, 초오투의 11戶, 아부르구의 13戶,

ilan boo, manggū i juwan emu boo, ese emu niru, janggin i gebu
망구의 11戶, 이들은 1개의 니루로, 장긴의 이름은

ubadai, hondoi i gūsin boo, bujai i juwan ilan boo, 38/39 sonoi i
우바다이. 혼도이의 30戶, 부자이의 13戶, 소노이의

nadan boo, ese emu niru, janggin i gebu deldeng, kesibei i juwan
7戶, 이들은 1개의 니루로, 장긴의 이름은 덜덩. 커시버이의 17戶,

nadan boo, coroktoi i juwan ilan boo, kesik i juwan ninggun boo,
초록토이의 13戶, 커식의 16戶,

ilgei i duin boo, ese emu niru, janggin i gebu yahū, sira i
일거이의 4戶, 이들은 1개의 니루로, 장긴의 이름은 야후. 시라의

susai boo, janggin i gebu oljibai, ere uheri nadan tanggū susai boo,
50戶의 장긴의 이름은 올지바이. 이 모든 750戶는

tofohon niru, ongniyot i dureng giyūn wang, hara 39/40 cerik, ese
15개의 니루다. 옹니요트의 두렁 군왕과 하라 처릭, 이들

uheri emu minggan ilan tanggū boo, orin sunja niru, darhan daicing ni
모두 1,300戶는 25개의 니루다. 다르한 다이칭의

gūsai emu minggan jakūn tanggū gūsin boo, gūsin duin niru, ere
구사의 1,830戶는 34개의 니루다. 이

juwe gūsa ilan minggan emu tanggū gūsin boo, susai uyun niru,
2개의 구사의 3,130戶는 59개의 니루다.

barin i ayusi i gūsai ninggun tanggū orin boo, juwan juwe niru,
바린의 아유시의 구사의 620戶는 12개의 니루다.

manjusiri i gūsai jakūn 40/41 tanggū jakūnju boo, juwan nadan niru,
만주시리의 구사의 880戶는 17개의 니루다.

ere juwe gūsai emu minggan sunja tanggū boo, orin uyun niru,
이 2개의 구사의 1,500戶는 29개의 니루다.

durben keoket i darhan joriktu i gūsai juwe minggan emu tanggū
두르벤 케오케트의 다르한 조릭투의 구사의 2,194戶는

uyunju duin boo, dehi juwe niru, mujang ni gūsai ilan minggan boo,
42개의 니루다. 무장의 구사의 3천戶는

ninju niru, jarut i sanggar i gūsai emu minggan uyun tanggū
60개의 니루다. 자루트의 상가르의 구사의 1,980戶는

jakūnju boo, 41/42 gūsin jakūn niru, neici i gūsai emu minggan duin
38개의 니루다. 너이치의 구사의 1,430戶는

tanggū gūsin boo, orin uyun niru, ere juwe gūsa ilan minggan duin
29개의 니루다. 이 2개의 구사의 3,410戶는

tanggū juwan boo, ninju nadan niru, urat i gūsai emu minggan
67개의 니루다. 우라트의 구사의 1,895戶는

jakūn tanggū uyunju sunja boo, gūsin nadan niru, aohan i bandi
37개의 니루다. 아오한의 반디

efu, sonom juwe nofi de emu minggan ilan tanggū 42/43 boo, orin
어푸와 소놈 2명에게 (속한) 1,300戶는 26개의

ninggun niru, naiman i darhan giyūn wang ni gūsai emu minggan
니루다. 나이만의 다르한 군왕의 구사의

juwe tanggū juwan boo, orin duin niru, ere juwe gūsa juwe minggan
1,210戶는 24개의 니루다. 이 2개의 구사의

sunja tanggū juwan boo, susai niru, cegen i mukūn i sunja tanggū
2,510戶는 50개의 니루다. 처건의 일족의 530戶는

gūsin boo, juwan emu niru, cobohoi mukūn i juwe tanggū uyunju
11개의 니루다. 초보호이 일족의 290戶는

boo, ninggun niru, moominggan i duin 43/44 tanggū jakūnju boo,
6개의 니루다. 모오밍간의 480戶는

juwan niru, tubai sereng ni duin tanggū juwan boo, jakūn niru,
10개의 니루다. 투바이 서렁의 410戶는 8개의 니루다.

yondan i mukūn i jakūnju juwe boo, juwe niru,
윤단의 일족의 82戶는 2개의 니루다.

šari i emu tanggū boo, gungge i susai boo, ilan niru,
샤리의 100戶, 궁거의 50戶는 3개의 니루다.

ere uheri booi ton emu tumen uyun minggan sunja tanggū jakūnju boo,
이 모든 戶의 총합은 19,580戶이며,

nirui ton ilan tanggū jakūnju duin niru,, 44/45
니루의 총합은 384개의 니루다.

○ darhan giyūn wang ni gūsai juwe tanggū dehi sunja uksin,
다르한 군왕의 구사의 245명의 甲兵,

bandi efu i gūsai juwe tanggū juwan uksin, sonom i emu tanggū
반디 어푸의 구사의 210명의 甲兵, 소놈의 130명의

gūsin uksin, manjusiri i gūsai ilan tanggū ninju uksin, ayusi i
甲兵, 만주시리의 구사의 360명의 甲兵, 아유시의

gūsai ilan tanggū gūsin sunja uksin, sanggar i gūsai ninggun tanggū
구사의 335명의 甲兵, 상가르의 구사의 671명의

nadanju emu uksin, 45/46 cegen i emu tanggū uyun uksin, neici i
甲兵, 처건의 109명의 甲兵, 너이치의

gūsai duin tanggū gūsin jakūn uksin, cobohoi i orin uksin, tubai
구사의 438명의 甲兵, 초보호이의 20명의 甲兵, 투바이

sereng ni dehi ninggun uksin, darhan joriktu i gūsai ninggun
서렁의 46명의 甲兵, 다르한 조릭투의 구사의 647명의

tanggū dehi nadan uksin, moominggan i emu tanggū sunja uksin,
甲兵, 모오밍간의 105명의 甲兵,

mujang ni gūsai sunja tanggū ninju uksin, dureng giyūn wang ni
무장의 구사의 560명의 甲兵, 두렁 군왕의

gūsai ilan tanggū uksin, hara 46/47 cerik i emu tanggū uksin,
구사의 300명의 甲兵, 하라 처릭의 100명의 甲兵,

darhan daicing ni gūsai sunja tanggū gūsin uksin, urat i gūsai
다르한 다이칭의 구사의 530명의 甲兵, 우라트의 구사의

ninggun tanggū susai uksin, uhereme uksin i ton sunja minggan
650명의 甲兵, 모두 합친 甲兵의 총합은 5,456명의

duin tanggū susai ninggun uksin,,
甲兵이다.

tongki fuka sindaha hergen i dangse

點·圈을 찍은 문자의 檔子

gūsin sunjaci debtelin

35권

wesihun erdemungge i sucungga aniya omšon biya

숭덕 원년 11월

35권, 숭덕 원년 11월

tongki fuka sindaha hergen i dangse,,
點· 圈을 찍은 문자의 檔子

○ tere beise bandi efu, ayusi, neici, sangtu, bayartu, edeng,
그 버일러들은 반디 어푸· 아유시· 너이치· 상투· 바야르투· 어덩·

darhan joriktu, sonom, irjam, dalai, haise, dureng giyūn wang,
다르한 조릭투· 소놈· 이르잠· 달라이· 하이서· 두렁 군왕

darhan daicing, sayang, bambu, moominggan i batma, enduringge
다르한 다이칭· 사양· 밤부· 모오밍간의 바트마. 성스러운

han i hesei hife baksi, nikan ujulafi, abdarhan, bayar, kubuhe
황제의 旨로 히퍼 박시· 니칸을 수반으로 압다르한· 바야르, 鑲白旗의

šanggiyan i sereng, gulu šanggiyan i atoogai, gulu 1/2 lamun i
서렁, 正白旗의 아토오가이, 正藍旗의

belgei, juwan biyai juwan ninggun de korcin de culgame genefi,
벌거이는 10월 16일에 코르친으로 會盟하러 가서

culgan i boljoho orin ninggun de tusiyetu cin wang ni boode acafi
會盟을 약속한 26일에 투시예투 친왕의 집에 모여서

culgaha, ere culgan de boo tolome susai boo be emu niru obuha,
會盟했다. 이 會盟에서 戶를 헤아려 50戶를 1 니루로 삼았다.

nirui janggin i gebu be bithe arafi, uksin i ton, yaya weile i
니루의 장긴의 이름을 글로 쓰고 甲兵의 수와 제반 사항에

jalin de gisurehe, tusiyetu cin 2/3 wang ni gūsai uyun tanggū
대하여 의논했다. 투시에투 친왕의 구사는 936명의

gūsin ninggun uksin, juwe minggan uyun tanggū boo, susai jakūn
甲兵, 2,900戶, 58개의

niru, nirui janggin i gebu, kendehu, munggeldai, ebine, ikitai,
니루이다. 니루의 장긴의 이름은 컨더후· 뭉굴다이· 어비너· 이키타이·

mendu, baisai, bobitai, dordong, honggor, engke, bobutu, ananda,
먼두· 바이사이· 보비타이· 도르동· 홍고르· 엉커· 보부투· 아난다·

narmai, kesiktu, jandai, burhai, codoi, jintai, janggūdai, nagadu,
나르마이· 커식투· 잔다이· 부르하이· 초도이· 진타이· 장구다이· 나가두·

nagatai, cogodong, aduhū, bayar, [原檔殘缺] gintai, batma, bulatagai,
나가타이· 초고동· 아두후· 바야르·〔原檔殘缺〕 긴타이· 바트마· 불라타가이·

golcin, 3/4 arsahū, minggandari, [原檔殘缺] coktu, budai, abai,
골친· 아르사후· 밍간다리· 〔原檔殘缺〕 촉투· 부다이· 아바이·

conggoni, buda, dorgi, dedu, hairai, jonggoi, intai, golcin, maklu,
총고니· 부다· 도르기· 더두· 하이라이· 종고이· 인타이· 골친· 막루·

bayartu, cobot, geser, coishib, atai, olbori, habujai, cidahū, ebugen,
바야르투· 초보트· 거서르·초이스힙·아타이·올보리·하부자이· 치다후· 어부건·

emnik, erketei, cakcani, tumen, galtu, jasaktu giyūn wang ni gūsai
엄닉· 어르커터이· 착차니· 투먼· 갈투. 자삭투 군왕의 구사는

nadan tanggū dehi ilan uksin, juwe minggan susai boo, dehi emu
743명의 甲兵, 2,050戶, 41개의

niru, jasaktu giyūn wang 4/5 ini beyei nirui janggin i gebu, sereng,
니루이다. 자삭투 군왕 자신의 니루의 장긴의 이름은 서렁·

obondoi, yundan, onowa, amin, makla, kusen, oosai, tudek, cohoni,
오본도이· 윤단· 오노와· 아민· 막라· 쿠선· 오오사이· 투덕· 초호니·

dabatai, sibe, nikan, coirung, bojora, begelcuk, undege, namu, oose,
다바타이· 시버· 니칸· 초이룽· 보조라· 버걸축· 운더거· 나무· 오오서·

toorai, baidal, bainggo, g'arma, jongtu, hūntagan, bayan, menggei,
토오라이·바이달· 바잉고· 가르마· 종투· 훈타간· 바얀· 멍거이·

lahūda, mago, angha, bugenci, kundeku, kudegetei, samu i nirui
라후다· 마고· 앙하· 부건치· 쿤더쿠· 쿠더거터이. 사무의 니루의

janggin i gebu, buyanggadai, horgolji, barcigi, dagaci, congnoi,
장긴의 이름은 부양가다이· 호르골지· 바르치기· 다가치· 총노이·

nomuhan, 5/6 bayan, nagūrai, lamashi i gūsai ninggun tanggū gūsin
노무한· 바얀· 나구라이. 라마스히의 구사는 633명의

ilan uksin, emu minggan jakūn tanggū boo, gūsin ninggun niru,
甲兵, 1,800戶, 36개의 니루이다.

lamashi beyei nirui janggin i gebu, dalai, tonggo, sanggarjai,
라마스히 자신의 니루의 장긴의 이름은 달라이· 통고· 상가르자이·

kekemu, buyantu, bayantu, bujai, hūbai, butaci, weijeng ni nirui
커커무· 부얀투· 바얀투· 부자이· 후바이· 부타치. 워이정의 니루의

janggin i gebu, [原檔殘缺] jongnon, bultegei, hara, joltu, nonohū,
장긴의 이름은 〔原檔殘缺〕 종논· 불터거이· 하라· 졸투· 노노후·

sirakeo, bayantai, tobogon, butaci, [原檔殘缺] babuhai, sanggai,
시라커오· 바얀타이· 토보곤· 부타치· 〔原檔殘缺〕 바부하이· 상가이·

kesiktu, 6/7 buyantu, omoktu, dege, ayatu, kutu, nagahū, taye, kitat,
커식투· 부얀투· 오목투· 더거· 아야투· 쿠투· 나가후· 타여· 키타트·

joriktai, amin, nirei, jalait i darhan hošooci i gūsai ninggun
조릭타이· 아민· 니러이. 잘라이트의 다르한 호쇼오치의 구사는 645명의

tanggū dehi sunja uksin, juwe minggan nadan tanggū susai boo,
甲兵, 2,750戶,

susai sunja niru, darhan hošooci beyei nirui janggin i gebu, kūketei,
55개의 니루이다. 다르한 호쇼오치 자신의 니루의 장긴의 이름은 쿠커터이·

toktohū, saose, kobantai, menggei, sahūlak, coimu, tendekei, ugebu,
톡토후· 사오서· 코반타이· 멍거이· 사훌락· 초이무· 턴더커이· 우거부·

sain jargūci, nagahū, minggandari i nirui 7/8 janggin i gebu,
사인 자르구치· 나가후. 밍간다리의 니루의 장긴의 이름은

bayar, dangse, bago, haicang, angha, minggan i nirui janggin i
바야르· 당서· 바고· 하이창· 앙하. 밍간의 니루의 장긴의

gebu, abatai, todolai, obojo, boroci, angha i nirui janggin i gebu,
이름은 아바타이· 토돌라이· 오보조·보로치. 앙하의 니루의 장긴의 이름은

gardahū, bobo, belge, arbin, ahabu, guru i nirui janggin i gebu,
가르다후· 보보· 벌거· 아르빈· 아하부. 구루의 니루의 장긴의 이름은

bogodoi, bayartu, soosa, usuntei, coktu, g'arma, hokintai, coktu,
보고도이· 바야르투· 소오사· 우순터이· 촉투· 가르마· 호킨타이· 촉투·

bandi, sanjai i nirui janggin i gebu, taiho, mungguldai, cihūlgai,
반디. 산자이의 니루의 장긴의 이름은 타이호· 뭉굴다이· 치훌가이·

tunggadai, loboko, budasiri i nirui janggin i 8/9 gebu, holbaga,
퉁가다이· 로보코. 부다시리의 니루의 장긴의 이름은 홀바가·

bogodaga, mihaci, babuntai, sabugo, soju, obotai, ubatai, darmasiri i
보고다가· 미하치· 바분타이· 사부고· 소주· 오보타이· 우바타이. 다르마시리의

nirui janggin i gebu, ongkoi, menai, tojai, šulugūn, kenje, badaktu,
니루의 장긴의 이름은 옹코이· 머나이· 토자이· 슐루군· 컨저· 바닥투·

dagaji, amuo, durbet i sereng ni gūsai uyun tanggū nadanju duin
다가지· 아무오. 두르베트의 서렁의 구사는 974명의

uksin, ilan minggan juwe tanggū boo, ninju duin niru, sereng beyei
甲兵, 3,200戶, 64개의 니루이다. 서렁 자신의

nirui janggin i gebu, lakamu, bekitei, obontai, bukur, baidal,
니루의 장긴의 이름은 라카무· 버키터이· 오본타이· 부쿠르· 바이달·

unggai, 9/10 ūljeitu, tukteci, baisanggo, lamasi i nirui janggin i
웅가이· 울저이투· 툭터치· 바이상고. 라마시의 니루의 장긴의

gebu, degebu, šoobaga, golcin, boyodoi, bacu, badanghai, bekidei,
이름은 더거부· 쇼오바가· 골친· 보요도이· 바추· 바당하이· 버키더이.

g'arma i nirui janggin i gebu, kugurge, bolhū, degeji, toktomur,
가르마의 니루의 장긴의 이름은 쿠구르거· 볼후· 더거지· 톡토무르·

ondu, bargan, toktoi, šoolangga, sanggarjai i nirui janggin i gebu,
온두· 바르간· 톡토이· 쇼올랑가. 상가르자이의 니루의 장긴의 이름은

tabutai, boitung, ulba, jamu, coktu, sonom i nirui janggin i gebu,
타부타이· 보이퉁· 울바· 자무· 촉투. 소놈의 니루의 장긴의 이름은

naimai, bayantai, eyetu, kuligentu, jamuhai, borohoi, bulteger,
나이마이· 바얀타이· 어여투· 쿨리건투· 자무하이· 보로호이· 불터거르·

toktonoi, g'andishib i nirui 10/11 janggin i gebu, biliktu, badak,
톡토노이. 간디스힙의 니루의 장긴의 이름은 빌릭투· 바닥·

babu, baidal, lodo, bayandara, hancu, ajindai i nirui janggin i gebu,
바부· 바이달· 로도· 바얀다라· 한추. 아진다이의 니루의 장긴의 이름은

esen, habujai, bainggi, codor, baimur, bayar, umanai, erincin i nirui
어선· 하부자이· 바잉기· 초도르· 바이무르· 바야르· 우마나이. 어린친의 니루의

janggin i gebu, bogodai, bukutei, babu, bagadar, mendukei, turuji,
장긴의 이름은 보고다이· 부쿠터이· 바부· 바가다르· 먼두커이· 투루지·

suruku, badahū, daduhū, ajintu, etebu, imtu, tuimur, joriktu cin
수루쿠· 바다후· 다두후· 아진투· 어터부· 임투· 투이무르. 조릭투 친왕의

wang ni gūsai sunja tanggū jakūnju nadan uksin, emu minggan 11/12
구사는 587명의 甲兵,

uyun tanggū susai boo, gūsin uyun niru, joriktu cin wang ni beyei
1,950戶, 39개의 니루이다. 조릭투 친왕 자신의

nirui janggin i gebu, bobontai, esentei, menggebelei, mengkebu,
니루의 장긴의 이름은 보본타이· 어선터이· 멍거벌러이· 멍커부·

baitai, jorjat, laoba, budang, garjukū, boba, dagūr, deguci, nagacu,
바이타이·조르자트·라오바·부당· 가르주쿠· 보바· 다구르· 더구치· 나가추·

[原檔殘缺] honjin, degutei, baturu giyūn wang ni nirui janggin i
〔原檔殘缺〕 혼진· 더구터이. 바투루 군왕의 니루의 장긴의

gebu, hogojai, buselegen, tumen, obegetei, biyanjai, manggin, konjai,
이름은 호고자이· 부설러건· 투먼· 오버거터이· 비얀자이· 망긴· 콘자이·

bujarai, budai, bayandara, tumei, oboktai, 12/13 toodai, lugutei, neici,
부자라이· 부다이· 바얀다라· 투머이· 오복타이· 토오다이·루구터이·너이치.

corji i nirui janggin i gebu, tarahai, siramulai, menggebelei,
초르지의 니루의 장긴의 이름은 타라하이· 시라물라이· 멍거벌러이·

menggei, coktu, omota, congnohū, ekefarsi, totai, mujai i gūsai juwe
멍거이· 촉투· 오모타· 총노후· 어커파르시·토타이. 무자이의 구사는 240명의

tanggū dehi uksin, ninggun tanggū boo, juwan juwe niru, mujai ini
甲兵, 600戶, 12개의 니루이다. 무자이 그

beyei nirui janggin i gebu, guyeng, janghor, arajai, muhaliyan,
자신의 니루의 장긴의 이름은 구영· 장호르· 아라자이· 무할리얀·

tubai, doroi, ongga, bayan, muyatai, janggūdai, daho, galtu i gūsai
투바이· 도로이· 옹가· 바얀· 무야타이· 장구다이· 다호. 갈투의 구사는

emu tanggū susai 13/14 juwe uksin, duin tanggū susai boo, uyun niru,
152명의 甲兵, 450戶, 9개의 니루이다.

nirui janggin i gebu, baisanggū, hobogon, honici, badahū, jantan,
니루의 장긴의 이름은 바이상구· 호보곤· 호니치· 바다후· 잔탄·

haise, joojaga, haise, bodorok, donggor i gūsai nadan tanggū
하이서· 조오자가· 하이서· 보도록. 동고르의 구사는 706명의

ninggun uksin, juwe minggan uyun tanggū gūsin boo, susai jakūn
甲兵, 2,930戶, 58개의

niru, donggor beyei nirui janggin i gebu, lobdzang, turudu, todoi,
니루이다. 동고르 자신의 니루의 장긴의 이름은 롭장· 투루두· 토도이·

dalai hiya, dotai, bahai, tulegen, [原檔殘缺] 14/15 dagūr i nirui
달라이 히야·도타이· 바하이· 툴러건 〔原檔殘缺〕 다구르의 니루의

janggin i gebu, antu, boroltoi, joldui, esendari, bayantai, bingtu,
장긴의 이름은 안투· 보롤토이· 졸두이· 어선다리· 바얀타이· 빙투.

dorji i nirui janggin i gebu, orogon, dagan, batuhūlai, hoboci,
도르지의 니루의 장긴의 이름은 오로곤· 다간· 바투훌라이· 호보치·

barji, ahaci, gahai, kuljugei, nogogan, waraka, cootu, amba sanggarjai i
바르지· 아하치·가하이·쿨주거이· 노고간· 와라카· 초오투. 암바 상가르자이의

nirui janggin i gebu, toktogai, baduli, dorji, nuta, ciciktu, sonom i
니루의 장긴의 이름은 톡토가이· 바둘리· 도르지·누타· 치칙투. 소놈의

nirui janggin i gebu, temurtei, honghotai, mantai, cubu, ocir,
니루의 장긴의 이름은 터무르터이· 홍호타이· 만타이· 추부· 오치르·

senek, boro, badai, omoktu, ajige sanggarjai 15/16 nirui janggin i
서넉· 보로· 바다이· 오목투. 아지거 상가르자이의 니루의 장긴의

gebu, bagatur, tumei, ajuhū, medeli, ongno i nirui janggin i gebu,
이름은 바가투르· 투머이· 아주후· 머덜리. 옹노의 니루의 장긴의 이름은

omojor, nahaculai, torahai, cinggina, conoho i nirui janggin i gebu,
오모조르· 나하출라이· 토라하이· 칭기나. 초노호의 니루의 장긴의 이름은

toktodoi, mani, baisai, ilibu, sirahan, bagolai i nirui janggin i
톡토도이· 마니· 바이사이·일리부·시라한. 바골라이의 니루의 장긴의

gebu, cindamu, tacil, barang, nagodai, hairai, makloi i nirui janggin i
이름은 친다무· 타칠· 바랑· 나고다이· 하이라이. 막로이의 니루의 장긴의

gebu, baitai, gūsin ilan boo, gorlos i bumba i gūsai sunja
이름은 바이타이, 33戶이다. 고를로스의 붐바의 구사는 518명의

tanggū juwan jakūn 16/17 uksin, emu minggan nadan tanggū boo,
甲兵, 1,700戶,

gūsin duin niru, bumba beyei nirui janggin i gebu, dutalai, kitabolai,
34개의 니루이다. 붐바 자신의 니루의 장긴의 이름은 두탈라이· 키타볼라이·

galtu, borbaka, haise, honghotai, jagūtai, cootu, baihūdai, munggutai,
갈투· 보르바카· 하이서· 홍호타이· 자구타이· 초오투· 바이후다이· 뭉구타이·

ocibo, segerahū, jambala i nirui janggin i gebu, bayar, tongku,
오치보· 서거라후. 잠발라의 니루의 장긴의 이름은 바야르· 통쿠·

tortagan, ongnogo, nabtai, abatai, laoba, oboktu, serguleng ni nirui
토르타간· 옹노고· 납타이· 아바타이· 라오바· 오복투. 서르굴렁의 니루의

janggin i gebu, manggūha, duwa, conowa, hobodang, borotoi, jamu,
장긴의 이름은 망구하· 두와· 초노와· 호보당· 보로토이· 자무·

toktoi, 17/18 bayan, jajigūr, hailitai, bilik, kundei, jonggebu, gumu i
톡토이· 바얀· 자지구르· 하일리타이· 빌릭· 쿤더이· 종거부. 구무의

gūsai sunja tanggū sunja uksin, juwe minggan susai boo, gumu
구사는 505명의 甲兵, 2,050戶이다. 구무

ini beyei nirui janggin i gebu, badai, temdek, turukui, oljitai, tuletei,
그 자신의 니루의 장긴의 이름은 바다이· 텀덕· 투루쿠이· 올지타이· 툴러터이·

okotolai, tataga, menduktai, donggor, siramukei, sanggar i nirui
오코톨라이· 타타가· 먼둑타이· 동고르· 시라무커이. 상가르의 니루의

janggin i gebu, bagarin, batma, bagūlak, egetu, borogan, bagadar,
장긴의 이름은 바가린· 바트마· 바굴락· 어거투· 보로간· 바가다르·

borokcoi, orkibu, nakiyatu, dondob i nirui janggin i gebu, 18/19
보록초이· 오르키부· 나키야투. 돈돕의 니루의 장긴의 이름은

hobondoi, suruktei, gutei, tarabu, dagūtai, aduci, bayamu, hobolo,
호본도이· 수룩터이· 구터이· 타라부· 다구타이· 아두치· 바야무· 호볼로.

jamsu i nirui janggin i gebu, ongnogo, kekei, šakšabat, hadak,
잠수의 니루의 장긴의 이름은 옹노고· 커커이· 샥샤바트· 하닥·

moohai, babusai, baduhū, galo, ūljei, coktu, bayartu, munggu,
모오하이· 바부사이· 바두후· 갈로· 울저이· 촉투· 바야르투· 뭉구·

onggotai, taisulai, uheri uksin i ton ninggun minggan sunja tanggū
옹고타이· 타이술라이. 총 甲兵의 수는 6,539명,

gūsin uyun, booi ton juwe tumen juwe minggan ilan tanggū jakūn boo,
戶의 수는 22,308戶,

duin tanggū dehi jakūn 19/20 niru,,
448개의 니루이다.

○ ice nadan de, abkai hesei forgon be aliha gosin onco
초 7일에, 하늘이 命한 運을 받은 어질고 관대하고

hūwaliyasun enduringge han i hese, abka na salgabuha ci ebsi,
온화하고 성스러운 황제의 旨. 「天地가 정해진 이래로

emu forgon be aliha han tucici, urunakū uksun i ahūta deote jusei
1명의 時運을 받은 황제가 나오면 반드시 일족의 형제들· 자식들의

fujisa be, 20/21 hanci aldangga be ilgame gebu jergi be toktobuhabi,
푸진들을 가깝고 먼 것을 구별하여 호칭의 등급을 정했다.

ere inu julgei enduringge han sei deribuhe kooli, tumen jalan de
이는 또한 옛 성스러운 황제들이 시작한 例로, 만세에

halarakū giyan, te bi amba soorin de tefi, nenehe jalan i enduringge
변하지 않는 이치이다. 이제 나는 大座에 앉아 先世의 성스러운

han sebe alhūdame, ahūta deote jusei fujisa de ce bume fungneme
황제들을 본받아서 형제들과 자식들의 푸진들에게 册을 주고 封하여

gebu doro be toktobuha, yehe i subunju si mini ahūn hošoi doronggo
칭호와 의례를 정한다. 여허의 수분주, 그대는 나의 형 호쇼이 도롱고

ahūn cin wang de 21/22 ucaraha be dahame, simbe tukiyefi ce bithe
兄 친왕과 만났기 때문에 그대를 높여 册書를

bume hošoi doronggo ahūn cin wang ni hošoi da fujin obuha, si an ci
주고 호쇼이 도롱고 兄 친왕의 호쇼이 嫡 푸진으로 삼는다. 그대는 常規를

dabame doro ci fudasihūn yabume giyan be ume jurcere, hošoi
넘어 예절에 어긋나게 행하거나 도리를 저버리지 말라. 호쇼이

doronggo ahūn cin wang de tusa arame aisilame, ujen ginggun
도롱고 兄 친왕을 이롭게 만들고 내조하며 중하게 공경하는

mujilen be jafafi, ne banjire de gurun de maktabume, amaga jalan de
마음을 가지고 현세에 국인에게 칭송받고 후대에

saišabume, hehe niyalmai mergen 22/23 doro be akūmbu, mini ujen
칭찬받도록 여인의 현숙한 도리를 다하라. 나의 중한

hese be ume jurcere,,
旨를 저버리지 말라.」

abkai hesei forgon be aliha gosin onco hūwaliyasun enduringge
하늘이 命한 運을 받은 어질고 관대하고 온화하고 성스러운

han i hese, abka na salgabuha ci ebsi, emu forgon be aliha han
황제의 旨. 「天地가 정해진 이래로 1명의 時運을 받은 황제가

tucici, urunakū uksun i ahūta deote jusei fujisa be, 23/24 hanci
나오면 반드시 일족의 형제들· 자식들의 푸진들을 가깝고

aldangga be ilgame gebu jergi be toktobuhabi, ere inu julgei
먼 것을 구별하여 호칭의 등급을 정했다. 이는 또한 옛

enduringge han sei deribuhe kooli, tumen jalan de halarakū giyan,
성스러운 황제들이 시작한 例로, 만세에 변하지 않는 이치이다.

te bi amba soorin de tefi, nenehe jalan i enduringge han sebe
이제 나는 大座에 앉아 先世의 성스러운 황제들을

alhūdame, ahūta deote jusei fujisa de ce bume fungneme gebu doro be
본받아서 형제들과 자식들의 푸진들에게 冊을 주고 封하여 칭호와 의례를

toktobuha, yehe i subahū si mini deo hošoi ujen cin wang de
정한다. 여허의 수바후, 그대는 나의 동생 호쇼이 우전 친왕과

ucaraha be 24/25 dahame, simbe tukiyefi ce bithe bume hošoi ujen
만났기 때문에 그대를 높여 冊書를 주고 호쇼이 우전

cin wang ni hošoi da fujin obuha, si an ci dabame doro ci fudasihūn
친왕의 호쇼이 嫡 푸진으로 삼는다. 그대는 常規를 넘어 예절에 어긋나게

yabume giyan be ume jurcere, hošoi ujen cin wang de tusa arame
행하거나 도리를 저버리지 말라. 호쇼이 우전 친왕을 이롭게 만들고

aisilame, ujen ginggun mujilen be jafafi, ne banjire de gurun de
내조하며 중하게 공경하는 마음을 가지고 현세에 국인에게

maktabume, amaga jalan de saišabume, hehe niyalmai mergen doro be
칭송받고 후대에 칭찬받도록 여인의 현숙한 도리를

akūmbu, mini 25/26 ujen hese be ume jurcere,,
다하라. 나의 중한 旨를 저버리지 말라.」

abkai hesei forgon be aliha gosin onco hūwaliyasun enduringge
하늘이 命한 運을 받은 어질고 관대하고 온화하고 성스러운

han i hese, abka na salgabuha ci ebsi, emu forgon be aliha han
황제의 旨. 「天地가 정해진 이래로 1명의 時運을 받은 황제가

tucici, urunakū uksun i ahūta deote jusei fujisa be, hanci aldangga
나오면 반드시 일족의 형제들· 자식들의 푸진들을 가깝고 먼

be ilgame gebu jergi be toktobuhabi, 26/27 ere inu julgei enduringge
것을 구별하여 호칭의 등급을 정했다. 이는 또한 옛 성스러운

han sei deribuhe kooli, tumen jalan de halarakū giyan, te bi amba
황제들이 시작한 例로, 만세에 변하지 않는 이치이다. 이제 나는 大座에

soorin de tefi, nenehe jalan i enduringge han sebe alhūdame, ahūta
앉아 先世의 성스러운 황제들을 본받아서 형제들과

deote jusei fujisa de ce bume fungneme gebu doro be toktobuha,
자식들의 푸진들에게 冊을 주고 封하여 칭호와 의례를 정한다.

korcin i batma si mini deo hošoi mergen cin wang de ucaraha be
코르친의 바트마, 그대는 나의 동생 호쇼이 머르건 친왕과 만났기

dahame, simbe tukiyefi ce bithe bume hošoi mergen 27/28 cin wang
때문에 그대를 높여 冊書를 주고 호쇼이 머르건 친왕의

ni hošoi da fujin obuha, si an ci dabame doro ci fudasihūn yabume
호쇼이 嫡 푸진으로 삼는다. 그대는 常規를 넘어 예절에 어긋나게 행하거나

giyan be ume jurcere, hošoi mergen cin wang de tusa arame
도리를 저버리지 말라. 호쇼이 머르건 친왕을 이롭게 만들고

aisilame, ujen ginggun mujilen be jafafi, ne banjire de gurun de
내조하며 중하게 공경하는 마음을 가지고 현세에 국인에게

maktabume, amaga jalan de saišabume, hehe niyalmai mergen doro be
칭송받고 후대에 칭찬받도록 여인의 현숙한 도리를

akūmbu, mini ujen hese be ume jurcere,, 28/29
다하라. 나의 중한 旨를 저버리지 말라.」

abkai hesei forgon be aliha gosin onco hūwaliyasun enduringge
하늘이 命한 運을 받은 어질고 관대하고 온화하고 성스러운

han i hese, abka na salgabuha ci ebsi, emu forgon be aliha han
황제의 旨. 「天地가 정해진 이래로 1명의 時運을 받은 황제가

tucici, urunakū uksun i ahūta deote jusei fujisa be, hanci aldangga
나오면 반드시 일족의 형제들· 자식들의 푸진들을 가깝고 먼

be ilgame gebu jergi be toktobuhabi, ere inu julgei enduringge han
것을 구별하여 호칭의 등급을 정했다. 이는 또한 옛 성스러운

sei deribuhe kooli, 29/30 tumen jalan de halarakū giyan, te bi amba
황제들이 시작한 例로, 만세에 변하지 않는 이치이다. 이제 나는

soorin de tefi, nenehe jalan i enduringge han sebe alhūdame, ahūta
大座에 앉아 先世의 성스러운 황제들을 본받아서 형제들과

deote jusei fujisa de ce bume fungneme gebu doro be toktobuha,
자식들의 푸진들에게 冊을 주고 封하여 칭호와 의례를 정한다.

korcin i daje si mini deo hošoi erke cin wang de ucaraha be
코르친의 다저, 그대는 나의 동생 호쇼이 어르커 친왕과 만났기

dahame, simbe tukiyefi ce bithe bume hošoi erke cin wang ni
때문에 그대를 높여 册書를 주고 호쇼이 어르커 친왕의

hošoi da fujin obuha, si 30/31 an ci dabame doro ci fudasihūn
호쇼이 嫡 푸진으로 삼는다. 그대는 常規를 넘어 예절에 어긋나게

yabume giyan be ume jurcere, hošoi erke cin wang de tusa arame
행하거나 도리를 저버리지 말라. 호쇼이 어르커 친왕을 이롭게 만들고

aisilame, ujen ginggun mujilen be jafafi, ne banjire de gurun de
내조하며 중하게 공경하는 마음을 가지고 현세에 국인에게

maktabume, amaga jalan de saišabume, hehe niyalmai mergen doro be
칭송받고 후대에 칭찬받도록 여인의 현숙한 도리를

akūmbu, mini ujen hese be ume jucere,, 31/32
다하라. 나의 중한 旨를 저버리지 말라.」

abkai hesei forgon be aliha gosin onco hūwaliyasun enduringge
하늘이 命한 運을 받은 어질고 관대하고 온화하고 성스러운

han i hese, abka na salgabuha ci ebsi, emu forgon be aliha han
황제의 旨. 「天地가 정해진 이래로 1명의 時運을 받은 황제가

tucici, urunakū uksun i ahūta deote jusei fujisa be, hanci aldangga
나오면 반드시 일족의 형제들· 자식들의 푸진들을 가깝고 먼

be ilgame gebu jergi be toktobuhabi, ere inu julgei enduringge han
것을 구별하여 호칭의 등급을 정했다. 이는 또한 옛 성스러운 황제들이

sei deribuhe kooli, tumen jalan de halarakū giyan, te bi amba 32/33
시작한 例로, 만세에 변하지 않는 이치이다. 이제 나는 大座에

soorin de tefi, nenehe jalan i enduringge han sebe alhūdame, ahūta
앉아 先世의 성스러운 황제들을 본받아서 형제들과

deote jusei fujisa de ce bume fungneme gebu doro be toktobuha, ula i
자식들의 푸진들에게 冊을 주고 封하여 칭호와 의례를 정한다. 울라의

jihai si mini ahūn i jui hošoi sure cin wang de ucarafi, tusa
지하이, 그대는 나의 형의 아들 호쇼이 수러 친왕을 만나서 이롭게

arame hehe i doro be akūmbuha seme simbe tukiyefi ce bithe bume
만들고 여자의 도리를 다하라 하여 그대를 높여 冊書를 주고

hošoi da fujin obuha, si an ci dabame doro ci fudasihūn yabume
호쇼이 嫡 푸진으로 삼는다. 그대는 常規를 넘어 예절에 어긋나게 행하거나

giyan be ume 33/34 jurcere, daci dubentele hehe i doro be akūmbume,
도리를 저버리지 말라. 시종일관 여자의 도리를 다하도록 하고

ujen ginggun mujilen be jafafi, ne banjire de gurun de maktabume,
중하게 공경하는 마음을 가지고 현세에 국인에게 칭송받고

amaga jalan de saišabume, hehe niyalmai mergen doro be akūmbu,
후대에 칭찬받도록 여인의 현숙한 도리를 다하라.

mini ujen hese be ume jurcere,,
나의 중한 旨를 저버리지 말라.」

abkai hesei forgon be aliha 34/35 gosin onco hūwaliyasun enduringge
하늘이 命한 運을 받은 어질고 관대하고 온화하고 성스러운

han i hese, abka na salgabuha ci ebsi, emu forgon be aliha han
황제의 旨. 「天地가 정해진 이래로 1명의 時運을 받은 황제가

tucici, urunakū uksun i ahūta deote jusei fujisa be, hanci aldangga be
나오면 반드시 일족의 형제들· 자식들의 푸진들을 가깝고 먼 것을

ilgame gebu jergi be toktobuhabi, ere inu julgei enduringge han sei
구별하여 호칭의 등급을 정했다. 이는 또한 옛 성스러운 황제들이

deribuhe kooli, tumen jalan de halarakū giyan, te bi amba soorin de
시작한 例로, 만세에 변하지 않는 이치이다. 이제 나는 大座에

tefi, nenehe jalan i enduringge han sebe 35/36 alhūdame, ahūta
앉아 先世의 성스러운 황제들을 본받아서 형제들과

deote jusei fujisa de ce bume fungneme gebu doro be toktobuha,
자식들의 푸진들에게 冊을 주고 封하여 칭호와 의례를 정한다.

korcin i bokto si mini deo doroi baturu giyūn wang de ucaraha be
코르친의 복토, 그대는 나의 동생 도로이 바투루 군왕과 만났기

dahame, simbe tukiyefi ce bithe bume doroi baturu giyūn wang ni
때문에 그대를 높여 冊書를 주고 도로이 바투루 군왕의

doroi da fujin obuha, si an ci dabame doro ci fudasihūn yabume
도로이 嫡 푸진으로 삼는다. 그대는 常規를 넘어 예절에 어긋나게 행하거나

giyan be ume jurcere, doroi baturu giyūn wang de tusa 36/37 arame
도리를 저버리지 말라. 도로이 바투루 군왕을 이롭게 만들고

aisilame, ujen ginggun mujilen be jafafi, ne banjire de gurun de
내조하며 중하게 공경하는 마음을 가지고 현세에 국인에게

maktabume, amaga jalan de saišabume, hehe niyalmai mergen doro be
칭송받고 후대에 칭찬받도록 여인의 현숙한 도리를

akūmbu, mini ujen hese be ume jurcere,,
다하라. 나의 중한 旨를 저버리지 말라.」

abkai hesei forgon be aliha gosin onco hūwaliyasun enduringge
하늘이 命한 運을 받은 어질고 관대하고 온화하고 성스러운

han i hese, 37/38 abka na salgabuha ci ebsi, emu forgon be aliha
황제의 旨. 「天地가 정해진 이래로 1명의 時運을 받은

han tucici, urunakū uksun i ahūta deote jusei fujisa be, hanci
황제가 나오면 반드시 일족의 형제들·자식들의 푸진들을 가깝고

aldangga be ilgame gebu jergi be toktobuhabi, ere inu julgei
먼 것을 구별하여 호칭의 등급을 정했다. 이는 또한 옛

enduringge han sei deribuhe kooli, tumen jalan de halarakū giyan,
성스러운 황제들이 시작한 例로, 만세에 변하지 않는 이치이다.

te bi amba soorin de tefi, nenehe jalan i enduringge han sebe
이제 나는 大座에 앉아 先世의 성스러운 황제들을

alhūdame, ahūta deote jusei fujisa de ce bume 38/39 fungneme gebu
본받아서 형제들과 자식들의 푸진들에게 冊을 주고 封하여 칭호와

doro be toktobuha, ula i ninggusi si mini ahūn i jui doroi elehun
의례를 정한다. 울라의 닝구시, 그대는 나의 형의 아들 도로이 얼러훈

beile de ucaraha be dahame, simbe tukiyefi ce bithe bume doroi
버일러와 만났기 때문에 그대를 높여 冊書를 주고 도로이

elehun beile i sargan da fujin obuha, si an ci dabame doro ci
얼러훈 버일러의 아내인 嫡 푸진으로 삼는다. 그대는 常規를 넘어 예절에

fudasihūn yabume giyan be ume jurcere, doroi elehun beile de tusa
어긋나게 행하거나 도리를 저버리지 말라. 도로이 얼러훈 버일러를 이롭게

arame aisilame, ujen ginggun mujilen be jafafi, ne banjire de 39/40
만들고 내조하며 중하게 공경하는 마음을 가지고 현세에

gurun de maktabume, amaga jalan de saišabume, hehe niyalmai
국인에게 칭송받고 후대에 칭찬받도록 여인의

mergen doro be akūmbu, mini ujen hese be ume jurcere,,
현숙한 도리를 다하라. 나의 중한 旨를 저버리지 말라.」

abkai hesei forgon be aliha gosin onco hūwaliyasun enduringge
하늘이 命한 運을 받은 어질고 관대하고 온화하고 성스러운

han i hese, abka na salgabuha ci ebsi, emu forgon be aliha 40/41
황제의 旨. 「天地가 정해진 이래로 1명의 時運을 받은

han tucici, urunakū uksun i ahūta deote jusei fujisa be, hanci
황제가 나오면 반드시 일족의 형제들· 자식들의 푸진들을 가깝고

aldangga be ilgame gebu jergi be toktobuhabi, ere inu julgei
먼 것을 구별하여 호칭의 등급을 정했다. 이는 또한 옛

enduringge han sei deribuhe kooli, tumen jalan de halarakū giyan,
성스러운 황제들이 시작한 例로, 만세에 변하지 않는 이치이다.

te bi amba soorin de tefi, nenehe jalan i enduringge han sebe
이제 나는 大座에 앉아 先世의 성스러운 황제들을

alhūdame, ahūta deote jusei fujisa de ce bume fungneme gebu doro
본받아서 형제들과 자식들의 푸진들에게 冊을 주고 封하여 칭호와 의례를

be toktobuha, hoifa i samha si 41/42 doroi bayan beile de
정한다. 호이파의 삼하, 그대는 도로이 바얀 버일러와

ucaraha be dahame, simbe tukiyefi ce bithe bume doroi bayan beile i
만났기 때문에 그대를 높여 冊書를 주고 도로이 바얀 버일러의

sargan da fujin obuha, si an ci dabame doro ci fudasihūn yabume
아내인 嫡 푸진으로 삼는다. 그대는 常規를 넘어 예절에 어긋나게 행하거나

giyan be ume jurcere, doroi bayan beile de tusa arame aisilame,
도리를 저버리지 말라. 도로이 바얀 버일러를 이롭게 만들고 내조하며

ujen ginggun mujilen be jafafi, ne banjire de gurun de maktabume,
중하게 공경하는 마음을 가지고 현세에 국인에게 칭송받고

amaga jalan de saišabume, hehe niyalmai mergen doro be 42/43
후대에 칭찬받도록 여인의 현숙한 도리를

akūmbu, mini ujen hese be ume jurcere,,
다하라. 나의 중한 旨를 저버리지 말라.」

abkai hesei forgon be aliha gosin onco hūwaliyasun enduringge
하늘이 命한 運을 받은 어질고 관대하고 온화하고 성스러운

han i hese, abka na salgabuha ci ebsi, emu forgon be aliha han
황제의 旨. 「天地가 정해진 이래로 1명의 時運을 받은 황제가

bici, urunakū niyaman i hanci eyute nota sargan juse bi, dosi
있으면 반드시 친척의 가까운 자매들· 딸들이 있다. 안으로

doshon be ilgame gebu jergi be 43/44 temgetuleme, niyaman be hanci
총애를 구별하여 호칭의 등급을 드러내어 친척을 가까이

obume gosire jurgan be algimburengge, julgei enduringge han sei
하여 아끼는 뜻을 떨치게 하는 것은 옛 성스러운 황제들이

deribuhe kooli, ere inu tumen jalan de halarakū giyan, te bi amba
시작한 例로, 이 또한 만세에 변치 않는 이치이다. 이제 나는 大座에

soorin de tefi, nenehe jalan i enduringge han sebe alhūdame, eyute
앉아 先世의 성스러운 황제들을 본받아서 자매들·

nota, sargan juse de ce bume fungneme niyaman be gosire doro be
딸들에게 冊을 주고 封하여 친척을 아끼는 도리를

toktobuha, aohan i gungju simbe mini banjiha jui seme gosime, 44/45
정한다. 아오한의 공주, 너를 나의 친자식이라고 아끼며

amba doroi giyan de acabume ce bithe bume gurun i gungju
큰 도리에 합당하도록 冊書를 주고 구룬이 공주로

fungnehe, si mini jui seme ertufi an ci dabame doro ci fudasihūn
封한다. 너는 나의 자식이라고 믿고 常規를 넘어 예절에 어긋나게

yabume giyan be ume jurcere, ujen ginggun mujilen be jafafi, ne
행하거나 도리를 저버리지 말라. 중하게 공경하는 마음을 가지고

banjire de gurun de maktabume, amaga jalan de saišabume, hehe
현세에 국인에게 칭송받고 후대에 칭찬받도록 여인의

niyalmai mergen doro be akūmbu, mini ujen hese be ume jurcere,, 45/46
현숙한 도리를 다하라. 나의 중한 旨를 저버리지 말라.」

abkai hesei forgon be aliha gosin onco hūwaliyasun enduringge
하늘이 命한 運을 받은 어질고 관대하고 온화하고 성스러운

han i hese, abka na salgabuha ci ebsi, emu forgon be aliha han
황제의 旨. 「天地가 정해진 이래로 1명의 時運을 받은 황제가

bici, urunakū niyaman i hanci eyute nota sargan juse bi, dosi
있으면 반드시 친척의 가까운 자매들· 딸들이 있다. 안으로

doshon be ilgame gebu jergi be temgetuleme, niyaman be hanci obume
총애를 구별하여 호칭의 등급을 드러내어 친척을 가까이 하여

gosire jurgan be 46/47 algimburengge, julgei enduringge han sei
아끼는 뜻을 떨치게 하는 것은 옛 성스러운 황제들이

deribuhe kooli, ere inu tumen jalan de halarakū giyan, te bi
시작한 例로, 이 또한 만세에 변하지 않는 이치이다. 이제 나는

amba soorin de tefi, nenehe jalan i enduringge han sebe alhūdame,
大座에 앉아 先世의 성스러운 황제들을 본받아서

eyute nota sargan juse de ce bume fungneme niyaman be gosire doro
자매들· 딸들에게 冊을 주고 封하여 친척을 아끼는 도리를

be toktobuha, cahar i gungju simbe mini banjiha jui seme gosime,
정한다. 차하르의 공주, 너를 나의 친자식이라고 자애하며

amba doroi giyan de acabume ce bithe bume 47/48 gurun i gungju
큰 도리에 합당하도록 冊書를 주고 구룬이 공주로

fungnehe, si mini jui seme ertufi an ci dabame doro ci fudasihūn
封한다. 너는 나의 자식이라고 믿고 常規를 넘어 예절에 어긋나게

yabume giyan be ume jurcere, ujen ginggun mujilen be jafafi,
행하거나 도리를 저버리지 말라. 중하게 공경하는 마음을 가지고

ne banjire de gurun de maktabume, amaga jalan de saišabume, hehe
현세에 국인에게 칭송받고 후대에 칭찬받도록 여인의

niyalmai mergen doro be akūmbu, mini ujen hese be ume jurcere,, 48/49
현숙한 도리를 다하라. 나의 중한 旨를 저버리지 말라.」

abkai hesei forgon be aliha gosin onco hūwaliyasun enduringge
하늘이 命한 運을 받은 어질고 관대하고 온화하고 성스러운

han i hese, abka na salgabuha ci ebsi, emu forgon be aliha han
황제의 旨. 「天地가 정해진 이래로 1명의 時運을 받은 황제가

bici, urunakū niyaman i hanci eyute nota sargan juse bi, dosi
있으면 반드시 親戚의 가까운 자매들· 딸들이 있다. 안으로

doshon be ilgame gebu jergi be temgetuleme, niyaman be hanci
총애를 구별하여 호칭의 등급을 드러내어 친척을 가까이

obume gosire jurgan be algimburengge, julgei enduringge han sei
하여 아끼는 뜻을 떨치게 하는 것은 옛 성스러운 황제들이

deribuhe kooli, 49/50 ere inu tumen jalan de halarakū giyan, te bi
시작한 例로, 이 또한 만세에 변하지 않는 이치이다. 이제 나는

amba soorin de tefi, nenehe jalan i enduringge han sebe alhūdame,
大座에 앉아 先世의 성스러운 황제들을 본받아서

eyute nota sargan juse de ce bume fungneme niyaman be gosire
자매들· 딸들에게 冊을 주고 封하여 친척을 아끼는

doro be toktobuha, unje simbe mini eyun seme gosime, amba doroi
도리를 정한다. 운저 그대를 나의 손윗누이라고 자애하여 큰 도리에

giyan de acabume ce bithe bume gurun i gungju fungnehe, si mini
합당하게 冊書를 주고 구룬이 공주로 封한다. 그대는 나의

eyun seme ertufi an ci 50/51 dabame doro ci fudasihūn yabume
손윗누이라고 믿고 常規를 넘어 예절에 어긋나게 행하거나

giyan be ume jurcere, ujen ginggun mujilen be jafafi, ne banjire de
도리를 저버리지 말라. 중하게 공경하는 마음을 가지고 현세에

gurun de maktabume, amaga jalan de saišabume, hehe niyalmai
국인에게 칭송받고 후대에 칭찬받도록 여인의

mergen doro be akūmbu, mini ujen hese be ume jurcere,,
현숙한 도리를 다하라. 나의 중한 旨를 저버리지 말라.」

abkai hesei forgon be aliha 51/52 gosin onco hūwaliyasun
하늘이 命한 運을 받은 어질고 관대하고 온화하고

enduringge han i hese, abka na salgabuha ci ebsi, emu forgon be
성스러운 황제의 旨. 「天地가 정해진 이래로 1명의 時運을

aliha han bici, urunakū niyaman i hanci eyute nota sargan juse
받은 황제가 있으면 반드시 친척의 가까운 자매들· 딸들이

bi, dosi doshon be ilgame gebu jergi be temgetuleme, niyaman be
있다. 안으로 총애를 구별하여 호칭의 등급을 드러내어 친척을

hanci obume gosire jurgan be algimburengge, julgei enduringge han
가까이 하여 아끼는 뜻을 떨치게 하는 것은 옛 성스러운 황제들이

sei deribuhe kooli, ere inu tumen jalan de halarakū giyan, te bi 52/53
시작한 例로, 이 또한 만세에 변하지 않는 이치이다. 이제 나는

amba soorin de tefi, nenehe jalan i enduringge han sebe alhūdame,
大座에 앉아 先世의 성스러운 황제들을 본받아서

eyute nota sargan juse de ce bume fungneme niyaman be gosire doro be
자매들· 딸들에게 冊을 주고 封하여 친척을 아끼는 도리를

toktobuha, yanje simbe mini eyun seme gosime, amba doroi giyan de
정한다. 얀저 그대를 나의 손윗누이라고 자애하며 큰 도리에

acabume ce bithe bume hošoi gungju fungnehe, si mini eyun seme
합당하게 冊書를 주고 호쇼이 공주로 封한다. 그대는 나의 손윗누이라고

ertufi an ci dabame doro ci fudasihūn yabume giyan be
믿고 常規를 넘어 예절에 어긋나게 행하거나 도리를

ume 53/54 jurcere, ujen ginggun mujilen be jafafi, ne banjire de
저버리지 말라. 중하게 공경하는 마음을 가지고 현세에

gurun de maktabume, amaga jalan de saišabume, hehe niyalmai
국인에게 칭송받고 후대에 칭찬받도록 여인의

mergen doro be akūmbu, mini ujen hese be ume jurcere,,
현숙한 도리를 다하라. 나의 중한 旨를 저버리지 말라.」

abkai hesei forgon be aliha gosin onco hūwaliyasun enduringge
하늘이 命한 運을 받은 어질고 관대하고 온화하고 성스러운

han i hese, 54/55 abka na salgabuha ci ebsi, emu forgon be aliha
황제의 旨. 「天地가 정해진 이래로 1명의 時運을 받은

han bici, urunakū niyaman i hanci eyute nota sargan juse bi, dosi
황제가 있으면 반드시 친척의 가까운 자매들· 딸들이 있다. 안으로

doshon be ilgame gebu jergi be temgetuleme, niyaman be hanci
총애를 구별하여 호칭의 등급을 드러내어 친척을 가까이

obume gosire jurgan be algimburengge, julgei enduringge han sei
하여 아끼는 뜻을 떨치게 하는 것은 옛 성스러운 황제들이

deribuhe kooli, ere inu tumen jalan de halarakū giyan, te bi amba
시작한 例로, 이 또한 만세에 변하지 않는 이치이다. 이제 나는 大座에

soorin de tefi, nenehe jalan i enduringge han 55/56 sebe alhūdame,
앉아 先世의 성스러운 황제들을 본받아서

eyute nota sargan juse de ce bume fungneme niyaman be gosire
자매들· 딸들에게 冊을 주고 封하여 친척을 아끼는

doro be toktobuha, mukusi simbe mini non seme gosime, amba doroi
도리를 정한다. 무쿠시 그대를 나의 손아랫누이라고 자애하여 큰 도리에

giyan de acabume ce bithe bume hošoi gungju fungnehe, si mini non
합당하게 冊書를 주고 호쇼이 공주로 封한다. 그대는 나의

seme ertufi an ci dabame doro ci fudasihūn yabume giyan be
손아랫누이라고 믿고 常規를 넘어 예절에 어긋나게 행하거나 도리를

ume jurcere, ujen ginggun mujilen be jafafi, ne banjire de 56/57
저버리지 말라. 중하게 공경하는 마음을 가지고 현세에

gurun de maktabume, amaga jalan de saišabume, hehe niyalmai
국인에게 칭송받고 후대에 칭찬받도록 여인의

mergen doro be akūmbu, mini ujen hese be ume jurcere,,
현숙한 도리를 다하라. 나의 중한 旨를 저버리지 말라.」

abkai hesei forgon be aliha gosin onco hūwaliyasun enduringge
하늘이 命한 運을 받은 어질고 관대하고 온화하고 성스러운

han i hese, abka na salgabuha ci ebsi, emu forgon be aliha 57/58
황제의 旨. 「天地가 정해진 이래로 1명의 時運을 받은

han bici, urunakū niyaman i hanci eyute nota sargan juse bi,
황제가 있으면 반드시 친척의 가까운 자매들· 딸들이 있다.

dosi doshon be ilgame gebu jergi be temgetuleme, niyaman be hanci
안으로 총애를 구별하여 호칭의 등급을 드러내어 친척을 가까이

obume gosire jurgan be algimburengge, julgei enduringge han sei
하여 아끼는 뜻을 떨치게 하는 것은 옛 성스러운 황제들이

deribuhe kooli, ere inu tumen jalan de halarakū giyan, te bi amba
시작한 例로, 이 또한 만세에 변하지 않는 이치이다. 이제 나는 大座에

soorin de tefi, nenehe jalan i enduringge han sebe alhūdame, eyute nota
앉아 先世의 성스러운 황제들을 본받아서 자매들·

sargan juse de ce 58/59 bume fungneme niyaman be gosire doro be
딸들에게 册을 주고 封하여 친척을 아끼는 도리를

toktobuha, songgoto simbe mini non seme gosime, amba doroi
정한다. 송고토 그대를 나의 손아랫누이라고 자애하여 큰 도리에

giyan de acabume ce bithe bume hošoi gungju fungnehe, si mini
합당하게 冊書를 주고 호쇼이 공주로 封한다. 그대는 나의

non seme ertufi an ci dabame doro ci fudasihūn yabume giyan be
손아랫누이라고 믿고 常規를 넘어 예절에 어긋나게 행하거나 도리를

ume jurcere, ujen ginggun mujilen be jafafi, ne banjire de gurun de
저버리지 말라. 중하게 공경하는 마음을 가지고 현세에 국인에게

maktabume, amaga jalan de saišabume, hehe 59/60 niyalmai mergen
칭송받고 후대에 칭찬받도록 여인의 현숙한

doro be akūmbu, mini ujen hese be ume jurcere,,
도리를 다하라. 나의 중한 旨를 저버리지 말라.」

abkai hesei forgon be aliha gosin onco hūwaliyasun enduringge
하늘이 命한 運을 받은 어질고 관대하고 온화하고 성스러운

han i hese, abka na salgabuha ci ebsi, emu forgon be aliha han
황제의 旨. 「天地가 정해진 이래로 1명의 時運을 받은 황제가

bici, urunakū niyaman i hanci eyute nota sargan 60/61 juse bi,
있으면 반드시 친척의 가까운 자매들· 딸들이 있다.

dosi doshon be ilgame gebu jergi be temgetuleme, niyaman be hanci
안으로 총애를 구별하여 호칭의 등급을 드러내어 친척을 가까이

obume gosire jurgan be algimburengge, julgei enduringge han sei
하여 아끼는 뜻을 떨치게 하는 것은 옛 성스러운 황제들이

deribuhe kooli, ere inu tumen jalan de halarakū giyan, te bi amba
시작한 例로, 이 또한 만세에 변하지 않는 이치이다. 이제 나는 大座에

soorin de tefi, nenehe jalan i enduringge han sebe alhūdame, eyute nota
앉아 先世의 성스러운 황제들을 본받아서 자매들·

sargan juse de ce bume fungneme niyaman be gosire doro be toktobuha,
딸들에게 冊을 주고 封하여 친척을 아끼는 도리를 정한다.

61/62 sundai simbe mini eyun seme gosime, amba doroi giyan de
순다이 그대를 나의 손윗누이라고 자애하여 큰 도리에

acabume ce bithe bume hošoi gungju fungnehe, si mini
합당하게 冊書를 주고 호쇼이 공주로 封한다. 그대는 나의

eyun seme ertufi an ci dabame doro ci fudasihūn yabume giyan be
손윗누이라고 믿고 常規를 넘어 예절에 어긋나게 행하거나 도리를

ume jurcere, ujen ginggun mujilen be jafafi, ne banjire de gurun de
저버리지 말라. 중하게 공경하는 마음을 가지고 현세에 국인에게

maktabume, amaga jalan de saišabume, hehe niyalmai mergen
칭송받고 후대에 칭찬받도록 여인의 현숙한

doro be akūmbu, mini ujen hese be 62/63 ume jurcere,,
도리를 다하라. 나의 중한 旨를 저버리지 말라.」

abkai hesei forgon be aliha gosin onco hūwaliyasun enduringge
하늘이 命한 運을 받은 어질고 관대하고 온화하고 성스러운

han i hese, julgeci ebsi, enduringge han sei abkai fejergi be
황제의 旨. 「예로부터 성스러운 황제들은 천하를

hiyoošun i dasahangge, gungge ambasa be fungnere de, urunakū
孝順으로 다스리기 위해 功이 있는 대신들을 封할 때, 반드시

niyaman de isitala wesihun obuhabi, ginggun ijishūn wang kung io
친척에 이르기까지 귀하게 만들었다. 恭順王 孔有德의

de i 63/64 eme jang ši, si eme i jurgan be akūmbuha, duin erdemu be
어머니 張氏 그대는 어머니의 도리를 다했다. 4가지 德을

yongkiyaha, jui be tacihiyame hūwašabufi, mini gurun boode
갖추었다. 아들을 가르치고 길러서 나의 국가에

aisilambi seme jui be ginggun ijishūn wang obuha, te geli
도움이 된다 하여 아들을 恭順王으로 삼았다. 이제 또

simbe wesihun jui be ujihe seme ginggun ijishūn wang ni eme fu žin
그대가 귀한 아들을 길렀다 하여 恭順王의 母夫人으로

obuha, si ele kiceme jui be tacibume gurun boode tondo be akūmbu,
삼았다. 그대는 더욱 힘써 아들을 가르쳐 국가에 충성을 다하라.

bayan wesihun be enteheme 64/65 tuwakiyabu, mini ujen hese be
富貴를 영원히 지켜라. 나의 중한 旨를

ume jurcere,,
저버리지 말라.」

abkai hesei forgon be aliha gosin onco hūwaliyasun enduringge
하늘이 命한 運을 받은 어질고 관대하고 온화하고 성스러운

han i hese, bi donjici, i ging ni bithe de, eigen sargan i doro be
황제의 旨. 「내가 듣건대 『易經』에 부부의 도리를

da arahabi, cūn cio i fonde, dorgi be fungnere be ujen obuhabi
첫째로 썼다. 春秋 시대에 아내를 封하는 것을 중히 여겼다.

ginggun ijishūn wang kung 65/66 io de i sargan be ši, si ajigen de
恭順王 孔有德의 처 白氏 그대는 어렸을 때

eme i tacihiyaha be gaime, hehe i jurgan be urefi, eigen de aisilame
어머니의 가르침을 받아 여성의 도리를 익히고, 남편을 도와

gung gebu be algimbufi, minde dahame jihe seme, sini eigen be
功名을 떨치게 했으며, 나에게 투항해 왔다 하여 그대의 남편을

ginggun ijishūn wang obuha, te kesi be selgiyefi eigen i wesike de
恭順王으로 삼았다. 이제 은혜를 전하여 남편이 귀해진 때

geli simbe wesibufi, ginggun ijishūn wang ni fu žin obuha, si
또 그대를 귀하게 하여, 恭順王의 夫人으로 삼았다. 그대는

ele kiceme eigen de aisilame tondo be 66/67 akūmbu, bayan
더욱 힘써 남편을 도와 충성을 다하라. 富貴를

wesihun be enteheme tuwakiyabu, mini ujen hese be ume jurcere,,
영원히 지켜라. 나의 중한 旨를 저버리지 말라.」

abkai hesei forgon be aliha gosin onco hūwaliyasun enduringge
하늘이 命한 運을 받은 어질고 관대하고 온화하고 성스러운

han i hese, bi donjici, i ging ni bithede, eigen sargan i doro be
황제의 旨. 「내가 듣건대 『易經』에 부부의 도리를

da arahabi, cūn cio i fonde, dorgi be 67/68 fungnere be ujen
첫째로 썼다. 春秋 시대에 아내를 封하는 것을 중히

obuhabi, gūnin ijishūn wang geng jung ming ni sargan lii ši, si
여겼다. 懷順王 耿仲明의 처 李氏 그대는

ajigen de eme i tacihiyaha be gaime, hehe i jurgan be urefi, eigen
어렸을 때 어머니의 가르침을 받아 여성의 도리를 익히고, 남편을

de aisilame gung gebu be algimbufi, minde dahame jihe seme, sini
도와 功名을 떨치게 했으며, 나에게 투항해 왔다 하여 그대의

eigen be gūnin ijishūn wang obuha, te kesi be selgiyefi eigen i
남편을 懷順王으로 삼았다. 이제 은혜를 전하여 남편이

wesike de geli simbe wesibufi, gūnin ijishūn wang ni fu žin 68/69
귀해진 때 또 그대를 귀하게 하여, 懷順王의 夫人으로

obuha, si ele kiceme eigen de aisilame tondo be akūmbu, bayan
삼았다. 그대는 더욱 힘써 남편을 도와 충성을 다하라. 富貴를

wesihun be enteheme tuwakiyabu, mini ujen hese be ume jurcere,,
영원히 지켜라. 나의 중한 旨를 저버리지 말라.」

abkai hesei forgon be aliha gosin onco hūwaliyasun enduringge
하늘이 命한 運을 받은 어질고 관대하고 온화하고 성스러운

han i hese, bi donjici, i ging ni bithede, eigen sargan i 69/70 doro be
황제의 旨. 「내가 듣건대 『易經』에 부부의 도리를

da arahabi, cūn cio i fonde, dorgi be fungnere be ujen obuhabi,
첫째로 썼다. 春秋 시대에 아내를 封하는 것을 중히 여겼다.

bodohonggo ijishūn wang šang k'o hi i sargan lio ši, si
智順王 尙可喜의 처 劉氏 그대는

ajigen de eme i tacihiyaha be gaime, hehe i jurgan be urefi, eigen de
어렸을 때 어머니의 가르침을 받아 여성의 도리를 익히고, 남편을

aisilame gung gebu be algimbufi, minde dahame jihe seme, sini
도와 功名을 떨치게 했으며, 나에게 투항해 왔다 하여 그대의

eigen be bodohonggo ijishūn wang obuha, te kesi be selgiyefi eigen i
남편을 智順王으로 삼았다. 이제 은혜를 전하여 남편이

wesike de 70/71 geli simbe wesibufi, bodohonggo ijishūn wang ni fu
귀해진 때 또 그대를 귀하게 하여, 智順王의

žin obuha, si ele kiceme eigen de aisilame tondo be akūmbu, bayan
夫人으로 삼았다. 그대는 더욱 힘써 남편을 도와 충성을 다하라. 富貴를

wesihun be enteheme tuwakiyabu, mini ujen hese be ume jurcere,,
영원히 지켜라. 나의 중한 旨를 저버리지 말라.」

tongki fuka sindaha hergen i dangse

點·圈을 찍은 문자의 檔子

gūsin ningguci debtelin

36권

wesihun erdemungge i sucungga aniya omšon biya

숭덕 원년 11월

36권, 숭덕 원년 11월

tongki fuka sindaha hergen i dangse,,
點· 圈을 찍은 문자의 檔子.

○ gurun i gungju, hošoi fujin, doroi fujin, doroi beile i
구룬이 공주· 호쇼이 푸진· 도로이 푸진· 도로이 버일러의

sargan fujin, hošoi gungju sebe fungnehe doro, juleri yarume gamara
처 푸진· 호쇼이 공주들을 封한 禮. 앞에서 이끌고 가는

jiyei be faidafi, fungnere ce bithe be wesihun dasan i yamun de
節을 정렬하고, 封하는 冊書를 崇政殿에서

ce an dere i dele sindambi, fungneme genere hafan gisun wesimbuhe
冊案床의 위에 놓는다. 封하러 가는 관원(冊封官)이 상주하니

manggi, 1/2 enduringge han hese wasimbufi fungneme gene sehe
성스러운 황제가 旨를 내려 "封하러 가라"고 한

manggi, fungnere hafan jiyei be jafafi juleri yarume, sirame ce be
후, 封하는 관원이 節을 가지고 앞에서 이끌고, 이어서 冊을

ce an dere de sindafi tukiyefi wang ni duka de isiname, fujin ce be
冊案床에 두고 받들어서 王의 문에 이르러, 푸진의 冊을

sindara dere be juleri gamame dorgi duka tucime okdofi, dergi ashan
놓을 床을 앞세워서 內門을 나와 맞이하고, 동측에서

de wasihūn forome ilimbi, fungnere hafasa ce an 2/3 dere be ilibufi
서쪽을 향해 선다. 封하는 관원들이 册案床을 세우고

fungnere ce be gaifi okdoko dere de sindafi tukiyefi dorgi duka
封하는 册을 가지고 맞이한 床에 두고 받들어서 內門으로

dosime gamafi cacari juleri sindambi, jiyei ce gamara niyalma juleri,
들어가 가지고 천막 앞에 둔다. 節과 册을 가져가는 사람이 앞서고,

fujin amala, duka be dosika manggi fungnere hafan ce be dere de
푸진이 뒤에서 문을 들어간 후, 封하는 관원이 册을 床에

sindara de, fujin wargi ashan de wesihun forome ilimbi, fungnere
두면, 푸진이 서쪽에서 동쪽을 향해 선다. 封하는

hafasa dergi ashan de 3/4 wasihūn forome ilimbi, ce be dere de
관원들은 동측에서 서쪽을 향해 선다. 册을 床에

sindaha manggi, fujin ibefi julesi forome ilifi ce i dere i baru
둔 후, 푸진이 나아가 남쪽을 향해 서서 册의 床 쪽으로

ilan jergi domnofi emu jergi hengkilefi niyakūrahai bimbi, ce bithe be
세 번 蹲拜하고 한 번 고두하고 무릎 꿇은 채 있는다. 册書를

hūlara niyalma dergi ashan de wasihūn forome ilifi hūlame wajiha
읽는 사람(宣册官)이 동측에서 서쪽을 향해 서서 읽기를 끝낸

manggi, ce be ineku dere de sindambi, fujin ilan jergi domnofi 4/5
후, 册을 같은 床에 둔다. 푸진이 세 번 蹲拜하고

emu jergi hengkilehe manggi, bithe hūlaha hafan ce be dere ci gaifi
한 번 고두한 후, 글을 읽는 관원이 冊을 床에서 가지고,

fujin i wargi ashan de iliha hehe de alibume bure de, hehe
푸진의 서쪽에 서있는 여자에게 건네주면, 여자가

niyakūrame alime gaifi fujin de niyakūrame alibume bure de, fujin
무릎 꿇고 받아 가지고 푸진에게 무릎 꿇고 건네주며, 푸진이

juwe galai alime gaifi dergi ashan de iliha hehe de bufi, ineku
두 손으로 받아 가지고 동측에 서있던 여자에게 주고, 똑같이

ilan jergi domnofi emu jergi 5/6 hengkilembi, fungnere doro wajiha
세 번 蹲拜하고 한 번 고두한다. 封하는 禮를 마친

manggi fungnere hafasa bedereme jidere de, fungnehe fujin ineku
후, 封하는 관원들이 돌아올 때, 封해진 푸진이 바로 그

okdoko bade fudembi, tuttu fungnere doro wajiha manggi, fungnehe
맞이했던 곳에서 전송한다. 그렇게 封하는 禮를 마친 후, 封해진

doroi geren fujisa gemu hengkilenjire de, enduringge han
禮로 여러 푸진들이 모두 고두하러 오면, 성스러운 황제가

wesihun dasan i yamun de tucimbi, fungnehe fujisa, enduringge han de
崇政殿으로 나간다. 封해진 푸진들이 성스러운 황제에게

uyun jergi domnofi ilan jergi hengkilembi, terei sirame dulimbai
아홉 번 蹲拜하고 세 번 고두한다. 그에 이어서 중앙의

genggiyen elhe booi 6/7 gurun i ejen fujin de ineku uyun jergi domnofi
淸寧宮의 國君 푸진에게 똑같이 아홉 번 蹲拜하고

ilan jergi hengkilembi, terei sirame dergi hūwaliyasun doronggo booi
세 번 고두한다. 그에 이어서 東 關雎宮의

hanciki amba fujin, wargi da gosin i booi wesihun amba fujin,
宸大 푸진· 西 麟趾宮의 貴大 푸진·

dergi urgun i booi ijishūn fujin, wargi hūturingga booi jingji fujin de
東 衍慶宮의 淑푸진· 西 永福宮의 莊푸진 등에게

ninggute jergi domnofi juwete jergi 7/8 hengkilembi, fungnehe
여섯 번씩 蹲拜하고 두 번씩 고두한다. 封해진

fujisa boode bederehe manggi eigen de ninggun jergi domnofi
푸진들은 집에 돌아간 후 남편에게 여섯 번 蹲拜하고

juwe jergi hengkilembi, wang ni sargan juse, urusa, harangga ambasai
두 번 고두한다. 왕의 딸들· 며느리들· 屬下 대신들의

sargata, fujin de ninggun jergi domnofi juwe jergi hengkilembi,,
처들이 푸진에게 여섯 번 蹲拜하고 두 번 고두한다.

enduringge han i hesei ginggun ijishūn wang ni eme, sargan,
성스러운 황제의 旨로 恭順王의 어머니와 처·

gūnin ijishūn wang ni sargan, bodohonggo ijishūn 8/9 wang ni sargan
懷順王의 처· 智順王의 처

sede ce bithe fungneme, narhūn bithei yamun i bithei da fan wen ceng,
등에게 冊書로 封하고자 秘書院 大學士 范文程·

suduri yamun i bithei da lošo, dorolon i jurgan i ashan i amban
國史院의 學士 로쇼· 禮部 參政

gūsan, ts'ai yung niyan se, jiyei yarume ce bithe gamame
구산· 蔡永年 등이 節을 앞세우고 冊書를 가지고

genere de, ginggun ijishūn wang ini hafasa be doroi etuku mahala
갈 때, 恭順王이 그의 관원들을 예복과 겨울모자를

etubufi juwan ba i dubede okdobufi 9/10 jiyei be sabume ici ergi
입히고 10里 앞에서 맞이하게 하였고 節을 보자 오른쪽

dalbade niyakūrafi hengkilehei dulembufi, amargi ci morilafi juwe ergi
측면에서 무릎 꿇고 고두한 채 지나가게 했으며 뒤에서 말타고 양쪽

ashan be yarume genehei sunja ba i dubede g'aoming tebure
곁을 안내하며 가면서 5里 앞에서 誥命을 담을

lung ting dere laba bileri fulgiyeme okdoko, g'aoming bithe be
龍亭의 床을 나팔과 날라리를 불며 맞이했다. 誥命의 글을

lung ting ni dolo tebufi jiyei be juleri yarume genere de, ginggun ijishūn
龍亭의 가운데에 두고 節을 앞에서 이끌고 갈 때, 恭順王이

wang doroi etuku mahala etufi 10/11 hecen ci tucime okdofi ici ergi
예복과 겨울모자를 입고 성에서 나와 맞이하고 오른쪽

dalbade ilifi dulembuhe, han i hesei ambasa, wang be morila sehe
측면에 서서 지나가게 했다. 황제가 旨로 대신들과 왕에게 말을 타라고 하자,

manggi, wang morin yalufi jiyei be jorime gamafi wang ni
왕이 말을 타고 節을 인도해 가면서 왕의

dorgi yamun de isiname, ginggun ijishūn wang ni eme, sargan
內衙門에 도달하니, 恭順王의 어머니와 처가

tulergi dukai dorgi gencehen de tucifi okdoko, ce bithe be yamun i
外門의 안쪽 가장자리로 나가 맞이했다. 册書를 衙門의

dolo 11/12 dere de fulgiyan jafu sektefi sindame wajiha manggi,
가운데 床에 붉은 모직물을 깔고 두기를 마친 후,

genehe ambasa yamun i dolo dergi dalbade wasihūn forome ilifi
간 대신들이 衙門의 가운데서 동쪽에서 서쪽을 향해 서고

hiyan dabu sehe manggi, wang ni galai hiyan dabufi dere de sisifi
향을 피우라고 하자, 왕의 손으로 향을 피워서 床에 꽂고

ini hafasa be gaifi ilan jergi niyakūrafi uyun jergi hengkilehe, tuttu
그의 관원들을 이끌고 세 번 무릎 꿇고 아홉 번 고두했다. 그렇게

wajiha manggi, wang yamun i dolo dosifi wargi dalbade iliha, 12/13
끝난 후, 왕이 衙門의 안으로 들어가 서쪽에 섰다.

terei sirame ginggun ijishūn wang ni eme duin jergi domnofi duin jergi
그에 이어서 恭順王의 어머니는 네 번 蹲拜하고 네 번

hengkilehe manggi, fungnere ce bithe de araha manju monggo
고두한 후, 封하는 冊書에 쓴 만주· 몽고·

nikan ilan gurun i bithe be gemu hūlame wajifi, ici ergi hehe hafan de
明 세 나라의 글을 모두 읽기를 마치고, 오른쪽 女官에게

alibume bufi, hehe hafan niyakūrafi alime gaifi juwe galai wesihun
건네주니, 女官이 무릎 꿇고 받아 가지고 두 손으로 위로

tukiyeme jafafi fu žin de 13/14 alibuha, fu žin niyakūrahai alime
받들어 잡고 夫人에게 건네주었다. 夫人이 무릎 꿇은 채 받아

gaifi hashū ergi hehe hafan de bure de, hehe hafan niyakūrafi alime
가지고 왼쪽의 女官에게 주자, 女官이 무릎 꿇고 받아

gaifi hetu wesihun forome iliha, fu žin dasame ilifi duite jergi
가지고 옆으로 동쪽을 향해 섰다. 夫人이 다시 서서 네 번씩

domnofi duite jergi hengkilefi iliha, tuttu eme, sargan be fungneme
蹲拜하고 네 번씩 고두하고 섰다. 그렇게 어머니와 처를 封하기를

wajifi iliha manggi, wang ni beye ilan jergi niyakūrafi uyun jergi
끝내고 일어선 후, 왕이 몸소 세 번 무릎 꿇고 아홉 번

hengkilefi 14/15 iliha manggi, wang ni eme sargan geli jakūta jergi
고두하고 일어서자, 왕의 어머니와 처가 다시 여덟 번씩

domnofi jakūta jergi hengkilehe, tuttu fungneme wajifi iliha manggi,
蹲拜하고 여덟 번씩 고두했다. 그렇게 封하기를 끝내고 일어선 후,

genehe ambasa yamun i dergi dalbade, wang wargi dalbade ishunde
간 대신들이 衙門의 동쪽에서, 왕은 서쪽에서 서로

ilata jergi hengkileme wajiha manggi, dorgi yamun de dosimbufi hise
세 번씩 고두하기를 마친 후, 內衙門에 들여서 광대가

efime amba sarin sarilaha, genehe ambasa bithesi sede menggun
놀이하며 큰 잔치를 열었다. 간 대신들· 비트허시들에게 은

emu tanggū juwan 15/16 yan, suje juwan duin buhe, jai gūnin ijishūn
110량· 비단 14필을 주었다. 또 懷順王의

wang ni sargan, bodohonggo ijishūn wang ni sargan sede gemu
처· 知順王의 처 등에게 모두

ginggun ijishūn wang ni sargan i songkoi fungnehe, okdoko
恭順王의 처에게 한 대로 封했다. 맞이한 것과

fudehengge gemu emu songko, ilan wang ni buhe menggun be gemu
전송한 것 모두 같았다. 세 왕이 준 은을 모두

bederebuhe, suje be gaifi gajiha,, 16/17
돌려주었다. 비단을 받아서 가져왔다.

○ ice jakūn de, coohai jurgan i hošoi cin wang yoto, boigon i
초 8일에, 兵部의 호쇼이 친왕 요토· 戶部의

jurgan i hošoi cin wang hooge weile baha manggi, hošoi cin wang be
호쇼이 친왕 호오거가 죄를 지은 후, 호쇼이 친왕을

efulefi jurgan ci hokobuha bihe, enduringge han i hesei doroi
혁직하고 部에서 해임시켰었다. 성스러운 황제의 旨로 도로이

beile obufi meni meni da jurgan de sindaha,, 17/18
버일러로 삼고 각자 본래 部에 임명했다.

○ ice uyun de, monggo i kalka i maha samadi han de doro acara
초 9일에, 몽고 칼카의 마하 사마디 칸에게 講和를

jalin de gisureme genehe ui jaisang se, maha samadi han i
위해 의논하러 갔던 우이 자이상 등과 마하 사마디 칸의

doroi jalin de gisureme hengkileme ulha ulin alban benjime jidere
講和를 위해 말하고 고두하고 가축과 재물을 보내러 온

weijeng lama, biceci ubasi, jehei honjin, biceci bandi, dedei bingtu,
워이정 라마· 비처치 우바시· 저허이 혼진· 비처치 반디· 더더이 빙투·

ujumucin i namu honjin, ujulaha ninggun elcin, hūdai niyalma emu
우주무친의 나무 혼진이 필두인 6명의 사신이 상인 156명을

tanggū susai ninggun niyalma be 18/19 gajime isinjiha, juwan emu de
데리고 도착했다. 11일에

maha samadi han i weijeng lama sa, enduringge han de acara de,
마하 사마디 칸의 워이정 라마 등이 성스러운 황제와 만났을 때,

ceni alban benjihe ulin ulha be faidafi, ini han i wesimbume
그들이 공물로 보내온 재물을 진열하고 그들의 칸이 상주하러

unggihe bithe be weijeng lama jafafi geren be gaifi niyakūraha manggi,
보낸 글을 워이정 라마가 들고 무리를 이끌고 무릎 꿇자,

monggo i bithei da hife alime gaifi, 19/20 enduringge han i
몽고 大學士 히퍼가 받아 가지고 성스러운 황제의

juleri niyakūrafi hūlaha, tere bithe de henduhe gisun, maha samadi
앞에 무릎 꿇고 읽었다. 그 글에서 말한 말. 「마하 사마디

secen han, eiten be etehe sure han de bithe wesimbuhe, ijishūn doro be
세첸 칸이 모든 것을 이긴 수러 한에게 글을 상주합니다. 和順의 禮를

uhe obufi ebsi casi elcin yabubuhangge be doro bithei uju sembi,
통일되게 하고 서로 사신을 보내는 것이 講和의 글의 서두라고 합니다.

nikan de hūdašara jalin de morin uncara be waka sehebi, be
明에 교역하기 위해 말을 파는 것을 잘못이라 하셨습니다. 우리가

hūdašara be 20/21 nakaki seme bisire de, nadan gūsai kalka, duin urut
교역하는 것을 멈추려 하고 있을 때, 7개 구사의 칼카· 4개 우루트가

gemu hūda dosika manggi, be hūda dosimbuhabi, elcin weijeng lama
모두 교역에 들어가자, 우리는 교역에 들어갔습니다. 사신은 워이정 라마를

ujulafi ninggun uju bi, tuttu bithe hūlame wajiha manggi, weijeng
필두로 6명의 수반이 있습니다.」 그렇게 글 읽기를 끝내자, 워이정

lama sa dorolome ilan jergi niyakūrafi uyun jergi hengkileme wajiha
라마 등이 예를 갖추어 세 번 무릎 꿇고 아홉 번 고두하기를 마친

manggi, amba sarin sarilaha,, 21/22
후, 큰 잔치를 베풀었다.

○ maha samadi han beye alban jafahangge, gūsin morin, emu
마하 사마디 칸 자신이 공물로 바친 것. 30마리의 말· 1마리의

cihetei gurgu, duin tashari dethe, juwe beri, doroi jalin ujulafi jihe
야생당나귀· 4개의 검은 독수리 깃· 2개의 활. 講和를 위해 필두로 온

weijeng lama i beye alban benjihe morin ilan, erei kutule juwan,
워이정 라마 자신이 공물로 보내온 말 3마리와 그의 쿠툴러 10명.

gumusi bandi emu morin, biceci ubasi erei kutule juwe, biceci ubasi de
구무시 반디가 1마리의 말. 비처치 우바시가 그의 쿠툴러 2명. 비처치 우바시에게

22/23 bandi da lama, han de alban jafa seme unggihe morin emke,
반디 다 라마가 황제에게 공물로 바치라고 보낸 말 1마리.

jehei honjin erei kutule ilan, biceci bandi erei kutule ilan, dedei
저허이 혼진이 그의 쿠툴러 3명. 비처치 반디가 그의 쿠툴러 3명. 더더이가

erei kutule ilan, hoocit babung tusiyetu beyei alban benjihe morin
그의 쿠툴러 3명. 호오치트 바붕 투시예투 자신이 공물로 보내온 말

ilan, doroi jalin jihe namujai hiya baksi erei kutule ilan, ujumucin i
3마리. 講和를 위해 온 나무자이 히야 박시가 그의 쿠툴러 3명. 우주무친의

dorji cecen 23/24 jinong ni alban benjihe morin duin, doroi jalin de
도르지 체첸 지농이 공물로 보내온 말 4마리. 講和를 위해서

jihe namu honjin darhan bandi erei kutule duin, šoloi i jui sereng
온 나무 혼진 다르한 반디가 그의 쿠툴러 4명. 숄로이의 아들 서렁

nomci, adangga i alban benjihe morin juwe, kutule duin, sunit
놈치· 아당가가 공물로 보내온 말 2마리· 쿠툴러 4명. 수니트

daicing hūwang taiji i alban benjihe morin juwe, kutule duin,
다이칭 후왕 타이지가 공물로 보내온 말 2마리· 쿠툴러 4명.

daicing hūwang taiji, erdeni ombu lama i alban benjihe morin emke,
다이칭 후왕 타이지의 어르더니 옴부 라마가 공물로 보내온 말 1마리·

kutule juwe, 24/25 weijeng baturu taiji i alban benjihe morin emke,
쿠툴러 2명. 워이정 바투루 타이지가 공물로 보내온 말 1마리·

kutule juwe, nangsu lama i alban benjihe morin emke, kutule juwe,
쿠툴러 2명. 낭수 라마가 공물로 보내온 말 1마리· 쿠툴러 2명.

gumu taiji i alban benjihe morin emke, kutule duin, sereng
구무 타이지가 공물로 보내온 말 1마리· 쿠툴러 4명. 서렁

tabunang i alban benjihe morin emke, tashari dethe emke, kutule
타부낭이 공물로 보내온 말 1마리· 독수리 깃 1개· 쿠툴러

juwe, ujumucin i kitat hatan baturu i alban benjihe morin juwe,
2명. 우주무친의 키타트 하탄 바투루가 공물로 보내온 말 2마리·

kutule sunja, engkei dai 25/26 baturu i alban benjihe morin ilan,
쿠툴러 5명. 엉커이 다이 바투루가 공물로 보내온 말 3마리·

kutule juwe, kitat taiji i alban benjihe morin juwe, kutule juwe,
쿠툴러 2명. 키타트 타이지가 공물로 보내온 말 2마리· 쿠툴러 2명.

hoocit erdeni nomci cibahai i alban benjihe morin emke, kutule
호오치트 어르더니 놈치 치바하이가 공물로 보내온 말 1마리· 쿠툴러

juwe, erdeni nomci i alban benjihe morin emke, weihun tashari
2명. 어르더니 놈치가 공물로 보내온 말 1마리· 살아 있는 독수리

emke, kutule juwe, šoloi erke jaisang ni alban benjihe juwe morin,
1마리· 쿠툴러 2명. 숄로이의 어르커 자이상이 공물로 보내온 2마리의 말.

ujumucin i sereng erdeni i alban benjihe 26/27 morin emke, kutule
우주무친의 서렁 어르더니가 공물로 보내온 말 1마리· 쿠툴러

duin, cibaganci lama i alban benjihe morin juwe, kutule ilan, dusgar
4명. 치바간치 라마가 공물로 보내온 말 2마리· 쿠툴러 3명. 두스가르

jinong ni darhan noyan i alban benjihe morin juwe, kutule ilan,
지농의 다르한 노얀이 공물로 보내온 말 2마리· 쿠툴러 3명.

šoloi ūljeitu g'abcu lama i morin emke, buyahū darhan noyan i
숄로이 울제이투 갑추 라마의 말 1마리, 부야후 다르한 노얀의

sida buhadai i juwe morin, bandi da lama i juwe morin, jinong
시다 부하다이의 2마리의 말, 반디 다 라마의 2마리의 말, 지농

corji i juwe morin, nomuhan lama i ilan morin, weijeng bandi i
초르지의 2마리의 말, 노무한 라마의 3마리의 말, 워이정 반디의

27/28 juwe morin, sunggai g'ai g'abcu lama i ilan morin, dalai
2마리의 말, 숭가이 가이 갑추 라마의 3마리의 말, 달라이

corji lama i juwe morin, hoocit i babung tusiyetu i tori lama i
초르지 라마의 2마리의 말, 호오치트의 바붕 투시예투 휘하의 토리 라마의

samanda bandi i juwe morin, gusi i emu morin, ejigen noyan acan
사만다 반디의 2마리의 말, 구시의 1마리의 말, 어지건 노얀이 합하여

duin morin, seke dahū emke, sumir hiya taiji i juwe morin, guncuk i
4마리의 말과 貂皮 털가죽외투 1벌, 수미르 히야 타이지의 2마리의 말, 군축의

juwe morin, enden hiya taiji i emu morin, ujumucin i sereng
2마리의 말, 언던 히야 타이지의 1마리의 말, 우주무친의 서렁

erdeni 28/29 emci lama i emu morin, sereng erdeni manjusiri lama i
어르더니 엄치 라마의 1마리의 말, 서렁 어르더니 만주시리 라마의

juwe morin, weijeng bandi i juwe morin, dusgar i juwe morin
2마리의 말, 워이정 반디의 2마리의 말, 두스가르의 2마리의 말을

alban benjihe,,
공물로 보내왔다.

○ omšon biyai juwan emu de, tulergi monggo i goloi beise de
11월 11일에, 外藩 몽고 지역의 버일러들에게

cooha be ganame takūraha bithe, 29/30 gosin onco hūwaliyasun
군사를 데려오도록 보낸 글. 「어질고 관대하고 온화하고

enduringge han i hese, cooha de yabu seme tomilaha beise suwe
성스러운 황제의 旨. 대군에게 출정하라고 파견한 버일러들 너희는

meni meni gūsai tomilaha coohai niyalmai yalure morin, temen de
각각의 구사의 파견한 병사들이 탈 말과 낙타에게

toron gida, bithe hūwaita, uksin saca ai ai agūra de bithe ara,
낙인을 찍고 글을 묶어라. 갑옷과 투구 각종 병기에 표식을 새겨라.

orin inenggi jetere bele gaisu, coohai boljoho ere biyai gūsin de
20일 동안 먹을 쌀을 가져가라. 대군이 약속한 이달 30일에

amba hecen i tule isa, korcin, josoi be darime keo dz angga be 30/31
大城의 밖에 모여라. 코르친은 조소이를 지나 口子口로

dosinu, kalka, cahar, abaga, hi fung keo i duka de dosinu, jase
일제히 들어가라. 칼카 · 차하르 · 아바가는 喜峯口의 문으로 일제히 들어가라. 경계를

dosika manggi niyaman hūncihin de ume yabubure, facuhūn
들어간 후에 친척에게 가게 하지 말라. 난잡하게

ume yabure, hoton pu gašan de ume dosire, dosici arki nure omifi
행동하지 말라. 城 · 堡 · 村에 들어가지 말라. 들어가면 소주와 황주를 마시고

soktoho de yaluha morin waliyambi, becen banjimbi, fafun sula ombi,
취했을 때에 탄 말을 버리고 싸움을 일으키며 법도가 느슨해진다.

coohai ambasa hendurakū facuhūn ume yabubure,, 31/32
군대의 대신들이 말을 전하지 않고 난잡하게 행동하게 하지 말라.」

○ juwan ilan de, enduringge han, geren cin wang, giyūn wang,
13일에, 성스러운 황제는 여러 친왕· 군왕·

beile se, gūsai ejete, uheri be baicara hafasa be isabufi, han
버일러들· 구사 어전들· 都察院의 관원들을 집합시켜서, 황제는

funghūwang leose i fejile tefi, kooli selgiyere yamun i bithesi
鳳凰樓의 아래에 앉고 弘文院의 비트허시들에게

sebe aisin gurun i sunjaci jalan i šidzung ulu han i yabuha
金國의 제5대 世宗 울루 황제가 행한

kooli bithei gisun be hūlabure de, enduringge han geren i baru
例의 글의 말(本紀)을 읽게 할 때에 성스러운 황제가 여럿을 향해

hendume, ere bithei gisun be 32/33 suweni isaha geren saikan donji,
말했다. "이 글의 말을 너희 모인 여럿은 잘 들어라.

ere šidzung han serengge, nikan monggo yaya gurun de algika
이 世宗 황제라는 사람은 漢人과 몽고인의 모든 나라에 명성을 떨친

sain han bihebi, tuttu ofi amaga jalan i mergese ajige yoo šūn
훌륭한 황제였다. 그리하여 후대의 현인들은 小 堯舜

han seme maktame gisurehebi, bi ere bithe be ubaliyambume
황제라고 칭송하여 말했다. 나는 이 글을 번역시켜

manjurame arafi hūlaha ci ebsi, morin, gurgu be sabuha de feksiki
만주어로 쓰고 읽은 이래로 말이 짐승을 보았을 때 달리려고

seme šan cukcurere gese, mini šan yasa getuken genggiyen
귀를 쫑긋하는 것처럼 나의 귀와 눈이 밝고 영명하게

ohobi, 33/34 bi alimbaharakū saišambi, ere bithei kooli be tuwaci,
되었다. 나는 매우 칭송한다. 이 글의 典例를 보건대

taidzu aguda, taidzung ukimai yabuha fe doro be hidzung hola han,
太祖 아구다· 太宗 우키마이가 행한 옛 도리를 熙宗 홀라 황제와

wan yan liyang han de isinjiha manggi, umesi waliyafi nure boco
完顔亮 황제에 이르자 심하게 잃고 주색과

jirgacun sebjen de dosifi nikan i doro be dahahabi, šidzung ulu han
향락에 빠져 한인의 습속을 쫓았다. 世宗 울루 황제에

de isinjiha manggi, dade olhome doigon ci juse omosi be nikan i
이르자 애초에 경계하여 미리 자손이 한인의

doro de dosirahū seme dahūn dahūn i mafari 34/35 fe doro be
습속에 빠질까 하여 거듭 조상의 옛 법도를

ume onggoro, nioi jy etuku be etu, nioi jy gisun be taci, gabtara
잊지 말고 女直의 의복을 입으며 女直의 말을 배우고, 步射하고

niyamniyara be erindari urebu seme jing henduhebi, kemuni tuttu
騎射하는 것을 시간마다 익히라고 항상 말했었다. 계속 그렇게

henducibe, amaga jalan i han sa nikan i doro de dosifi gabtara
말해도 후대의 황제들은 한인의 습속에 빠져 步射하고

niyamniyara be onggofi, aidzung han i jalan de doro efujehebi,
騎射하는 것을 잊어서 哀宗 황제의 대에 법도가 무너지고

gurun gukuhebi, yaya han sa nure boco de dosikangge efujehekūngge
나라가 망했다. 모든 황제들이 주색에 빠진 자가 패망하지 않은 적이

akū, nenehe bithei niyalma 35/36 dahai baksi, kūrcan baksi musei
없다. 이전에 文官 다하이 박시· 쿠르찬 박시가 우리의

manju i etuku mahala be waliyafi nikan i etuku mahala be etuki
만주 의복과 겨울모자를 버리고 한인의 의복과 겨울모자를 입고,

nikan i doro be dahaki seme jing mimbe jombumbihe, bi marame
한인의 습속을 쫓자며 항상 나에게 상기시켰었다. 나는 거부하며

ohakū, mimbe gisun gaijarakū sembihe, bi musei beyebe duibuleme
응하지 않았고 (그들은)내가 말을 듣지 않는다고 했다. 나는 우리의 스스로를 비유하여

gisureki, musei ubade isaha geren ulhi amban etuku etufi hashū
말하겠다. 우리 여기에 모인 여럿이 소매가 큰 옷을 입고 왼쪽에는

ergide jebele ashafi ici ergide beri jafafi iliki, loosa šongkoro
화살통을 차고 오른쪽에는 활을 잡고 서있어보자. 로오사 숑코로

baturu emhun dosire be 36/37 musei geren alici ombio, gabtara
바투루가 홀로 진격하는 것을 우리 여럿이 상대할 수 있겠는가? 步射하고

niyamniyara be waliyaci, urunakū ulhi amban etuku etumbi, gūwa i
騎射하는 것을 버린다면 반드시 소매가 큰 옷을 입고 다른 사람이

faitaha yali be jembi, tuttu oci hashūtai niyalma ci ai encu, mini
자른 고기를 먹을 것이다. 그렇게 되면 괴벽한 자들과 무엇이 다르겠느냐? 내가

ere hendurengge ere jalan be waka, mini beye de geli tuttu oho
이렇게 말하는 것은 이번 세대를(가리키는 것이)아니다. 나의 代에서 다시 그렇게 된

doro bio, amaga jalan i juse omosi fe doro be waliyafi gabtara
법도가 있는가? 후대의 자손들이 옛 법도를 버려 步射하고

niyamniyara be onggofi nikan i doro de dosirahū seme olhorongge
騎射하는 것을 잊으며 한인의 습속에 빠질까 하여 두려운 것이다.

kai, 37/38 musei cooha daci ai ambula bihe, gabtara niyamniyara
우리의 군사가 본래 뭐가 많았었는가? 步射하고 騎射하는 것이

mangga turgunde tala de afaci uthai gidame, hecen hoton be afaci
능숙한 까닭에 들에서 공격하면 즉각 격파하고 성곽을 공격하면

uthai bahame, muse be abkai fejergi niyalma iliha baci aššarakū,
즉각 얻고 우리를 천하의 사람들이 선 곳에서 동요하지 않고

dosika baci bedererakū seme algika bihe kai, tuttu algika gebu be
진입한 곳에서 물러나지 않는다고 평가했던 것이다. 이처럼 알려진 명성을

ere mudan de beging de cooha genefi jase tucire de, mini amba gebu
이번에 북경에 대군이 가서 경계를 나갈 때에 나의 큰 명성을

be suweni jakūn amban gūtubuha kai, 38/39 mini gisun be suwembe
너희 8대신이 욕되게 했다. 나의 말을 너희가

ejefi bikini serengge,,
기억하고 있으라고 하는 말이다."

○ tofohon de, dergi taidzu, taiheo i yabuha yargiyan kooli
15일에, 上 太祖· 太后의 實錄을

bithe be šanggafi alibume wesimbure de, enduringge han i duin
완성하고 바치며 아뢰었을 때에 성스러운 황제의 4개의

boobai faidan be yooni faidaha manggi, hošoi cin wang, doroi giyūn
寶貝와 의장을 모두 정렬하고 호쇼이 친왕· 도로이 군왕·

wang, doroi 39/40 beile, gūsai beise, bithe coohai geren hafasa hashū
도로이 버일러· 구사이 버이서· 文武의 여러 대신들이

ici ergi de gala arame faidame dasame wajiha manggi, enduringge
좌우에 翼을 만들어 정렬하여 정돈하기를 마친 후에 성스러운

han de dorolon i jurgan i hafan gisun wesimbuhe manggi,
황제에게 예부의 관원이 말을 올리자

enduringge han wesihun dasan i yamun de tucire de, kumun mudan
성스러운 황제가 崇政殿에 나올 때에 음악을

be deribuhe, enduringge han soorin de tehe manggi, suduri yamun
연주했다. 성스러운 황제가 옥좌에 앉자 國史院의

i bithei da 40/41 garin manju bithe, hife monggo bithe, lo sio gin
學士 가린이 만문을, 히퍼가 몽고문을, 羅繡錦이

nikan bithe be jafafi, emgi weilehe manju monggo nikan bithesi sebe
한문을 가지고 함께 일한 만주· 몽고· 한인 비트허시들을

gaifi, enduringge han de biyoo bithe wesimbure de, hūlara hafan
이끌고 성스러운 황제에게 표의 글을 상주할 때에 贊禮官이

faida seme hūlaha manggi faidaha, niyakūra seme hūlaha manggi
"정렬하라"고 외치자 정렬했다. "무릎 꿇어라"고 외치자

bithei da hife, garin, lo sio gin bithe be wesihun tukiyeme jafafi
學士 히퍼· 가린· 羅繡錦이 글을 높이 받들어 잡고

juleri, geren 41/42 bithesi se amala niyakūraha manggi, dorolon i
앞에서, 여러 비트허시들이 뒤에서 무릎 꿇은 후에 예부의

jurgan manju monggo nikan ilan hacin i hafasa wesimbuhe biyoo
만주· 몽고· 한인 세 종류의 관원들이 올린 表의

bithe be alime gaifi, enduringge han i juleri niyakūrafi emke emken
글을 받아 가지고 성스러운 황제의 앞에 무릎 꿇고 하나하나

i hūlaha, tere biyoo bithei gisun, gosin onco hūwaliyasun enduringge
외쳤다. 이 표의 글의 말. 「어질고 관대하고 온화하고 성스러운

han ejen de gurun i suduri yamun i hife, garin, manju monggo
황제 폐하에게 國史院의 히퍼· 가린, 만주· 몽고·

nikan meni 42/43 geren bithesi se niyakūrafi wesimbure gisun, gosin
한인 저희 여러 비트허시들이 무릎 꿇고 올리는 말. 어질고

onco hūwaliyasun enduringge han ejen i hesei dergi taidzu, abkai
관대하고 온화하고 성스러운 황제 폐하의 旨로 上 태조, 하늘의

hese be alifi forgon be mukdembuhe, gurun i ten be fukjin ilibuha,
命을 받아 運을 흥성시키고 나라의 기초를 처음 세우고

ferguwecuke gungge gosin hiyoošungga horonggo enduringge
신이한 功과 자애로운 효순과 위엄이 있는 성스러운

hūwangdi, dergi taiheo gosin hiyoošungga doro de akūmbuha,
황제, 上 태후, 자애롭고 효성스러운 도리에 힘을 다하고

ginggun 43/44 ijishūn hūturingga eldengge enduringge hūwangheo i
공손하고 유순하고 복이 있고 빛나는 성스러운 황후의

yabuha yargiyan kooli be, manju monggo nikan ilan gurun i gisun
실록을 만주· 몽고· 명 세 나라의 말로

bithe arame wajifi, tumen jalan i suduri obuha, wesihun erdemungge
글을 쓰기를 마치고 萬世의 역사로 삼았습니다. 崇德

i sucungga aniya omšon biyai tofohon de,, tuttu hūlame wajiha
元年 11월 15일에.」 이렇게 읽기를 마치자

manggi, hūlara hafan i niyakūra hengkile seme hūlara be tuwame
贊禮官이 "무릎 꿇고 고두하라"고 외치는 것을 보며

ilan jergi niyakūrafi uyun jergi hengkilehe, bedere seme hūlaha 44/45
세 번 무릎 꿇고 아홉 번 고두했다. "돌아가라"고 외치자

manggi, bedereme jifi, suduri yamun ci yargiyan kooli bithe be lung
돌아와서 國史院으로부터 실록을

ting dere i dolo sindafi, bithei da sa dorolome tukiyefi celehen i
龍亭卓의 가운데에 놓았으며 學士들이 예를 갖추어 받들고 丹陛의

dulimba be genere de, han, lung ting be sabume soorin ci ilifi
중간으로 갈 때에 황제가 龍亭을 보며 옥좌에서 일어나

wargi de hetu wesihun forome iliha, yargiyan kooli bithe be lung
서쪽에서 횡으로 동쪽을 향하여 섰다. 실록을 龍亭의

ting ni dorgi ci gaifi 45/46 celehen i dulimbade sindaha suwayan
안에서 가지고 丹陛의 중앙에 놓인 황색

boo ioi dere de sindafi, bithei da hife, garin juwe amban boo ioi dere
寶玉卓에 놓고 學士 히퍼· 가린, 2명의 대신이 寶玉卓의

i emte ujan be tukiyeme jafafi enduringge han de wesihun alibume,
각각의 양끝을 받들어 잡고 성스러운 황제에게 올려 전하며

enduringge han ashan ci dosifi yargiyan kooli bithe be juwe galai
성스러운 황제가 옆에서 들어가 실록을 양손으로

dorolome alime gaifi, yamun i dorgi suwayan boo ioi dere de 46/47
예를 갖추어 받아 취하고는 아문의 안에 황색 寶玉卓에

sindaha, dorgi hafasa yargiyan kooli be sindaha boo ioi dere i juwe
놓았다. 안의 관원들이 실록을 놓은 寶玉卓의 양끝을

ujan be tukiyeme jafafi deyere funghūwang ni leose de benehe
받들어 잡고 鳳凰樓에 보낸

manggi, enduringge han teni soorin de tehe, hūlara hafan i hūlara
후에 성스러운 황제가 비로소 옥좌에 앉았다. 贊禮官이 외치는 것을

be tuwame bithei da sa emgi weilehe bithesi sebe gaifi ilan jergi
보며 學士들이 함께 일한 비트허시들을 이끌고 세 번

niyakūrafi uyun jergi hengkilehe, 47/48 bedere seme hūlaha manggi
무릎 꿇고 아홉 번 고두했다. "돌아가라"고 외치자

bederehe, terei sirame urgun i doroi hošoi ujen cin wang, hošoi
돌아갔다. 그에 이어서 기쁨의 예로 호쇼이 우전 친왕· 호쇼이

erke cin wang, doroi adali giyūn wang, doroi bayan beile, doroi
어르커 친왕· 도로이 아달리 군왕· 도로이 바얀 버일러· 도로이

elehun beile, doroi yoto beile, doroi hooge beile, gūsai beise se, manju
얼러훈 버일러· 도로이 요토 버일러· 도로이 호오거 버일러· 구사이 버이서들이 만주

bithe coohai hafasa be gaifi, enduringge han de biyoo bithe
문무 관원들을 이끌고 성스러운 황제에게 表의 글을

wesimbure de, hūlara hafan 48/49 faida seme hūlaha manggi faidaha,
올릴 때에 贊禮官이 "정렬하라"고 외치자 정렬했다.

niyakūra seme hūlaha manggi hošoi erke cin wang, wang sa, beile se,
"무릎 꿇으라"고 외치자 호쇼이 어르커 친왕이 王들· 버일러들·

beise se be gaifi biyoo bithe be tukiyeme jafafi juleri, bithe coohai
버이서들을 이끌고 表의 글을 받들어 잡고 앞에서, 문무의

geren hafasa amala, jergi bodome niyakūraha manggi, dorolon i
여러 관원들이 뒤에서 등급을 헤아려 무릎 꿇은 후에 예부의

jurgan i hafan biyoo bithe be alime gaifi enduringge han i
관원이 表의 글을 받아 가지고 성스러운 황제의

juleri niyakūrafi hūlaha, tere bithei gisun, 49/50 gosin onco
앞에서 무릎 꿇고 읽었다. 그 글의 말. 「어질고 관대하고

hūwaliyasun enduringge han ejen de geren hošoi cin wang, doroi
온화하고 성스러운 황제 폐하에게 여러 호쇼이 친왕· 도로이

giyūn wang, doroi beile, bithe coohai geren hafasa urgun i doroi
군왕· 도로이 버일러· 문무 여러 관원들이 기쁨의 예로

wesimbure gisun, dergi taidzu, abkai hese be alifi forgon be
올리는 말. 上 태조, 하늘의 命을 받아 運을

mukdembuhe, gurun i ten be fukjin ilibuha, ferguwecuke gungge
흥성시키고 나라의 기초를 처음 세우고 신묘한 功과

gosin hiyoošungga horonggo enduringge hūwangdi, 50/51 dergi taiheo
자애로운 효순과 위엄이 있는 성스러운 황제, 上 태후,

gosin hiyoošungga doro be akūmbuha, ginggun ijishūn hūturingga
인자하고 효성스러우며 도리를 다하고 공손하고 순종하고 복있고

eldengge enduringge hūwangheo i yabuha sain jurgan be yargiyan
빛나고 성스러운 황후가 행한 선한 도리를 실록에

kooli de arafi, tumen jalan de gung gebu be algimbuha seme meni
기록하여 萬世에 功과 명성을 선양했다고 저희

geren alimbaharakū urgunjeme bithe wesimbume hengkilembi,
모두는 더할 나위 없이 기뻐하며 글을 올리며 고두합니다.」

tuttu wajiha manggi, enduringge han i hese, wang sa, beile se,
이를 마친 후에 성스러운 황제의 旨를 王들· 버일러들·

beise se, bithe coohai hafasa de wasimbume henduhe 51/52 gisun,
버이서들· 문무 관원들에게 내려 말한 말.

gosin onco hūwaliyasun enduringge han i hese, dergi taidzu, abkai
"어질고 관대하고 온화하고 성스러운 황제의 旨. '上 태조, 하늘의

hese be alifi forgon be mukdembuhe, gurun i ten be fukjin ilibuha,
命을 받아 運을 흥성시키고 나라의 기초를 처음 세우고

ferguwecuke gungge gosin hiyoošungga horonggo enduringge
신묘한 功과 자애로운 효순과 위엄이 있는 성스러운

hūwangdi, dergi taiheo gosin hiyoošungga doro de akūmbuha,
황제', '上 태후喇嘛, 인자하고 효성스러우며 도리를 다하고

ginggun ijishūn hūturingga eldengge enduringge hūwangheo i gung
공손하고 순종하고 복있고 빛나고 성스러운 황후'의 功德을

erdemu be 52/53 tumen jalan de algimbuha seme mini urgunjerengge,
萬世에 선양했다고 내가 기뻐하는 것은

suweni geren i urgunjerengge gemu emu kai, tuttu donjime wajiha
너희 여럿이 기뻐하는 것과 모두 하나이다." 이렇게 듣기를 마치자

manggi, hūlara hafan i hengkile niyakūra seme hūlara be tuwame
贊禮官이 "고두하라" "무릎 꿇어라"고 외치는 것을 보며

ilan jergi niyakūrafi uyun jergi hengkilehe, bedere seme hūlaha
세 번 무릎 꿇고 아홉 번 고두했다. "돌아가라"고 외치자

manggi meni meni da faidan de bederehe, terei sirame tulergi goloi
각자 본래 정렬한 곳에 돌아갔다. 그에 뒤이어 外藩

cahar gurun i efu ejei, korcin i kitat nakcu, 53/54 sanggarjai nakcu
차하르 국의 어푸 에제이, 코르친의 키타트 낙추· 상가르자이 낙추가

ini monggo i beise ambasa be gaifi urgun i doroi biyoo bithe
그의 몽고 버일러들·대신들을 이끌고 기쁨의 예로 表의 글을

wesimbure de, monggo i hūlara hafan faida seme hūlaha manggi
올릴 때에 몽고의 贊禮官이 "정렬하라"고 외치자

faidaha, niyakūra seme hūlaha manggi gurun i efu ejei biyoo bithe
정렬했다. "무릎 꿇어라"고 외치자 구룬이 어푸 에제이가 표의 글을

be tukiyeme jafafi juleri, geren beise ambasa jergi bodome amala
받들어 잡고 앞에서, 여러 버일러들·대신들이 등급을 헤아려 뒤에서

niyakūraha manggi, monggo i bithei hafan biyoo bithe be 54/55
무릎 꿇은 후에 몽고의 文官이 表의 글을

alime gaifi enduringge han i juleri niyakūrafi hūlame wajiha
받아 가지고 성스러운 황제의 앞에서 무릎 꿇고 읽기를 마치자

manggi, gurun i efu ejei, kitat nakcu, sanggarjai nakcu, geren
구룬이 어푸 에제이· 키타트 낙추· 상가르자이 낙추· 여러

beise ambasa de han i hese wasimbufi donjime wajiha manggi,
버일러들· 대신들에게 황제의 旨를 내리고 듣기를 마친 후에

hūlara hafan i niyakūra hengkile seme hūlara be tuwame ilan jergi
贊禮官이 "무릎 꿇어라" "고두하라"고 외치는 것을 보며 세 번

niyakūrafi uyun jergi hengkilehe, bedere seme hūlaha 55/56 manggi,
무릎 꿇고 아홉 번 고두했다. "돌아가라"고 외치자

meni meni da faidan de bederehe, terei sirame amban janggin ši
각자 본래 정렬한 곳에 돌아갔다. 그에 뒤이어 암반 장긴 石廷柱가

ting ju geren bithe coohai nikan hafasa be gaifi biyoo bithe
여러 문무 한인 관원들을 이끌고 表의 글을

wesimbure de, nikan i hūlara hafan faida seme hūlaha manggi
올릴 때에 한인 贊禮官이 "정렬하라"고 외치자

faidaha, niyakūra seme hūlaha manggi amban janggin ši ting ju
정렬했다. "무릎 꿇어라"고 외치자 암반 장긴 石廷柱는

biyoo bithe be tukiyeme jafafi juleri, geren hafasa jergi bodome
표의 글을 받들어 잡고 앞에서, 여러 관원들은 등급을 헤아려

amala 56/57 niyakūraha, dorolon i jurgan i nikan bithei hafan biyoo
뒤에서 무릎 꿇었다. 예부의 한인 문관이 表의

bithe be alime gaifi enduringge han i juleri niyakūrafi hūlame
글을 받아 가지고 성스러운 황제의 앞에서 무릎 꿇고 읽기를

wajiha manggi, enduringge han i hese wasimbufi hendume wajiha
마친 후에 성스러운 황제가 旨를 내려 말하기를 마치자

manggi, hūlara hafan i niyakūra hengkile seme hūlara be tuwame
贊禮官이 "무릎 꿇고 고두하라"고 외치는 것을 보며

ilan jergi niyakūrafi uyun jergi hengkilehe, bedere seme hūlaha
세 번 무릎 꿇고 아홉 번 고두했다. "돌아가라"고 외치자

manggi bederehe, manju monggo nikan i wesimbuhe 57/58 biyoo
돌아갔다. 만문· 몽문· 한문으로 올린 表의

bithei gisun gemu emu songko, enduringge han i hese wasimbume
글의 말이 모두 일치했다. 성스러운 황제가 旨를 내려

henduhe bithei gisun gemu emu gisun, tuttu dorolome wajiha
말한 글의 말은 모두 하나의 말이다. 이렇게 예를 갖추기를 마치자

manggi, enduringge han genggiyen elhe boode wesike, tereci
성스러운 황제가 淸寧宮에 올랐다. 그 후

enduringgge han i hesei dorolon i jurgan i aliha amban sabigan,
성스러운 황제의 旨로 禮部 承政 사비간·

gin ioi ho, jiyang sin, mujilen bahabukū kicungge ihan wafi dere
金玉和· 姜新, 啓心郎 키충거가 소를 잡아 床을

dasafi suduri yamun de gajifi, 58/59 bithei hafasa be jergi bodome
차리고 國史院에 가져가서 문관들을 등급을 헤아려

tebufi dorolome sarilaha, tuttu sarilame wajiha manggi, suduri
앉게 하고 예를 갖추어 잔치했다. 이 잔치하기를 마친 후에 국사원의

yamun i weile aliha bithei da hife, garin de foloho hadala kūdarhan
大學士 히퍼· 가린에게 조각한 굴레· 밀치·

sarin i soforo enggemu tohohoi emte sain morin, susaita yan
가랑이가죽 깔개 있는 안장을 맨 1마리씩의 좋은 말· 50량씩의

menggun, ilhi da jamba, hūkio, ashan i bithesi suk'ai, jasuka, ubasi,
은, 學士 잠바· 후키오와 副 비트허시 수카이· 자수카· 우바시,

ere sunja niyalma de uksilere sain morin 59/60 emte, dehite yan
이 5명의 사람들에게 갑옷을 입힌 좋은 말 1마리씩과 40량씩의

menggun, nikan bithei ilhi da lo sio gin, wang wen kui, ashan i
은, 한인 학사 羅繡錦· 王文奎와 副 비트허시

bithesi icengge, dumbai, yang fang sing, gūlmahūn, sidai, gusi de
이청거· 둠바이· 楊方興· 굴마훈· 시다이· 구시에게

dehite yan menggun, liyang jeng da, jang ing kui de gūsita yan
40량씩의 은, 梁正大· 張應魁에게 30량씩의

menggun, buya bithesi burhai, jengkune, lio guwang deo de orita
은, 小 비트허시 부르하이· 정쿠너· 劉光斗에게 20량씩의

yan menggun šangnaha, 60/61 enduringge han i hesei boigon i
은을 상 주었다. 성스러운 황제의 旨로 戶部의

jurgan i ashan i amban ma yuwan lung, dung guwe yen, žin
參政 ma yuwan lung· 董國蔭· žin

ming ši de emte silun i dahū, coohai jurgan i ashan i amban
ming ši에게 1벌씩의 스라소니 털가죽외투, 兵部의 參政

lang šoo jeng de sekei hayaha jibca, silun i dahū, suduri yamun i
郎紹正에게 貂皮로 테를 두른 가죽옷과 스라소니 털가죽외투, 國史院의

da lo sio gin, kooli selgiyere yamun i da wang wen kui, uheri be
學士 羅繡錦· 弘文院의 學士 王文奎· 都察院의

baicara yamun i ashan i amban wang ši je, 61/62 u jing doo,
參政 王之哲과 吳景道·

manju hūlara wehe, daidu, monggo hūlara obot, ananda, narhūn bithei
만주 贊禮官 워허와 다이두· 몽고 贊禮官 오보트와 아난다· 秘書院의

yamun i sereng gusi, sonom bandi, gurun i suduri yamun i gusi,
서렁 구시와 소놈 반디· 國史院의 구시·

dorolon i jurgan i sarin i amban g'ao ju jin, esede emte dobihi
예부의 연회를 관장하는 대신 g'ao ju jin, 이들에게 1벌씩의 여우

dahū, nikan hūlara sing šang dzo, sioi bang dzai, dorolon i jurgan i
털가죽외투, 한인 贊禮官 邢成祚와 徐邦才· 禮部의

mujilen bahabukū fan wen dzai, sun ing ši, 62/63 hafan i jurgan i
啓心郞 fan wen dzai와 孫應時· 吏部의

mujilen bahabukū ju an min, esede emte niohe i dahū,
啓心郞 焦安民, 이들에게 1벌씩의 늑대 털가죽외투,

dung tiyan gi de emu elbihe i dahū, beidere jurgan i ashan i amban
董天機에게 1벌의 너구리 털가죽외투, 刑部의 參政

jang da ioi, boigon i jurgan i ashan i amban sui ing dai, ere
jang da ioi· 戶部의 參政 sui ing dai, 이

juwe de silun i dahū emte, boigon i jurgan i ma guwang hūi de
2명에게 스라소니 털가죽외투 1벌씩, 戶部의 馬光輝에게

sekei hayaha jibca, dorolon i jurgan i jang sin de 63/64 sekei
貂皮로 테를 두른 가죽옷, 禮部의 姜新에게 貂皮로

hayaha jibca, silun i dahū buhe,,
테두른 가죽옷과 스라소니 털가죽외투를 주었다.

○ juwan uyun de, coohiyan gurun be dailambi seme enduringge
19일에, 조선국을 정벌하겠다는 성스러운

han i hesei amba dasan i yamun de geren be isabufi, coohai jurgan i
황제의 旨로 大政殿에 여럿을 모으고 병부의

doroi yoto beile hūlaha gisun, emu nirui aliha cooha tofohon,
도로이 요토 버일러가 외친 말. 「1개의 니루의 驍騎 15명·

beki cooha juwan, bayarai cooha nadan, uheri gūsin juwe, amban
步兵 10명· 바야라의 병사 7명. 모두 32명과 암반

janggin 64/65 ši ting ju i ujen cooha yooni, emu uksin de susaita da
장긴 石廷柱의 重軍 모두는 1명의 갑병에 50발씩의

sirdan, juwe uksin de acan emu gida, juwe niru de acan emu wan,
화살, 2명의 갑병에 합하여 1개의 창, 2개의 니루에 합하여 1개의 사다리와

emu kalka, hoton sacire suhe sacikū bon yooni, morin de bithe
1개의 방패차, 성을 부수는 도끼· 끌· 송곳 모두와 말에 표식을

hūwaita, toron gida, coohai agūra de yooni bithe ara, tofohon
묶고 낙인을 찍어라. 병사들의 병기에 모두 표식을 새겨라. 15일간

inenggi jetere bele gaisu, orin uyun de dosinju,, 65/66
먹을 쌀을 가져가라. 29일에 들어와라.」

○ orin ninggun de, aru i kalka i gurun de šangname buhengge,
26일에, 아루의 칼카 국에 상으로 준 것.

weijeng lama de emu sain gecuheri, juwe suje, orin duin mocin, ilan
워이정 라마에게 1필의 좋은 蟒緞· 2필의 비단· 24필의 毛靑布· 3명의

kutule de sunjata mocin, jehei honjin, biceci ubasi, namujai, darhan
쿠툴러에게 5필씩의 毛靑布, 저허이 혼진· 비처치 우바시· 나무자이· 다르한

bandi, kunden, namu, esenbai, ere nadan niyalma de emte gecuheri,
반디· 쿤던· 나무· 어선바이, 이 7명의 사람들에게 1필씩의 망단·

juwete 66/67 suje, orin duite mocin, erei juwete kutule de sunjata
2필씩의 비단· 24필씩의 毛靑布, 이들의 2명씩의 쿠툴러에게 5필씩의

mocin, ineku darhan bandi de emu foloho umiyesun, juwan kiyan
毛靑布, 같은 다르한 반디에게 1개의 조각한 요대· 10첩의

dambagu, namu de menggun i hūntahan emke, juwan kiyan
담배, 나무에게 은 술잔 1개· 10첩의

dambagu, ulan baksi, biceci bandi, dedei, ere ilan niyalma de emte
담배, 울란 박시· 비처치 반디· 더더이, 이 3명에게 1벌씩의

suje etuku, emte suje, juwan ninggute mocin, erei juwete kutule de
비단 옷· 1필씩의 비단· 16필씩의 毛靑布, 이들의 2명씩의 쿠툴러에게

sunjata mocin, 67/68 dusgar jinong ni boito de emu gecuheri, emu
5필씩의 毛靑布, 두스가르 지농의 보이토에게 1필의 망단· 1필의

suje, juwan ninggun mocin, juwe kutule de juwan mocin, tolok,
비단· 16필의 毛靑布, 2명의 쿠툴러에게 10필의 毛靑布, 톨록·

senggedei, ere juwe nofi de juwete suje, juwan ninggute mocin,
성거더이, 이 2명에게 2필씩의 비단· 16필씩의 毛靑布,

juwete kutule de sunjata mocin, darhan noyan de emu genggiyen,
2명씩의 쿠툴러에게 5필씩의 毛靑布, 다르한 노얀에게 1필의 石靑素緞·

juwan mocin, orin kiyan dambagu, erei kutule de emu suje, ninggun
10필의 毛靑布· 20첩의 담배, 그의 쿠툴러에게 1필의 비단· 6필의

mocin, sunggai de menggun 68/69 emu tanggū yan, emu ursu foloho
毛靑布, 숭가이에게 은 100량· 한 겹으로 조각한

enggemu emke, morin benjihe turun de sunja yan, kutule de juwe yan,
안장 1개, 말을 보내온 투룬[1]에게 5량의 은, 쿠툴러에게 2량의 은,

šoloi bandi da lama de menggun ninju yan, lekerhi juwe, morin
숄로의 반디 다 라마에게 은 60량· 해달가죽 2장, 말을

benjihe turun de sunja yan, kutule de juwe yan, ujumucin i darhan
보내온 투룬에게 5량· 쿠툴러에게 2량, 우주무친의 다르한

lama de menggun ninju yan, lekerhi juwe, morin benjihe turun de
라마에게 은 60량· 해달가죽 2장, 말을 보내온 투룬에게

69/70 sunja yan, kutule de juwe yan, eljitu g'abcu lama de
5량, 쿠툴러에게 2량, 얼지투 갑추 라마에게

menggun dehi yan, lekerhi emke, morin benjihe turun de sunja yan,
은 40량· 해달가죽 1장, 말을 보내온 투룬에게 5량,

kutule de juwe yan, emci lama de menggun dehi yan, lekerhi emke,
쿠툴러에게 2량, 엄치 라마에게 은 40량· 해달가죽 1장,

---

1 turun은 문맥으로 보아 직책의 일종인 것 같은데 명확치 않다.

morin benjihe turun de sunja yan, kutule de juwe yan, bandit tun
말을 보내온 투룬에게 5량, 쿠툴러에게 2량, 반디트 툰

lama de menggun susai 70/71 yan, emu lekerhi, morin benjihe turun
라마에게 은 50량· 1장의 해달가죽, 말을 보내온 투룬에게

de sunja yan, kutule de juwe yan, hoocit gusi de foloho enggemu
5량, 쿠툴러에게 2량, 호오치트 구시에게 조각한 안장

emke, lekerhi emke, morin benjihe turun de sunja yan, manjusiri
1개· 해달가죽 1장, 말을 보내온 투룬에게 5량, 만주시리

lama de menggun ninju yan, lekerhi juwe, cahar i foloho enggemu
라마에게 은 60량· 해달가죽 2장· 차하르의 조각한 안장

emke, sunit ombu lama de menggun susai yan, lekerhi emke, morin
1개, 수니트 옴부 라마에게 은 50량· 해달가죽 1장, 말을

benjihe 71/72 turun de sunja yan, ujumucin i erke kitat de fulgiyan
보내온 투룬에게 5량, 우주무친의 어르커 키타트에게 붉은

<u>dabisikū</u>[2] emke, kamkū emke, cuse emke, pengduwan emke,
dabisikū 1필· 帽緞 1필· 紬子 1필· 彭緞 1필·

mocin samsu juwan, foloho enggemu emke, nadan sara i jebele
毛靑布 10필· 조각한 안장 1개· 7개의 철편장식이 있는 화살통

---

2 [簽註] gingguleme baicaci, dabisikū sere gisun, manju gisun i buleku bithe, fe manju gisun i bithede gemu ejehekūbi, fe dangse i songkoi sarkiyaha,,
삼가 찾아보니 'dabisikū'라는 말은 『清文鑒』과 『舊清語』에 모두 기재되지 않았다. 舊 檔子에 쓴 대로 베껴 적었다.
* dabisikū가 천의 일종임은 문맥으로 짐작되지만 무엇을 가리키는지는 알 수 없다.

emke, juwan yan i menggun i moro emke, hūntahan emke, erei
1개· 10량의 은 그릇 1개· 술잔 1개, 그가

takūraha neonegen de pengduwan emke, mocin jakūn, erei kutule de
파견한 너오너건에게 팽단 1필· 毛靑布 8필, 이들의 쿠툴러에게

duin mocin buhe, weijeng bandi de 72/73 menggun ninju yan, tasha
4필의 毛靑布를 주었다. 워이정 반디에게 은 60량· 호랑이

sukū emke, lekerhi emke, muheliyen toohan umiyesun emke, menggun i
가죽 1장· 해달가죽 1장· 둥근 띠돈있는 요대 1개· 은

hūntahan emke, dambagu orin kiyan buhe, šoloi buyahū darhan
술잔 1개· 담배 20帖을 주었다. 숄로이의 부야후 다르한

noyan de menggun i cara emke, uksin emke, gecuheri emke, suje
노얀에게 은 술잔 1개· 갑옷 1벌· 蟒緞 1필· 비단

ilan, foloho enggemu emke, mocin samsu tofohon buhe, morin benjihe
3필· 조각한 안장 1개· 毛靑布 15필을 주었다. 말을 보내온

turun de sunja yan, kutule de juwe 73/74 yan buhe, hoocit tusiyetu
투룬에게 5량, 쿠툴러에게 2량을 주었다. 호오치트의 투시예투

tori lama de menggun gūsin yan, foloho enggemu emke, erei morin
토리 라마에게 은 30량· 조각한 안장 1개, 그의 말을

benjihe turun de sunja yan, kutule de juwe yan buhe, sunit nangsu
보내온 투룬에게 5량, 쿠툴러에게 2량을 주었다. 수니트의 낭수

lama de menggun orin yan, foloho enggemu emke, erei morin
라마에게 은 20량· 조각한 안장 1개, 그의 말을

benjihe turun de sunja yan, kutule de juwe yan buhe, weijeng lama de
보내온 투룬에게 5량, 쿠툴러에게 2량을 주었다. 워이정 라마에게

menggun 74/75 ninju yan, lekerhi emke, tasha sukū emke, foloho
은 60량· 해달가죽 1장· 호랑이 가죽 1장· 조각한

enggemu emke, šoloi jinong corji de susai yan i cara emke, tasha
안장 1개, 숄로이의 지농 초르지에게 50량의 술잔 1개· 호랑이

sukū emke, erei morin benjihe turun de sunja yan, kutule de juwe yan,
가죽 1장, 그의 말을 보내온 투룬에게 5량, 쿠툴러에게 2량,

nomuhan de emu tanggū yan i oton emke, suje duin, fulgiyan
노무한에게 100량의 盆 1개· 비단 4필· 붉은

gecuheri etuku emke, dongmo emke, mocin samsu 75/76 orin, morin
蟒緞 옷 1벌· 茶桶 1개· 毛靑布 20필, 말을

benjihe turun de menggun sunja yan, kutule de juwe yan, dalai
보내온 투룬에게 은 5량, 쿠툴러에게 2량, 달라이

corji de fulgiyan gecuheri emke, etuku emke, suje juwe, mocin samsu
초르지에게 붉은 蟒緞 1필· 옷 1벌· 비단 2필· 毛靑布

orin, foloho enggemu emke, cara emke, dongmo emke, erei morin
20필· 조각한 안장 1개· 술잔 1개· 茶桶 1개, 그의 말을

benjihe turun de sunja yan, kutule de juwe yan, sereng butumal de
보내온 투룬에게 5량, 쿠툴러에게 2량, 서렁 부투말에게

yacin gecuheri emke, pengduwan emke, 76/77 kamkū emke, cuse emke,
푸른 蟒緞 1필· 彭緞 1필· 帽緞 1필· 紬子 1필·

ifiha etuku emke, mocin boso gūsin, foloho enggemu emke, nadan
꿰맨 옷 1벌· 毛靑布 30필· 조각한 안장 1개· 7개

sara i jebele emke, umiyesun emke, šempi juwe, hūntahan taili
철편장식의 화살통 1개· 요대 1개· 綠斜皮 2장· 술잔과 잔받침

emu juru, nangsu lama de dobihi dahū emke, sira[3] cai dehi boose,
1쌍, 낭수 라마에게 여우 털가죽외투 1벌· 황색 茶 40包·

huhu hoton i cai tanggū boose, dambagu juwan kiyan, šoloi mangnai
후후 城의 茶 100包· 담배 10帖, 숄로이의 망나이

hošooci de puse noho 77/78 suje emke, ifiha etuku emke, mocin samsu
호쇼오치에게 흉배가 있는 비단 1필· 꿰맨 옷 1벌· 毛靑布

juwan, muheliyen toohan i umiyesun emke, šoloi de fulgiyan ifiha
10필· 둥근 띠돈있는 요대 1개, 숄로이에게 붉은 꿰맨

etuku emke, isu de ifiha etuku emke, lamun cuse de ifiha etuku
옷 1벌· 민무늬 청색비단에 꿰맨 옷 1벌· 남색 紬子에 꿰맨 옷

3 [簽註] gingguleme baicaci, monggo gisun de, suwayan be sira sembi,,
삼가 찾아보니 몽고어에서 '황색'을 'sira'라고 한다.

emke, lamun pengduwan de ifiha etuku emke, cekemu de ifiha mengse
1벌· 남색 彭緞에 꿰맨 옷 1벌· 倭緞에 꿰맨 장막(幔子)

emke, lingse de ifiha mengse juwe, fulgiyan funiyesun i etuku
1장· 綾子에 꿰맨 장막(幔子) 2장· 붉은 양털모직물 옷

emke, 78/79 jafu wadan emke, hūha etuku emke, amba mocin samsu
1벌· 모직물 홑청 1장· 감친 옷 1벌· 큰 毛靑布

emu tanggū, ajige mocin samsu emu tanggū, dambagu emu tanggū
100필· 작은 毛靑布 100필· 담배 100帖·

kiyan, jakūnju yan i menggun i bethengge cara emke, amala
80량의 은으로 만든 발 달린 술잔 1개. 나중에

nonggime buhengge, šakšahūn ifiha etuku emke, lamun suje emke,
더하여 준 것. 이가 드러나게 꿰맨 옷[4] 1벌· 남색 비단 1필·

cuse emke, mocin samsu juwan, dambagu orin kiyan, šempi emke,
紬子 1필· 毛靑布 10필· 담배 20帖· 綠斜皮 1장·

menggun i hūntahan juwe, 79/80 šoloi i omolo norbu de puse ifiha
은 술잔 2개, 숄로이의 손자 노르부에게 흉배를 꿰맨

suje emke, mocin samsu juwan, ahai bodisuk de fulgiyan gecuheri
비단 1필· 毛靑布 10필, 아하이 보디숙에게 붉은 蟒緞

---

4 '이(齒)가 드러나게 꿰맨 옷'이 어떤 옷인지 명확치 않다. 솔기가 옷감 바깥쪽으로 드러나게 꿰맨 옷으로 추정된다.

emke, erdeni ilhai pengduwan emke, yangduwan emke, cuse emke,
1필· 寶花의 彭緞 1필· 洋緞 1필· 紬子 1필·

kamkū emke, isu emke, ifiha etuku emke, šakšahūn ifiha etuku juwe,
帽緞 1필· 민무늬 청색비단 1필· 꿰맨 옷 1벌· 이가 드러나게 꿰맨 옷 2벌·

jalmingga[5] emke, aisin i hūntahan emke, šui jing ni hūntahan emke,
jalmingga 하나· 금 술잔 1개· 水晶 술잔 1개·

menggun i tampin emke, menggun i hūntahan 80/81 juwe, šuru
은 술병 1개· 은 술잔 2개· 산호

erihe emke, mocin boso dehi, dambagu dehi kiyan, ecike noyan de
염주 1개, 毛靑布 40필· 담배 40帖, 어치커 노얀에게

fulgiyan gecuheri emke, lamun undurakū emke, yacin undurakū emke,
붉은 蟒緞 1필· 남색 龍緞 1필· 푸른 龍緞 1필·

puse noho suje emke, amba suje emke, fulgiyan gecuheri etuku emke,
흉배가 있는 비단 1필· 큰 비단 1필· 붉은 망단 옷 1벌·

pengduwan sunja, kamkū juwe, cuse ilan, šakšahūn ifiha etuku juwe,
彭緞 5필· 帽緞 2필· 紬子 3필· 이가 드러나게 꿰맨 옷 2벌·

bai ifiha etuku emke, he dz i etuku 81/82 emke, mocin boso emu
보통으로 꿰맨 옷 1벌· 褐子 옷 1벌· 毛靑布 100필·

---

5 [簽註] ginggguleme baicaci, jalmingga sere gisun, manju gisun i buleku bithe, fe manju gisun i bithede gemu ejehekūbi, fe dangse i songkoi sarkiyaha,,
삼가 찾아보니 'jalmingga'라는 말은 『淸文鑑』과 『舊淸語』에 모두 쓰여 있지 않다. 舊 檔子에 쓴 대로 베껴 적었다.

tanggū, icehe hailun juwe, seke juwan, šempi duin, icehe sekei
염색한 수달가죽 2장· 貂皮 10장· 綠斜皮 4장· 염색한 초피

mahala duin, sekei doko haksan de ifiha teleri, lamun suje de ifiha
겨울모자 4개· 초피로 안감입혀 금색에 꿰맨 捏褶女朝衣와 남색 비단에 꿰맨

ojin emu juru, isu i ojin teleri emu juru, niowanggiyan
捏褶女朝褂 1쌍· 민무늬 청색비단의 捏褶女朝褂와 捏褶女朝衣 1쌍· 녹색

cekemu de sekei hayaha ulhu i doko i jibca emke, fulgiyan suje de
倭緞에 貂皮로 테두른 灰鼠皮로 안감입힌 가죽옷 1벌· 붉은 비단에

ifiha sekei hayaha 82/83 cabi doko i jibca emke, lamun pengduwan i
꿰맨 貂皮로 테두른 뱃가죽으로 안감입힌 가죽옷 1벌· 남색 팽단

fakūri emke, cuse i camci emke, fangse i gahari emke, dambagu
바지 1벌· 紬子의 短衣 1벌· 紡絲의 布衫 1벌· 담배

susai kiyan, jursu foloho enggemu de tohoma kamcihai emke,
50帖· 이중으로 조각한 안장에 말다래가 합쳐진 것 1개,

enggetei baturu de gecuheri emke, lamun de ifiha etuku emke, ifiha
엉거터이 바투루에게 蟒緞 1필· 남색에 꿰맨 옷 1벌· 꿰맨

mengse emke, puse noho suje juwe, isu emke, cuse juwe, mocin boso
장막(幔子) 1장· 흉배가 있는 비단 2필· 민무늬 청색비단 1필· 紬子 2필· 毛靑布

dehi, dehi 83/84 yan i menggun i cara emke, dambagu dehi kiyan,
40필· 40량의 은 술잔 1개· 담배 40帖·

bethe noho menggun i hūntahan emke, erei takūraha niyalma de
다리 달린 은 술잔 1개, 그가 보내온 사람에게

emu beri, sereng tabunang de fulgiyan dabisikū[6] emke, mocin samsu
1개의 활, 서렁 타부낭에게 붉은 다비시쿠 1필· 毛靑布

jakūn, sunit i tenggis de menggun i dongmo emke, cara emke,
8필, 수니트의 텡기스에게 은 茶桶 1개· 술잔 1개·

nadan sara i jebele emke, anjiha loho emke, dergi ashan i fujin i
7개 철편장식의 화살통 1개· 깎은 腰刀 1개, 東側 푸진의

eme de šanggiyan gecuheri emke, 84/85 fulgiyan gecuheri etuku emke,
모친에게 흰 蟒緞 1필· 붉은 蟒緞 옷 1벌·

puse noho suje emke, šušu amba suje emke, šakšahūn ifiha etuku
흉배가 있는 비단 1필· 紫色 큰 비단 1필· 이가 드러나게 꿰맨 옷

emke, pengduwan emke, isu emke, cuse juwe, kamkū emke,
1필· 彭緞 1필· 민무늬 청색비단 1필· 紬子 2필· 帽緞 1필·

mocin samsu dehi, acinggiyame foloho enggemu de tohoma kamcihai
毛靑布 40필· 움직이는 듯 조각한 안장에 말다래가 합쳐진 것

emke, sumir de fulgiyan dabisikū etuku emke, kamkū emke, cuse
1개, 수미르에게 붉은 다비시쿠 옷 1벌· 帽緞 1필· 紬子

6 [簽註] gingguleme baicaci, dabisikū sere gisun, manju gisun i buleku bithe, fe manju gisun i bithede gemu ejehekūbi, fe dangse i songkoi sarkiyaha,,
삼가 찾아보니 'dabisikū'라는 말은『淸文鑑』과『舊淸語』에 모두 쓰여 있지 않다. 舊 檔子에 쓴 대로 베껴 적었다.

emke, mocin samsu juwan, nadan sara i jebele 85/86 emke, beri
1필· 毛靑布 10필· 7개 철편장식의 화살통 1개· 활

emke, foloho enggemu de tohoma kamcihai emke, bolot nomci de
1개· 조각한 안장에 말다래가 합쳐진 것 1개, 볼로트 놈치에게

fulgiyan de ifiha etuku emke, mocin samsu jakūn buhe, sunit i
붉은색으로 궤맨 옷 1벌· 毛靑布 8필을 주었다. 수니트의

tenggis de menggun i tampin emke, niyalma noho hūntahan emke,
텡기스에게 은 술병 1개· 사람 조각이 있는 술잔 1개·

beri emke, gunggerincin lama de fulgiyan dabisikū etuku emke,
활 1개, 궁거린친 라마에게 붉은 다비시쿠 옷 1벌·

kamkū emke, cuse emke, mocin samsu juwan, menggun i hūntahan
帽緞 1필· 紬子 1필· 毛靑布 10필· 은 술잔과

taili 86/87 juwe juru, dambagu dehi kiyan, šempi juwe, acinggiyame
잔받침 2쌍· 담배 40帖· 綠斜皮 2장· 움직이는 듯

foloho šulihun enggemu emke, nadan sara i jebele emke, anjiha
조각한 뾰족한 안장 1개· 7개 철편장식의 화살통 1개· 깎은

gincihiyan loho emke, halfiyan toohan i umiyesun emke, hoocit
광택나는 腰刀 1개· 편평한 띠돈있는 요대 1개, 호오치트의

babung de fulgiyan gecuheri etuku emke, kamkū emke, pengduwan
바붕에게 붉은 蟒緞 옷 1벌· 帽緞 1필· 彭緞

emke, mocin samsu juwan, dambagu orin kiyan, susai yan menggun i
1필· 毛靑布 10필· 담배 20帖· 50량 은의

cara emke, niyalma noho hūntahan emke, 87/88 cahar i foloho
술잔 1개· 사람 조각이 있는 술잔 1개· 차하르의 조각한

enggemu emke, ujumucin i erke kitat de beri emke, dambagu orin
안장 1개, 우주무친의 어르커 키타트에게 활 1개· 담배 20帖,

kiyan, erei takūraha niyalma de suje emke, mocin juwe, babung ni
그가 보낸 사람에게 비단 1필· 毛靑布 2필, 바붕이

takūraha niyalma de menggun i hūntahan emke, mocin duin, enden de
보낸 사람에게 은 술잔 1개· 毛靑布 4필, 언던에게

dabisikū etuku emke, mocin samsu jakūn, erei takūraha niyalma de
다비시쿠 옷 1벌· 毛靑布 8필, 그가 보낸 사람에게

mocin samsu sunja, kutule de juwe mocin, ayusi de 88/89
毛靑布 5필, 쿠툴러에게 2필의 毛靑布, 아유시에게

mocin samsu nadan, erei kutule de juwe mocin, ujumucin i jinong de
毛靑布 7필, 그의 쿠툴러에게 2필의 毛靑布, 우주무친의 지농에게

funiyesun juwangduwan i etuku emke, ifiha etuku juwe, dabisikū emke,
양털모직물 粧緞 옷 1벌· 꿰맨 옷 2벌· 다비시쿠 1필·

puse noho suje juwe, pengduwan emke, kamkū emke, cuse juwe,
흉배가 있는 비단 2필· 彭緞 1필· 帽緞 1필· 紬子 2필·

mocin samsu susai, dambagu susai kiyan, dehi yan i bethengge
毛青布 50필· 담배 50帖· 40량의 발 달린

cara emke,, 89/90
술잔 1개.

enduringge han i hesei kalka i maha samadi han de takūraha
성스러운 황제의 명으로 칼카의 마하 사마디 칸에게 보낸

niyalma, cagan lama i beye, nadan kutule, baihū i juwe niyalma,
자는, 차간 라마 자신· 7명의 쿠툴러· 바이후의 2명·

utege i ilan niyalma, ibal i duin niyalma, weijeng nangsu i duin
우터거의 3명· 이발의 4명· 워이정 낭수의 4명·

niyalma, daicing nangsu i ilan niyalma, kitat tabunang ni ilan
다이칭 낭수의 3명· 키타트 타부낭의 3명·

niyalma, doronggo cin wang ni emu elcin, emu kutule, ujen cin wang ni
도롱고 친왕의 1명의 사신과 1명의 쿠툴러· 우전 친왕의

emu elcin, emu kutule, 90/91 mergen cin wang ni emu elcin, juwe
1명의 사신과 1명의 쿠툴러· 머르건 친왕의 1명의 사신과 2명의

kutule, erke cin wang ni emu elcin, juwe kutule, adali giyūn wang ni
쿠툴러· 어르커 친왕의 1명의 사신과 2명의 쿠툴러· 아달리 군왕의

emu elcin, emu kutule, bayan beile i emu elcin, juwe kutule,
1명의 사신과 1명의 쿠툴러· 바얀 버일러의 1명의 사신과 2명의 쿠툴러·

hooge beile i emu elcin, juwe kutule, gunggerincin i emu niyalma,
호오거 버일러의 1명의 사신과 2명의 쿠툴러· 궁거린친의 1명과

juwe kutule, g'omang corji i emu niyalma, yug'adzari lama i emu
2명의 쿠툴러· 고망 초르지의 1명· 유가자리 라마의 1명·

niyalma, be lama i 91/92 juwe niyalma, biliktu i emu niyalma,
버 라마의 2명· 빌릭투의 1명·

bingtu lama i emu niyalma, babung taiji i juwe niyalma, donoi i
빙투 라마의 1명· 바붕 타이지의 2명· 도노이의

ilan niyalma, tusiyetu cin wang ni juwe niyalma, dureng giyūn wang ni
3명· 투시예투 친왕의 2명· 두렁 군왕의

ninggun niyalma, desen i juwe niyalma, sonom yelmi i emu niyalma,
6명· 더선의 2명· 소놈 열미의 1명이었다.

ere kalka de genere elcin be abdari, sori juwe nofi cino birai
이들 칼카에 가는 사신을 압다리· 소리 2명이 치노 江의

ulan hada i cala 92/93 tucibufi, ice sunja de isinjiha,,
울란 하다의 너머로 보내고 초 5일에 돌아왔다.

tongki fuka sindaha hergen i dangse

點·圈을 찍은 문자의 檔子

gūsin nadaci debtelin

37권

wesihun erdemungge i sucungga aniya omšon biya

숭덕 원년 11월

abka wecehe bithe,, 1/2

하늘에 제사지내는 글(祭天圖)

soorin,
位

hiyan i hose jafara niyalma, hiyan jafara niyalma,
香盒을 잡은 사람. 香을 잡은 사람.

hūlara hafan, hūlara hafan,
贊禮官. 贊禮官.

juwe niyalma ilifi
두 사람이 서서,

dere,
床

nure tebumbi,
黃酒를 놓는다.

ere duin hafan, hafan, hafan, ere duin
이 네 官人이 官人. 官人. 이 네

suje nure hafan, hafan, hafan, juktere
비단과 黃酒를 官人. 官人. 官人이 제사지내는

dobonofi tan i hafan, hafan, jaka be
바치러 가서 壇의 官人. 官人. 물건을

dolo ilimbi, hafan, hafan, teodeme alibumbi,
가운데 선다. 官人. 官人. 전달하여 드린다.

hafan niyakūrahai alime gaimbi, hafan niyakūrahai alibumbi,
官人이 무릎 꿇고 받아 취한다. 官人이 무릎 꿇고 드린다.

ejen niyakūrambi, 2/3
上이 무릎 꿇는다

37권, 숭덕 원년 11월

tongki fuka sindaha hergen i dangse,,
點·圈을 찍은 문자의 檔子.

○ ineku omšon biyai orin sunja de, tuweri ten i inenggi seme,
같은 11월 25일에, 冬至日이라고

enduringge han, hošoi cin wang sa, doroi giyūn wang sa, doroi beile se,
성스러운 황제는 호쇼이 친왕들· 도로이 군왕들· 도로이 버일러들·

gūsai beise se, bithe coohai geren hafasa be gaifi, ilan inenggi
구사이 버이서들· 문무 여러 관원들을 이끌고 3일

beyebe bolgomifi, sahaliyan ihan wame, 3/4 abka weceme genere de,
몸을 재계하고 검은 소를 죽여서, 하늘에 제사지내러 갈 때,

enduringge han, gūlmahūn erinde tondo erdemu de wesibuhe duka be
성스러운 황제는 卯時에 德盛門[1]을

tucifi, abka wecere tan de isinaha manggi, narhūn bithei yamun i
나가서, 祭天壇에 도착한 후에, 秘書院의

aliha bithei da fan wen ceng, dorolon i jurgan i aliha amban
대학사 范文程· 禮部 承政

mandarhan, enduringge han be jorime gamafi, 4/5 tan i dergi
만다르한은 성스러운 황제를 안내하여 壇의 동측에

---

1 'tondo erdemu de wesibuhe duka'(德盛門)는 盛京의 大南門이다.

ashan de wasihūn forome ilibuha, hūlara hafan faida sehe manggi,
서쪽을 향하여 서게 했다. 贊禮官이 "정렬하라"고 하자,

geren gemu faidaha, ibe sehe manggi ibehe, hiyan dabu sehe
여럿이 모두 정렬했다. "나아가라"고 하자 나아갔다. "향을 피우라"고 한

manggi, enduringge han, tan i dergi ashan i tafukū be tafame
후, 성스러운 황제가 壇의 동측의 계단을 올라

genefi, abka i soorin i juleri niyakūraha manggi, narhūn bithei
가서 上天의 神位의 앞에 무릎 꿇자, 秘書院의

yamun i bithei 5/6 da jamba, hiyan tebuhe hose be tukiyeme jafafi,
학사 잠바가 香이 담긴 盒을 받들어 잡고

narhūn bithei yamun i aliha bithei da fan wen ceng de dorolome
秘書院의 대학사 范文程에게 예를 갖추어

alibuha, fan wen ceng alime gaifi, enduringge han de niyakūrafi
건네주었다. 范文程은 받아서 성스러운 황제에게 무릎 꿇고

alibuha, enduringge han alime gaifi dabuha, dabume wajiha manggi,
전달했다. 성스러운 황제는 받아서 불 붙였다. 불 붙이기를 마친 후,

enduringge han hiyan tebuhe hose be mandarhan de alibume 6/7 bure de,
성스러운 황제가 香이 담긴 盒을 만다르한에게 건네 줄 때

niyakūrame alime gaifi, kooli selgiyere yamun i bithei da hūkio de
무릎 꿇고 받아서 弘文院의 학사 후키오에게

buhe, tereci enduringge han wargi ashan i tafukū be ebufi,
주었다. 그 후 성스러운 황제는 서측의 계단을 내려가서

tob dulimbade soorin i baru forome iliha, hūlara hafan niyakūra,
정중앙에서 神位 쪽을 향해 섰다. 贊禮官이 "무릎 꿇고

hengkile seme hūlaha manggi, ilan jergi niyakūrafi uyun jergi
고두하라"고 외치자 세 번 무릎 꿇고 아홉 번

hengkilehe, tereci enduringge han dergi tafukū be genefi, ihan i
고두했다. 그 후 성스러운 황제는 동쪽 계단을 올라가서 소의

yali dagilaha 7/8 hacingga jaka be han i beye tuwame dobofi, wajiha
고기와 준비한 각종 물건을 황제가 직접 보고 바치고 끝난

manggi, wargi tafukū be ebufi, ineku tob dulimbade soorin i baru
후에 서쪽 계단을 내려가서, 같은 정중앙에서 神位 쪽을

forome iliha manggi, hūlara hafan niyakūra seme hūlaha manggi,
향해 선 후, 贊禮官이 "무릎 꿇으라"고 외치자

enduringge han niyakūraha, suje tebuhe hose be hashū ergi ashan de
성스러운 황제는 무릎 꿇었다. 비단이 담긴 盒을 왼쪽 측면에

iliha gūnggadai age, wesihun tukiyeme 8/9 jafafi, bithei da fan
선 궁가다이 아거가 위로 받들어 잡고 대학사 范文程에게

wen ceng de alibume buhe, fan wen ceng alime gaifi, niyakūrafi
건네 주었다. 范文程은 받아서 무릎 꿇고

enduringge han de alibume buhe, han alime gaifi, abka i soorin i
성스러운 황제에게 건네 주었다. 황제는 받아서 上天의 神位를

baru wesihun gingnefi, ici ergi ashan de iliha dorolon i jurgan i
향해 위로 바치고 오른쪽 측면에 선 禮部

aliha amban mandarhan de buhe, mandarhan niyakūrame alime gaifi,
承政 만다르한에게 주었다. 만다르한은 무릎 꿇고 받아서

dorolon i jurgan i aliha 9/10 amban gin ioi ho de buhe, gin ioi ho
禮部 承政 金玉和에게 주었다. 金玉和는

alime gaifi wesihun tukiyeme jafafi, abka i soorin de doboho, tereci
받아서 위로 받들어 잡고 上天의 神位에 바쳤다. 그 후

hashū ergi ashan de iliha coohai jurgan i aliha amban cergei, nure i
왼쪽 측면에 선 兵部 承政 처르거이는 황주의

hūntahan be bithei da fan wen ceng de benehe, fan wen ceng
술잔을 대학사 范文程에게 보냈다. 范文程은

alime gaifi, niyakūrafi enduringge han de alibume buhe, 10/11 han
받아서 무릎 꿇고 성스러운 황제에게 건네 주었다. 황제는

alime gaifi, wesihun tukiyeme jafafi, abka i soorin i baru gingnefi,
받아서 위로 받들어 잡고 上天의 神位를 향해 바치고

mandarhan de buhe, mandarhan niyakūrame alime gaifi, ici ergi
만다르한에게 주었다. 만다르한은 무릎 꿇고 받아서, 오른쪽

ashan de iliha uheri be baicara yamun i aliha amban asidarhan
측면에 선 都察院 承政 아시다르한

nakcu de buhe, asidarhan nakcu alime gaifi wesihun tukiyeme jafafi,
낙추에게 주었다. 아시다르한 낙추는 받아서 위로 받들어 잡고

abka i soorin de doboho, terei sirame hashū ergi ashan de 11/12
上天의 神位에 바쳤다. 그 후 이어서 왼쪽 측면에

iliha bihei kooli selgiyere yamun i aliha bithei da hife, nure i
선 弘文院 大學士 히퍼는 황주의

hūntahan be bithei da fan wen ceng de benehe, fan wen ceng
술잔을 대학사 范文程에게 보냈다. 范文程은

alime gaifi, niyakūrafi enduringge han de alibume buhe, han nure i
받아서 무릎 꿇고 성스러운 황제에게 건네 주었다. 황제는 황주의

hūntahan be wesihun tukiyeme jafafi, abka i soorin i baru gingnefi,
술잔을 위로 받들어 잡고 上天의 神位를 향해 바치고

mandarhan de alibume buhe, mandarhan 12/13 niyakūrafi alime gaifi,
만다르한에게 건네 주었다. 만다르한은 무릎 꿇고 받아서

ici ergi ashan de iliha boigon i jurgan i aliha amban inggūldai de
오른쪽 측면에 선 戶部 承政 잉굴다이에게

buhe, inggūldai alime gaifi wesihun tukiyeme jafafi, abka i soorin de
주었다. 잉굴다이는 받아서 위로 받들어 잡고 上天의 神位에

doboho, terei sirame hashū ergi ashan de iliha gurun i suduri
바쳤다. 그 후 이어서 왼쪽 측면에 선 國史院의

yamun i bithei da lošo, nure i hūntahan be fan wen ceng de
학사 로쇼는 황주의 술잔을 范文程에게

benehe, fan wen ceng alime gaifi, niyakūrafi 13/14 enduringge han de
보냈다. 范文程은 받아서 무릎 꿇고 성스러운 황제에게

alibume buhe, han nure i hūntahan be abka i soorin i baru
건네 주었다. 황제는 황주의 술잔을 上天의 神位를 향해

gingnefi, mandarhan de buhe, mandarhan niyakūrame gaifi, beidere
바치고, 만다르한에게 주었다. 만다르한은 무릎 꿇고 받아서 刑部

jurgan i aliha amban langkio de buhe, langkio alime gaifi wesihun
承政 랑키오에게 주었다. 랑키오는 받아서 위로

tukiyeme jafafi, abka i soorin de doboho, tuttu gingguleme dorolome
받들어 잡고 上天의 神位에 바쳤다. 그렇게 공경스럽게 예를 다해서

dobome wajiha manggi, wecere bithe be dorolon i jurgan i
바치기를 마친 후 祭文을 禮部의

mujilen 14/15 bahabukū kicungge, abka i soorin i juleri niyakūrafi
啓心郎 키충거가 上天의 神位의 앞에 무릎 꿇고

hūlaha, tere wecehe bithei gisun, daicing gurun i amban [ ][2]
읽었다. 그 祭文의 말. 「대청국의 臣 〔홍 타이지〕

gelhun akū dergi abkai han de niyakūrafi wesimbure gisun,
감히 上天의 上帝에게 무릎 꿇고 올리는 말.

tuweri ten i erin ofi, sukdun dahūme forgošoho seme, julgei doro be
冬至의 때가 되어 기운이 다시 돌았다고 하여 옛날의 禮를

alhūdame geren be 15/16 gaifi, hacin hacin i jaka be dagilafi, erin de
본받아서 여럿을 이끌고 각종의 물건을 준비해서 때에

acabume gingguleme wecembi, tuttu bithe hūlame wajiha manggi,
맞추어 공경스럽게 제사지냅니다.」 그 글을 읽기를 마친 후

niyakūrahai ilan jergi hengkilehe, jai juwe jergi niyakūrafi ninggun
무릎 꿇은채 세 번 고두했다. 다시 두 번 무릎 꿇고 여섯 번

jergi hengkilefi, enduringge han dergi ashan de wasihūn forome iliha,
고두하고 성스러운 황제는 동측에서 서쪽을 향해 섰다.

hūlara hafan faida sehe manggi faidaha, ibe sehe manggi ibehe,
贊禮官이 "정렬하라"고 하자 정렬했다. "나아가라"고 하자 나아갔다.

niyakūra sehe manggi niyakūraha, niyakūrame 16/17 wajiha manggi,
"무릎 꿇으라"고 하자 무릎 꿇었다. 무릎 꿇기를 마친 후

---

2 저본인 內閣藏本은 이 부분에 글이 쓰여 있지 않고 비어 있다. 일역본의 저본인 崇謨閣本은 이 부분에 황색 띠종이가 붙어 있다. 아마도 태종의 諱인 hong taiji가 쓰여 있을 것이다.

dailara turgunde abka de wesimbure bithe be, kicungge abka i
征討하는 까닭에 上天에 올리는 글을 키충거가 上天의

soorin i juleri niyakūrafi hūlaha, tere bithei gisun, daicing gurun i
神位의 앞에 무릎 꿇고 읽었다. 그 글의 말. 「대청국의

amban [ ][3] abka na de wesimbure gisun, mini mafari daci
臣 〔홍 타이지〕 天地에 올리는 말. 나의 조상은 원래

daiming gurun de umai ehe akū banjire de, 17/18 mini juwe mafa de
대명국과 전혀 원한이 없이 살고 있을 때 나의 두 할아버지에게

umai weile akū, daiming gurun baibi waha, tuttu bicibe, mini
전혀 죄가 없는데 대명국은 이유없이 죽였습니다. 그럴지라도 나의

ama tere be gūnirakū, daiming gurun i baru kemuni sain banjire de,
아버지는 그것을 생각하지 않고 대명국을 향해 계속 좋게 지낼 때에

daiming gurun jase i tulergi meni emu gisun i yehe gebungge
대명국은 경계의 밖의 우리와 같은 말의 여허 라는

bade tehe gurun de dafi, cooha tuwakiyame tefi, membe waki
땅에 그 나라를 도와서 병사가 감시하고자 주둔하고 우리를 죽이려고

seme 18/19 kicere be, be safi nadan amba koro weile be bithe arafi,
힘쓰는 것을 우리가 알고 일곱 큰 원한의 죄를 글로 적어서

3 저본인 內閣藏本은 이 부분에 글이 쓰여 있지 않고 비어 있다. 일역본의 저본인 崇謨閣本은 이 부분에 황색 띠종이가 붙어 있다. 아마도 태종의 諱인 hong taiji가 쓰여 있을 것이다.

abka na de wesimbufi, daiming gurun be dailara jakade abka na
天地에 올리고 대명국을 征討하였으므로 天地는

membe urulehe, sohon honin aniya daiming gurun amba cooha ilifi,
우리를 옳다고 했습니다. 己未年(1619) 대명국이 대군을 일으켜

duin jugūn i dosime membe waki seme jidere de, coohiyan gurun
네 길로 진입하여 우리를 죽이려고 올 때, 조선국

geli membe waki seme daiming de dafi cooha 19/20 jihe, abka na
또한 우리를 죽이려고 대명국을 도와서 군대가 왔습니다. 天地가

membe gosifi aisilame, daiming ni ilan jugūn i jihe hafan cooha be
우리를 아끼고 도와서 대명의 세 길로 온 관원과 병사를

waha, emu jugūn i cooha guwefi bederehe, coohiyan gurun i hafan
죽였습니다. 한 길의 군대는 탈출해서 돌아갔습니다. 조선국의 관원과

cooha be wara be waha, jafara be jafaha, coohiyan meni juwe gurun
병사를 죽일 것은 죽이고 잡을 것은 잡았습니다. 조선과 우리 두 나라는

daci jase jecen acame tefi, ishunde sain banjime umai weile akū bihe,
원래 邊界를 마주하고 살아서 서로 좋게 지내고 전혀 일이 없었습니다.

tuttu 20/21 banjire de, coohiyan gurun daiming de dafi, membe waki
그렇게 살 때에 조선국은 대명을 도와서 우리를 죽이려고

seme, ehe dain be ce neneme deribuhe, tuttu bicibe, be inu ekisaka
악한 전쟁을 그들이 먼저 일으켰습니다. 그럴지라도 우리는 또 침묵했었습니다.

bihe, šahūn coko aniya, be geli liyoodung ni ba be dailara jakade,
辛酉年(1621) 우리 또한 요동 땅을 공격하니

abka na gosifi, liyoodung ni ba be mende buhe manggi, coohiyan
天地가 사랑하시어 요동 땅을 우리에게 준 후, 조선국은

gurun 21/22 abka i gosime buhe liyoodung ni ba i niyalma be
하늘이 사랑하여 준 요동 땅의 사람을

daiming de obume bolire elbire, ini bade tebufi bele jeku bume,
대명에 넘기려고 유인하거나 부르고 그의 땅에 살게 하여 미곡을 주고

daiming de aisilame mimbe jing kicere jakade, bi fulahūn gūlmahūn
대명을 도와서 나를 (죽이려고) 늘 힘쓰니, 내가 丁卯年(1627)

aniya cooha unggifi, coohiyan be dailaha turgun tere inu, tere cooha
군대를 보내서 조선을 공격한 이유가 그것입니다. 그 군대가

dosika fonde, daicing, coohiyan meni juwe gurun dasame sain ofi,
진입한 때에 대청과 조선 우리 두 나라는 다시 좋게 되어

mimbe ahūn arafi mini elcin be daiming ni 22/23 elcin i songkoi
나를 형으로 삼고 나의 사신을 대명의 사신과 마찬가지로

kunduleme banjimbi seme, abka na de akdulame gashūha manggi,
예우하며 살겠다고 天地에 굳게 맹세한 후에

meni neneme dain de jafaha hafasa be bederebume buhe, tereci ebsi
우리가 먼저 전쟁에서 잡은 관원들을 돌려보내 주었습니다. 그 후로

coohiyan gurun gashūha be efuleme, ini irgen be fafulame iliburakū,
조선국은 맹세한 것을 깨뜨리고 그의 백성을 금지시켜 멈추게 하지 않고

mini ba na be nungneme butha butabumbi, tere ba na gemu abka i
나의 토지를 침범해서 수렵을 하게 합니다. 그 토지는 모두 하늘이

salgabuha meni meni gurun i ba na kai, jai 23/24 mini ukanju be
정한 각각의 나라의 토지인 것입니다. 또한 나의 도망자를

alime gaifi daiming de benembi, daiming ni niyalma minde ukame
받아서 대명에게 줍니다. 대명의 사람이 내게 도망해

jimbihede tookabumbi, daiming de bele jeku bume dorgideri aisilame,
오는 것을 방해합니다. 대명에 미곡을 주고 몰래 돕고

daiming ni cooha cuwan gaji sehede, uthai aisilame bumbi, bi
대명이 兵船을 가져오라고 하면 즉시 도와서 줍니다. 내가

cuwan gaji seme baici burakū, coohiyan gurun siden i gurun
선박을 가져오라고 청해도 주지 않습니다. 조선국이 중립의 나라

seci, yaya de burakū oci giyan kai, minde burakū daiming de
라고 하면 누구에게도 주지 않아야 이치인 것입니다. 내게 주지 않고 대명에게

burengge, gashūha be efuleme daiming de 24/25 aisilame mimbe
주는 것은 맹세한 것을 깨뜨리고 대명을 도와서 나를

kicerengge kai, te coohiyan gurun juwan aniya acaha doro be
(죽이려고) 힘쓰는 것입니다. 지금 조선국은 10년간 화친한 道를

efuleme, ini ping an doo i guwan ca ši hūng de unggire bithe
깨뜨리고 그의 平安道의 觀察使 洪(命耉)에게 보낸 글에서

neneme fulahūn gūlmahūn aniya meni baru jortai tookabume acaha
"앞서 丁卯年(1627) 淸과 고의로 지체시켜 화친했다.

bihe, te umesi lashalame ehe oho, jase furdan be bekile, bodohonggo
지금 완전히 단절하고 불화하게 되었다. 경계의 관문을 공고히 하라. 계책있는

mergese be isabu, baturu manggasa be huwekiyebu seme unggire
智者들을 모으라. 용감하고 강한 자들을 격려하라" 라고 보내는

bithe be, mini elcin genehe 25/26 niyalma heturi bahafi gajiha manggi,
글을 나의 사신으로 간 사람이 비공식적으로 획득해서 가져온 후

bi coohiyan gurun i gūwaliyaka be yargiyalame safi, ini jabdunggala
나는 조선국이 변심한 것을 확실히 알고, 그가 준비하기 전에

bi nendeki seme abka na de wesimbufi, dasame dain deriburengge
내가 먼저 하겠다고 天地에 올리고, 다시 전쟁을 시작하는 것이

ere inu, uru waka be abka na beideme sa, tuttu bithe hūlame wajiha
이것입니다. 시비를 天地는 판정하여 아소서.」 그 글을 읽기를 마친

manggi, ilan jergi hengkilefi iliha, doboho jaka be heteme gaiha, 26/27
후, 세 번 고두하고 일어섰다. 바친 물건을 거두어 취했다.

enduringge han dergi ashan de wasihūn forome tehe, doboho jaka be
성스러운 황제는 동측에서 서쪽을 향해 앉았다. 바친 물건을

han de tukiyeme wajiha manggi, geren gemu neigen jeke, doboho
황제에게 받들기를 마친 후, 여럿 모두가 고르게 먹었다. 바친

jaka be jeme wajiha manggi, bederere doroi emu jergi niyakūrafi
물건을 먹기를 마친 후, 돌아가는 禮로 한 번 무릎 꿇고

ilan jergi hengkilehe, tuttu wecere doro wajiha manggi, enduringge
세 번 고두했다. 그 제사지내는 禮를 마친 후, 성스러운

han bedereme jifi, 27/28 dergi taidzu i taimiyoo de genefi hiyan
황제는 돌아 와서 上 太祖의 太廟에 가서 香을

dabuha manggi, hūlara hafan faida sehe manggi faidaha, ibe sehe
사른 후, 贊禮官이 "정렬하라"고 하자 정렬했다. "나아가라"고 하자

manggi ibehe, niyakūra sehe manggi, enduringge han geren be gaifi
나아갔다. "무릎 꿇으라"고 하자 성스러운 황제는 여럿을 이끌고

niyakūraha, niyakūrame wajiha manggi, dailara turgunde wesimbure
무릎 꿇었다. 무릎 꿇기를 마친 후, 征討하는 이유로 올리는

bithe be, dorolon i jurgan i mujilen bahabukū kicungge, enduri
글을 禮部의 啓心郎 키충거가 神位의

soorin i juleri niyakūrafi hūlaha, tere 28/29 bithei gisun, ama dergi
앞에 무릎 꿇고 읽었다. 그 글의 말. 「아버지 上

taidzu, abkai hese be alifi forgon be mukdembuhe, gurun i ten be
태조, 하늘의 명을 받아 時運을 일으키시고 나라의 기틀을

fukjin ilibuha, ferguwecuke gungge, gosin hiyoošungga, horonggo
처음으로 세우시고 신묘한 공이 있고 인자하고 효성스럽고 위력이 있는

enduringge hūwangdi enduri soorin i juleri, soorin be siraha
성스러운 황제의 神位의 앞에, 大位를 계승한

hiyoošulara jui niyakūrafi wesimbure gisun, bi, ama han i werihe
효자가 무릎 꿇고 올리는 글. 저는 아버지 황제께서 남기신

enduri horon i hūsun de, fulahūn gūlmahūn 29/30 aniya cooha
신령한 위력의 힘으로 丁卯年 군대를

unggifi, solho gurun be dahabufi, abka na de gashūfi deo arafi,
보내어 조선국을 항복시키고, 天地에 맹세하여 동생으로 삼고,

aniyadari ambasa be takūrafi, ini baci tucire jaka be benjime
(조선은) 해마다 대신들을 보내어 그의 땅에서 나는 물건을 보내고

hengkileme jimbihe, te solho gurun, abka na de akdulame
고두하러 왔습니다. 지금 조선국이 天地에 굳게

gashūha be efuleme gūwaliyaka turgunde, mini beye cooha ilifi waka
맹세한 것을 깨뜨리고 변심한 이유로 제가 직접 군대를 일으켜 잘못과

uru be ilgame dailame genembi, 30/31 ama han be dorgideri aisilame
옳음을 구별하도록 정토하러 갑니다. 아버지 황제께서 안으로 도우시고

wehiyere biheo seme jalbarime baimbi, tuttu bithe hūlame wajiha
돌보아 주소서 하고 빌고 청합니다.」 그 글을 읽기를 마친

manggi, ilan jergi hengkilehe, tereci enduringge han hanciki be
후, 세 번 고두했다. 그 후 성스러운 황제는 撫近門을

hairandara duka be dosifi, morin erinde genggiyen elhe boode wesike,
들어가 午時에 淸寧宮에 올랐다.

dailara bithe be abka wecere ucuri ofi wesimbuhe,, 31/32
정벌의 글은 하늘에 제사하는 때이어서 올렸다.

○ orin uyun de, gosin onco hūwaliyasun enduringge han i hese,
29일에, 「어질고 관대하고 온화하고 성스러운 황제의 旨를

geren cooha de wasimbuha, ere fonji solho be dailarangge, musei
여러 병사에게 내린다. 지금 조선을 정벌하는 것은 우리가

buyeme baime dain deribuhengge waka, solho gashūha be gūwaliyafi,
바라고 구하여 전쟁을 시작한 것이 아니다. 조선이 맹세한 것을 저버리고

musei ukanju geneci, alime gaifi nikan de benembi, nikan ci muse de
우리의 도망자가 가면 받아서 명에게 보낸다. 명으로부터 우리에게

ubašame jidere kung, geng juwe wang be solho heturefi afaha,
배반하여 오는 孔(有德)과 耿(仲明) 두 왕을 조선이 가로막고 공격했다.

musei cooha isinaha manggi, musei 32/33 coohai baru miyoocan
우리 군사가 도착한 후 우리 군사 쪽으로 조총을

sindame geli afaha, musei elcin be an i kunduleraku, gamaha bithe
쏘며 또 공격했다. 우리 사신을 定例로 예우하지 않고 가져간 글을

be tuwarakū, jai solho i wang, ini ping an doo i guwan ca ši
보지 않았다. 또 조선 왕은 그의 평안도 관찰사

hūng hafan de unggire bithe, musei baru gūlmahūn aniya holtome
洪(命耉) 관리에게 보낸 글에서 "우리(淸)에게 정묘년에 거짓으로

taka acaha bihe, te umesi gūwaliyaka, jase furdan be bekile, baturu
잠시 화친했다. 지금 확실히 변심했다. 경계의 관문을 공고히 하라. 용감하고

manggasa be huwekiyebu seme unggire bithe be, inggūldai se ucarafi
강한 자들을 격려하라"고 보낸 글을 잉굴다이 등이 조우하여

durime gaifi gajiha, uttu gashūha be 33/34 gūwaliyaka turgunde
빼앗아 가져왔다. 이렇게 맹세를 저버린 까닭에

dailambi, dain dailarangge niyalma warangge, buyeme dailara
정벌한다. 전쟁을 일으키고 사람을 죽이는 것은 원해서 전쟁하고

warangge waka, hafirabufi dailambi wambi dere, yaya niyalma gemu
죽이는 것이 아니다. 몰려서 전쟁하고 죽이는 것이리라. 어떤 사람이든 모두

abkai banjibuha niyalma kai, niyalmai bucere be ainu weihuken
하늘이 낸 사람인 것이다. 사람이 죽는 것을 어찌 가볍게

gūnimbi, umai iselerakū niyalma be waci, tere sain jurgan waka kai,
생각하겠는가? 전혀 저항하지 않는 사람을 죽이면 그것은 좋은 도리가 아닌 것이다.

sy miyoo be ume efulere, yaya niyalma be iselerengge oci wa,
寺廟를 무너뜨리지 말라. 어떤 사람이든 저항하면 죽여라.

iselerakūngge oci 34/35 ume wara, hoton dahaci hoton be ume necire,
저항하지 않으면 죽이지 말라. 성이 항복하면 성을 범하지 말라.

gašan dahaci gašan be ume necire, gemu uju fusibu, tuttu
마을이 항복하면 마을을 범하지 말라. 모두 체발시켜라. 그렇게

dahahangge ubašame ukame jihengge oci gosime ujiki, yaya mudan i
항복한 사람과 배반하여 도망해 온 사람은 아끼고 길러라. 어느 때이든

dain de afafi baha hafan cooha be ume ujire, gemu wa, afaha
전투에서 싸워 얻은 관원과 병사를 살리지 말고 모두 죽여라. 공격한

hoton pu gašan i irgen oci, waci acarangge be wa, olji araci
城· 堡· 마을의 백성은 죽여야 할 자는 죽이고, 노획으로 삼아야

acarangge be olji ara, olji niyalma i 35/36 eigen sargan be
마땅한 자는 노획으로 삼아라. 노획한 사람의 夫婦를

ume faksalara, etuhe etuku be sume ume gaijara, sakda dogo doholon
떨어뜨리지 말라. 입은 옷을 풀어 빼앗지 말라. 노인· 맹인· 절름발이로

gajici ojorakū niyalmai etuku be inu sume ume gaijara, uthai
데려갈 수 없는 사람의 옷도 풀어 빼앗지 말라. 곧

ini boode bikini, booci tucibufi tala de ume waliyara, olji hehesi be
그의 집에 있게 하라. 집에서 내보내 들에 버리지 말라. 노획한 여자들을

icihiyara onggolo ume ušatara, ere hese be jurceci, fafun i weile,
처리하기 전에 억지로 끌고 가지 말라. 이 旨를 어기면 법으로 처벌한다.」

tere bithe hūlame wajiha manggi, ineku 36/37 enduringge han i hese
그 글을 낭독하기를 마친 후, 같은 성스러운 황제의 旨를

sule i hūlaha gisun, wasimbuha bithei songko be yaburakū, coohai
술러가 읽은 말. 「내린 글과 같이 행하지 않고 군대의

hoki ci fakcafi dahaha niyalma be wara, balai etuku sume gaijara
무리에서 떨어져 항복한 사람을 죽이거나 함부로 옷을 풀어 빼앗으면

oci, coohai fafun i gamambi, ja i sindarakū, jai tala i cooha de
군사의 법도로 처리한다. 경솔하게 석방하지 말라. 또 들판의 군사와

acacibe, hecen hoton i cooha de ocibe, yaya niyalma, niyalma
싸울 때나 성곽의 군사와 싸울 때, 어떤 사람은 사람을

jafafi anagan arafi baibi jailafi ilimbi, sindaha gabsihiyan karun
잡은 후 구실을 만들어 이유없이 피하여 멈춘다. 배치한 前鋒과 정탐병

ci tulgiyen niyalma ume jafara, niyalma jafafi jailafi ilici, 37/38
외에는 사람을 잡지 말라. 사람을 잡은 후 피하여 멈추면

enteheme dubei niyalma kai,,
영원히 下等의 사람이다.」

gosin onco hūwaliyasun enduringge han i hese, coohiyan gurun i
「어질고 관대하고 온화하고 성스러운 황제의 旨를 조선국의

hafan irgen de ulhibume wasimbuha, mini ere dain jihengge,
관민에게 알려주러 내린다. 내가 이번에 싸우러 온 것은

suwembe waki gaiki bahaki seme buyeme jihengge waka, bi kemuni
너희들을 죽이고 빼앗고 얻겠다고 원해서 온 것이 아니다. 나는 언제나

sain banjiki seci, suweni wang hanciki ambasa ojorakū ehe be
좋게 살겠다고 했으나 너희 국왕과 가까운 대신들이 (그렇게) 하지 않고 불화를

deribuhe turgun, meni gurun, suweni 38/39 gurun daci jase jecen
일으켰기 때문이다. 우리 나라는 너희 나라와 원래 변계를

acame tefi ishunde umai ehe akū banjire de, suweni gurun daiming
마주하고 살아서 서로 전혀 나쁘지 않게 살았을 때, 너희 나라가 대명을

de dafi, sohon honin aniya membe waki seme neneme ehe be deribume
도와 己未年(1619)에 우리를 죽이려고 먼저 불화를 일으키러

cooha jihe, be suweni hafan cooha be wara be waha, jafara be
行兵했다. 우리들은 너희 관병을 죽일 것은 죽이고 잡을 것은

jafaha, sindafi unggire be unggihe, tuttu ocibe, be kemuni amba
잡고 석방하여 보낼 것은 보냈다. 그럼에도 불구하고 우리는 여전히 大道를

doro be gūnime suweni baru dain deribuhekū ekisaka 39/40 bihe, be
생각하고 너희들에게 전쟁을 일으키지 않고 침묵했다. 우리가

liyoodung be dailafi liyoodung ni ba be baha manggi, suweni gurun
요동을 정벌하여 요동의 땅을 얻은 후 너희 나라는

geli daiming de aisilame, mini irgen be bolire elbire, daiming de
또 대명을 도와 나의 백성을 유인하여 불러 대명에게 (백성으로)

obume, suweni ba na de tebufi bele jeku be bume ujime mimbe
삼게 하고 너희 땅에 살게 하고 곡식을 주고 살려서 나를

kicere jakade, bi jili banjifi fulahūn gūlmahūn aniya suwembe dailaha
죽이려 힘쓴 까닭에 내가 분노하여 丁卯年(1627)에 너희를 정벌한

turgun tere inu, tuttu ocibe, bi geli hanciki gurun i taifin,
이유가 그것이다. 그럼에도 불구하고 나는 또 가까운 나라와 화평하게

banjire 40/41 doro be gūnime, mini cooha be šumilame dosimbuhakū
사는 도리를 생각하여 나의 군사를 깊숙이 진격하게 하지 않고

gashūme acafi bederebuhe, tere fonde suweni cooha mangga baturu
맹세하여 화친하고 돌아오게 했다. 그 때 너희 군사가 강하고 용감해서

ofi, mini cooha be bederebuhengge waka, bi niyalma bucere irgen
나의 군사를 돌아오게 한 것이 아니다. 나는 사람이 죽고 백성이

joboro be safi, hanciki gurun i sain doro be hairame, taifin banjire be
수고로운 것을 알고 가까운 나라의 좋은 도리를 중시하여 평화롭게 살 것을

gūnime bederebuhengge kai, tereci ebsi juwan aniyai sidende,
생각하여 돌아오게 한 것이다. 그로부터 10년 동안

suweni wang ujulaha ambasa, geli minci ukame genehe niyalma be
너희 국왕과 수석 대신들은 또 나로부터 달아난 사람을

41/42 alime gaifi daiming de benembi, daiming ci ubašame minde
받아서 대명에게 보내고, 대명으로부터 배반하여 나에게

jidere kung, geng juwe jiyanggiyūn be, suweni cooha heturefi afaha,
오는 孔(有德)·耿(仲明) 두 장군을 너희 군사가 가로막고 공격했다.

mini cooha isinaha manggi, mini coohai baru poo miyoocan sindame
나의 군사가 도착한 후 나의 군사 쪽으로 포와 조총을 쏘며

geli afaha, ere afara weile be geli suweni gurun neneme deribuhe,
또 공격했다. 그 공격한 죄를 또 너희 나라가 먼저 시작했다.

daiming mimbe dailaki seme cuwan baici uthai bumbi, bi daiming be
대명이 나를 정벌하겠다고 배를 구하면 곧 주었다. 내가 대명을

dailaki seme cuwan baici burakū, 42/43 suwe siden i gurun seci,
정벌하겠다고 배를 구해도 주지 않았다. 너희가 중립의 나라라고 하면

yaya de burakū oci giyan kai, daiming de bume, minde
누구에게도 주지 않아야 이치인 것이다. 대명에게 주고 나에게

burakūngge, cohome daiming de aisilame mimbe kicerengge kai, mini
주지 않는 것은 특별히 대명을 도와서 나를 (죽이려고) 힘쓰는 것이다. 내가

elcin takūraha ambasa be wang de acaburakū, mini unggihe bithe be
사신으로 보낸 대신을 왕에게 만나게 하지 않고 내가 보낸 글을

tuwarakū ojoro jakade, mini ambasa suweni gurun i gūwaliyaka be
보지 않았기 때문에 나의 대신들이 너희 나라가 변심한 것을

serefi, bedereme jidere de, suweni wang ni hesei bithe, ping an
깨닫고 돌아올 때, 너희 국왕의 旨의 글을 평안도

doo i 43/44 guwan ca ši hūng de unggire be, mini ambasa bahafi
관찰사 洪(命耉)에게 보낸 것을, 나의 대신들이 얻어

gajiha, tere bithei gisun, meni baru gūlmahūn aniya acahangge
가져왔다. 그 글의 말. 우리(淸)와 「정묘년에 화친한 것은

taka tookabume acaha, te umesi lashalame ehe oho, jase furdan be
잠시 지체시키려고 화친했다. 지금 완전히 단절하여 불화하게 되었다. 경계의 관문을

bekile, baturu mangga sabe huwekiyebu, bodohonggo mergese be
공고히 하라. 용감하고 강한 자들을 격려하라. 계책있는 智者들을

isabu seme arahabi, tereci gūwa weile ya be hendure, enteke weile i
모으라.」고 썼다. 그 외의 일은 무엇을 말하겠는가? 이러한 일

turgunde, bi jurgan i cooha iliha, ere mini 44/45 buyeme suwembe
때문에 나는 의로운 병사를 일으켰다. 이것은 내가 원해서 너희를

jobobume deribuhe dain waka, suweni wang ambasa suwembe
괴롭히려고 시작한 전쟁이 아니다. 너희 국왕과 대신들이 너희들을

joboburengge, suwe meni meni gašan booci ume aššara, balai samsime
괴롭게 한 것이다. 너희는 각자 마을과 집에서 움직이지 말라. 함부로 흩어져

burulafi mini cooha de ucaraha de waburahū, iselere niyalma be
도망가다가 우리 병사를 마주치면 죽임을 당할까 두렵다. 저항하는 사람은

wambi, iselerakū niyalma be warakū, burulara niyalma be olji
죽인다. 저항하지 않는 사람은 죽이지 않는다. 도망가는 사람은 노획으로

arambi, hecen hoton gašan boode tehei dahaha niyalmai emu jaka be
삼는다. 성과 마을의 집에 머무른 채 항복한 사람은 한 가지 물건도

necirakū ujimbi, ere hese be ulan 45/46 ulan i algimbu,,
범하지 않고 살린다. 이 旨를 차례로 소문나게 하라.」

tongki fuka sindaha hergen i dangse

點·圈을 찍은 문자의 檔子

gūsin jakūci debtelin

38권

wesihun erdemungge i sucungga aniya jorgon biya

숭덕 원년 12월

38권, 숭덕 원년 12월

tongki fuka sindaha hergen i dangse,,
點·圈을 찍은 문자의 檔子.

○ jorgon biyai ice de, julesi coohiyan gurun be dailame genembi
12월 초하루에, 남으로 조선국을 정벌하러 간다고

seme, tulergi goloi ba ba i monggo i wang sa, beile se, meni meni
하여 外藩의 곳곳의 몽고의 왕들· 버이서들이 각자

cooha be gaifi, mukden i hecen de acanjiha, enduringge han amba
군사를 데리고 성경성으로 만나러 왔다. 성스러운 황제가 대군을

cooha be gaifi, julesi coohiyan gurun be 1/2 dailame genere de, hošoi
거느리고 남으로 조선국을 정벌하러 갈 때, 호쇼이

ujen cin wang be mukden hecen de gurun be tuwakiya, doroi baturu
우전 친왕을 성경성에서 나라를 지키라고, 도로이 바투루

giyūn wang be nio juwang hoton de tefi jase furdan be tuwakiya,
군왕을 牛莊 성에 주둔하여 경계의 관문을 지키며

bata be ali, doroi bayan beile be gahai hoton de tefi jecen i
적을 맞이하라고, 도로이 바얀 버일러를 가하이 성에서 주둔하여 변경의

irgen be bargiyame tuwakiya, bata be ali seme tebuhe, hecen hoton
백성을 수습하여 지키며 적을 맞이하라고 남게 했다. 성을

tuwakiyara cooha be 2/3 teisu teisu werifi, ice juwe de, enduringge
지킬 군사를 각각 남기고 초 2일에 성스러운

han julesi coohiyan gurun be dailame, hošoi doronggo ahūn cin wang,
황제는 남쪽으로 조선국을 정벌하러 호쇼이 도롱고 兄 친왕·

hošoi mergen cin wang, hošoi erke cin wang, doroi yoto beile, doroi
호쇼이 머르건 친왕· 호쇼이 어르커 친왕· 도로이 요토 버일러· 도로이

hooge beile, doroi elehun beile, gūsai beise se amba cooha be gaifi
호오거 버일러· 도로이 얼러훈 버일러· 구사이 버이서들과 대군을 거느리고

jurandara de, gūsai ejete geren cooha be gaifi, gūlmahūn 3/4 erinde
출발할 때 구사의 어전들이 무리의 병사를 거느리고 卯時에

tucifi, ici ergi galai cooha julesi dung ging ni baru genere jugūn i
나와 우익의 병사는 남쪽 동경성 방향으로 가는 길의

juwe dalba be hunehe bira de isitala faidame iliha, hashū ergi galai
양쪽을 渾河에 이르도록 정렬하여 섰다. 좌익의

cooha, wesihun fusi i baru genere jugūn be faidame iliha, enduringge
병사는 동쪽 무순 방향으로 가는 길을 정렬하여 섰다. 성스러운

han faidan faidafi, meihe erinde hanciki be hairandara duka be tucifi,
황제가 의장을 정렬하고 巳時에 撫近門을 나가

laba bileri fulgiyeme, yehere 4/5 buren, monggo buren burdeme,
나팔과 날라리를 불고 소라 나팔과 몽고 나팔을 불고,

tangse de ilan jergi niyakūrafi uyun jergi hengkilehe, jai tangse i
堂子에 세 번 무릎 꿇고 아홉 번 고두했다. 또 堂子의

tule jakūn tu sisifi, ineku laba bileri fulgiyeme, yehere buren,
밖에 8개의 纛을 꽂고 똑같이 나팔과 날라리를 불고 소라 나팔과

monggo buren burdeme, abka de ilan jergi niyakūrafi uyun jergi
몽고 나팔을 불고 하늘에 세 번 무릎 꿇고 아홉 번

hengkilefi juraka, enduringge han i dulendere de, faidaha geren
고두하고 출발했다. 성스러운 황제가 지나갈 때 정렬한 여러

ambasa, coohai niyalma gemu niyakūrafi dulembuhe, tereci genefi
대신들과 병사들이 모두 무릎 꿇고 지나가게 했다. 그로부터 가서

ša ho pu i 5/6 dergi ala de deduhe, hashū ergi galai cooha, gulu
沙河鋪의 동쪽 언덕에서 묵었다. 좌익의 병사인 正白旗·

šanggiyan i gūsa, kubuhe šanggiyan i gūsa, gulu lamun i gūsa,
鑲白旗· 正藍旗의

manju i ilan gūsai cooha, monggo i ilan gūsai cooha, tulergi goloi
만주 3개 구사의 병사와 몽고 3개 구사의 병사와 外藩

monggo i hashū ergi galai cooha be, hošoi mergen cin wang, doroi
몽고의 좌익의 병사를 호쇼이 머르건 친왕과 도로이

hooge beile de afabufi, kuwan diyan i jugūn be genefi, cang šan
호오거 버일러에게 맡겨, 寬甸의 길로 가서 昌城

golo be dosi seme 6/7 faksalafi unggihe,,
지방으로 들어가라고 나누어 보냈다.

○ ineku ice juwe de, dobukū de tebuhe kamningga i yelei,
같은 초 2일에, "도부쿠에 살게 한 캄닝가의 열러이·

šerdeku, bagūnai, tugūnai se hehe juse uheri jakūnju juwe niyalma,
셔르더쿠· 바구나이· 투구나이 등이 처자식 모두 82명과

morin ulha gamame ukakabi seme, yenden hoton de tehe amban
말과 가축을 데리고 도망쳤다"고 흥경성에 주둔한 대신

hūsita, niyalma takūrafi 7/8 mejige alanjiha manggi, enduringge han i
후시타가 사람을 보내 소식을 알려오자, 성스러운 황제의

hese, kubuhe šanggiyan i siteku de pai jafabufi, jecen i ningguta
旨로, 鑲白旗의 시터쿠에게 信牌를 쥐여주고 「변경의 닝구타

hoton de tehe, ubahai baturu i emgi ningguta i cooha be gaifi,
성에 주둔하는 우바하이 바투루와 함께 닝구타의 병사를 데리고

songko de dosifi, lehe, jai gulu suwayan i gargio de pai jafabufi,
흔적을 따라 들어가 수색하라.」 또 正黃의 가르기오에게 신패를 쥐여주고

gūwalca i cooha be gaifi, ula be bitume songko faita seme unggihe,
「구왈차의 병사를 데리고 울라를 따라 흔적을 좇으라」고 보냈다.

monggo jurgan i weile bošokū boro de pai jafabufi, 8/9 korcin i
몽고 아문의 워일러 보쇼쿠 보로에게 신패를 쥐여주고 코르친의

tusiyetu cin wang, joriktu cin wang de songko faitabu, ulha
투시예투 친왕과 조릭투 친왕에게 「흔적을 좇게 하라. 가축을

gamaburahū seme takūraha,,
데려오지 못할까 걱정된다」고 보냈다.

○ ice ilan de, boigon i jurgan i aliha amban mafuta, gabsihiyan
초 3일에, 戶部 承政 마푸타와

coohai amban loosa šongkoro baturu i jergi ambasa de ilan tanggū
前鋒의 대신 로오사 숑코로 바투루 등 대신들에게 300명의

cooha afabufi, juleri hūdai niyalma arame holtome 9/10 dobori
병사를 주어 「앞서 상인으로 위장하고 속여서 밤낮없이

inenggi akū genefi, solho i wang ni tehe wang ging hecen be ka
가서 조선 왕이 있는 王京 城을 포위하라」

seme unggihe, mafuta, loosa šongkoro baturu sei sirame hošoi erke
하고 보냈다. 마푸타· 로오사 숑코로 바투루 등에 이어 호쇼이 어르커

cin wang, gūsai beise šoto, nikan de bayarai cooha emu minggan
친왕과 구사이 버이서 쇼토와 니칸에게 바야라 부대(護軍) 1천명을

afabufi, solho i wang ging hecen be ka seme unggihe,, 10/11
주어 「조선국의 王京 城을 포위하라」고 보냈다.

○ ineku ice ilan de, monggo i tulergi goloi korcin i baturu
같은 초 3일에, 몽고의 外藩의 코르친의 바투루

giyūn wang, jasaktu giyūn wang cooha geneme acanjime jihe doroi,
군왕· 자삭투 군왕이 출정하러 합류해 온 예로

geren beise ambasa be gaifi, jergi jergi faidame ilifi enduringge han de
여러 버이서와 대신을 데리고 등급에 따라 정렬하여 서서 성스러운 황제에게

ilan jergi niyakūrafi uyun jergi hengkilehe, beise ambasa acanjime
세 번 무릎 꿇고 아홉 번 고두했다. 버이서와 대신들이 만나러 오는

jidere doroi morin gajihangge, jasktu giyūn wang emu seke dahū,
예로 말을 가져온 것은, 자삭투 군왕은 1벌 초피 털가죽외투·

jakūnju 11/12 seke, enggemu hadala tohohoi juwe morin, sula nadan
80장의 초피· 안장과 굴레를 맨 2마리 말· 맨등의 7마리 말,

morin, lamashi sula uyun morin, darhan hošooci enggemu hadala
라마스히는 맨등의 9마리 말, 다르한 호쇼오치는 안장과 굴레를

tohohoi emu morin, sula duin morin, mujai enggemu hadala tohohoi
맨 1마리 말· 맨등의 4마리 말, 무자이는 안장과 굴레를 맨

emu morin, sula duin morin, konggor enggemu hadala tohohoi emu
1마리 말· 맨등의 4마리 말, 콩고르는 안장과 굴레를 맨

morin, sula jakūn morin, minggandari sula juwe morin, guru emu
1마리 말· 맨등의 8마리 말, 밍간다리는 맨등의 2마리 말, 구루는

sula morin, 12/13 angga juwe morin, sakusa juwe morin, sereng juwe
1마리 맨등 말, 앙가는 2마리 말, 사쿠사는 2마리 말, 서렁은 2마리 말,

morin, corji juwe morin, durben sereng juwe morin, kerma emu
초르지는 2마리 말, 두르벤 서렁은 2마리 말, 커르마는

morin, sanggarjai emu morin, galtu emu morin, g'andishib emu
1마리 말, 상가르자이는 1마리 말, 갈투는 1마리 말, 간디스힙은 1마리

morin, sonom emu morin, ajinta emu morin, erincen emu morin,
말, 소놈은 1마리 말, 아진타는 1마리 말, 어린천은 1마리 말,

lamak emu morin, darhan joriktu emu morin, bandi juwe morin,
라막은 1마리 말, 다르한 조릭투는 1마리 말, 반디는 2마리 말,

haise emu 13/14 morin, takor emu morin, dorji emu morin,
하이서는 1마리 말, 타코르는 1마리 말, 도르지는 1마리 말,

amba sanggarjai emu morin, sonom emu morin, ajige sanggarjai emu
암바 상가르자이는 1마리 말, 소놈은 1마리 말, 아지거 상가르자이는 1마리

morin, ongno emu morin, ebugen emu morin, gorlos i sanggar jin[1]
말, 옹노는 1마리 말, 어부건은 1마리 말, 고를로스의 상가르의

koboi juwe morin, baturu giyūn wang enggemu hadala tohohoi emu
코보이는 2마리 말, 바투루 군왕은 안장과 굴레를 맨 1마리

morin, sula juwan jakūn morin, joriktu cin wang ni jui tarmadi
말· 맨등의 18마리 말, 조릭투 친왕의 아들 타르마디는

1 'jin'은 몽고어의 소유격 'yin'의 誤記이다. 몽문을 만문으로 번역하는 과정에서 인명의 일부로 잘못 적은 것으로 추측된다.

sula 14/15 sunja morin, corji sunja morin, gorlos i jin[2] kumo juwe
맨등의 5마리 말, 초르지는 5마리 말, 고를로스의 쿠모는 2마리

morin, sanggar juwe morin, bumba juwe morin, dondob emu morin,
말, 상가르는 2마리 말, 붐바는 2마리 말, 돈돕은 1마리 말,

jambala emu morin, naiman i darhan giyūn wang uyun morin,
잠발라는 1마리 말, 나이만의 다르한 군왕은 9마리 말,

manjusiri sunja morin, sereng emu morin, orkotol juwe morin,
만주시리는 5마리 말, 서렁은 1마리 말, 오르코톨은 2마리 말,

mujang duin morin, emu temen, jisui emu morin, ayusi emu morin,
무장은 4마리 말· 1마리 낙타, 지수이는 1마리 말, 아유시는 1마리 말,

orkon 15/16 jin[3] tuba duin morin, emu temen, sanggarjai juwe morin,
오르콘의 투바는 4마리 말· 1마리 낙타, 상가르자이는 2마리 말,

olbok juwe morin, oban emu morin, ere morin be hashū ici faidame
올복은 2마리 말, 오반은 1마리 말이었다. 이 말을 좌우에 정렬하여

jafafi, enduringge han de tuwabuha, han tuwafi, jasaktu giyūn wang ni
바치고 성스러운 황제에게 보였다. 황제는 보고 자삭투 군왕의

juwe morin, baturu giyūn wang ni emu morin, bumba i
2마리 말· 바투루 군왕의 1마리 말· 붐바의

---

2 'jin'은 몽고어의 소유격 'yin'의 誤記이다. 몽문을 만문으로 번역하는 과정에서 인명의 일부로 잘못 적은 것으로 추측된다.

3 'jin'은 몽고어의 소유격 'yin'의 誤記이다. 몽문을 만문으로 번역하는 과정에서 인명의 일부로 잘못 적은 것으로 추측된다.

emu 16/17 morin, darhan hošooci i emu morin gaiha, jai gemu
1마리 말· 다르한 호쇼오치의 1마리 말을 받았다. 또 모두

bederebuhe, tereci jurafi jiyan doo lii de deduhe,,
돌려주었다. 그로부터 출발하여 지얀 도오 리에서 묵었다.

○ ice duin de, be giya jai de deduhe,,
초 4일에, 버 기야 자이에서 묵었다.

○ ice sunja de, liya sa guwan de deduhe,, 17/18
초 5일에, 連山關에서 묵었다.

○ ice ninggun de, tung yuwan pu be dulefi jase tucifi deduhe,,
초 6일에, 通遠堡를 지나 경계를 나가서 묵었다.

○ ice nadan de, jeng dung pu de deduhe,,
초 7일에, 鎭東堡에서 묵었다.

○ ineku ice nadan de, solho gurun i elcin 18/19 emu tungse juwe
같은 초 7일에, 조선국 사신의 통사 1명이 두

niyalma be gaifi, juleri mejige alanjime, meni amba hafan gaifi,
사람을 데리고 먼저 소식을 알리러 와서 "우리 대신이 거느리고

amba hūda gajime hūda hūdašame jimbi seme alanjime jidere be
많은 상품을 가지고 무역하러 온다"고 알리러 온 것을

acafi jafaha,,
만나서 체포했다.

○ ice jakūn de, fung hūwang ceng de deduhe,, 19/20
초 8일에, 봉황성에서 묵었다.

○ ice uyun de, coohai jurgan i doroi yoto beile, jergi ci lakcaha
초 9일에, 병부의 도로이 요토 버일러· 超品一等公

ujui gung yangguri efu de emu gūsai meiren i janggin emte, ilan
양구리 어푸에게 한 구사에 머이런 장긴 1명씩과 3천명의

minggan cooha afabufi, hošoi erke cin wang de nonggime unggihe,
병사를 주어 호쇼이 어르커 친왕에게 증원해 보냈다.

terei sirame enduringge han, hošoi doronggo ahūn cin wang, tulergi
그에 이어서 성스러운 황제는 호쇼이 도롱고 兄 친왕· 外藩

goloi monggo i wang sa, beise se, gūsai ejete 20/21 amba cooha be
몽고의 왕들· 버이서들· 구사의 어전들· 대군을

gaifi genefi, jeng giyang de gūsin ba isinahakū deduhe,,
거느리고 가서 鎭江에서 30리 못미친 곳에서 묵었다.

○ ineku ice uyun de, doroi elehun beile, ginggun ijishūn wang,
같은 초 9일에, 도로이 얼러훈 버일러· 恭順王(孔有德)·

gūnin ijishūn wang, bodohonggo ijishūn wang, amban janggin ši ting
懷順王(耿仲明)· 智順王(尙可喜)· 암반 장긴 石廷柱·

ju, ma guwang yuwan sede emu gūsai meiren i janggin 21/22 emte,
馬光遠 등에게 한 구사에 머이런 장긴 1명씩·

emu nirui ilata uksin, ši ting ju gūsai ujen cooha yooni afabufi,
한 니루에 갑병 3명씩· 石廷柱 구사의 重軍 전부를 주고

hūng i poo, jiyanggiyūn poo, fa gung, miyoocan, sejen, kalka,
「紅夷砲· 將軍砲· 法熕· 조총· 수레· 방패·

ujen jaka be asarame gajime amala jio seme werihe,,
輜重을 싣고 뒤에서 오라」고 남겨두었다.

○ juwan de, jeng giyang be doofi i jeo hoton i julergi de
10일에, 鎭江을 건너 義州城의 남쪽에서

deduhe,, 22/23
묵었다.

○ juwan emu de, tiyei šan de deduhe,,
11일에, 鐵山에서 묵었다.

○ juwan juwe de, enduringge han, guwang šan hoton de isinafi,
12일에, 성스러운 황제는 郭山城에 도착하여

amba cooha ing iliha, guwang šan hoton de ding jeo hoton be
대군이 영을 세웠다. 곽산성에서 定州城을

tuwakiyaha <u>mokso</u>[4] i hafan jihe bihebi, 23/24 enduringge han i cooha
지키는 牧使 관리가 왔다. 성스러운 황제의 군사를

---

4 [簽註] gingguleme baicaci, manju gisun i buleku bithede mokso sere gisun bicibe, ubade ici acarakū, fe dangse i songkoi sarkiyaha,,
삼가 찾아보니 『請文鑑』에 'mokso'라는 말이 있지만 여기에는 맞지 않아서 舊 檔子에 쓴 대로 베껴 썼다.
* 'mokso'는 조선의 '牧使'를 음차한 것이다.

be sabufi horon hūsun be alici eterakū, mokso i hafan ini beyebe i
보고 위력을 감당하지 못하고 목사 관리는 스스로

huwesi tokome bucehebi, guwang šan hoton be tuwakiyaha hafan
단도로 찔러 죽었다. 곽산성을 지키는 관리가

burulame genehe manggi, hoton i dorgi cooha irgen gemu dahafi,
도망친 후 성안의 군사와 백성이 모두 항복하고

enduringge han de hengkileme jihe manggi, enduringge han hese
성스러운 황제에게 고두하러 오자, 성스러운 황제는 旨를

wasimbume hendume, suwe minde dahafi alin 24/25 bigan de
내려 말했다. 「너희는 나에게 항복하고 산과 들로

ume jailara, uju fusifi meni meni juse sargan be bargiyafi boode
숨지 말라. 체발하고 각자 자식과 처를 거두어 집에

tehei bisu, mini coohai niyalma dahaha irgen i aika jaka be necire
머물러 있어라. 나의 군사는 항복한 백성의 어떤 물건도 침범하는

kooli akū seme joo bithe jafabufi werihe,,
예가 없다」고 조서를 쥐여주고 남겨두었다.

○ juwan ilan de, ding jeo be tofohon ba dulefi deduhe, tere
13일에, 定州를 15리 지나서 묵었다. 그날

inenggi, ding jeo hoton de 25/26 tehe cooha irgen dahaha manggi,
定州城에 있는 병사와 백성이 항복하자

enduringgge han ineku guwang šan hoton i dahaha cooha irgen de
성스러운 황제는 똑같이 곽산성의 항복한 병사와 백성에게

henduhe songkoi hese wasimbume hendufi, joo bithe jafabufi werihe,,
말한대로 旨를 내려 말하고 조서를 쥐여주고 남겨두었다.

○ ineku juwan ilan de, amala hūng i, jiyanggiyūn, sejen, kalka
같은 13일에, 뒤에서 紅夷砲· 將軍砲· 수레· 방패를

gajime jidere doroi elehun beile de takūrsi jakūn niyalma be
가지고 오는 도로이 얼러훈 버일러에게 사신 8명을

takūraha, esede unggihe bithei 26/27 gisun, enduringge han i hese,
보냈다. 그들에게 보낸 글의 말. 「성스러운 황제의 旨를

doroi elehun beile de wasimbuha, sini tubai coohai sain morin be
도로이 얼러훈 버일러에게 내린다. 너희 그쪽 병사의 좋은 말을

simnefi, pi doo, yūn ts'ung doo, da hūwa doo, tiyei šan, ere teisu
선발해서 皮島· 雲從島· 大花島· 鐵山 이쪽에서

nikan de acame tehe solho be gemu tabcilame gaibu, ume funcebure,
한인과 만나 살고 있는 조선인을 모두 약탈해서 취하라. 남기지 말라.

jai amba jugūn i juwe ergi ashan i solho be balai ume necire, tere
또한 大路 양측의 조선인을 함부로 침범하지 말라. 그들은

gemu 27/28 musei ton i solho ombikai, amba hūng i, jiyanggiyūn be
모두 우리들 몫의 조선인이 될 것이다. 大紅夷砲· 將軍砲를

ušara ihan hamirakū oci, amba jugūn i juwe ergi solho i ihan i
끌 소가 부족하면 大路 양측의 조선인의 소만

teile be gaifi, amba hūng i, jiyanggiyūn be ušabu, ihan ci tulgiyen,
취하여 大紅夷砲· 將軍砲를 운반하게 하라. 소 외에

jai emu jaka be ume necibure, musei coohai niyalma be cihalahai
다른 한 가지 물건도 침범하지 말라. 우리 병사를 마음대로

sindafi gaibuki seci, julesi ai ba akū, geren be saikan fafula,
풀어서 취하게 하겠다고 하면, 앞으로 어디인들 없겠는가? 무리를 잘 단속하라.

hese be ume jurcere,, 28/29
旨를 어기지 말라.」

○ juwan duin de, gasan i bira de deduhe, tere inenggi, anggūlai
14일에, 嘉山의 강에서 묵었다. 그 날 앙굴라이

hiya, orin niyalma be gaifi, an jeo be duleme, helen jafame genefi,
히야는 20명을 데리고 安州를 지나 정보제공포로를 잡으러 가서

orin jakūn niyalma, sunja morin bahafi gajiha,, 29/30
28명의 사람과 5마리 말을 획득하여 데려왔다.

○ ineku juwan duin de, tulergi goloi monggo i beise ambasa be,
같은 14일에, 外藩 몽고의 버이서들과 대신들을

meni meni cooha be gaifi, mederi jakarame tabcilame an jeo de
「각자 병사를 데리고 해안을 따라서 약탈하고 安州로

acanjime jio seme werihe,,
만나러 오라」고 남겨두었다.

○ ineku juwan duin de, juleri unggihe doroi yoto beile, ping
같은 14일에, 「앞서 보낸 도로이 요토 버일러가 평양성에

žang ni hoton de isinafi 30/31 medege fonjici, enduringge han i cooha
도착하여 소식을 물으니 성스러운 황제의 군사가

jidere be donjifi, horon algin be alici ojorakū, ping žang ni du tang
온다는 것을 듣고 威聲을 상대할 수 없어서 평양의 都堂이

burulame genehebi seme barang medege alanjiha,,
도망갔습니다」라고 바랑이 소식을 고해왔다.

○ tofohon de, enduringge han, an jeo de isinafi, an jeo i
15일에, 성스러운 황제는 安州에 도착하여 安州의

julergi 31/32 ala de ing iliha, tere inenggi, hashū ici galai cooha be
남쪽 언덕에 영을 세웠다. 그날 좌·우익의 군사를

juwe jurgan i sindafi tabcilabuha,,
두 갈래로 풀어 약탈하게 했다.

○ ineku tofohon de, an jeo hoton i dergi jugūn de gulu suwayan i
같은 15일에, 安州城의 東路에서 正黃

monggo i bayar tofohon niyalma be gaifi buksiname genefi,
몽고의 바야르가 15명의 사람을 데리고 매복하러 가서,

liyang biyan 32/33 hoton i dzung bing guwan, an jeo hoton be
寧邊城의 총병관이 安州城을

afambio afarakū tuwana seme takūraha, susai isire moringga cooha be
공격하는지 안하는지 정탐하라고 보낸 50여명의 기병을

ucarafi gidafi, niyalma orin funceme waha, emu niyalma be
마주쳐 격파하고 사람을 20명 남짓 죽였다. 한 사람을

weihun jafafi gajiha, tofohon morin baha,,
생포하여 데려왔다. 15마리 말을 얻었다.

○ ineku tofohon de, 33/34 enduringge han coohiyan gurun i baru
같은 15일에, 성스러운 황제가 조선국으로

cooha genehe amala, tumet i sanjin baksi beyebe dabume orin uyun
출정한 후 투메트의 산진 박시 본인을 포함해 29명과

niyalma, ordos i duin niyalma, ere juwe hoki, uheri morin nadanju
오르도스의 4명, 이 두 무리가 모두 말 76마리·

ninggun, gecuheri suje alban benjime hengkileme jihe,,
망단· 비단을 공물로 보내고 고두하러 왔다.

○ juwan ninggun de, an jeo i hafan de buhe 34/35 bithei gisun,
16일에, 安州의 관리에게 준 글의 말.

daicing gurun i gosin onco hūwaliyasun enduringge han i hesei
「대청국의 어질고 관대하고 온화하고 성스러운 황제의 旨의

bithe, coohiyan gurun i an jeo hecen be tuwakiyaha jiyanggiyūn de
글을 조선국의 安州城을 지키는 장군에게

buhe, mini ere cooha jihengge, suweni gurun be budun gaici ja,
준다. 내가 이번에 출정한 것은 너희 나라를 약해서 취하기 쉽다,

irgen be facabuki, gurun be efuleki seme buyeme jihengge waka, sini
백성을 흩어지게 하겠다, 나라를 무너뜨리겠다 하고 원해서 온 것이 아니다. 너의

wang hanciki ambasa, 35/36 abka na de gashūme acaha doro be
국왕과 近臣들이 천지에 맹세하여 화친한 도리를

efuleme, mini baru fulahūn gūlmahūn aniya taka tookabume acaha
무너뜨리고 나와 "정묘년에 잠시 지체시키려고 화친했다.

bihe, te umesi lashalame ehe oho, bodohonggo mergese be isabu,
지금 완전히 단절하여 불화하게 되었다. 계책있는 智者들을 모으라.

baturu mangga sabe huwekiyebu seme ping an doo i guwan ca ši
용감하고 강한 자들을 격려하라"고 평안도의 관찰사

hūng de unggire bithe be, mini elcin genehe ambasa ucarafi durime
洪(命耉)에게 보낸 글을 나의 사신으로 간 대신이 만나서 빼앗아

gaifi gamafi minde wesimbuhe, tere bithe be 36/37 abka cohome
가져와 나에게 바쳤다. 그 글은 하늘이 특별히

minde buhengge kai, bi tere bithe be tuwafi, suweni coohiyan gurun i
나에게 주신 것이다. 내가 그 글을 보고 너희 조선국이

umesi gūwaliyaka be yargiyalame safi, bi abka na de wesimbufi,
심히 변한 것을 확실하게 알고 내가 천지에 아뢰고

ba ba i cooha be isabufi, amba cooha acinggiyafi, suweni coohiyan
곳곳의 군사를 모아서 대군을 움직여 너희 조선

gurun i jakūn golo be toktobume šumilame jihebi, sini dolo ere
국의 八道를 평정하러 깊이 왔다. 너는 내심 이

cooha be uthai bederembi seme gūnirahū, bi jihe weile be 37/38
군대가 곧 철수할 것이라고 생각할지도 모르겠다. 내가 온 일을

muteburakū bederembio, amala geren cooha hūng i poo, amba
이루지 않고 물러가겠는가? 뒤에 여러 군사들이 紅夷炮· 大將軍砲·

jiyanggiyūn poo, tuwai agūra ujen sejen be gajime jidere be si
화기와 무거운 수레를 가져 오는 것을 너는

saburakū bio, bi hūdun bedereci, tenteke ujen jaka be ainu gajimbihe,
보지 못하는가? 내가 빨리 돌아가려면 그렇게 무거운 것들을 왜 가져왔겠는가?

te mini beye wang ging de tembi, geren cooha be suweni
지금 내가 직접 王京에 거주하고 여러 군사를 너희의

jakūn golo de dendefi tebumbi, sini wang muduri yalufi mederi de
八道에 나누어 거하게 할 것이다. 너의 왕이 용을 타고 바다로

dosici maka dere, aikabade 38/39 cuwan de tefi mederi de geneci,
들어가면 혹시 모르겠지만 만약 배에 올라 바다로 가면

bi inu cuwan dagilafi urunakū dahalame gaimbi, suweni gurun be ere
나도 배를 준비해서 반드시 따라가서 취할 것이다. 너희 나라를 이

mudan de umesileme toktobumbi, bi daharakū marara, alime gaifi
참에 확실히 평정할 것이다. 나는 항복하지 않고 저항하며 응하여

afara hafan cooha be funceburakū urunakū wambi, okdome dahara,
싸우는 관병을 남김없이 반드시 죽일 것이다. 맞이하여 항복하고

dosime jidere hafan cooha be jergi bodome wesibufi gosime ujimbi,
내귀해 오는 관병은 등급을 헤아려 등용하고 자애하여 기를 것이다.

jiyanggiyūn erin de acabume, ucuri be dahame, hecen be gaifi dahaci,
장군이 때에 맞춰 기회를 좇아 성을 가지고 항복하면

emu 39/40 oci, beye boo uksun mukūn gemu yooni banjimbi, jai oci,
첫째, 자신과 집안· 일족이 모두 온전히 살 것이다. 둘째,

gung gebu amban ombi, ilaci oci, jiyanggiyūn i sain de ere
공과 명예가 크게 될 것이다. 셋째, 장군의 선행으로 이

hecen gubci geren cooha irgen jobolon be guwembi kai, jiyanggiyūn
성 전부 여러 군사와 백성이 고통을 면할 것이다. 장군이

daharakū ofi aikabade jobolon ohode, aliyaha seme amcarakū ayoo,
항복하지 않아서 만약 고통스럽게 되면 후회한다 해도 돌이킬 수 없지 않겠는가?

bi sini wang be budun, gurun be yadalinggū seme gidašame,
내가 너의 왕을 나약하다고, 나라를 약하다고 능욕하고

doro be efuleme cooha jihe bici, jiyanggiyūn si 40/41 hecen be
화호를 깨뜨리러 군대가 온 것이라면 장군 네가 성을

bucetei tuwakiyaci acambihe kai, sini wang ambasa budun
죽도록 지켜야 마땅할 것이다. 너의 왕과 대신들이 나약한데다

yadalinggū bime, taifin doro be gūnirakū, gurun i joboro be
태평의 도를 생각지 않고 나라의 우환을

bodorakū, acaha doro be efuleme, irgen be jobobume, hafan coohai
헤아리지 않아 화친의 도를 깨뜨리고 백성을 고통스럽게 하며 관원과 병사가

bucere be gūnirakū, etuhun mangga gurun de ehe be ainu neneme
죽을 것을 생각하지 않고 강력한 나라와 원한을 왜 먼저

deribuhe seme, jiyanggiyūn si sini wang ambasa be wakalame, minde
시작했냐고 장군 네가 너의 왕과 대신들을 질책하고 나에게

hūdun dahaci acambi kai, julgeci ebsi 41/42 saisa mergesei yabun,
속히 항복해야 마땅할 것이다. 古來로 현명한 자들의 행동은

erin ucurin be dahame, facuhūn ci jailame, ehe be waliyafi sain be
時宜를 좇아 혼란함으로부터 피하고 악함을 버리고 좋은 것을

bairengge, jurgan sehebi, jiyanggiyūn hūdun seole, jiyanggiyūn si
구하는 것이 義라고 했다. 장군은 속히 숙고하라. 장군 네가

minde dahaha de, sini wang, sini juse sargan, uksun mukūn be
나에게 항복할 때 너의 왕이 너의 자식과 아내· 일족을

warahū seme gūnici, sini wang hecen de tefi bisire tun de
죽일까 하고 생각하면 너의 왕이 성에 거하여 있거나 섬으로

burulame genere be ainabahafi sara, ini beyebe somire šolo hono
도망쳐 가는 것을 어떻게 알 수 있겠는가? 그 자신을 숨길 여유조차

akū kai, 42/43 ai šolo de sini juse sargan uksun mukūn be wame
없을 것이다. 어느 틈에 너의 자식과 아내· 일족을 죽일

jabdumbi, jiyanggiyūn si uthai mini emgi dahame genefi bargiyame
수 있겠는가? 장군 네가 즉시 나와 함께 따라 가서 (가족을) 거두어

gaici gemu bahambi kai,,
취하면 모두 얻을 것이다.」

enduringge han, an jeo hoton de tabcilaha cooha be aliyame,
성스러운 황제가 安州城에서 노략하러 간 군사를 기다리며

juwe inenggi indefi, juwan jakūn de jurafi, šukcan gebungge giyamun
이틀간 쉬고 18일에 출발해 肅川이라는 역참을

be juwan ba dulefi 43/44 deduhe,,
10리 지나서 묵었다.

○ juwan uyun de, šu nan gebungge giyamun be gūsin ba dulefi
19일에, 順安이라는 역참을 30리 지나서

deduhe,,
묵었다.

○ ineku juwan uyun de, solho i wang ging hecen be kame genehe
같은 19일에, 조선의 王京 城을 포위하러 간

hošoi erke cin 44/45 wang ni takūraha urgana sunja niyalma be
호쇼이 어르커 친왕이 파견한 우르가나가 5명을

gaifi, gisun wesimbume isinjiha, esei wesimbume alaha gisun,
데리고 말을 아뢰러 도착해왔다. 이들이 아뢰어 고한 말.

mafuta, loosa šongkoro baturu, ubai se juwan duin de wang ging
"마푸타 · 로오사 숑코로 바투루 · 우바이 등이 14일에 王京

hecen de isinara inenggi, solho i juwe fujiyang, duin iogi, ninggun
성에 도착하는 날, 조선의 2명의 부장 · 4명의 유격 · 6명의

beiguwan, siliha cooha ninju funceme gaifi, okdome afanjiha be,
비어관이 선발한 병사 60명 남짓 거느리고 맞이하여 싸우러 온 것을

mafuta, loosa šongkoro baturu, 45/46 ubai se gidafi gemu waha,
마푸타 · 로오사 숑코로 바투루 · 우바이 등이 격퇴하고 모두 죽였습니다.

tereci wang ging de isinaha manggi, ts'ui cangšu, lii šilang hecen i
그 후 王京에 도착한 후 崔(鳴吉) 尙書 · 李(景稷) 侍郎이 성의

tule okdofi, suwe ainu jihe seme fonjiha manggi, mafuta se
밖에서 맞이하여 '너희는 왜 왔는가'라고 묻자 마푸타 등이

jabume, be enduringge han i hesei sini wang de gisun gisureme
답하기를, '우리는 성스러운 황제의 뜻으로 너희 왕에게 의논하러

jihebi sehe manggi, ts'ui cangšu, lii šilang jabume, suwe gisun
왔다' 라고 하자 崔(鳴吉) 尙書· 李(景稷) 侍郞이 답하기를, '너희가 의논하러

gisureme jici, be genefi meni 46/47 wang de alafi dorolome okdoro
왔다면 우리가 가서 우리 왕에게 고하고 예를 갖춰 맞이하겠다'

seme, genefi holtome tookabume sarin dagilafi okdoko, terei amala
하고 가서 속여서 지체시키고자 연회를 준비해서 맞이했습니다. 그 후에

wang burulame genehebi, tere mejige be mafuta se donjifi amcame
왕이 도망쳐 갔습니다. 그 소식을 마푸타 등이 듣고 추격해

genehei dehi ba i dubei nan han gebungge hadai hoton de
가서 40里 끝의 南漢이라는 산성으로

amcanafi kaha, juwan ninggun de, hošoi erke cin wang, doroi yoto
추격해 가서 포위했습니다. 16일에 호쇼이 어르커 친왕· 도로이 요토

beile, siran siran i isinafi šurdeme 47/48 kahabi seme alanjiha,
버일러가 연이어 도착하여 주위를 포위했습니다"고 와서 고했다.

enduringge han, urgana sei alanjiha mejige be donjifi, tere dobori
성스러운 황제는 우르가나 등이 알려 온 소식을 듣고 그날 밤에

uthai boigon i jurgan i aliha amban inggūldai be, hošoi erke cin
즉시 戶部 承政 잉굴다이를 "호쇼이 어르커 친왕·

wang, doroi yoto beile i jakade genefi, solho i wang ni mejige be
도로이 요토 버일러 쪽에 가서 조선 왕의 소식을

yargiyalame gaifi amasi alanju seme takūraha,, 48/49
확실하게 취해서 돌아와 알려라"고 파견했다.

○ orin de, jung hūwai be orin ba dulefi deduhe,,
20일에, 中和를 20리 지나서 묵었다.

○ ineku orin de, coohai niyalmai jadaha turga morin be simnefi,
같은 20일에, 군사의 병들고 수척한 말을 골라서

ping žang ni hoton de ulebu seme werihe,,
평양의 성에서 먹이라고 남겨두었다.

○ orin emu de, juleri solho i wang ging 49/50 hecen be kame
21일에, 앞서 조선의 王京 城을 포위하러

genehe hošoi erke cin wang, doroi yoto beile, solho i wang lii
간 호쇼이 어르커 친왕· 도로이 요토 버일러가 조선의 왕 李倧을

dzung be kafi bisire yargiyan mejige be alanggime takūraha
포위하고 있다는 확실한 소식을 가서 고하도록 파견한

mujilen bahabukū mucengge, sunja niyalma be gaifi, gisun wesimbume
啓心郎 무청거가 5명을 이끌고 말을 아뢰러

isinjiha, tere inenggi pung šan be juwan ba dulefi deduhe,, 50/51
도착했다. 그날 鳳山을 10리 지나 묵었다.

○ orin juwe de, šehen gebungge giyamun be juwan ba dulefi
22일에, 瑞興이라는 역참을 10리 지나

deduhe,,
묵었다.

○ orin ilan de, ping šan be sunja ba dulefi deduhe,,
23일에, 平山을 5리 지나서 묵었다.

○ orin duin de, jin jiyoo guwan giyamun de 51/52 deduhe, tere
24일에, 靑郊館 역에서 묵었다. 그날

ineenggi amba aga agaha,,
큰 비가 내렸다.

○ orin sunja de, k'ai ceng fu de deduhe, tere inenggi, solho i
25일에, 開城府에서 묵었다. 그 날, 조선의

wang ging hecen be kame genehe hošoi erke cin wang ni takūraha
王京 城을 포위하러 간 호쇼이 어르커 친왕이 파견한

inggūldai gisun wesimbume isinjiha, inggūldai gajiha bithei
잉굴다이가 말을 아뢰러 도착했다. 잉굴다이가 가져온 글의

gisun, 52/53 enduringge han i faidan i juleri, hošoi erke cin wang,
말. 「성스러운 황제의 의장 앞에 호쇼이 어르커 친왕이

solho i wang ni alin i hecen de bisire be yargiyalafi wesimbumbi,
조선의 왕이 산성에 있는 것을 확인하고 아룁니다.

mucengge be takūraha amala, amasi julesi gisurere be umesi nakaha,
무청거를 파견한 이후에 피차 의논하는 것을 전부 그만두었습니다.

hecen i dorgi niyalma tulergi niyalma be jafafi fonjici, juwan ilan
성 안의 사람과 밖의 사람을 잡아서 물으니 '13일에

de solho i wang ni sargan juwe jui be tun de unggihe, wang ni
조선 왕의 부인과 2명의 자녀를 섬에 보냈다. 왕

beye amba 53/54 jui geneci jabduhakū, musei cooha be pa kioi de
자신과 큰 아들은 갈 겨를이 없었다. 우리(청) 군대가 파주에

isinjifi, tun i dogon be cooha unggifi tuwakiyabuhabi seme donjifi,
도착해서 섬의 나루터를 군사를 보내서 지키게 했다고 듣고

alin i hecen de dosikabi, juwan duin de musei cooha be wang ging
산성으로 들어갔다. 14일에 우리(청) 군대가 王京

hecen de isinjiha seme donjifi, alin i hecen ci burulame tucifi
城에 도착했다고 듣고 산성에서 도망쳐 나와

genere de, wang morin ci tuhefi bethe beye nimefi geneci 54/55
가려는데 왕이 말에서 떨어져 다리와 몸이 아파서 갈 수

ojorakū bederefi dosikabi, hecen i dolo jeku moo muke gemu haji
없게 되어 되돌아 들어갔다. 성 안의 곡식·나무·물이 모두 부족하다고

sembi, coohai niyalma de emu inenggi juwe niyalma de acan emu to
한다. 병사에게 하루에 2명에게 합쳐서 1斗의

i jeku bumbi, muke duin bade bi, tuwakiyame faidambi sembi,
곡식을 준다. 물은 4곳에 있는데 지키며 진을 치고 있다고 한다.

dolo bisire coohai ton be sarkū, necin ba i emu keremu de ilan
안에 있는 군사의 수는 모른다. 평평한 곳의 1개의 성가퀴에 3명,

niyalma, geli ilhi ba i emu keremu de 55/56 juwe niyalma, ehe ba
또 그 다음 곳의 1개의 성가퀴에 2명, 험한 곳의

i emu keremu de emu niyalma ilibuhabi, tuttu sehe seme coohai
1개의 성가퀴에 1명을 세워두었다. 그렇다 해도 무기를

agūra be yooni bahafi dosimbuhakū sembi, orin emu de tubihe
전부 안으로 들이지 못했다.'고 합니다. 21일에 과일을

baibume unggihe niyalma solho de dosika tanggū boo isire warka,
구하게 하고자 보낸 사람이, 조선에 들어간 100家에 이르는 와르카를

yecen, mafuta, duin niyalma be gajime baime jidere be ucarafi
여천과 마푸타[5] 등 4명이 데리고 내귀해 오는 것을 만나서

gajiha, warkasi alame, duin goloi cooha acafi 56/57 dame jimbi
데려왔습니다. 와르카인이 고하길 '4道의 군사가 만나서 지원하러 온다'고

sere jakade, jakūn gūsai bayara be juwe niru de emu bayara, juwe
하므로 팔기의 바야라를 2개 니루 당 1명의 바야라, 2개

gūsa de emu jalan i janggin be tucibufi, arjin be da arafi, jai aliha
구사 당 1명의 잘란 장긴을 내보내서 아르진을 우두머리로 삼고, 또 驍騎를

cooha be emu niru de emte uksin, emu gūsa de emte janggin
1니루 당 1명씩의 갑병, 1구사 당 1명씩의 장긴을

---

5 여기에서의 '여천과 마푸타'는 후금의 관원 여천과 마푸타가 아니라 와르카인들의 이름이다.

tucibufi, sele be da arafi, jidere jugūn be kame unggihe, orin ilan
내보내서 설러를 우두머리로 삼아서 (조선 지원군이)오는 길을 포위하러 보냈습니다. 23일에

de 57/58 kongko de susai bayara be adabufi tun de genere dogon be
콩코에게 50명의 바야라를 붙여서 섬에 갈 나루터를

tuwanabuha, hecen i dorgici cooha tucifi, alin i mudurame jifi
살펴보러 가게 했습니다. 성 안에서 군사가 나와 산등성이를 따라 와서

ajige ajige nungnenjimbi,,
소소하게 침범해 옵니다.」

○ ineku orin sunja de, gulu suwayan i gūsa, kubuhe suwayan
같은 25일에, 正黃旗· 鑲黃旗·

i gūsa, gulu fulgiyan i gūsa, kubuhe fulgiyan i gūsa, kubuhe
正紅旗· 鑲紅旗· 鑲藍旗

lamun i gūsa, ere sunja 58/59 gūsai emu gūsa de emte amban
이 5개 구사의 1구사당 1명씩 대신을

tucibufi, emu nirui ilata uksin afabufi, solho i wang be kame
내보내고 1니루당 3명씩 갑병을 붙여서 조선 왕을 포위하러

genehe hošoi erke cin wang ni jakade cooha nonggime unggihe,,
간 호쇼이 어르커 친왕 쪽으로 군사를 증원해 보냈다.

○ ineku orin sunja de, emu nirui emte bayara tucibufi, bayarai
같은 25일에, 1개 니루 당 1명씩 바야라를 내보내서 바야라의

tui janggin gūnggadai, babulai, 59/60 baduri de afabufi, ineku hošoi
纛 장긴 궁가다이· 바불라이· 바두리에게 맡겨서 같은 호쇼이

erke cin wang ni jakade cooha nonggime unggihe,,
어르커 친왕 쪽으로 군사를 증원해 보냈다.

○ ineku orin sunja de, hashū ici juwe galai cooha be juwe
같은 25일에, 좌·우 양익의 군대를 두

jurgan i sindafi tabcilabuha,,
갈래로 풀어서 약탈하게 했다.

○ orin ninggun de, lin jin giyang de deduhe,, 60/61
26일에, 臨津江에서 묵었다.

○ ineku orin ninggun de, doroi elehun beile de udari bithesi de
같은 26일에, 도로이 얼러훈 버일러 측에 우다리 비트허시에게

duin niyalma adabufi takūraha, takūraha bithei gisun, enduringge
4명을 붙여서 파견했다. 보낸 글의 말. 「성스러운

han i hese, doroi elehun beile de wasimbuha, musei juleri unggihe
황제의 旨. 도로이 얼러훈 버일러에게 내린다. 우리의 앞서 보낸

gabsihiyan cooha isinaha manggi, solho i wang, wang ging hecen ci
前鋒이 도착한 후 조선의 왕이 王京 城에서

burulafi dehi ba i dubei alin i 61/62 hecen de dosikabi, julergi
도주하여 40里 끝의 산성으로 들어갔다. 앞장선

gabsihiyan cooha, sirame unggihe hošoi erke cin wang ni cooha,
前鋒, 뒤이어 보낸 호쇼이 어르커 친왕의 군대,

terei sirame unggihe doroi yoto beile i cooha, terei sirame amala
그 뒤를 이어 보낸 도로이 요토 버일러의 군대, 그 뒤를 이어 나중에

unggihe cooha siran siran i isinafi, šurdeme jase jafafi kahabi,
보낸 군대가 계속해서 도착해서 주위에 木柵을 만들어 포위했다.

bi tere medege be donjifi, suweni gajire hūng i, amba jiyanggiyūn
내가 그 소식을 듣고 너희가 가져올 紅夷炮· 大將軍砲·

poo, tuwai agūra be hūdun isinjire be ebšeme gūnimbi, ujen cooha,
화기가 속히 도착하기를 초조하게 생각한다. 重軍과

ilan 62/63 wang ni coohai morin losa de acici ojoro poo, miyoocan,
세 왕의 군대의 말과 나귀에 실을 수 있는 포와 조총·

terei muhaliyan okto gajime, ede ujen cooha de, ujen coohai hafasa
그 탄환과 화약을 가져 오고 여기에 重軍에게는 重軍의 관원들을

be amban janggin ši ting ju teisuleme tuwame ejen arafi unggi,
암반 장긴 石廷柱가 적절하게 봐서 어전으로 삼아 보내라.

nikan ilan wang ni beye ceni morin de acici ojoro ceni poo,
한인 세 왕은 직접 그들의 말에 실을 수 있는 그들의 포와

miyoocan be juleri gaifi, isinjire be tuwame emgi jikini, doroi
조총을 먼저 가져와서 도착하는 것을 보고 함께 와라. 도로이

elehun beile, sini beye 63/64 amban janggin ši ting ju, amala hūng i,
얼러훈 버일러 너 자신과 암반 장긴 石廷柱는 나중에 紅夷炮·

amba jiyanggiyūn i sejen be gajime jio, ujen cooha, ilan wang ni
大將軍砲의 수레를 가져 와라. 重軍과 세 왕의

cooha be teisuleme tuwame, juleri tarhūn morin i cooha, amala
군대를 적절하게 봐서 앞에는 살찐 말의 병사를, 뒤에는

ehe morin i cooha obu, nikan ilan wang ni hūng i, amba
나쁜 말의 병사를 두어라. 한인 세 왕의 紅夷炮· 大將軍砲의

jiyanggiyūn i sejen de ceni mutere sain hafasa be afabufi suweni
수레에 그들의 능력 있는 좋은 관원들을 붙여서 너희와

emgi gajikini, sejen ušara ihan hamirakū oci, jugūn i juwe 64/65
함께 가져와라. 수레를 끌 소가 부족하면 길 양측의

ashan i ihan morin be tabcilame gaifi sejen ušabu, gūwa olji be
소와 말을 약탈해서 취하여 수레를 끌게 하라. 다른 노획을

ume nemšere, ubade ai olji joboro, juleri ilan wang ni emgi jidere
탐하지 말라. 이곳에서 무슨 노획을 걱정하랴. 앞에 세 왕과 함께 올

cooha hūwang jeo be dulenere de, juleri juwe tanggū cooha be
군대가 黃州를 지나갈 때에 앞에 200명의 군사를

tucibufi, hūwang jeo i dabagan i juwe ergi ashan de buksiha solho
내보내서 황주의 고개 양 방향 옆에 매복한 조선인을

be baime wabu, amala fiyanjilafi uncehen i cooha gemu wacihiyame
찾아서 죽이라. 후미가 되어서 후미의 군대가 모두 전부

duleke manggi 65/66 jikini, ping žang de werihe cooha, šadaha morin
지나간 후에 오라. 평양에 남긴 군대와 피로한 말은

dorgi, tulergi sula monggoso be saikan baicame bargiyafi, doroi
내외의 한가한 몽고인들이 잘 살펴서 거두고 도로이

elehun beile sini emgi gajime jio, hūwang jeo be dulenere de, ineku
얼러훈 버일러 너와 함께 데리고 오라. 황주를 지날 때 같은

juwe tanggū cooha be tucibufi, dabagan de buksiha solho be baime
200명의 군사를 내보내 고개에 매복한 조선인을 찾아서

wabu, amargi uncehen be saikan bargiyafi gajime jio, emken juwe
죽이라. 후미를 잘 거두어 데려 오라. 한 두 사람이라도

tutafi waburahū, ere takūraha duin niyalma, nikan ilan 66/67 wang
낙오해서 살해 될까 염려된다. 이 파견한 4명 중 한인 세 왕과

ni emgi juwe jikini, doroi elehun beile sini emgi juwe jikini,
함께 2명이 오라. 도로이 얼러훈 버일러 너와 함께 2명이 오라.

hūwang jeo i dabagan de solho i buksire babe tese sambi, tese
황주 고개에서 조선인이 매복할 곳을 그들이 안다. 그들이

jorikini, hese be ume jurcere,,
알려주도록 하라. 旨를 위반하지 말라.」

○ orin nadan de, enduringge han, lin jin giyang be doofi, pa jeo de
27일에, 성스러운 황제가 臨津江을 건너 파주에서

67/68 deduhe, neneme abka halhūn ofi, lin jin giyang ni juwe
묵었다. 먼저는 날씨가 따뜻해서 臨津江의 양안의

dalin i juhe gemu efujefi, yafahan i niyalma hono yabuci ojorakū
얼음이 모두 녹아서 보병조차 갈 수 없게 되었었다.

bihebi, jorgon biyai orin duin de abka agafi gaitai beikuwerere
12월 24일에 하늘에서 비가 내려 갑자기 추워졌으므로

jakade, enduringge han isiname lin jin giyang jiramin teng seme juhe
성스러운 황제가 도착하자 臨津江이 두텁고 견고하게 얼음이

jafafi, geren cooha umai jobohakū dooha, tere juhe jafaha be bithe
얼어서 여러 군사들이 전혀 수고롭지 않게 건넜다. 그 얼음이 얼은 것을 文

coohai geren hafasa 68/69 ferguwehekūngge akū,,
武 여러 관원들이 신기해하지 않은 자가 없었다.

○ orin jakūn de, wang ging hecen de gūsin ba isinahakū deduhe,,
28일에, 王京 城에 30리 못 미쳐 묵었다.

○ ineku orin jakūn de, juleri solho i wang be kame genehe
같은 28일에, 앞서 조선의 왕을 포위하러 간

hošoi erke cin wang ni 69/70 takūraha mujilen bahabukū kicungge,
호쇼이 어르커 친왕이 파견한 啓心郎 키충거가

solho i tulergi goloi dame jihe cooha be ilan jergi gidafi waha, nan
"조선의 畿外 지역의 지원하러 온 군사를 세 번 격퇴하여 죽였습니다. 南漢

han hoton ci tucike cooha be juwe jergi gidafi waha seme gisun
성에서 나온 군사를 두 번 격퇴하여 죽였습니다"고 말을

wesimbume isinjiha,,
아뢰러 도착해왔다.

○ orin uyun de, gulu suwayan i gūsai ejen 70/71 tantai, adai,
29일에, 正黃旗의 구사의 어전 탄타이· 아다이,

kubuhe suwayan i gūsai ejen baintu, ulai, gulu fulgiyan i gūsai ejen
鑲黃旗의 구사의 어전 바인투· 울라이, 正紅旗 구사의 어전

dulei, enggetu, kubuhe fulgiyan i gūsai ejen yecen, gumu,
둘러이· 엉거투, 鑲紅旗 구사의 어전 여천· 구무,

kubuhe lamun i gūsai ejen fiyanggū age, batma sede enduringge han
鑲藍旗 구사의 어전 피양구 아거· 바트마 등에게 성스러운 황제가

hese wasimbume hendume, suwe aliha coohai niyalma be gaifi solho
旨를 내려 말하기를, 「너희는 驍騎의 사람을 이끌고 조선의

i wang ging hecen de dosifi coohai niyalma be baicame wa, ulin
王京 城에 들어가서 군사를 찾아 죽여라. 재물과

ulha be gaisu 71/72 seme werihe, esei emgi tulergi goloi monggo i
가축을 취하라」고 하고 남겨두었다. 이들과 함께 外藩 몽고의

cooha be inu werihe, tereci enduringge han jurafi, wang ging hecen
군대도 남겨두었다. 그 후에 성스러운 황제가 출발하여 王京 城에

de dosikakū, tulergi jugūn be dulefi han giyang be doofi, solho i
들어가지 않고 바깥 길을 지나 한강을 건너 조선의

wang be kaha nan han gebungge hoton de isinafi, wargi dere de
왕을 포위한 南漢이라는 성에 이르러 서쪽 면에

amba cooha ing iliha,, 72/73
대군의 營을 세웠다.

○ ineku orin uyun de, doroi elehun beile i jaka ci monggo
같은 29일에, 도로이 얼러훈 버일러 쪽에서 몽고아문의

jurgan i aliha amban nikan i gajiha bithei gisun, doroi elehun
承政 니칸이 가져온 글의 말. 「도로이 얼러훈

beile dudu, enduringge han de wesimburengge, enduringge han i
버일러 두두가 성스러운 황제께 아룁니다. 성스러운 황제의

hesei pi doo, da hūwa doo, yūn ts'ung doo, tiyei šan, ere teisu nikan
旨로 皮島· 大花島· 雲從島· 鐵山 이 맞은 편 明人과

de 73/74 acame tehe ba be tabcilabuci, umai akū waliyafi goidahabi,
함께 사는 곳을 약탈시켰는데 전혀 없이 버린 지 오래되었습니다.

boo be gemu tuwa sindaha, jai amba jugūn i juwe ergi ashan i
집을 모두 불살랐습니다. 또 大路 양측의

ihan i teile gaisu sehengge, i jeo ci ding jeo de isitala ihan
소만 취하라고 하셨는데 義州에서 定州에 이르기까지 소를

bahakū, booci gajiha ihan šadara bethe nimere, geli monggo i
얻지 못했습니다. 집에서 가져온 소가 피로하여 다리가 아프고 또 몽고

coohai morin šadara jakade, i jeo de emu indehe, lung cuwan
군의 말이 피로하여서 義州에서 하루 묵었습니다. 龍川에서

de 74/75 emu indehe, siowan cuwan de duin indefi, orin juwe de
하루 묵었습니다. 宣川에서 나흘을 묵고 22일에

jurambi,,
출발합니다.」

○ ineku orin uyun i yamji, hošoi erke cin wang, enduringge
같은 29일 밤, 호쇼이 어르커 친왕이 성스러운

han i jakade jifi gisun wesimbume, enduringge han i hesei hošoi
황제가 있는 곳에 와서 말을 아뢰기를, "성스러운 황제의 旨로 호쇼이

erke cin wang juleri 75/76 solho i wang ging hecen be kame jifi,
어르커 친왕이 먼저 조선의 王京 城을 포위하러 와서

juwan ninggun i inenggi gūlmahūn erinde isinjifi tuwaci, solho i
16일 卯時에 도착해서 보니 조선의

wang boo yamun be waliyafi burulahabi, hecen duka be yaksihabi,
왕은 궁궐을 버리고 도주했습니다. 성문을 걸어 잠갔습니다.

duka su seci, ojorakū oho manggi, cooha sindafi wan akū,
문을 열라고 했지만 말을 듣지 않아서 군사를 풀어 사다리 없이

hecen be dabafi dosika manggi, hecen i ninggude iliha cooha
성을 넘어 들어가자 성 위에 서있던 군사가

iseleheku̅, jugūn jugūn i burulaha, 76/77 tereci wang ni burulaha
저항하지 않고 뿔뿔이 도주했습니다. 그 뒤 왕이 도주했다는

mejige be donjifi, hecen i fondo amcame genehei dehi ba i dubei
소식을 듣고 성을 관통해 추격해 가는 중에 40里 끝의

nan han gebungge alin i hoton de amcanjifi, šurdeme jase jafafi
南漢이라는 산성으로 추격해 와서 주위에 목책을 치고

kafi iliha, nioi jy gurun i niyalma, neneme solho gurun de dosifi
포위하고 영을 세웠습니다. 여직국의 사람으로 예전에 조선국으로 들어가

bihe juwe tanggū boigon dahame dosika, solho i tulergi goloi cooha,
있던 200호가 항복해 들어왔습니다. 조선의 畿外 지역의 군대가

ini wang be kafi bi seme 77/78 donjifi, emu du tang emu tumen
그의 왕을 포위하고 있다고 듣고 1명의 도당이 18,000명의

jakūn minggan cooha gaifi dame jifi, juwe kuren ing ilifi bihe be,
군사를 이끌고 지원하러 와서 두 부대의 營을 세우고 있는 것을

šoto beise, nikan beise, bohoto beise, loto beise, asidarhan nakcu
쇼토 버이서· 니칸 버이서· 보호토 버이서· 로토 버이서· 아시다르한 낙추

sede cooha bufi unggifi gidafi gemu waha, jai emu fujiyang, sunja
등에게 군사를 주고 보내서 격퇴하고 모두 죽였습니다. 또 1명의 부장이 5천의

minggan cooha gaifi jidere jakade, ineku šoto beise, nikan beise,
군사를 이끌고 왔으므로 같은 쇼토 버이서· 니칸 버이서·

bohoto 78/79 beise, loto beise, asidarhan nakcu sebe unggifi gidaha,
보호토 버이서· 로토 버이서· 아시다르한 낙추 등을 보내서 격퇴했습니다.

sele, arjin be bata i jidere jugūn be tosome unggifi, emu fujiyang
설러와 아르진을 적이 오는 길을 막으러 보내서 1명의 부장이

sunja tanggū funceme cooha be gaifi jidere be ucarafi gidaha, nan
500명 남짓의 군사를 이끌고 오는 것을 조우하여 격퇴했습니다. 南漢

han hoton de dosime jidere cooha be, loosa šongkoro baturu, ubai
산성에 들어가고자 오는 군사를 로오사 숑코로 바투루· 우바이

se ucarafi meiteme gidafi juwe tanggū funceme waha, nan han
등이 조우하여 가로막아 격퇴하고 200여명을 죽였습니다. 南漢

hoton ci duin 79/80 tanggū funceme tucike cooha be loosa šongkoro
성에서 400명 남짓 나온 군사를 로오사 숑코로

baturu gidaha,,
바투루가 격퇴했습니다."

○ gūsin de, hošoi erke cin wang, doroi yoto beile, jergi ci
30일에, 호쇼이 어르커 친왕· 도로이 요토 버일러· 超品一等公

lakcaha ujui gung yangguri efu, juleri coohiyan gurun i wang be
양구리 어푸가 앞서 조선국의 왕을

kame jifi tulergi goloi dame jihe cooha be 80/81 gidafi, baha tu kiru
포위하러 와서 畿外 지역의 지원하러 온 군대를 격퇴하고 획득한 纛·小旗·

loho gida beri sirdan miyoocan be faidafi, morin be gūsa gūsai
腰刀·창· 활과 화살· 조총을 진열하고 말을 구사마다

faidame jafafi enduringge han de tuwabuha, enduringge han tuwafi
진열하여 바쳐서 성스러운 황제에게 보였다. 성스러운 황제가 보고

ilan morin deji gaiha, tereci cooha gidaha wang, beile, beise,
3마리의 말을 헌상으로 취했다. 그 후 군대를 격퇴한 왕· 버일러· 버이서·

ambasa de jergi bodome šangnaha, tereci funcehe morin be
대신들에게 등급을 헤아려 상 내렸다. 그 외에 남은 말을

feyengge 81/82 niyalma de feyei ujen weihuken be ilgame šangnafi,
부상당한 사람에게 부상의 중함과 가벼움을 구별하여 상 내리고

geren cooha niyalma de gemu buhe, baha morin i uheri ton, juwe
여러 군사들에게 모두 주었다. 획득한 말의 총수는 2,500마리,

minggan sunja tanggū, tu emu tanggū susai,,
纛은 150개이다.

○ ineku gūsin de, coohiyan gurun i wang ni tehe wang ging
같은 30일에, 조선국의 왕이 거했던 王京

hecen de dosifi, coohai 82/83 niyalma be wa, ulha ulin be bargiyame
城에 들어가 군사를 죽이고 재화와 가축을 거두어

gaisu seme werihe gūsai ejen tantai, adai, baintu, ulai, dulei,
취하라고 남긴 구사의 어전 탄타이·아다이·바인투·울라이·둘러이·

enggetu, yecen, gumu, fiyanggū age, batma se geren cooha be gaifi
엉거투· 여천· 구무· 피양구 아거· 바트마 등이 여러 군사들을 이끌고

gūlmahūn erinde wan sindafi hecen de tafara jakade, hecen i
卯時에 사다리를 놓고 성에 오르니 성의

ninggude iliha cooha iselehekū jugūn jugūn i burulaha manggi,
위에 서있던 군사가 저항하지 않고 뿔뿔이 도주하자

ulin ulha be bargiyame gaiha,, 83/84
재화와 가축을 거두어 취했다.

○ ineku gūsin de, dahaha warka, mafuta, yecen, geren be gaifi,
같은 30일에, 항복한 와르카인 마푸타와 여천이 무리를 이끌고

enduringge han de ilan jergi niyakūrafi uyun jergi hengkilehe, yecen,
성스러운 황제에게 세 번 무릎 꿇고 아홉 번 고두했다. 여천과

mafuta de suje i sijigiyan emte, icehe seke i mahala emte
마푸타에게 비단 袍 1벌씩· 염색한 초피 겨울모자 1개씩

šangnaha,,
상 내렸다.

색인

범례

1. 색인은 인명색인과 지명색인으로 구분되고, 만한대조표를 첨부한다.
2. 인명색인은 인명 외에 jugiya, tunggiya와 같은 姓(hala)을 포함한다.
3. 지명색인은 지명 외에 manju와 같은 민족명을 포함한다.
4. 동명이인인 경우 아라비아 숫자로 번호를 첨기하여 구분한다.
5. 인명색인과 지명색인의 한자명의 출처는 아래와 같다.
   (A) 大清太宗應天興國弘德彰武寬溫仁聖睿孝隆道顯功文皇帝實錄 (康熙太宗實錄, 日本恭仁山莊舊藏淸三朝實錄本)
   (B) 大清太宗應天興國弘德彰武寬溫仁聖睿孝敬敏昭定隆道顯功文皇帝實錄 (乾隆太宗實錄, 滿洲帝國國務院景印大淸歷朝實錄本)
6. 한만대조표는 인명과 지명으로 구분되고, 표제어의 배치 순서는 한글의 가나다순이다.
7. 이상 색인의 체계와 한자명은『滿文老檔』(滿文老檔研究會譯註, 東洋文庫, 1959~1963)을 참고했다.

I. 인명 색인

A

abadang taiji 794
abaga 2211
abaga jinong 1467
abahai 786
abai 2237
abai age 阿拜阿格 (A,B) 545, 652, 1151, 1777, 1781, 1782, 1926, 1927, 1928
abandai 2220
abang (1), -hošooci 阿芳和碩齊 (A,B) 139, 419, 1513, 1552, 1555, 1558, 1559, 1560
abang (2) 阿邦 (A,B) 419, 1716
abatai (1), -beile, -beise, -taiji 阿巴泰 (A,B) 112, 124, 149, 176, 177, 178, 179, 180, 214, 216, 218, 358, 390, 391, 423, 427, 429, 430, 443, 451, 546, 552, 561, 578, 611, 670, 696, 768, 954, 1002, 1004, 1014, 1030, 1112, 1139, 1169, 1326, 1341, 1357, 1496, 1531, 1620, 1742, 1990, 2163, 2173 = bayan beile, doroi bayan beile
abatai (2) 2222
abatai (3) 2240
abatai (4) 2245
abdarhan 2236
abdari 2320
abida taiji 阿必達 (A,B) 1507
abkai hese be alifi forgon be mukdembuhe gurun i ten be fukjin ilibuha ferguwecuke gungge gosin hiyoošungga horonggo enduringge han 承天廣運聖德神功肇紀立極仁孝武皇帝 1891, 1896-1897 = abkai hese be alifi forgon be mukdembuhe gurun i ten be fukjin ilibuha ferguwecuke gungge gosin hiyoošungga horonggo enduringge hūwangdi, genggiyen han, horonggo enduringge han, taidzu (1)
abkai hese be alifi forgon be mukdembuhe gurun i ten be fukjin ilibuha ferguwecuke gungge gosin hiyoošungga horonggo enduringge hūwangdi 承天廣運聖德神功肇紀立極仁孝武皇帝 1748, 1890, 2156-2157, 2173, 2298, 2336 = abkai hese be alifi forgon be mukdembuhe gurun ten be fukjin ilibuha ferguwecuke gungge gosin hiyoošungga horonggo enduringge han, genggiyen han, horonggo enduringge han, taidzu (1)
abkai hesei forgon be aliha gosin onco hūwaliyasun enduringge han 奉天承運寬溫仁聖皇帝 1856-1857, 1862, 1864, 2246-2247 = gosinonco hūwaliyasun enduringge han, sure han
abtai nakcu [國舅] 阿布泰 (A,B) 213, 214, 226, 227, 1907
abtu silung 990
abudai 1721
abujai 2222
abun (1) 阿本 (A,B) 69
abun (2) 1710
abuna 尹布納 (A,B) 1212
aburgū 2229

aburgū jaisang 1345
abutai (1) 653
abutai (2) 2225
acisun 2220
adahai 阿達海 (A,B) 13, 213, 214, 215, 225, 226, 227, 228,
adai 阿代 (A,B) 1506, 1900, 2004, 2005, 2023, 2034, 2082, 2176, 2177, 2197, 2380, 2386
adali, -giyūn wang 阿達禮 (A,B) 1797, 2163, 2297, 2319 = doroi adali giyūn wang, doroi giyūn wang (2)
adangga 2285
adisai 2224
adu ecike 1085
aduci 2246
aduhū 2237
adui 2219
adulai 976
afuni 阿福尼 (A,B) 654, 1150, 2190
agi 1995
aguda 2290
agūn taiji 847
aha hošoni hūrha 1252
ahabu 2240
ahaci 2244
ahai 阿海 (A,B) 293, 419, 1716,
ahai bodisuk 2313
ahajan 1287
ahaliyan 阿哈廉 (A,B) 1480, 1715
ahan 2184
ahanikan 1288, 1993, 1994, 1997, 2006, 2203,
ahatu 2217
ahūn doronggo cin wang 和碩兄禮親王 (A), 和碩禮親王 (B) 2198 daišan, doronggo cin wang, hošoi doronggo ahūn cin wang, amba beile
aibari 愛巴禮 (A,B) 111, 429, 451, 530, 1146, 1238, 1261, 1272, 1274, 1277, 1287, 1316, 1321
aidagan 1719
aidaha 809
aidari age 661
aidu 1124
aiduri 艾度禮 (A,B) 1266, 1294
aidzung [金] 哀宗 (A,B) 1440
aimbu (1) 805
aimbu (2) 808, 1369
aimbulu 愛木布路 (A,B) 422
aina 1401
aintamu 愛音塔木 (A,B) 635, 804
aisai 艾賽 (A,B) 639, 640, 642, 663
aisunggū 愛松古 (A,B) 417, 481, 942, 1141, 1178, 1186
aita 愛塔 劉興祚 (A,B) 195, 256, 394, 435, 451, 455, 639, 642, 661, 703, 1312 = lio hing dzo
aitungga 愛通阿 (A,B) 328, 399
aituwan, -baturu 艾搏巴圖魯 (A) [巴圖魯艾搏] (B) 34, 63, 64
ajai 805, 1013, 1040
ajibai 阿濟拜 (A,B) 935
ajige, -age, -beile, -taiji 阿濟格 (A,B) 6, 84, 102, 113, 131, 149, 161, 179, 214, 229, 358, 390, 391, 402, 426, 429, 430, 451, 491, 537, 545, 658, 674, 696, 768, 778, 858, 876, 891, 892, 893, 895, 896, 901, 903, 904, 905, 906, 911, 916, 955, 1007, 1041, 1050, 1051, 1055, 1061, 1112, 1139, 1160, 1168, 1220, 1221, 1227, 1250, 1253, 1254, 1260, 1261, 1268, 1269, 1272, 1274, 1284, 1302, 1312, 1323, 1362, 1477, 1516, 1531, 1620, 1742, 1990, 2062, 2162, 2173 = baturu giyūn wang (2)
ajige ayusi 1171
ajige mama 小妃 (A), 次妃 (B) 960, 973, 986, 993,

1419, 1420, 1424, 1467, 1472, 1626
ajige nikan 1226
ajige norbu 小諾爾布 (A,B) 1823, 1918
ajige sanggarjai, — taiji 小桑阿爾寨 (A,B) 802, 805, 806, 821, 1189, 1190, 1209, 2244, 2353 = sanggarjai (3)
ajigenikan 1286
ajinai 761, 773, 805, 1171
ajinda (1) 1190, 1195, 1203,
ajinda (2) 2219
ajindai 2241
ajinta 2353
ajintu 2242
ajitu 1721
ajuhū (1) 阿朱戶 (A,B) 140, 302, 309, 310, 311
ajuhū (2) 2244
akio 1115, 1117, 1120, 1287, 1292, 1995
aktai 1982
akūdu 阿庫都 (A,B) 1403
alaha 1288
alai, -darhan 阿賴達爾漢 (A,B) 784, 1014, 1512, 1551, 1552, 1555, 1557, 1558, 1560, 1644, 1660, 1661, 1760, 1898, 1993
alak 2210
alamu 2200
aldaci 1190
aldungga 653, 1291
algio 1716
alikut 1180
altasi gufu 阿爾塔什姑夫 (A), 阿爾塔什額駙 (B) 225
aluha 2229
amba abagai 1456
amba beile (1) 大貝勒代善 (A,B) 5, 37, 101, 102, 104, 114, 146, 149, 229, 531, 544, 546, 605, 606, 619, 668, 675, 686, 691, 743, 753, 779, 812, 879, 887, 906, 907, 916, 920, 936, 937, 958, 968, 971, 975, 998, 1001, 1002, 1003, 1004, 1006, 1008, 1009, 1036, 1088, 1090, 1096, 1101, 1102, 1103, 1112, 1141, 1159, 1188, 1221, 1223, 1229, 1270, 1318, 1394, 1396, 1398, 1399, 1401, 1620 = daišan, doronggo cin wang, ahūn doronggo cin wang, hošoi doronggo ahūn cin wang
amba fujin 中宮大福金 (A), 皇后 (B) 1444, 1512, 1522
amba mama 大妃 (A,B), 科爾沁大妃 (B) 960, 973, 985, 993, 1330, 1420, 1424, 1443
amba norbu 大諾爾布 (A,B) 1823, 1919
amba sanggarjai 1189, 1623, 2244, 2353,
amcut lama 阿木出特喇嘛 (A,B) 1422
amin (1), -beile, -darhan baturu beile 阿敏 (A,B) 5, 6, 77, 78, 81, 83, 84, 85, 92, 94, 95, 99, 101, 102, 103, 104, 107, 114, 146, 149, 207, 216, 225, 544, 545, 546, 555, 561, 567, 634, 643, 644, 648, 649, 656, 657, 658, 660, 661, 662, 663, 664, 665, 666, 667, 668, 669, 670, 671, 672, 675, 679, 686, 688, 689, 694, 854 = jacin beile, darhan baturu beile (2)
amin (2) 2238
amin (3) 2239
amin taiji 794
amu 1299
amuo 2240
anai 1151, 2167
anak 阿納克 (A,B) 1202
ananda (1) 2237
ananda (2) 2304
anangga 1058, 1062, 1786,
andari 安達禮 (A,B) 1291, 1488, 1489
angga (1) 昻阿 (A,B) 216, 784, 1179, 1180
angga (2) 2214

angga (3) 2220
angga (4) 2223, 2352
angga ilduci 昂阿尹爾都齊 (A,B) 1456
angga tabunang 昂阿塔布囊 (A,B) 989, 1181, 1182, 1201,
anggajai 2220
anggal 2222
anggaljur 昂阿爾杜爾 (A,B) 1182, 2223
anggaltu 2220
anggana 1553, 1555
anggara, -age 昂阿勒喇 (A) 昂阿喇 (B) 13, 882, 1531
anggin 昂金 (A,B) 642, 1652, 1718, 1790, 2206
anggūlai hiya 昂古賴 (A,B) 2360
anggūnai 昂古奈 (A), 昂果奈 (B) 2036
angha (1) 2238
angha (2) 2240
angha (3) 2240
angkūn darhan hošooci 352, 357
angkūn dureng 昂坤杜稜 (A,B) 175, 178
angkūn taiji 778, 782
angnai 1222
aningga 1978
anji 2225
antai 1719
antamu 1290
antu 2244
anu 2226
aohan i gungju 2259
aomok 2227
ara nomci 760
arabjin taiji 794
arai 547, 647, 745
arajai 2243
aramji lama 1233
arana (1) 1289
arana (2) 2223, 2224
arana (3), -nomci 阿爾納諾木齊 (A,B), 阿喇納諾木齊 (A,B) 1177, 1332, 1458,
arantai 1579, 1852, 1924
arantu 2007
arasi taiji 804
arašan 2204
arbai 1070, 1289
arbin 2240
arbithū 1557, 1560
arbuni 2018, 2020, 2021, 2205
ardai 阿爾代 (A,B) 677, 693, 1028, 1029, 1067
argina 1720
ariya 2225
arjin 阿爾津 (A,B) 226, 480, 652, 1070, 1152, 1286, 1483, 1532, 1533, 1579, 1618, 2373, 2384
arna nomci, -taiji 961, 979
arsahū 2237
arsai 1380
arsalan 1532, 2013
arsalan buku 1379 = mendu
arsalan tusiyetu buku 阿爾薩蘭土謝圖布庫 (A,B) 1077 = mendu
aršan 阿爾山 (A,B) 140
asan 阿山 (A,B) 59, 90, 106, 213, 225, 226, 439, 447, 450, 454, 493, 507, 513, 523, 538, 547, 652, 728, 861, 864, 877, 887, 893, 902, 1038, 1041, 1042, 1070, 1152, 1166, 1175, 1205, 1208, 1216, 1217, 1284, 1286, 1287, 1506, 1615, 1665, 1736, 1738, 1742, 1899, 1901, 1944, 1994, 1997, 1998, 1999, 2006, 2010, 2022, 2026, 2034, 2041, 2043, 2045, 2046, 2051, 2064, 2066, 2082, 2192, 2202, 2206
asari 693, 1292, 1998
asidarhan, -nakcu 阿什達爾漢 (A,B), 阿什達爾汗

(B) 139, 156, 172, 535, 546, 682, 782, 838, 842, 870, 1275, 1276, 1282, 1285, 1296, 1321, 1322, 1352, 1478, 1483, 1507, 1561, 1619, 1797, 1806, 1808, 1809, 2066, 2125, 2210, 2327, 2383, 2384
asigū 2222
asitu 2213
asut, -taiji 792, 1171
ataga 1553, 1558, 1559, 1561, 2225
atagai 1552
atai (1) 2225
atai (2) 2237
atoogai 2236
aya 2261
ayabai 2220
ayakta 1722
ayatu 2239
ayusi (1), -taiji 阿玉石 (A,B) 215, 1457, 1552, 1556, 1558, 1569, 1616, 1623, 1627, 2212, 2216, 2230, 2232, 2236, 2354
ayusi (2) 1171, 2096, 2097
ayusi (3) 1289, 1721
ayusi (4) 1467, 2318
ayusi (5) 1720
ayusi (6) 1898, 2007
ayusi (7) 2222

B

babai (1) 974
babai (2) 1171
babai (3) 1178, 2211
babai (4) 2223
babai cūhur 1326
baban 巴班 (A,B) 1067
babu (1) 巴卜 (A,B) 13
babu (2) 2241
babu (3) 2242
babuhai (1), -age 巴布海 (A,B) 1002, 1287, 1926, 1927, 1928, 1929,
babuhai (2) 2239
babuhū 2212
babulai 巴布賴 (A,B) 2205, 2375
babung taiji 1141, 2320 = bobong taiji
babung, -tusiyetu 巴琫土謝圖 (A,B) 1464, 2284, 2287, 2317, 2318 = tusiyetu (2)
babuntai 2240
babusai 2246
babutai age 巴布泰 (A,B) 19, 88, 687, 1002, 1224,
bacu 2241
badahū (1) 2242
badahū (2) 2243
badai (1) 2244
badai (2) 2245
badak (1) 1051, 1354,
badak (2) 2241
badaktu 2240
badana 2218
badangga 1721
badanghai 2241
badarahū 2223
badari 巴達禮 (A,B) 1192, 1620 = badiri, tusiyetu cin wang, tusiyetu efu (2), tusiyetu jinong
badiri 385, 755 = badari, tusiyetu cin wang, tusiyetu efu (2) tusiyetu jinong
baduhū 2246
baduli 2244
badun 1376
badun taiji, -darhan joriktu 巴敦 (A,B) 295, 1851,
baduri (1) 巴都禮 (A,B), 巴都理 (B) 417, 486, 654, 1205, 1225, 1245, 1275, 1286, 1386, 1404, 1406, 1490, 1616, 2375

baduri (2) 巴圖魯 (A,B) 742, 1292, 1475, 1496
bagadar (1) 2242
bagadar (2) 2246
bagadarhan 巴噶達爾漢 (A,B) 22, 782
bagarin 2246
bagatur (1) 2228
bagatur (2) 2244
bago 2240
bagolai 2244
bagūjai 2221
bagūl, -taiji 802, 805
bagūlak 2246
bagūnai 巴古奈 (A,B) 2350
baha 1184
bahai (1) 1845
bahai (2) 2223
bahai (3) 2243
bahana 1289, 1781, 1933
bahi (1) 巴希 (A,B) 136, 137, 1285
bahi (2) 白希 (A,B) 1292, 1948
bahi (3) 1978
bahi (4) 2006
bahūi 2216
bahūndai 2223
bai mi 拜米 (A,B) 2165
baicuka 693, 1100, 1148, 1287
baidal (1) 797
baidal (2) 擺達爾 (A,B) 1550
baidal (3) 擺達爾 (A,B) 1551
baidal (4) 2228
baidal (5) 2238
baidal (6) 2241
baidal (7) 2241
baidu (1) 2213
baidu (2) 2216
baidu (3) 2217
baidu (4) 2224
baidula 2211
baidulai 拜都賴 (A,B) 1823
baigal 2221
baihal taiji 794
baihū (1) 1287
baihū (2) 拜賀 (A,B) 2050, 2167, 2319
baihūdai 2245
baihūla 1999
baihūlai (1) 1149
baihūlai (2) 1189
baihūndai (1), -taiji 拜渾岱 (A,B) 782, 1179, 1180, 2214
baihūndai (2), -gung tabunang 793, 1171,
baihūta 2013
baijuhū, -amji 拜朱護 (A,B) 1049, 1343
baimur 2241
baincari 1720
baindai (1) 1287, 2201
baindai (2) 拜音代 (A,B) 2050
baindari 842, 843
bainggi (1) 2222
bainggi (2) 2241
bainggo 2238
baintu, -age 拜尹圖 (A,B) 1002, 1284, 1490, 1506, 1615, 1736, 1738, 1742, 1900, 1993, 1994, 1997, 1999, 2020, 2023, 2034, 2042, 2064, 2066, 2082, 2088, 2191, 2194, 2204, 2206, 2380, 2386
bairi 991
baisai (1) 1057, 1980, 1989
baisai (2) 拜賽 (A,B) 1211, 1212
baisai (3) 2215
baisai (4) 2237
baisai (5) 2244
baisan 拜山 (A,B) 136, 137, 1473, 2053

baisang 2225
baisanggo 2241
baisanggū 2243
baisgal (1), -taiji 拜斯噶爾 (A), 拜思噶爾 (B) 231, 314, 315, 385, 760, 1623
baisgal (2) 1288
baisgal (3) 2212
baisha 1923
baishal 1775, 1777, 1778, 1779, 1780, 1781
baishan 擺撒哈 (A,B) 1403, 1509
baisunggo, -joriktu 797, 1314
baitai (1) 2242
baitai (2) 2245
baitula cūhur 794
baju 2217
bajutai 827 = dural darhan hiya
bak beile 巴克 (A,B) 103, 178, 981,
bakdu 1466
bakin 2223
bakiran 覇奇蘭 (A,B) 156, 172, 181, 683, 1286, 1473
bakoli 2218
balama taiji 589
baldaca 1708 = baldaci efu
baldaci efu 巴爾達齊額駙 (A,B) 1584, 1712 = bal-daca
balgasu 2217
balgasun 1981
balgūn 1851
balung taiji 795
bambu, -cūhur, -ildeng 813, 815, 967, 968, 971, 975, 982, 983, 991, 1186, 1187, 2225, 2236
bambuhai (1) 1552, 1555, 1561
bambuhai (2) 2217
bambura taiji 797
bamburi 1998, 2010
banahai 1775
bancin taiji 818
bandasi eme 1081
bandi (1), -efu 班第 (A,B) 799, 801, 1181, 1199, 1457, 1552, 1556, 1621, 1625, 2211, 2231, 2236 = banji efu, doroi giyūn wang (1)
bandi (2) dureng, -taiji 804, 1251
bandi (3), -weijeng, -weijeng hūwang taiji 班第衛徵台吉 (A,B) 967, 968, 971, 975, 982, 983, 991, 992, 1457, 2225,
bandi (4), -ilduci 828, 992, 1189, 1203, 2353
bandi (5) 2223
bandi (6) 2225
bandi (7) 2240
bandi da lama 2284, 2286, 2308
bandisk'ab 2226
bandit tun lama 2309
bangsu 邦素 (A,B) 497, 523, 540, 548, 652, 1151
bangsun 邦蓀 (A,B) 106, 1221, 1508, 1702, 1812, 1817, 1879, 2206
banin mafa hūturi werihe wang 祖父福王 1889
banji 2222
banji efu 982 = bandi (1)
banjin taiji 班第 (A,B) 1211
banjitar tabunang 796
bar baturu 巴爾巴圖魯 (A,B) 162
barai sanjin 巴賴山津 (A,B) 1269, 1460, 1489
barang (1) 巴郎 (A), 巴朗 (B) 1029, 2361
barang (2) 2210
barang (3) 2244
barcigi (1) 2222
barcigi (2) 2238
barcigir (1) 2219
barcigir (2) 2221
bardai 2228
bargan 2241

bargū 2219
barji 2244
bartai 巴爾泰 (A), 巴爾代 (B) 219, 1288
baruhai 1287
basaha 1058, 1897
basan 1287
basatai 1923
bashan 1286, 1507, 2005, 2176
basita 1717
basun 巴孫 (A,B) 1491
batai hiya 1012
batangga 1289
batma (1), -taiji 407, 793, 1269, 1315, 1317
batma (2) 1552, 1555
batma (3) 1558, 1559, 1560, 1561, 1625, 2221, 2236
batma (4) 1661, 1716, 2007
batma (5) 巴特瑪 (A,B) 2213
batma (6) 2215
batma (7) 2237
batma (8) 2246
batma (9) 2250
batma (10) 2380, 2386
batma daigal 1299
batma hūwang taiji 793, 795
batma jung 796
batma tabunang (1) 792, 796
batma tabunang (2), -ocir tabunang 793, 795
batmadar 2035
batmasi 795
batmasi taiji 795
batu (1) 2211
batu (2) 2212
batu (3) 2223
batuhūlai 2244
batun, -baksi 巴屯 (A,B) 711, 714, 715, 1202
baturu giyūn wang (1) 巴圖魯郡王 (A,B) 1622, 1626, 1640, 2242, 2351-2352, 2353, 2354 = manjusiri (1), doroi baturu giyūn wang (2)
baturu giyūn wang (2) 武英郡王 (A,B) 1648, 1741, 1896, 1989, 1998, 2040, 2184, 2185, 2195, 2202 = ajige, doroi baturu giyūn wang (1)
baturu gufu 巴圖魯姑夫 額宜都巴圖魯 (A), 巴圖魯額亦都 (B) 1081, 1082, 1083, 1084, 1086, 1087 = eidu baturu
baturu jan 巴圖魯詹 (A,B) 1741, 1805
bayamu (1) 1288
bayamu (2) 2246
bayan (1) 1284, 2016, 2018, 2019, 2020, 2021
bayan (2) 1289, 1999, 2000
bayan (3) 2213
bayan (4) 2222
bayan (5) 2225
bayan (6) 2227
bayan (7) 2238
bayan (8) 2238
bayan (9) 2243
bayan (10) 2245
bayan baturu 1011, 1015
bayan beile [多羅]饒餘貝勒 (A,B) 1620, 1647, 1648, 1738, 1742, 1743, 1896, 1925, 1980, 1981, 1990, 2000, 2003, 2007, 2011, 2036, 2037, 2051, 2054, 2056, 2057, 2060, 2061, 2063, 2064, 2065, 2083, 2084, 2173, 2198, 2257, 2297, 2319, 2347 = abatai (1), doroi bayan beile
bayan tegus 1982
bayandai (1) 2167
bayandai (2) 2213
bayandai (3) 2215
bayandara (1) 2241
bayandara (2) 2242

bayangsu 693
bayantai (1) 1538
bayantai (2) 2239
bayantai (3) 2241
bayantai (4) 2244
bayantu (1) 2210
bayantu (2) 2239
bayar (1) 巴牙爾 (A,B) 1287, 1718, 2236, 2361
bayar (2) 2212
bayar (3) 2212
bayar (4) 2237
bayar (5) 2240
bayar (6) 2241
bayar (7) 2245
bayar tabunang 796
bayara 1718, 2009
bayartu (1), -daicing 巴牙爾圖 (A,B) 755, 981, 987, 1179, 1560, 1569, 1625, 2213, 2236
bayartu (2) 1058, 1059, 1061, 1062, 1100, 1226
bayartu (3) 2237
bayartu (4) 2240
bayartu (5) 2246
bayot gege 1343
be ci ts'e 白奇策 1287
be dooli 白道吏 白副使 235
be du tang 白都堂 白養粹 (A,B) 466, 468, 511, 618, 620, 634 = be yang ts'ui
be ing k'o 2080
be iogi 480, 557
be jan cing 557 = be yan
be lama 白喇嘛 (A,B) 191, 353, 364, 367, 379, 1821, 2320,
be ši 白氏 2269
be tung be 2080
be yan 470 = be jan cing
be yang ts'ui 白養粹 (A,B) 460, 461 = be du tang
bebugei 伯布格 (A,B) 1460
bebuhe 白布赫 (A,B) 1206, 1209
bedike 1524
begei 白格 (A,B) 429, 441, 642, 1238, 1269, 1274, 1278, 1295, 1321
begelcuk 2238
behei 1399
behi 1720, 1917
bejise 1095, 1124
beki 白奇 (A,B) 1823
bekidei (1) 2210
bekidei (2) 2211
bekidei (3) 2241
bekitei (1) 1552, 1555, 1559, 1560
bekitei (2) 2241
belektei 2069
belge 2240
belgei 2180, 2236
belgen 2213
belhetai 1206, 1209
bendei 1576
berke 1226
biceci bandi 華車齊班第 (A,B) 2282, 2284, 2307
biceci ubasi 畢車齊吳巴什 (A,B) 2282, 2284, 2307
bicigeci lama 畢車齊喇嘛 (A,B) 1463
bidengtu 弼登圖 (A,B) 1179, 1180, 2215
bidulai 1921
bijege 2216
bilik (1), -togo 畢禮克託果 (A,B) 1823, 1921
bilik (2) 2245
biliktu (1) 2241
biliktu (2) 2320
biliktu langsu 1619
biliktu nangsu 畢禮克圖囊蘇 (A,B) 1973, 1982
bingtu (1), -wang 秉圖 (A), 冰圖 (B) 1550, 1569, 1615, 1621, 1629, 1640

bingtu (2) 2181, 2182
bingtu (3) 2244
bingtu lama 2320
biraci hūwang taiji 畢喇什 (A,B) 293
birasi, -efu, -taiji 畢喇石 (A), 畢喇錫 (B) 785, 786, 793, 794, 1251, 1315, 1711, 1759, 2181
biyan dz sing 365
biyanjai 2242
biyashū 2222
boba 2242
bobitai 2237
bobo 2240
boboi 849
boboltai 1031
bobong 1718
bobong taiji 博琫 (A,B) 1355 = babung taiji
bobontai 2242
boborong 849
bobutu 2237
bodi (1) 2096
bodi (2) 2211
bodisai cūhur tabunang 1865
bodisung 1718
bodo 2217
bodohonggo ijishūn wang 智順王 (A,B) 1633, 1970, 1972, 1973, 2049, 2271, 2277, 2281, 2356 = sang, sang k'o hi
bodoi 1206, 1209
bodoi sanjin 801, 1304
bodong 1557
bodorok 2243
bogodaga 2240
bogodaga darhan 1553, 1555, 1558, 1559, 1561,
bogodai 2242
bogodoi (1) 2221
bogodoi (2) 2240
bohoto, -beise 博和託 (A,B) 2078, 2383, 2384
boigon 1132, 1135, 1137
boigon bayan 1085,
boihoci ecike 1286, 1948
boihon 1718
boisiri ui jaisang 982, 987
boito 2307
boitung 2241
boji baksi 761, 773
bojiri 1291
bojora 2238
bokto 2254
boktoci sanjin 1174
bolhū 2241
bolo, -age 博洛 (A,B) 1576, 1616, 2064
boloi 797
bomboro 2213
boo ceng siyan 鲍承先 (A,B) 434, 1540, 1646 = boo fujiyang
boo fujiyang 鮑副將 439, 473, 486 = boo ceng siyan
boo janggin 鮑章京 1820,
boo ts'anjiyang 鮑參將 鮑承先 (A,B) 618 o ceng siyan
boodaga 2216
booji 537
bootu 2223
borbaka 2245
borboi 1518
borboi bandi 1464
bordoi 1224, 1288
borhoi 博爾惠 (A,B) 1293, 1493, 1517, 1616, 1852, 1933
borji (1) 博爾濟 (A,B) 1179, 1180
borji (2) 2222
borji (3) 2227

borjigit hala (1) 博爾濟吉特氏 1857
borjigit hala (2) 博爾濟吉特氏 1860
borjigit hala (3) 博爾濟吉特氏 1863
borjigit hala (4) 博爾濟吉特氏 1867
borjin, -hiya 博爾晉 (A,B) 86, 94, 133
borjin taiji 1137
boro (1) 2244
boro (2) 博羅 (A,B) 2350
boro taiji 792
boroci 2240
borogan 2246
borohoi 2241
borohū 2224
boroju 2213
borokcoi 2246
boroldoi 1923
boroltoi 2244
borotoi 2245
borsun 1203
boršan 博爾山 (A,B) 1212
bortoi 2222
bošoktu han 博碩克圖汗 (A,B) 196, 1924
botakū 2219
botanggo 1029, 1290
botoi 2221
boyodoi 2241
bu iogi 卜遊擊 卜文煥 (A,B) 462, 481, 486, 487, 618 = bu wen hūwan
bu wen hūwan 462 = bu iogi
bubu (1) 2213
bubu (2) 2223
buda (1) 2220
buda (2) 2237
budai (1) 1206, 1209, 1289, 2035
budai (2) 2224
budai (3) 2237
budai (4) 2242
budan 布丹 (A,B) 1340, 1579, 1719, 1960, 1961, 2205
budang 2242
budang taiji 布當 (A,B) 1355
budari 2228
budasi 2240
budasiri (1) 布達席理 (A,B) 385, 2240
budasiri (2) 2215
budasiri ong 794
budasiri taiji 1466
budui (1) 2217
budui (2) 2225
buduru 2228
bugenci 2238
bugūluk 2217
buha 布哈 (A,B) 1482, 1486, 1497
buha tabunang 布哈塔布囊 (A,B) 1213, 1214, 1217, 1220, 1269
buhandai 2212
buhatu 2223
buhu lama 1920, 1922
buiga 2221
bujai (1) 布寨 (A,B) 1551, 1552, 1555, 1561,
bujai (2) 2220
bujai (3) 2229
bujai (4) 2239
bujai beile 1085
bujantai, -beile 布占泰 (A,B) 41, 66, 70
bujarai 2242
bujigir 2222
buju efu 1525
buksiki ong 795
bukšan 布克善 (A,B) 221
buktu 1556
buku 1982, 1998

buku bar baturu 巴爾巴圖魯布庫 (A,B) 1077
buku seose 1314
bukur 2241
bukut olbo taiji 834, 835
bukutei 2242
bukūn 1289
bulaktai (1) 布喇克泰 (A,B) 2211
bulaktai (2) 1212
bulanju 1288
bulatagai 2237
bultan 1721
bulte 布爾特 (A,B) 1355
bultegei 2239
bulteger 2241
bumba, -cūhur, -ildeng 奔巴楚虎爾 (A,B), 布木巴伊爾登 (A,B) 1183, 1457, 1569, 1624, 2245, 2354
bumbai 2227
bumbarasi uijeng 795
bumbu 2226
bumbu cūbur 810, 811, 812
burantai 1064
burcehe 2229
burdahū 2216
burgadu 布爾噶都 (A,B) 489, 536, 605, 794, 1757
burgatu, -hūng baturu 403, 518, 793
burgi 布爾吉 (A,B) 686, 729, 744, 1166, 1175, 1994
burhai 布爾愷 (A,B), 布爾開 (A,B) 497, 1064, 1067, 1287, 1288, 1530, 1993, 2237, 2304
burhan 1175
burkai 布爾愷 (A,B) 1032, 1033
burkan 布爾堪 (A,B) 433, 584, 1285, 1630
bursahai 1287, 1790
buršan 2203
busan 布山 (A,B) 691, 1967
buselegen 2242
bušai 布賽 (A,B) 1067, 1878
bušan 1357
bušuku 1031, 1064, 1287, 1579, 1722
butanggū 1719
butao 布韜 (A,B) 318
buyahū darhan noyan, -guyeng 布雅戶古英 (A,B) 2286, 2310
butaci (1), -hatan baturu 布塔齊 (A,B) 229, 960, 964, 1188, 1314, 1555, 1560, 1621 = doroi jasaktu giyūn wang
butaci (2) 2225
butaci (3) 2239
butaci (4) 2239
buyan (1) 布顔 (A,B) 523, 1011, 1015, 1221, 1289, 1483, 1485, 1500, 1536, 1702, 1711, 1792, 1812, 1846, 1880
buyan (2) 1190
buyan (3) 2220
buyan ahai 布顔阿海 (A,B) 293
buyan beile 布顔 (A,B) 1711, 1759
buyan tabunang 1288
buyandai (1) 布彥代 (A,B) 103, 497, 1506, 1901, 2005, 2026, 2034, 2035, 2083, 2181, 2185, 2199
buyandai (2) 布顔代 (A), 布彥代 (B) 1194
buyandai (3) 布顔代 (A,B) 1823, 1919
buyandari 797
buyanggadai 2238
buyanggū hiya 顔陽果 (A,B) 302
buyanju 1978
buyansiri 798
buyantai (1), -efu 布顔代 (A), 布彥代 (B) 1354, 1355
buyantai (2) 1557
buyantu (1) 布顔圖 (A,B) 584, 862, 863, 1044,

1049, 1050, 1051, 1268, 1269, 1290, 1292
buyantu (2) 1552, 1555, 1557, 1559, 1561
buyantu (8) 2339
buyantu (4) 2339
buyar 1288

C

cabahai 744
cagan lama 察漢喇嘛 (A,B) 1508, 1817, 1879, 1973, 1982, 2319
cagandai 察合台 察罕代 (A,B) 1104
cahar han 察哈爾汗 (A,B) 12, 24, 140, 147, 149, 161, 171, 196, 197, 206, 215, 218, 284, 303, 319, 357, 362, 1207, 1236, 1243, 1254, 1255, 1293, 1430, 1461, 1604, 1660, 1661, 1881 = lindan
cahar i gungju 察哈爾國公主 (A,B) 2172, 2175, 2260 = gurun i gungju cahar nakcu 699
cahara 察合喇 (A,B) 572, 580, 596, 597, 603, 604, 621, 730, 1230, 1245, 1386, 1404, 1407
cakani 察喀尼 (A,B) 198, 1717
cakcani 2238
calasun 1292
cambu 1008, 1518
cang sio 長壽 705, 708
cangcari 1792
canggei 2221
cantai 1226
catahai 1719
cecen 1036
cecen beile 796
cecik mergen 1288
cecike mergen 653
cegen 車根 (A,B) 1426, 2216, 2231, 2232
cegen gumu 1624
cekcemu 車克車木 (A,B) 1628
ceke 1289
cen amba jiyanggiyūn, -dzung bing guwan, -jiyang-giyūn 2070
cen bang siowan 陳邦選 (A,B) 955, 1080, 1157, 1249, 1802
cen biyan u 陳變武 (A,B) 1079, 1158
cen cu siyan 1358
cen du ming 2048
cen fu sin 陳復新 (A,B) 1832
cen gio giyai 陳九階 (A,B) 343
cen hing 陳興 (A,B) 1832
cen hū bu 陳戶部 陳此心 (A,B) 467, 539
cen hūng fan 陳洪範 (A,B) 1692
cen jin jung 619
cen jing hūwa 陳清華 (A,B) 476
cen ki sin 1094
cen ping 380
cen šang de 1010
cen šang jy 2153
cen ts sin 陳此心 (A,B) 467
cen wan wei 343
cen yan mei 陳延美 (A,B) 476
cendei 陳德 (A,B) 1472
ceng da ye 成大業 (A,B) 1832
ceng de i 成大業 (A,B) 778, 781,
ceng tang 成湯 湯 (A,B) 1603
centei 1579
cergei 車爾格 (A,B) 86, 94, 103, 585, 693, 1226, 1230, 1245, 1352, 1507, 1997, 1999, 2182, 2326
ci biyan lung 遲變龍 702, 705, 709, 766
ci guwe jung 1358
ci guwe žu 齊國儒 (A,B) 1830
cibaganci lama 2286
cibahai 2286

ciciktu 2244
cidahai 1288
cidahū 2237
cifahan 1086
cihūlgai 2240
cin yung fu 秦永福 (A,B) 2118, 2121
cindamu 2244
cing baturu, —jirgalang 青巴圖魯濟爾哈朗 (A), 青巴圖魯際爾哈朗 (B) 1457
cinggina 2244
cinggis han 成吉思皇帝 (A,B) 1104, 1105
cinggiyanu 青嘉弩 (A,B) 98, 1722
cingšan 青善 (A,B) 1007, 1036, 1168, 1540, 1577
cinuwa 1552, 1555, 1558, 1559, 1561
cio du tang 丘都堂 丘巡撫 (A), 邱巡撫 (B) [丘禾嘉] 910, 924
cio dz min 1010
ciowan šang i 全尙毅 (A,B) 61
ciowan žin lu 權仁祿 290
cirgešen 齊爾格申 (A,B) 1292, 1356, 1578, 1692
cisina 1791
ciyan ki jy 錢奇志 (A,B) 467
cobogo 2219 = = cobohoi
cobohoi 2231, 2232 = cobogo
coboi 1288, 1790
cobong 2217
cobot 2237
codoi 2237
codor 2241
coga 2222
cogodong 2237
cohoni 2238
cohono 綽和諾 (A,B) 1026, 1067
cohoro 1175
coi (1) 1923
coi (2) 2223
coigil 2215
coijiri 2221
coimjur 1557
coimu 2239
coir jamsu 吹爾札木蘇 (A,B) 163
coirgi 2227
coirjal efu 吹爾查爾 (A,B) 1029
coirung 2238
coishib 2237
coiskeb 2223
coitoma 796
cokto 1628
coktu (1) 2188
coktu (2) 2224
coktu (3) 2225
coktu (4) 2237
coktu (5) 2240
coktu (6) 2240
coktu (7) 2241
coktu (8) 2243
coktu (9) 2246
coktu tabunang 804
coktu taihū 848
coktu taiji (1) 793
coktu taiji (2) 960
coktu taiji (3) 1345
cola 2210
colmo 1287
colmu 1100
como taiji 794
cona 察喀 (A,B) 1212
conggoni 2237
congnohū 2243
congnoi 2238
conoho 綽諾和 (A,B) 385, 2244
conohoi, -taiji 802, 805, 806, 1189

conong guyeng 綽濃古英 (A,B) 1513
conowa 2245
coo dzung bing guwan 巢總兵官 1991, 2005, 2006, 2012
coo pi cang 巢丕昌 (A,B) 2062, 2064, 2088, 2174
coohar 1070, 1152, 1260, 1261, 1287
cooldur 2211
cootu (1) 2229
cootu (2) 2244
cootu (3) 2245
corci (1) 833, 835
corci (2) 1206, 1209
corgol 1851
corji (1) 829
corji (2) 1190, 2242, 2353, 2354,
corji lama 綽爾濟喇嘛 (A,B) 1233, 1464
corjil taiji 802, 803
coro 1401
coroktoi 2229
coronggū 2223
coruhe 2213
corunghai 2213
coshi (1) 791
coshi (2) 795
coshi (3) 綽思熙 (A,B) 1178, 1202
coshi (4) 1758
coshi (5) 2223
coto 841
cotung 綽通 (A,B) 1495, 1923, 1950
cubu 2244
cuikuru 1775
cuimjur 1554
cuku 1999
cuku baturu 1718
cung jeng han [明思宗] 崇禎皇帝 (A,B), 崇禎君 (B) 424, 434, 445, 922, 2104, 2112
cungsika 1292
curusi 1289
cuyeng jaisang 820
cūhur 727

D

da gosin i booi wesihun amba fujin 麟趾宮貴大妃 2173 = wargi da gosin i booi wesihun amba fujin, wargi da gosin i booi fujin, wargi wesihun amba fujin, wesihun amba fujin, borjigit hala (3)
da mafa hūturi neihe wang 始祖澤王 1888
dabagai 2224
dabahai 1717
dabatai 2238
dadai (1) 達代 (A,B) 1287, 1508, 1702, 1812, 1817, 1879
dadai (2) 1708
daduhū 2242
daga 2222
dagaci 2238
dagaji 2240
dagaju 695
dagan 2244
dage 698, 2090
dagūr (1), -hatan baturu 828, 960, 963, 964, 1189, 2243 = takor
dagūr (2) 2242
dagūtai 2246
dahabu (1) 645
dahabu (2) 1978
dahai (1), -baksi 大海 (A), 達海 (B), 大海榜式 (A), 巴克什達海 (B) 101, 111, 450, 451, 530, 593, 611, 619, 635, 645, 694, 695, 708, 921, 922, 923, 924, 940, 1005, 1020, 1106, 1286, 1316, 1318, 1319, 1320, 1321, 1327, 1472, 2291

dahai (2) 塔海 (A,B) 1212
dahai (3) 1293
daho 2243
dahū 2225
dai ciyandzung 1819
dai darhan 代達爾漢 (A,B) 507, 532, 593, 621, 785, 1757, 1758, 1760, 2207
dai ding han [金世宗]大定帝 大定完顏雍 (A,B) 442 = šidzung ulu han
dai ju jiyang 1575
dai ye bu šeo 1576
daicing (1), -beile 代青 (A), 戴青 (B), 代青貝勒 (A), 戴青貝勒 (B) 381, 755, 1034, 1051, 1109, 1137, 1179, 1552, 1555, 1557, 1559, 1561
daicing (2) 代淸 (A), 戴青 (B) 524
daicing (3) 840
daicing (4) 1289
daicing (5) 1291
daicing (6) 2096, 2097
daicing (7) 2227
daicing darhan 代青代爾漢 (A), 戴青達爾漢 (B) 150
daicing hūwang taiji 2285
daicing nangsu 2319
daicing tabunang 1287
daida 代達 (A,B) 164, 1029, 1067, 1290
daidarhan 1315
daidarhan taiji 1195
daidu (1) 548, 549
daidu (2) 2304
daiduci 戴度齊 (A,B) 1550, 2210
daigal 1288
daigung 2217
daiju 1150
daimungga 1717, 1792
dainju (1) 699
dainju (2) 1027
dainju (3) 2206
daisaka 1995
daisungga (1) 代松阿 (A,B) 219
daisungga (2) 1289
daisungga (3) 代松阿 (A,B) 2194, 2200
daišan 代善 696, 954, 2162 = amba beile, ahūn doroggo cin wang, doronggo cin wang, hošoi doroggo ahūn cin wang
daje 2251
dajiha 693, 708
dajuhū 達朱戶 (A,B) 90
dakdamo 2220
dalahai, -taiji, -jaisang hūwang taiji 達賴海寨桑台吉 (A,B) 810, 811, 812, 813, 967, 968, 971, 975, 991, 1191, 1314, 1345, 1457, 2225
dalai (1) 大賚 (A,B), 塔賴 (A,B) 98, 103, 845, 1324, 1550, 1552, 1555, 1558, 1623
dalai (2) 達賚 (A,B), 達賴 (A,B) 689, 1506, 1903, 2001, 2011, 2012, 2029, 2034, 2035, 2043, 2083, 2180, 2189, 2201, 2207
dalai (3) 1293
dalai (4) 達賴 (A,B) 2050, 2167
dalai (5) 2217
dalai (6) 2222, 2236
dalai (7) 2239
dalai corji (1) 達賴綽爾濟 (A,B) 1823, 1921
dalai corji (2), —lama 2287, 2311
dalai cūhur 塔賴楚虎爾 (A,B) 746, 784, 807, 810, 811, 812, 813, 814, 816, 819, 820, 822, 843, 846, 848, 961
dalai darhan noyan 達賴達爾漢諾顔 (A,B) 1457
dalai hiya 2243
dalai tabunang 達賴塔布囊, (A, B) 1649
dalai taiji 357
dalu (1) 1253, 1555, 1559, 1561, 2225

dalu (2) 1558
damin (1) 達敏 (A,B) 297
damin (2) 1509
danai 1064
dandari 丹達禮 (A,B) 1577
dandulai 2225
danggalai 黨阿賴 (A,B) 162, 311, 312, 318 = jorikta darhan
dangse 2340
dantan (1) 1297
dantan (2) 丹坦 (A,B) 1956, 1961
daolan 653
dara eke 848, 991
darama 973
daramdi 803
darca 達爾察 (A,B) 1823, 1922
dardai 1924
dardung 2220
dargū 863, 2091
darhan (1), -efu 達爾漢 (A), 達爾汗 (A), 達爾哈 (B) 85, 94, 103, 177, 180, 475, 646, 674, 727, 768, 778, 862, 867, 877, 882, 999, 1014, 1146, 1175, 1203, 1224, 1378, 1398, 1418, 1506, 1615, 1736, 1742, 1902, 2001, 2022, 2028, 2034, 2043, 2064, 2083, 2191, 2191, 2201
darhan (2) 達爾漢 (A,B) 284,
darhan (3) 1094, 1128, 1131
darhan (4) 1660
darhan (5) 1624
darhan bandi 2285, 2307,
darhan baturu (1) 747, 759 = manjusiri (1), darhan hūng baturu, doroi baturu giyūn wang (1), baturu giyūn wang (2)
darhan baturu (2) 達爾漢巴圖魯 (A,B) 799, 800, 1457, 1551, 1556
darhan baturu beile (1) 1614
darhan baturu beile (2) 達爾漢巴圖魯貝勒 (A) 1614 = amin (1), jacin beile
darhan beile 793
darhan bekidei 2211
darhan cinuwa 2220
darhan daicing 1553, 1556, 1558, 1623, 2224, 2230, 2233, 2236 = dung (2), dung daicing, dung erdeni daicing
darhan giyūn wang 達爾漢郡王 (A,B) 1550, 1552, 1556, 1622, 2210, 2231, 2232, 2354 = hūng baturu, doroi darhan giyūn wang
darhan g'abcu 達爾漢噶布出 (A,B) 2465
darhan hiya 達爾漢蝦 (A), 達爾漢侍衛 (B) 900, 1087 = hūrhan hiya
darhan hošooci (1) 達爾漢和碩齊 (A,B) 220, 1189, 1456, 2239, 2352, 2355
darhan hošooci (2) 981, 1054, 1061, 1285
darhan hūng baturu 達爾漢巴圖魯 (A,B) 292, 295, 307, 385, 1456, 1569 = manjusiri (1), darhan haturu (1), doroi baturu giyūn wang (2), baturu giyūn wang (1)
darhan joriktu (1) 達爾漢卓禮克圖 (A,B) 296, 385 = badun
darhan joriktu (2) 達爾漢卓禮克圖 (A,B) 1457, 1513, 1552, 1556, 1557, 1558, 1569, 1622, 1624, 1851, 2220, 2230, 2233, 2236, 2353
darhan joriktu (3) 1621 = doroi darhan joriktu, ombu
darhan taiji 達爾漢 (B) 385, 963, 990
darhan lama 2308
darhan noyan 1457, 2286, 2308
darhan ubasi 達爾漢吳巴什 (A,B) 1466
darhū 1292
dari taiji 795
darjai 2226
darmadi 832

darmasiri 2240
dartai (1) 795
dartai (2) 1289
dartai (3) 1852
daruha 1289
dasamu 1923
dasi 塔實 (A,B) 810, 811, 812, 1178, 1191,
dasi taiji 794
daya 2220
dayaci (1) 達雅齊 (A,B) 139, 782, 797, 1236, 1254, 1255, 1261, 1274, 1275, 1276, 1278, 1282, 1295, 1296, 1310, 1321, 1322, 1532, 1561, 1659, 2125, 2210
dayaci (2) 2221
dayan (1) 塔占 (A,B) 1179, 1184
dayan (2) 1722
dayan (3) 2222
dayan ubasi 達顏吳巴什 (A,B) 1202 = dayang ubasi
dayang ubasi 1182 = dayan ubasi
dayangga (1) 1174
dayangga (2) 1224
dayangga (3) 達楊阿 (A,B) 1292, 1775, 1777, 1778, 1779, 1780, 1948
dede 653
dedei, -bingtu 得兌秉圖 (A), 得兌冰圖 (B) 2282, 2284, 2307
dedu 2237
dege 德黑 (A,B) 1550, 2239,
degebu 2241
degejei 2221
degeji 2241
degelei, -beile, -taiji 德格類 (A,B) 102, 113, 149, 178, 544, 545, 588, 696, 858, 878, 879, 916, 936, 954, 971, 1005, 1229, 1341, 1357, 1427, 1952, 1953
degetu 2224
deguci 2242
degutei 2242
dekdeki 1721
deldeng 2229
delger (1) 1286
delger (2) 1289
delger (3) 2213
demtu 2189
deng beiguwan 1293
deng cang cūn 鄧長春 (A,B) 955, 1079, 1157, 1249, 1802
deng de 2048, 2071
dengsiku 1146
deo ceng u 竇承武 (A,B) 955
deo mao dzung 1979
derdehe 1288
derdehei 德爾得黑 (A), 德爾得赫 (B) 677, 691
dergi amba fujin 東大妃 1681, 1683, 1838, 1855, 1859, 2130
dergi ashan i fujin 東側妃 1681, 1683, 1838, 2130, 2316
dergi ashan i ijishūn fujin 東側淑妃 1864, 1865, 1866, 1973, 2080
dergi ashan urgun booi ijishūn fujin 東側衍慶宮淑妃 1865
dergi booi fujin 東宮福金 (A), 東宮妃 (B) 1109, 1110, 1137
dergi hanciki amba fujin 東宸大妃 1861, 1907, 1908, 1973, 2080,
dergi hūwaliyasun doronggo booi fujin 東關雎宮妃 1681
dergi hūwaliyasun doronggo booi hanciki amba fujin 東關雎宮宸大妃 1861, 2277
dergi ijishūn fujin 東淑妃 1908-1909
dergi mafa fulingga werihe wang 高祖慶王 1888

dergi urgun i booi fujin 東衍慶宮妃 1681
dergi urgun i booi ijishūn fujin 東衍慶宮淑妃 2277
derekei 810, 811, 812, 813
desen 2320
ding fujiyang 丁副將 (A,B) [丁啟明] 497, 536, 559, 629, 876, 1249, 1758
ding wen šeng 丁文盛 (A,B) 1831
dobodoi bingtu hiya 多博兌秉圖 (A), 多博兌冰圖 (B) 1466
doboi 多貝 (A,B), 托貝 (A,B) 868, 1067
dodo (1), -age, -taiji 多鐸 (A,B) 112, 179, 207, 545, 608, 696, 955, 1009, 2162
dodo (2) 多垛 (A,B) 1211, 1212
dodohoi (1) 1206, 1209
dodohoi (2) 1717, 1850
dojiri (1) 多濟里 (A,B) 1291, 1790
dojiri (2) 1590, 1851
dokul 2219
dolišan 多禮善 (A,B) 419, 1289
dolokan kuriye 1171
dondob 2246, 2354
dondohoi (1) 1324
dondohoi (2) 1399, 1400
dongcong 2223
donggo efu 1087
donggo gege 東果公主 (A), 東果格格 (A), 董鄂公主 (B) 646, 1343, 1395, 1907
donggo wejihe 653
donggor (1) 1293
donggor (2) 2243
donggor (3) 2246
donggor ilduci 東果爾伊爾都齊 (A,B) 1456
dongni 1466
donji 2214
dono cūhur 1350
donoi (1) 多內 (A,B) 1202
donoi (2) 2211
donoi (3) 2211
donoi (4) 2212
donoi (5) 2225
donoi (6) 2320
donoi fujin 1466-1467
donoi gunji 朶內袞濟 (A,B) 195, 600, 761, 773, 803, 804, 847, 1171
donoi taiji 792
doolan (1) 道蘭 (A,B) 2393, 1385, 1631, 1633, 1728, 1729
doolan (2) 2203
doolihū 2211
doolika 1721
dootu 2217
dordong 2237
dorgi 2237
dorgina 1792
dorgon, -age 多爾袞阿格 (A,B) 179, 207, 696, 955, 2162 = mergen cin wang, mergen daicing, mergen daicing beile
dorji (1) 多爾濟 (A,B) 103,
dorji (2) 多爾濟 (A,B) 385, 985, 1628, 2353
dorji (3) 1180
dorji (4) 1286
dorji (5) 2214
dorji (6) 2219
dorji (7) 2219
dorji (8) 2224
dorji (9) 2225
dorji (10) 2227
dorji (11) 2227
dorji (12) 2244
dorji (13) 2244
dorji cecen jinong 2284
dorji darhan noyan 多爾濟達爾漢諾顏 (A,B) 1806,

1808
dorji efu 多爾濟 (A,B), 多羅濟 (A) 1290, 1353, 1507, 1532, 1741
dorji ildeng (1) 圖爾濟伊爾登 (A,B) 176
dorji ildeng (2), —taiji 980, 1189, 1569
dorji hatan baturu 多爾濟哈談巴圖魯 (A,B) 205
dorji hūwang taiji 多爾濟台吉 (A,B) 1465
dorji jinong (1) 多爾濟濟農 (A,B) 1466
dorji jinong (2) 多爾濟濟農 (A,B) 1466, 1467
dorji ong 796
dorji tabunang 805
dorji tabunang taiji 多爾濟塔布囊台吉 (A,B) 1823
dorji taiji (1) 961 = dorji ildeng (2)
dorji taiji (2) 966, 984
dorji taiji (3) 1399
dorjin 2178
doroi 2243
doroi adali giyūn wang 多羅郡王阿達禮 (A,B) 2297 = adali, doroi giyūn wang (2)
doroi baturu giyūn wang (1) 多羅武英郡王 (A,B) 1620, 1738, 1742, 1743, 1896, 1925, 1967, 1980, 1981, 1990, 2036, 2037, 2051, 2054, 2055, 2056, 2057, 2060, 2061, 2062, 2063, 2064, 2065, 2066, 2083, 2088, 2095, 2162, 2172, 2173, 2175, 2254, 2255, 2347 = ajige, baturu giyūn wang (2)
doroi baturu giyūn wang (2) 多羅巴圖魯郡王 (A,B) 1621 = manjusiri (1), baturu giyūn wang (1), darhan baturu, darhan hūng baturu
doroi bayan beile 多羅饒餘貝勒 (A,B) 1620, 1647, 1648, 1738, 1742, 1743, 1896, 1925, 1980, 1981, 1990, 2037, 2051, 2054, 2056, 2057, 2060, 2061, 2063, 2064, 2065, 2083, 2163, 2173, 2257, 2297, 2347 = abatai (1)
doroi darhan 多羅達爾漢 (A,B) 1621 = šamba
doroi darhan daicing 多羅達爾漢代青 (A), 多羅達爾漢戴青 (B) 1621 = dung
doroi darhan giyūn wang 多羅達爾漢郡王 (A,B) 1621 = hūng baturu
doroi darhan joriktu 多羅達爾漢卓禮克圖 (A,B) 1621 = ombu
doroi dureng 多羅杜稜 (A,B) 1621 = gurushiyab
doroi dureng giyūn wang 多羅杜稜郡王 (A,B) 1621 = sun dureng
doroi elehun beile 多羅安平貝勒 (A,B) 1620, 2048, 2050, 2052, 2055, 2256, 2059, 2163, 2256, 2297, 2348, 2356, 2359, 2375, 2376-2377, 2378, 2381 = dudu, elehun beile
doroi giyūn wang (1) 多羅郡王 (A,B) 1621 = bandi (1), banji efu
doroi giyūn wang (2) 多羅郡王 (A,B) 2193 = adali, doroi adali giyūn wang
doroi hiya beile 多羅蝦貝勒 (A), 多羅貝勒 (B) 1621 = genggel
doroi hooge beile 多羅貝勒豪格 (A,B) 1968, 2076, 2078, 2114, 2297, 2348, 2349 = hooge
doroi jasaktu giyūn wang 多羅查薩克圖郡王 (A), 多羅扎薩克圖郡王 (B) 1621, 1629 = butaci (1)
doroi yoto beile 多羅貝勒岳託 (A,B) 11961, 1968, 2076, 2078, 2297, 2306, 2348, 2356, 2361, 2369, 2370, 2376, 2384 = yoto
doronggo ahūn cin wang 禮兄親王 和碩禮親王代善 (A,B) 1664, 1665, 1706, 2161 = daišan
doronggo cin wang 禮親王 2319 = amba beile, daišan, ahūn doronggo cin wang, hošoi doronggo ahūn cin wang
dosi 2224
dotai 2243
duba 1624
dudu, -age, -taiji 杜度 (A,B), 杜度貝勒 (A), 杜度阿格 (A), 貝勒杜度 (B) 6, 13, 83, 102, 124, 149, 179, 422, 451, 630, 636, 658, 660, 696, 852,

1169, 1326, 1620, 2163, 2381 = doroi elehun beile, elehun beile
dugar 1287
dug'an 杜幹 (A,B) 1490
du ing kiyang 塗應乾 (A,B) 1158 = tu yeng kiyan
dujiyen 2241
dulba 杜爾霸 (A,B) 150
dulei (1) 土賴 (A), 圖賴 (B) 1256
dulei (2) 杜雷 (A,B) 2380, 2386
dulihū 都里戶 (A,B) 1458
dulimbai fujin 中宮大福金 (A), 中宮皇后 (B) 1109-1110
dulimbai genggiyen elhe booi gurun i ejen fujin 中央清寧宮皇后 1858, 2276-2277 = genggiyen elhe booi gurun i ejen fujin
dulju 1792
du looye 都老爺 (A), 袁巡撫 (B) 33
dumbai (1) 1288
dumbai (2) 敦拜 (A,B) 1376, 2303
dumbai (3) 1616
dumbai (4) 2202
dumei 都美 (A,B) 1031 = tumen (1)
dumei beile 圖美 (A,B) 1188, 1194, 1195, 1425
dumin 1716
du ming deng 2048
du ming jung 杜明忠 (A,B) 33, 38, 118, 359, 361, 364, 885, 1371, 1372
dundari 2002
dung 東 (B) 973, 1621 = dung daicing, dung erdeni daicing, doroi darhan daicing, darhan daicing
dung daicing 東代青 (A), 東戴青 (B) 813, 815, 821, 961, 982, 983, 991, 1186, 1187, 1342, 1627 = dung dung erdeni daicing 東額爾德尼代青 (A), 東額爾德尼戴青 (B) 909 = dung daicing, dung, doroi darhan daicing, darhan daicing
dung ging šu 1358
dung guwe yen 董國蔭 2304
dung ši wen 1358
dung šusai 1377
dung ting yuwan 董廷元 1095, 1288,
dung tiyan gi 董天機 2304
dunggalai 1852, 1924
dunggami 董阿密 (A,B) 1224, 1356, 1578
dunggio 1523, 1524
dungnami 董納密 (A,B) 69, 560, 717, 927, 1387, 1404, 1407
dungsan 董山 (A,B) 693, 1128, 1131, 1196, 1287, 1345, 1346, 1347, 1348
dungsilu 董世祿 (A,B) 164, 1286
dural darhan 1284
dural darhan hiya 827 = bajutai
dung dzung bing guwan 董總兵官 (A,B) 1282, 1295,
dural hiya 820
dural hūng baturu 都喇爾巴圖魯 (A,B) 186, 296, 381 = secen joriktu
durben sereng 2353
durdei (1) 杜爾德 (A,B) 1028, 1286
durdei (2) 1977
dureng (1), -efu 杜稜 (A,B), 瑣諾木杜稜額駙 (A,B) 20, 107, 140, 141, 148, 150, 184, 215, 734, 829 = sonom dureng
dureng (2) 847
dureng (3) 1624
dureng giyūn wang 杜稜郡王 (A,B) 1553, 1556, 1557, 1558, 1622, 1660, 2223, 2229, 2233, 2236, 2320 = sun dureng, doroi dureng giyūn wang
dureng guyeng 蘇布地杜稜古英 (A,B) 195 = sub-udi
dureng han 792
dureng jinong 杜稜濟農 (A,B) 1457 = sun dureng

durengge 1087
durhu 杜爾祜 (A,B) 2064
durma 杜爾麻 (A,B) 1077
dusgar, -jinong 2286, 2287, 2307
dusg'ar, -jinung 都思噶爾濟農 (A,B) 972, 1324, 1386
dusg'ar mergen taiji 835 = dus'gar
duša 2000, 2200
dutalai 2245
duwa 2245
duwan hiyo lii 段學孔 1079 = duwan hiyoo lii
duwan hiyoo lii 段學孔 (A,B) 1158 = duwan hiyo lii
duyang 2226

Dz

dz lu 子路 2107
dz sy 子思 (A,B) 1949
dzang guwe dzo 臧國祚 343 = dzeng guwe dzo
dzang iogi 臧遊擊 臧調元 (A,B) 509 = dzang tiyoo yuwan
dzang jung giyūn 629, 630
dzang ting yuwan 1093
dzang tiyoo yuwan 臧調元 1286, 1978 = dzang iogi
dzeng fang 618
dzeng guwe dzo 臧國祚 1095 = dzang guwe dzo
dzengdz 曾子 (A,B) 1949
dzu 祖 祖大壽 (A,B) 485, 504, 508, 566, 580, 597, 602, 603, 862, 940, 941, 945, 950, 951, 954, 956, 957, 958, 959, 1992, 1994, 1996, 1999, 2008, 2021 = dzu amba jiyanggiyūn, dzu da šeo, dzu dzung bing guwan
dzu amba jiyanggiyūn 祖大將軍 (A,B) 907, 969 = dzu (1)
dzu bang giyei 祖邦傑 (A,B) 934
dzu bang u 祖邦武 (A,B) 955
dzu beiguwan 1122
dzu da šeo 祖大壽 (A,B) 190, 430, 939, 955 = dzu (1), amba jiyanggiyūn, dzu dzung bing guwan
dzu dzung bing guwan 祖總兵官 475, 480, 488, 522, 523, 566, 589, 594, 602, 859, 889, 900, 903, 907, 912, 940, 954, 956, 1073, 1129, 1473, 1494, 1798, 1799, 1800, 1801, 1802, 1803, 1827, 1942 = dzu (1), dzu da šeo, dzu amba jiyanggiyūn
dzu fujiyang 祖副將[祖可法] 941, 942, 943 = dzu (2), dzu k'o fa
dzu janggin 祖章京[祖大壽] 2091, 2092, 2093
dzu je hūng 祖澤洪 (A,B) 946, 955, 1078, 1156, 1248, 1327, 1727, 1799, 1847, 1915
dzu je žun, —žūn 祖澤潤 (A,B) 939, 945, 947, 948, 955, 1078, 1156, 1248, 1327, 1727, 1798, 1819
dzu je yuwan 祖澤遠 (A,B) 955
dzu jiyanggiyūn 祖將軍 (A,B) [祖大壽] 566
dzu ke yung 祖克勇 (A,B) 955
dzu k'o fa 祖可法 (A,B) 940, 941, 943, 951, 955, 1078, 1156, 1248, 1327, 1798, 1808, 1809, 1819, 2093 = dzu (2), dzu fujiyang
dzu ts'anjiyang 祝參將[祝世昌] 560, 927, 934 = ju ši cang
dzung je 宗澤 (A,B) 854
dzung šang gioi 1978
dzung ting ioi 618

E

ebilun 遏必隆 (A,B) 1081, 1088, 1146, 1184, 1720
ebine 2237
ebugen (1), -tabunang, -taiji 792
ebugen (2) 794

ebugen (3) 2210
ebugen (4) 2223
ebugen (5) 2227
ebugen (6) 2237
ebugen (7) 2353
ebulei 974
ecike corji 額齊克綽爾濟 (A,B) 1464
ecike noyan 2314
ecima 523
edene 2211
edeng 額騰 (A,B) 799, 800, 801, 1179, 1180, 2214, 2236
egetu 2246
egu 額古 (A,B) 305
eguri 1995
ehelinggu 574
eheliyenggun 1721
eide 額一德 (A,B) 752, 1179
eideri 額得里 (A,B) 1495
eidu baturu 額宜都巴圖魯 (A), 巴圖魯額亦都 (B) 198 = baturu gufu
eimun 1293
eiteri 1034
ejei, -efu 額哲額駙 (A), 額哲 (B) 1475, 1477, 1478, 1480, 1481, 1483, 1485, 1487, 1489, 1490, 1492, 1494, 1512, 1621, 1872, 1873, 1972, 1975, 1976, 1977, 2300, 2301 = erke konggor, konggor (2), gurun i efu
ejigen noyan 2287
ekefarsi 2243
elbege 1323
elbihe 682, 784, 843, 1285, 1043, 1716
elehun beile 安平貝勒 (A) 1786, 1787, 1953 = dudu, doroi elehun beile
eleken loojin 1667
eljige 額爾濟格 (A,B) 453, 732
eljige keoket jalait 846
eljitu g'abcu lama 2308 = ūljeitu g'abcu lama
emci lama (1) 1323
emci lama (2) 2287, 2308
emegelji 795
emelci 額墨爾齊 (A,B) 1760
emelji 2007
emlik 2221
emnik 2238
emungge 額孟格 (A,B) 677, 693, 1058, 1287, 2053, 2055
enden, -hiya taiji 2287, 2318
enggedei 恩國泰 (A), 恩格德 (B) 1376, 1646, 1667, 1990, 2036, 2056
enggeder efu 恩格德爾額駙 (A), 額駙恩格德爾 (B) 177, 220, 524, 897, 1080, 1147, 1252, 1293, 1303, 1304, 1354, 1614, 1730
enggesen 恩格參 (A,B) 98 = engkesen
enggetei baturu 2315
enggetu 恩格圖 (A,B) 1236, 1506, 1901, 2005, 2008, 2009, 2025, 2034, 2035, 2051, 2083, 2195, 2380, 2386
engke (1) 2219
engke (2) 2219
engke (3) 2237
engke dai baturu, 恩克代巴土魯 (A), 恩克代巴圖魯 (B) 2285 = engkei dai baturu
engke taiji 1467
engkei 683, 1288
engkei dai baturu 1436 = engke dai baturu
engken taiji 796
engkesen 恩克參 (A,B), 恩格參 (A,B) 1179, 1180, 1551, 1557, 1981, 2212, 2214 = enggesen
engkesereng, -taiji 803, 976
entei 恩特 (A,B) 690
entemu 1988

erdeni (1) 1467
erdeni (2) 2229
erdeni baksi 額爾德尼 (A,B) 1321
erdeni darhan nangsu 額爾德尼達爾漢囊蘇 (A,B) 1879, 1924 = erdeni nangsu
erdeni nangsu 額爾德尼囊蘇 (A,B) 1508, 1817 = erdeni darhan nangsu
erdeni nomci 額爾德尼諾木齊 (A,B) 1462, 2286
erdeni ombu lama 2285
erebu 992
ergehei 2228
ergulen 1289
erhetu 1146
erihe 1718
erinca, -taiji 1190, 1195
erincen 2353
erincen jinong 額林臣濟農 (A,B) 1825 = erincin jinong, ordos jinong
erincin jinong 額林臣濟震 (A,B) 1922 = erincen jinong, ordos jinong
erincin taiji 1466
erke cin wang 豫親王 (A,B) 1662, 2040, 2078, 2090, 2155, 2205, 2319 = dodo
erke cūhur, — beile, — dodo taiji, — taiji 額爾克楚虎爾 (A,B) 207, 213, 214, 227, 228, 291, 392, 422, 429, 431, 545, 585, 605, 887, 904, 905, 911, 916, 1007, 1112, 1139, 1141, 1144, 1160, 1229, 1362, 1363, 1406, 1620 = dodo
erke daicing 額爾克代青 (A), 額爾克戴青 (B) 1715, 1730, 1806
erke jaisang 2286
erke kitat 2309, 2318
erke konggor 額爾克孔果爾 (A,B) 1424, 1430 = ejei, konggor (2), gurun i efu
erkei 1286
erketei 2238
erketu 額爾克圖 (A), 額爾格圖 (B) 1340, 2205
erne 1025
esei 1058, 1059, 1292, 1660, 1716
esen (1) 額參 (A) 385, 1189
esen (2), -baturu hiya 額參巴圖魯蝦 (A), 額參巴圖魯 (B) 1823, 1921
esen (8) 額參 (A,B) 2193
esen (4) 2212
esen (5) 2241
esenbai 2307
esendari 2244
esendei (1) 2217
esendei (2) 2218
esendei (3) 2224
esenderi 1190
esentei (1), -taiji 802
esentei (2), -taiji 額參德 (A,B) 834, 835, 1179, 1180
esentei (8) 1285
esentei (4) 2242
esetu 547, 548, 745
esigeldei 2210
esitei gege 1343
esutu 2241
etebu 2242
eyetu 1408

F

fadu (1) 法篤 (A,B) 164, 566, 653, 1285
fadu (2) 1132
fadu (3) 1133, 1137
fafungga cin wang 肅親王 (A,B) 1648, 1662, 1735, 1952, 1953, 1954, 1955, 1956, 1957, 1958, 1960 = hooge
faijima 1064

fan ci u 1713
fan iogi 范遊擊 范文程 (A,B) 863, 1015 = fan šusai, fan ts'anjiyang, fan wen ceng
fan min liyang 范民良 (A,B) 394, 411
fan šu gi 文書紀 溫樞紀 (A,B) 1384
fan šusai 范秀才 范文程 (A,B) 421, 497, 514 = fan iogi, fan ts'anjiyang, fan wen ceng
fan ts'anjiyang 范參將 593, 634 = fan iogi, fan šusai, fan wen ceng
fan wen ceng 范文程 (A,B) 633, 1240, 1286, 1645, 1658, 1666, 1667, 1727, 1829, 1880, 1947, 1949, 2061, 2066, 2161, 2278, 2323, 2324, 2325, 2326, 2327, 2328 = fan iogi, fan šusai, fan ts'anjiyang
fan wen dzai 2305
fang hiyan k'o 方獻可 (A,B) 1080, 1158
fang i yuwan 方一元 (A,B) 1078, 1158
fang ioi cing 395
fang sin 1537
fang siyang gung 630
fanggin 1719, 1783, 1784
fanggina 方巾納 方吉納 (A,B) 6, 10, 27, 33, 354, 884
fangkala 1289
fantu 1289
fatan 1289
fiongdon jargūci 蜚英東扎爾固齊 (A), 扎爾固齊費英東 (B) 198
fiose 飛耀色 (A,B) 1212
fiyanggū, -age, -beise 篇古阿格 (A,B) 999, 1226, 1287, 1352, 1385, 1506, 1562, 1615, 1736, 1738, 1742, 1903, 2004, 2029, 2035, 2063, 2066, 2083, 2177, 2178, 2179, 2181, 2183, 2185, 2186, 2187, 2200, 2202, 2206, 2380, 2386
fongkosi gungju 豐庫石公主 (A), 哈達公主 (B) 185 = hada gege
fosori 1720, 1792, 1993, 2191
fosuri 1288
fudai 傅代 (A,B) 1115, 1118, 1120, 1288, 1290, 1292, 1578, 1946
fuka 1717, 2053, 2055
fuka yara 1292
fukana 1292
fulata 富喇塔 (A,B 13, 1786,
fulhene 1776
fulu 1720
funderi 1792
fung jing yūn 1094, 1293
fungga 封阿 (A,B) 1579
funggan 1135, 1137
furdan 傅爾丹 (A,B) 693, 731, 1286, 1805, 2206
furun 1792
fusi efu 撫順額駙李永芳 (A,B) 103, 236, 1284
fusi gege 361

G

gabula 693, 711, 1226, 1293, 1999
gadasun 2214
gahai 2244
gahan 噶漢 (A,B) 291
gahašan hashū 1083
gajarci 1980
galju baturu 噶爾朱 (A,B) 1404
galju seter 1192, 1204, 1207, 1225, 1299
galju seter jinong efu 1171
galo 2246
galtu (1), -baturu 828, 2243, 2353
galtu (2) 2238
galtu (3) 2245
galtu tabunang 804

galtu taiji (1) 噶爾圖台吉 (A), 台吉噶爾圖 (B) 284
galtu taiji (2) 818
gandu (1) 1992, 2005
gandu (2) 2177
ganggina 1716
gangguri 網古禮 (A), 網古里 (B) 10, 1025
gar not olbo taiji 834
garai 噶賴 (A,B) 225
garda 哈爾達 (A), 喀爾達 (B) 164, 1292
gardahū 2240
gargio 噶爾糾 (A,B) 693, 1292, 2350
garhan 1978
garin 剛林 (A,B) 1427, 1438, 1442, 1646, 1659, 1726, 1727, 1768, 1773, 1829, 1880, 1947, 2061, 2062, 2066, 2158, 2293, 2294, 2296, 2303
garjukū 2242
garma taiji 794
garsa (1) 480
garsa (2) 1292
gartuhū 636
gasha 噶思哈 (A,B) 1058, 1062, 1493, 1720, 1994, 2004, 2202, 2206, 2207
gebakū 1285
gebakū bošokū 救巴庫撥什庫 (A), 格巴庫撥什庫 (B) 1495
gedei 2222
gegen han 格根汗 (A,B) 196, 850, 1231, 1237, 1245, 1254, 1457
gegen han buyan hūwang taiji 格根汗布顏台吉 (A,B) 1265
gelung 格龍 (A,B) 1551
gembulu 根布祿 (A,B), 格木布路 (A) 711, 1356, 1578
gender 2226
gendun 2215
gendur, -taiji 根度爾 (A,B) 318, 752, 799, 800, 801, 1107, 1138, 1139, 1140, 1141, 1143, 1144, 1159, 1179, 1180, 1276, 1277
gendushib, -taiji 792, 1251
geng 耿仲明 (A,B) 1633, 2072, 2115, 2337, 2343 = geng dzung bing guwan, geng jung ming
geng ciyandzung 耿千總 280
geng dzung bing guwan 耿總兵官 1599 = geng, geng jung ming
geng jung ming 耿仲明 (A,B) 1633, 2049, 2270 = geng, geng dzung bing guwan
geng wen jang 2151
genggel 耿格爾 (A,B) 1171, 1569, 1661, 1621
genggel guyeng tabunang 耿格爾古英塔布囊 (A,B) 1457
genggel hiya, —beile 耿格爾貝勒 (A), 貝勒耿格爾 (B) 293, 757, 787, 847,
genggelei 耿格壘 (A,B) 1551
genggene 2223
genggiyen elhe booi dulimbai amba fujin 淸寧宮中大妃 1681 = genggiyen elhe booi gurun i ejen fujin
genggiyen elhe booi gurun i ejen fujin 淸寧宮皇后 1858 = genggiyen elhe booi dulimbai amba fujin
genggiyen han 英明皇帝太祖 (A,B) 106, 225, 1321, 1520, 1614, 2101, 2110 = taidzu
genšu 根舒 (A,B) 1952, 1955
gentei 1719
gesecen 778, 781
geser 2237
gi loo siyan šeng amban niyalma 紀老先生大人 (A) 129
gi taigiyan 紀太監 (A,B), 太監紀用 (B) 115-116, 125, 126
gibkada 1285

gida 1287
gilamu 1982
gin cigu beiguwan 1290
gin ciyandzung 1617
gin dusy 金都司 金 (A,B) 1282
gin fujiyang (1) 金副將 金礪 (A,B) 486 = gin lii
gin fujiyang (2) 金副將 (A), 副將金國臣 (B) 932
gin i fung 金一鳳 (A,B) 1832
gin ing 1978
gin io guwang 金有光 (A,B) 394, 497, 501, 634, 722
gin io lai 1094
gin io ts'ai 465
gin iogi (1) 金遊擊 573, 593, 607,
gin iogi (2) 1122
gin ioi ho 金玉和 (A,B) 236, 1092, 1291, 1507, 1932, 1933, 1934, 2303, 2326
gin jin 金搢 (A,B) 60
gin jiyūn 金俊 金浚 (A,B) 61
gin lii 金礪 (A,B) 1092, 1291, 1507, 2036 = gin fujiyang (1)
gin lio 金鎏 (A,B) 86, 94
gin sio ju 金首擧 237
gin šeobei 金守臣 (A), 金守備 (B) 394 = gin io guwang
gin ši k'o 2151
gin ši žo 金時若 (A,B) 70
gin wei dung 金外同 金惟同 (A,B) 184 = gin wei tung
gin wei tung 金外同 金惟同 (A,B) 203 = gin wei dung
gin yung lai 金永賚 1293
ginggun ijishūn wang 恭順王 (A,B) 1633, 1634, 1635, 1850, 1970, 1971, 1972, 2049, 2268, 2269, 2277, 2278, 2279, 2281, 2356 = kung io de
ginggūlda 693, 1224, 1285, 2190
gintai 2237
gintaisi 235
giocana 1775
giohoto 1032, 1161, 1289, 1716
giojina 1523
gioroi baisan 覺羅拜山 (A,B) 136
gioroi langkio 1850
giošan (1) 覺善 (A,B) 652, 1037, 1285
giošan (2) 2192
gisha 季思哈 (A,B) 1285, 1990, 2045
gisun 537, 538, 653, 1948
gišan 1150
giya lang jung 賈郎中 賈維鑰 (A,B) 509, 514 = giya wei yo
giya wei yo 賈維鑰 634, 720 = giya lang jung
giyamkū 1525, 1526
giyamsu 賈木素 (A), 賈木蘇 (B) 653, 1577
giyamsun 1115, 1117, 1120, 1711
giyang gung liyei 姜弘立 (A), 姜宏立 (B) 62, 155
giyang sin 姜新 (A,B) 1078, 1158, 1727, 1804 = jang sin, jiyang sin
giyang tai gung 姜太公 (A) 880
giyang wei san 558
giyang yūn 江雲 (A,B) 1332, 1336
giyarungga 1292
giyasalan 賈色蘭 (A,B) 1385
giyaselan 653
giyasulan 1291
giyei 桀 (A,B) 1602
gobiltu 郭畀爾圖 (A,B) 318, 319
gobiltu dureng 郭畀爾圖杜稜 (A,B) 1457
goimanšose 2009
golcin (1) 2237
golcin (2) 2237
golcin (3) 2241
golohoi 1292

goltu 郭爾圖 (A,B) 318, 319
gori hiya 戈里蝦 (A), 侍衛戈里 (B) 868, 1032, 1067, 1289
gosin (1) 1292
gosin (2) 1998
gosin hiyoošungga doro de akūmbuha ginggun ijishūn hūturingga eldengge enduringge hūwangheo 孝慈昭憲純德真順成天育聖武皇后 1748, 1890, 1891, 2059, 2295, 2298-2299, 2299
gosin onco hūwaliyasun enduringge han 寬溫仁聖皇帝 (A,B) 1587, 1615, 1619, 1621, 1624, 1633, 1649, 1650, 1674, 1677, 1732, 1750, 1857, 1860, 1862, 1864, 1866, 1871, 1896, 1931, 1990, 2036, 2040, 2048, 2061, 2070, 2081, 2086, 2130, 2145, 2159, 2246-2247, 2248, 2249, 2251, 2252, 2254, 2255, 2256, 2258, 2259, 2261, 2262, 2263, 2265, 2266, 2268, 2269, 2270, 2271, 2287-2288, 2294-2295, 2298, 2299, 2337, 2340, 2362 = abkai hesei forgon be aliha gosin onco hūwaliyasun enduringge han, sure han
gu fujiyang 1582
gu šeo tung 330
guje 1980
guldehu 2216
guluge cūhur 古祿格楚虎爾 (A,B), 古彔格楚虎爾 (A) 1823, 1824, 1825, 1915, 1916, 1924
gulugedei 1879, 1880
gulugu (1) 顧錄古 (A,B) 1326
gulugu (2) 1626
gulugudei 1702, 1703
gumbu taiji 797
gumbushib 袞布斯希布 (A,B) 1209
gumbushiyab 1189
gumu (1) 810, 2222
gumu (2) 973
gumu (3), -taiji 古木 (A), 古陸 (B) 1147, 2380, 2386
gumu (4), -taiji 古木 (A,B) 1426, 1624, 1628, 2245 = gumu hatan baturu
gumu (5) 2212
gumu (6) 2213
gumu (7) 2216
gumu (8) 2219
gumu taiji (1) 1904, 2011, 2031
gumu taiji (2) 2285
gumu hatan baturu 古木哈談巴圖魯 (A,B) 1457 = gumu (4)
gumudei 832
gumur 2222
gumushi (1) 796
gumushi (2) 847
gumushi taiji 796
gumushib taiji 793
gumusi bandi 2284
guncuk 2287
gundei 2225
gunding gusi lama 袞定顧實喇嘛 (A,B) 1972
gung dzung kui 618
gungge 2211, 2232
gunggene 2211
gunggerincen lama 鞏格林臣喇嘛 (A,B) 1422
gunggerincin, -lama 2317, 2320
gunggun 1285, 1781, 1933
gungtu 729, 734, 742, 1028
gunji 803 = donoi gunji
gunji taiji (1) 792
gunji taiji (2) 796
gunjilei 2220
gurbusi, -efu 古爾布錫 (A), 古爾布什 (B) 98, 1507, 1907, 2190, 2212

gureng 1553, 1555
guru (1) 1300, 1507
guru (2) 1825, 1922
guru (3) 2240
guru, -taiji (4) 顧魯台吉 (A,B) 810, 812, 1183, 2222, 2352
guru taiji (1) 古魯台吉 (A), 台吉古魯 (B) 205, 1062
guru taiji (2) 796
gurun i efu 固倫額駙 1621 = ejei, erke konggor, konggor (2)
gurun i ejen fujin 皇后 1681, 1683, 1772, 1824, 1838, 1855, 1856, 1858, 1859, 1861, 1863, 1865, 1867, 1868, 1869, 1870, 1871, 1872, 1873, 1874, 1876, 2038, 2130, 2277
gurun i gungju 固倫公主 1639, 1868, 1869, 1908, 1911, 1972, 1975, 1976, 1977, 2038, 2130, 2131, 2259, 2260, 2261, 2274 = cahar i gungju
gurushib (1), -taiji 792, 797
gurushib (2) 1170, 1172
gurushib (3) 古魯斯希布 (A), 古魯思希布 (B) 1458, 1569, 1626
gurushiyab, -dureng 古魯思夏布杜稜 (A), 古魯思轄布杜稜 (B) 1016, 1621, 2095, 2096
gurusk'ab 2215
gurusk'ab taiji 古魯思夏布 (A), 古魯思哈布 (B) 1507
gusantai, -efu 顧三台 (A,B) 84, 85, 94, 103, 584, 646, 855, 1285
gusi (1) 古式 (A,B) 1466
gusi (2) 古式 (A,B) 1467, 2287, 2303
gusi (3) 2160
gusi (4) 2213
gusi (5) 2304
gutei (1), -tabunang 顧特塔布囊 (A,B) 219, 221, 228, 1032, 1495
gutei (2) 2246
guwandui 991
guwanggun age 1146
guwangsi 1287
guwangtai 1721
guyeng (1) 1292, 1721,
guyeng (2) 2243
guyeng hošooci 古英和碩齊 (A,B) 139, 839, 965, 966
gūlmahūn 顧爾馬渾 (A,B) 2054, 2056, 2057, 2303
gūnacan baturu 1717
gūnadai 1717
gūnata 1285
gūnatu 2214
gūnggadai, -age 鞏阿岱 (A,B) 530, 739, 867, 869, 1038, 1039, 1286, 1380, 1644, 1981, 2325, 2375
gūnin ijishūn wang 懷順王 (A,B) 1633, 1850, 1970, 1972, 2049, 2270, 2277, 2281, 2356
gūsan 2278
gūwalca 卦爾察 (A,B) 1287, 1289, 1763
gūwalca siteku 卦爾察席特庫 (A,B) 1845
gūwaljin 2214
gūwara 1992, 2200

G'

g'abcu lama 2286
g'ag'ai jargūci 1087
g'andi hiya baksi 1254
g'andishib 2241, 2353
g'andishiyab taiji 1457
g'anjur ong 795
g'ao cangšu 郭尙書 481, 496
g'ao fujiyang (1) 400, 401
g'ao fujiyang (2) 高副將[高鴻中] 632, 886, 1073, 1094,

g'ao gung gi 1093
g'ao guwang hūi 高光輝 (A,B) 955, 1080, 1158
g'ao hūng jung 高鴻中 (A,B) 434, 1092, 1104, 1291, 1507
g'ao iogi (1) 高遊擊[高鴻中] 439, 481, 484, 512,
g'ao iogi (2) 1160
g'ao janggin 高章京[高鴻中] 1820, 1821, 1822
g'ao jioi el 1094
g'ao ju jin 2305
g'ao ši jiyūn 高士俊 (A,B) 1831
g'ao šeo guwan 高守官 344, 345
g'ao ši lang 郭侍郎 522, 538 = g'o, g'o ši lang
g'ao ti ming 高題名 344
g'ao yung fu 341
g'ao yung mo 柯永茂 1291 = g'o yung mao
g'aodzu [漢]高祖 1334
g'arma (1) 1314
g'arma (2) 1623, 2241
g'arma (3) 1623, 2223 = g'arma taiji (1)
g'arma (4) 1628
g'arma (5) 2223
g'arma (6) 2238
g'arma (7) 2240
g'arma daidarhan 1189
g'arma hūwang taiji 噶爾馬台吉 (A,B) 759, 815, 840, 841, 842, 1174, 1458
g'arma ildeng baturu 840
g'arma sengge 1720
g'arma taiji (1) 961, 967 = g'arma (3)
g'arma taiji (2) 1203
g'arma yeldeng 1299
g'arma yeldeng baturu 噶爾馬伊爾登 (A,B) 1177
g'armatu 747
g'o 郭侍郎 (A,B) 486 = g'ao ši lang, g'o ši lang
g'o šao gi 336, 1095, 1287
g'o ši lang 郭侍郎 (A,B) 486 = g'ao ši lang, g'o
g'o taigiyan 高太監 1991, 1992, 1996, 2004, 2009, 2017, 2019, 2021
g'o yung mao 柯永茂 1092, 1422 = g'ao yung mo
g'o žu ji 1822
g'odei 2210
g'omang corji, —lama 1972, 2320

H

habagai, -weijeng 喀巴海衛徵 (A,B) 381, 752, 1178, 1180, 1457, 1623 = kabahai
haban 2216
haboi 2227
habujai 2237, 2241
hada gege 哈達格格 (A), 哈達公主 (B) 605, 606, 646, 1072, 1343, 1423 = fongkosi gungju
hadak 2246
hadana 1289
hadao 1776
hadoo 1791
hahana 693, 744, 1292, 2186
haicang 2240
haida 1722, 1998
haidai 2220, 2222
haihū 1342
hailitai 2245
haira 1936
hairai (1) 1679
hairai (2) 海賴 (A,B) 1720, 2036
hairai (3) 2237
hairai (4) 2244
haisa taiji 810, 811
haisahai 1287
haisakū 2223
haise (1), -baturu 991, 992, 1552, 1561, 2236, 2353

haise (2) 1276, 1277
haise (3) 1287
haise (4) 海塞 (A,B) 1356, 1578
haise (5) 1993
haise (6) 2069
haise (7) 2179
haise (8) 2211
haise (9) 2212
haise (10) 2218
haise (11) 2219
haise (12) 2222
haise (13) 2224
haise (14) 2243
haise (15) 2243
haise (16) 2245
haishai 1719
haju 1287
haksaha 哈克薩哈 (A,B) 867, 1044, 1046, 1203, 1287, 1292
hamu 2220
han dai hiyūn 韓大勳 (A,B) 955, 1078, 1156, 1248-1249, 1727, 1800, 1960, 1961
han dung 韓棟 (A,B) 940, 951, 955, 1080, 1158
han fujiyang 2001
han g'aodzu 漢高祖 256
han i 韓義 1286
han iogi 韓遊擊 韓棟 (A,B) 940
han sin 韓信 256
han tiyan ho 346
han ts'anjiyang 韓參將 235
han yūn 韓潤 1258
hanangga 哈囊阿 (A,B) 1578
hancu 2241
handai (1) 440, 1288
handai (2) 韓代 (A), 韓岱 (B) 497, 1070, 1152, 1271, 1352, 1998, 2206
handu 1291
hanggidai 2216
hanggina 1287
hanggū, -hatan janggin 杭古 (A,B) 1823, 1916
hangsidai 2231
hangsimu 1291
haningga (1) 哈寧噶 (A,B) 584, 732, , 1286, 1485
haningga (2)1175, 1205
hanui 2215
hara 2239
hara omoktu 1286
harabudai 2217
haradahū 2223
haraldai 1292, 1898
haraltai 1718
harijai 2211
harikū 1524
harsa 哈爾薩 (A,B) 1578
harsuhū 哈爾蘇戶 (A,B) 1551
harsungga 1354
hasala 1997, 2009
hasan 喀山 (A,B) 1208
hashū 1084
hasitan 1983 2044 2053
hatan 漢談 (A,B) 1823
hatan baturu 哈談巴圖魯 (A,B) 294, 314, 385, 760, 802, 810, 811, 812, 817, 820, 828, 993, 1190, 1195, 1317
hatan darhan 1628
hayang 2211
hayu 1716
he 黑[雲龍] 2016
he dzung bing guwan 黑總兵官 黑雲龍 (A,B) 545, 628, 629, 630, 865
he yūn lung 黑雲龍 (A,B) 447, 448
hecen 419

hede 赫德 (A,B) 1831
hele 黑勒 (B) 691
heo dzung bing guwan 侯總兵官 侯世祿 (B) 427
heo ši lu 侯世祿 429
heohen baturu 侯痕巴圖魯 (A,B) 2193
heokei 2222
hergen (1) 1288
hergen (2) 1951
heridei 2228
hersu 1719
hesimi 1285
heyene 赫夜納 (A), 赫夜訥 (B) 1488, 1719
hidzung hola [金]熙宗合喇 (A,B) 2290
hife, -baksi 希福榜式 (A), 巴克什希福 (B) 194, 560, 769, 838, 842, 843, 960, 1211, 1212, 1269, 1289, 1295, 1427, 1438, 1515, 1579, 1645, 1658, 1662, 1667, 1726, 1727, 1768, 1773, 1829, 1878, 1880, 1882, 1947, 2053, 2080, 2125, 2236, 2283, 2293, 2294, 2296, 2303, 2327
hing ceng dzu 邢成祚 (A,B) 1831
hiong meng lii 710
hiong wei jiye 1292
hiong žin 1094
hiya beile 515
hiya de šeng 夏得勝 (A,B) 955
hiya noyan 1624, 1904
hiya šusai 1822
ho dai fung 何大峯 (A,B) 1971
ho fujiyang 何副將 何可剛 (A,B) 946
ho ing siowan 1358
ho jin jung 何進忠 609
ho k'o g'ang 何可剛 (A,B) 954, 1798
ho tungse 何通事 (A,B) 河世國 68
hoboci 2244
hobodang 2245
hobogon 2243
hobolo 2246
hobondoi 2246
hobong 2222
hododu 2212
hogojai 2242
hoihoci, -bošokū 1778, 1779, 1781, 1782
hoiman 1292
hoisan 1719, 2008
hojiger (1) 548, 1044, 1289,
hojiger (2) 1467
hojiger tabunang 792, 796
hokintai 2240
holbaga 2240
holbon 1718
holdo 賀爾多 (A,B) 417, 1152, 1776,
holdon 何爾敦 (A,B) 1582
holo 1287
holohoi 708, 1287, 2199
homin 1289
hon 1171
honci 653
hondoi 2229
hongdui 2221
honghotai 2244, 2245
honghotu 2225
honggodoi (1) 2221
honggodoi (2) 2222
honggodoi (3) 2222
honggoi galju 洪珪噶爾珠 (A,B) 1551
honggor 2237
honggotu 1014
hongko 1616, 1997, 2202
hongkoto 洪可泰 (A), 洪科退 (B) 677, 678, 679
honici (1) 1190, 1556, 2223
honici (2) 2213

honici (3) 2243
honjin (1) 1557
honjin (2) 2242
hontoi taiji 1510
hontu 2223
hoo jin sio 695
hooge, -beile, -taiji 豪格 (A,B) 102, 113, 131, 149, 219, 221, 228, 422, 429, 430, 453, 517, 544, 573, 585, 605, 669, 696, 852, 1002, 1089, 1095, 1097, 1112, 1139, 1144, 1229, 1295, 1344, 1396, 1475, 1620, 1954, 1955, 1968, 2076, 2078, 2114, 2163, 2172, 2281, 2297, 2320, 2348, 2349
hoošan 698
horgo 2220
horgolji 2238
horonggo enduringge han 武皇帝 160
hošoi cin wang 和碩親王 1621 = ejei, erke konggor, gurun i efu, konggor (2)
hošoi doronggo ahūn cin wang 和碩兄禮親王 (A), 和碩禮親王 (B) 1620, 1707, 1772, 2161, 2162, 2247-2248, 2348, 2356 = ahūn doronggo cin wang, amba beile, daišan, doronggo cin wang
hošoi erke cin wang 和碩豫親王 (A,B) 1620, 1644, 1738, 1768, 1776, 1792, 1816, 1852, 1940, 1968, 1969, 1980, 1981, 1982, 1988, 2037, 2040, 2058, 2076, 2077, 2078, 2100, 2114, 2118, 2145, 2156, 2162, 2172, 2251, 2252, 2297, 2348, 2351, 2356, 2368, 2369, 2370, 2371, 2374, 2375, 2376, 2379, 2382, 2384 = dodo
hošoi erke cūhur beile 和碩額爾克楚虎爾貝勒 (A,B) 1576, 1584 = dodo
hošoi fafungga cin wang 和碩肅親王 (A,B) 1620, 1644, 1706, 1738, 1768, 1780, 1847-1848, 1848, 1852, 1854, 1878, 1879, 1934, 1940 = hooge
hošoi hūturingga fujin 和碩福妃 1640 = amba mama
hošoi joriktu cin wang 和碩卓禮克圖親王 (A,B) 1621 = ukšan
hošoi mergen cin wang 和碩睿親王 (A,B) 1644, 1713, 1715, 1738, 1780, 1850, 1852, 1870, 1879, 1914, 1963, 1968, 1969, 1981, 2037, 2040, 2058, 2076, 2077, 2078, 2100, 2118, 2158, 2162, 2172, 2250, 2348, 2349 = dorgon
hošoi mutebure cin wang 和碩成親王 (A,B) 1620, 1650, 1653, 1707, 1738, 1763, 1765, 1852, 1878, 1946, 1950 = yoto
hošoi sure cin wang 和碩穎親王 (A,B) 1704, 1705, 1772, 1797, 1893, 2253 = sure cin wang, sahaliyan taiji, sahaliyen
hošoi tusiyetu cin wang 和碩土謝圖親王 (A,B) 1620, 1640 = badari
hošoi ujen cin wang 和碩鄭親王 (A,B) 1620, 1977, 2038, 2162, 2249, 2297, 2347 = jirgalang
hošotu, -efu 和碩圖 (A,B) 85, 94, 103, 551, 646, 725, 768, 999, 1033, 1284, 1378, 1398
hoto, -age 和託 (A,B), 和託阿格 (A) 1644, 2064
hoto bayan 1288
hoto hiya 和託蝦 (A), 和托 (B) 1106, 2037
hotogocin taiji 1466
hotoi 1712
hotono 1289
hunio 胡鈕 (A,B) 653, 1292, 1579, 1991
huring 2221
hurluk 2211
hū bu [黃]戶部 265, 267 = hūwang hū bu
hū fujiyang 胡副將 (A,B) 1494
hū hūng siyan 胡弘先 (A,B) 955, 1080, 1158
hū io šeng 胡有升 (A,B) 2100, 2118
hū mo yen 503

hū siyang gung 630
hūba 2214
hūbai 2221, 2239
hūbatai 2222
hūbilgan 2212
hūbiltu 郭畀爾圖 (A,B) 381, 2217
hūhūna 2020
hūjong ubasi 1344
hūkio 胡丘 (A), 胡球 (B) 1646, 1666, 1773, 1811, 1947, 2066, 2303, 2324
hūlai 2225
hūlhatu 693
hūlhūri 庫爾固里 (A,B) 1008, 1287, 1357, 1358, 1490
hūmi 1287
hūmin 2182
hūmise 1226, 1815, 1988, 2016, 2018, 2019, 2020, 2089
hūng 洪 (A,B) [洪命耈] 1549, 2334, 2338, 2344, 2363
hūng baturu 袞出斯巴圖魯 (A,B) 20, 107, 140, 141, 148, 171, 284, 292, 381, 441, 747, 793, 837, 1182, 1199, 1457, 1513, 1616, 1621 = doroi darhan giyūn wang, darhan giyūn wang
hūng u, —han [明]洪武帝 373, 1452, 1605
hūnggor (1) 2215
hūnggor (2) 2217
hūngniyaka 1291, 1400, 1994, 2177, 2178
hūnta 645, 694
hūntagan 2238
hūragai 2226
hūrga 虎爾噶 (A,B) 1380
hūrhan 1716
hūrhan hiya 達爾漢蝦 (A), 達爾漢侍衛扈爾漢 (B) 1067 = darhan hiya
hūse 1084
hūsi 扈習 (A,B) 1289, 1590, 1652, 1785, 1786, 1787, 1995
hūsi cagan 653
hūsi cahan 扈習察罕 (A,B) 1578
hūsiba 1085
hūsibu 扈什布 (A,B) 418, 419, 497, 677, 693, 836, 900, 1067, 1286, 1481, 1506, 1903, 2005, 2010, 2030, 2035, 2083, 2176, 2184, 2187, 2188, 2200
hūsicaha 扈什察哈 (A,B) 1356
hūsimbulu 1289
hūsimu 1096, 1287, 1721
hūsintai 何辛泰 (A), 胡辛泰 (B) 1582, 1776, 1777
hūsiri 1292
hūsiri bithesi 1729
hūsita 扈什塔 (A,B) 693, 1578, 1720, 2350
hūturingga booi jingji fujin 永福宮莊妃 2172
hūwang 504, 508
hūwang badzung 886
hūwang cang 1358
hūwang dusy 黃都司 (A,B) 1282
hūwang el 1537
hūwang fujiyang 2001
hūwang guwan šeo 黃官壽 (A,B) 1278
hūwang hū bu 黃戶部 253, 254, 712
hūwang io gung 2154
hūwang lioi jung 黃履中 黃呂鍾 (A), 黃呂鍾 (B) 86, 94
hūwang šusai 1377
hūwang taiji 布顏台吉 (A,B) 196, 197
hūwang ts'an boo 1093
hūwang yūn lung 1293
hūwase 1652
hūwašan 花善 (A,B) 1291, 1363

I

i ai 易愛 (A,B) 392
ibai (1) 伊拜 (A,B) 402, 404, 418, 419, 784, 798, 836, 842, 843, 1506, 1902, 2001, 2009, 2010, 2027, 2034, 2035, 2082, 2189, 2193, 2201
ibai (2) 2222
ibal 2319
ibandai 2222
ibša 1999
icengge 宜成格 (A,B) 1831, 1952, 1953, 1955, 1960, 2303
ihari baturu 1718
ihida 宜希達 (A) 1781, 1792, 1945
ikitai 2237
ilacin 1289
ilbana 1776
ilbio 伊爾彪 (A,B) 318
ildei 伊爾德 (A,B) 1492, 1493
ilden 伊爾登 (A,B) 537, 728, 778, 999, 1114, 1169, 1284, 1398, 1506, 1615, 1733, 1734, 1735, 1736, 1737, 1998, 2000, 2182, 2183, 2190
ildeng beile 796
ilduci (1), -beile, -taiji 伊爾都齊 (A,B) 385, 387, 802, 828, 960, 964, 1188, 1300, 1314, 1847, 1852, 1854, 1855, 1878, 1879, 1934, 1940
ilduci (2) 1716
ilduna 1792
ilemu 益勒木 (A), 伊勒木 (B) 652, 1011, 1015, 1038, 1042, 1205
ilgai 1775, 1777, 1778, 1779, 1780
ilgei 2229
ilibu (1) 986, 1790
ilibu (2) 2244
ilibuha 移刺蒲阿 375
ilmen 1286
imtu (1) 1148, 2188, 2191
imtu (2) 2211
imtu (3) 2242
imtui 1048
inadu 2222
indahūci 440
inege 1288
inggo 1288
inggūldai 英俄爾岱 (A,B) 112, 151, 181, 421, 454, 560, 601, 636, 682, 683, 684, 695, 1037, 1291, 1325, 1358, 1448, 1507, 1522, 1540, 1542, 1543, 1544, 1545, 1546, 1550, 1610, 1915, 1960, 1961, 2165, 2327, 2338, 2369, 2371
intai 2237
inu 1288
inuka 1791
io tiyan ceng 1293
ioi 禹 1602
ioi ceng gung 345
ioi deng jeo 1094
ioi hūng jiyan 1806
ioi io 1010
ioi janggin 1821
ioi tiyan ceng 1134
ioi yo lung 1358
ioi žu i 2151
irahai 1719
irbis secen taiji 1466
irencen (1) 797
irencen (2) 2176
irešen 伊勒愼 (A,B) 653, 1115, 1116, 1120, 1291, 1577, 1630, 1946, 1947, 2046, 2047, 2048, 2053, 2070
irgeni 601, 604, 653, 1292
iricei 2213
irjam, -mergen taiji 宜爾札墨勒根台吉 (A), 宜爾札

木墨爾根台吉 (B) 980, 1189, 1426, 1457, 1551, 1623, 2220, 2236 = irjama taiji
irjama taiji 798, 802 = irjam
irsundei 宜爾孫德 (A,B) 1551
iseku 1720
isui 伊綏 (A,B) 1178
isun 宜蓀 (A), 伊孫 (B) 408, 409, 731, 1291, 1507, 2048, 2053, 2069, 2085
ituka 伊圖喀 (A,B) 318

J

jacin 1978
jacin beile 二貝勒 (A,B) 66, 70, 564, 566, 567, 586, 599, 632, 633, 943 = amin (1), darhan batur beile (2)
jafuni 札福尼 (A), 扎福尼 (B) 1292, 1631, 1728, 1785, 1790
jafuta 査符塔 (A,B) 905
jagai 2220
jagal 2220
jagūtai 2245
jahai 1024
jaisa 寨薩 (A,B) 741, 1578, 2046, 2047
jaisai (1) 寨賽 (A), 介賽 (B) 21, 22
jaisai (2) 2224
jaisai tabunang 794
jaisan 寨山 (A,B) 1356
jaisang (1), -keoken 寨桑侯痕 (A,B) 1179, 1276, 1277, 1314
jaisang (2) 2212
jaisang (3) 2220
jaisang guyeng hošooci 840
jaisang hūwang taiji 982
jaisang jargūci 833, 1298
jaisang taiji 792, 796
jaisang ubasi 982, 984
jajigūr 2245
jakai 2224
jakamohai 2218
jakana 札哈納 (A), 扎喀納 (B) 2078
jakdan 653
jalbu hiya 札爾布蝦 (A) 303
jama 2211
jamba 詹霸 (A,B) 1427, 1646, 1726, 1727, 1773, 1947, 2054, 2056, 2057, 2066, 2303, 2324
jambai 詹拜 (A,B) 1363, 1364
jambala 1569, 1627, 2245, 2354
jaming taiji 793
jamju 1289
jamsu (1) 2219
jamsu (2) 2228
jamsu (3) 2246
jamsu jaisang 2178
jamu (1) 2241
jamu (2) 2245
jamuhai 2241
jan 1298
jan birai gege 1343
jan buku 詹布庫 (A,B) 1077 = durma
jan tusiyetu 詹土謝圖 (A,B) 1217, 1363
jandai 2237
jang badzung 863
jang cang de 1096
jang cang deng 809 1292
jang cang šan 1575-1576
jang ceng yen 張昌應 (A,B) 1932
jang ci jan 630
jang ciyandzung 397
jang cūn 張春 (A,B) 919, 921, 922, 924 925
jang da io 張大猷 1093, 1286
jang da ioi 張大猷 2305 = jang da io

jang dooli (1) 張道吏 張春 (A,B) 620, 622, 921, 924, 926, 1026, 1028, 1030, 1031, 1035, 1038, 1039, 1040, 1041, 1042, 1043, 1044, 1045, 1047, 1056, 1057, 1058, 1059, 1062, 1065, 1066, 1069, 1124, 1125, 1128, 1129, 1130, 1131, 1132, 1147, 1148, 1149, 1150, 1151, 1152, 1493, 1803, 1804, 2204, 2205
jang dooli (2) 1013
jang dun 張轍 (A,B) 61
jang dzun žin 張存仁 (A,B) 1799 = jang ts'un žin
jang dzung bing guwan (1) 438
jang dzung bing guwan (2) 張士顯 490
jang dzung han [金]章宗 29
jang el yūn 張爾雲 (A,B) 471
jang fang 1537
jang fu an 619
jang guwan šeo 1978
jang guwe liyang 張國良 (A,B) 466
jang hing guwe 332
jang hūng mo 張弘謨 (A), 張洪謨 (B) 919, 1080, 1249
jang hūwai liyang 蔣懷良 (A,B) 1079, 1158
jang i fu 張翼輔 (A,B) 938
jang ing kui 張應魁 (A,B), 張應奎 (A,B) 1831, 2091, 2304
jang ing tai 1713
jang io ts'ai 張有功 (A,B) 969
jang jyfu 張知府 張養初 (A,B) 468, 474, 511, 594, 602, 618, 621
jang jyhiyan 張知縣 張養初 (A,B) 465
jang jyjeo 張知州 512
jang k'o fan 張可範 (A,B) 955
jang k'o mu 張弘謨 (A,B) 1156
jang lii jung 張立中 (A,B) 1543, 1545, 1546
jang liyan 張廉 (A,B) 1079, 1158
jang liyang 張良 380
jang liyang bi 1286
jang looye 張老爺[張春] 921
jang meng jao 331
jang min wang 張民望 (A,B) 1832
jang pi 2153
jang sin 姜新 2305 = giyang sin, jiyang sin
jang šang u 1010
jang ši 張氏 2268
jang šoo jeng 張紹禎 (A,B) 2118, 2120
jang tung ioi 1291
jang ts yan 1093
jang ts'anjiyang (1) 1159
jang ts'anjiyang (2) 2003
jang ts'un žin 張存仁 (A,B) 951, 955, 1080, 1156, 1149, 1727, 1750, 1754, 1799, 1808, 1810 = jang dzun žin
jang wei 姜桂 (A,B) 940
jang wen hūwan 1095
jang wen sio 張文秀 (A,B) 470
jang yang cu 張養初 (A,B) 468
jangci 1100
janggilun 1627
janggin 802, 834
janggitai 1288
janggūdai (1) 2237
janggūdai (2) 2243
janggūga 2220
janggūhai 2221
janggūtai 2217
janghor 2243
jangki 1190
jangnu 1792
jangsan 1721
jangsiba 張什八 (A,B), 張什巴 (A), 張習巴 (B) 654, 1132, 1133, 1136, 1292, 1578
jantamu 1289

jantan 2243
janu 扎弩 (A,B), 査弩 (A,B) 70, 74, 1149, 1356, 1578
jao ciyandzung 1537
jao deng g'ao 365 = jao deng k'o
jao deng k'o 378, 379 = jao deng g'ao
jao dzung bing guwan 趙總兵官 趙總兵 (A), 總兵趙率教 (B) 116, 127, 400, 401, 402, 640, 1494
jao dzung pu 408
jao fu hing 趙福星 (A,B) 1831
jao i ho 趙一鶴 326, 327
jao io de 2079
jao iogi 439
jao lama 1272
jao meng ts'ai 1095, 1293
jao ši 408
jao ši hing 333
jao tiyan fu 398
jao tiyan ioi 1094
jao tiyan lu 1978
jao yuwan 1980
jarku 折爾庫 (A,B) 143
jasagūn dureng 1904
jasaktu dureng 査薩克圖杜稜 (A), 扎薩克圖杜稜 (B) 1422, 1424, 1425, 1426, 1429, 1456, 1515, 1570, 1615 = butaci (1)
jasaktu giyūn wang 査薩克圖郡王 (A), 扎薩克圖郡王 (B) 1622, 1629, 1640, 2238, 2352, 2354 = butaci (1), doroi jasaktu giyūn wang
jasaktu jinong 査薩克圖濟農 (A), 扎薩克圖濟農 (B) 1462
jasuka 札蘇喀 (A), 扎蘇喀 (B) 1896, 1924, 2203
jegelei 1560 = yelei
jehei honjin 哲赫渾津 (A,B) 2282, 2284, 2307
jenduri 1792
jeng 鄭 (A,B) 1547
jeng i 鄭榏 鄭義 (A,B) 1000
jeng sin 鄭伸 354, 356, 358, 359
jeng šusai 鄭秀才 364, 367 = jeng sin
jenggude 1654
jenggute 鄭古特 (A,B) 1944
jengkune 鄭庫訥 (A,B) 2304
jenjuken 眞楮肯 (A), 眞楚肯 (B) 576, 1113, 1114, 1292, 1579
jeo 277
jeo dai mo 1094
jeo ioi 周瑜 380
jeo ma se 1818
jeo sin ioi 1818
jeo šang wen 1010
jeo ši ing 周士英 (A,B) 1832
jeo šusai 周秀才 周生員 (A), 周姓生員 (B) 465
jergi ci lakcaha ujui gung 超品公 (A,B) 1506, 1689, 1690, 1694, 1738, 1742, 1793, 2037, 2060, 2061, 2063, 2064, 2065, 2139, 2156, 2173, 2202, 2384-2385 = yangguri
jeshuri 1292
jibcu 1718, 1792
jihai 2180, 2253
jin cang giyūn 晉昌君 進昌君 (A,B) 76, 78
jin fujiyang 1061, 1130
jingdari 1523
jingju 1720
jingsengge 2045
jinong (1) 濟農 (A,B) 215, 297, 441, 1199
jinong (2) 濟農 (A,B) 746, 850, 1616, 1881
jinong (3) 濟農 (A,B) 1464, 2318
jinong corji 濟農綽爾濟 (A,B) 1464, 2286, 2311,
jinong efu 濟農額駙 (A), 瑣諾木杜稜 (B) 215, 605, 608, 1036, 1362 sonom (4)
jinong hūwang taiji 濟農台吉 (A,B) 107
jinong secen joriktu 濟農 (A), 濟農瑣諾木杜稜 (B)

292 sonom (4)
jintai 2237
jirgai 1720
jirgalang (1), -beile, -taiji 濟爾哈朗 (A,B) 6, 78, 84, 102, 113, 131, 179, 219, 221, 228, 390, 391, 396, 426, 451, 460, 491, 552, 561, 567, 578, 611, 658, 661, 670, 671, 679, 696, 835, 887, 941, 955, 975, 1005, 1112, 1181, 1229, 1268, 1341, 1346, 1375, 1376, 1511, 1512, 1620, 2162
jirgalang (2), -taiji 濟爾噶朗 (A,B), 濟爾哈朗 (A), 際爾哈朗 (B) 802, 834, 966, 984, 1179, 1180, 1469, 2214
jirhai 濟爾垓 (A,B) 225, 1292
jisui 2354
jisukei 2214
jiyang jin kiyoo 蔣進喬 (A,B) 394, 411, 502, 723
jiyang kui 1078
jiyang sin 姜新 2303 = giyang sin, jang sin
jiyang šeobei 629
jiyoo an min 焦安民 (A,B) 1831
jobin 2212
jobtu 1993
jogoi 1184
jogūntai 2227
jolbi 1269
jolbin 1148, 2211
jolbitai 卓爾畢泰 (A,B) 1758
joldui 2244
joltu 2239
jonggebu 2245
jonggodoi 653, 1291, 2203
jonggoi 2237
jongkortoi 794
jongnon 2239
jongnong 2222
jongtoi 1013
jongtu (1) 2212
jongtu (2) 2212
jongtu (3) 2238
jonon 1562
jonta 準塔 (A,B) 870
joode 1149
joojaga 2243
jooli 2226
joota age 573
jorgio 1288
joriktai 2239
joriktu (1) 532
joriktu (2) 1466
joriktu cin wang 卓禮克圖親王 (A,B) 卓禮克圖貝勒 (A,B) 1551, 1622, 1628, 1640, 1881, 1882, 2242, 2351, 2353
joriktu darhan 卓禮克圖達爾汗 (A), 卓禮克圖達爾漢 (B) 162 = danggalai
joriktu hūwang taiji 卓禮克圖 (A,B), 卓禮克圖台吉吳克善 (B) 1456, 1569, 1615 = ukšan
jorjat 2242
jotba ong 796
ju 朱[明] 2100, 2101, 2110
ju an min 焦安民 2305 = jiyoo an min
ju deng k'o 340
ju guwe ju 朱國柱 (A,B) 1831
ju guwe ming 2151
ju g'o liyang 諸葛亮 380
ju jyhiyan 朱知縣 472 = ju yūn tai
ju mei 504, 508
ju san 548, 549
ju šeo i 342
ju ši cang 祝世昌 (A,B) 329, 1092, 1291 = dzu ts'anjiyang
ju ši yen 祝世廕 1096, 1291, 1442, 1507, 1668

ju taidzu 朱[明]太祖 376, 426
ju ts'anjiyang 朱參將 參將朱三 (A,B) 876, 1095
ju wan ts'e 朱萬策 1291
ju yoo bung 1537
ju yūn tai 朱雲台 (A,B) 468, 472
juce 朱徹 (A,B) 318
jugai 2220
jugederi 朱格得 (A,B) 1551
jugiya 朱家[明] 1605
julgur 2215
jumara 1147, 1289
jung boo ki 1013
jung dzung bing guwan 鍾總兵官[鍾偉] 鍾總兵 (A,B) 903, 910, 925
jung ki hoo 鍾丘毫 (A), 鐘邱毫 (B) 1532
junggin 2182
junje gungju 肫哲公主 (A) 159, 160
junta 1288, 1997, 1999, 2000, 2182
juo 紂 (A,B) 1603
juraka 2180
jusiki 1286
juwanci beile 十王子 (A,B) 1436

K

kabahai beile, -taiji, -weijeng 喀巴海 (A,B) 284, 293, 2217 = habagai
kabu 1054, 1057
kahatai 2227
kairai 1624
kajahai 2018, 2020
kaju 653, 1256, 1286
kakamu 1286, 1993
kakduri 喀克篤禮 (A,B) 86, 94, 103, 402, 404, 416, 417, 439, 515, 551, 646, 726, 768, 999, 1150, 1212, 1284
kalcunggi 1292
kamciha 喀木戚哈 (A,B) 1287, 1530, 2186, 2206
kamhū 1720
kamtu 喀木圖 (A,B) 441, 910, 1238, 1261, 1272, 1274, 1277, 1399, 1400, 1668, 1990, 2036, 2056
kamu 1556
kanangga 1292
kanggajai 2220
kanggina 1044
kanggūri, -efu 康古禮 (A,B) 103, 439
kangkal 1285
kangkala 1288
kangkalai 康喀賴 (A,B) 13, 1211, 1212, 1285
kanjiski tabunang 795
kaoto 犒託 (A), 犒托 (B) 1212
kara 1616
kara kitat 489/ 796
kara kuji 喀喇古濟 (A,B) 1491
karantu 1298
karcahai 喀爾察海 (A,B) 1823
karhuji 1286, 1616
karkaji 636, 1031
karkama 喀爾喀嘛 (A,B), 喀爾喀馬 (A), 喀爾喀瑪 (B) 653, 693, 1007, 1032, 1035, 1049, 1067, 1114, 1115, 1116, 1120, 1168, 1288, 1292, 1540, 1577
kasak 2210
kasan 喀山 (A,B) 268, 1060, 1221
kasari 1293
kasio 喀秀 (A,B) 221
ke lang jung 1273
kebtu 2192
kece 1978
keceni 克徹尼 (A,B) 227, 228, 653
keder 2222

keifu 克宜福 (A,B) 498, 523, 537, 1288
keikela 克伊克喇 (A,B) 221
keikete 2052
kekei 2246
kekemu 2239
kemjene 2224
kendehu 2237
kenje (1) 1716
kenje (2) 2240
kenjege 1554, 1558, 1561
kenjei 2218
keo iogi 497
keoken baturu 侯痕巴圖魯 (A,B) 139
keri 克里 (A,B) 304, 645, 694, 1286
kerit 1252
kerma 2353 = g'arma
kesibei 2229
kesigu 2210
kesik (1) 2219
kesik (2) 2229
kesiktu (1) 克西克圖 (A,B) 305
kesiktu (2) 2237
kesiktu (3) 2239
kesiktu tabunang 793
kesiku 2227
kesine 克什內 (A), 克什訥 (B) 1423, 1531
kesitu 1721, 1922
ki hiyei 奇協 60
kicungge 祁充格 (A,B) 1106, 1283, 1295, 1340, 1419, 1666, 1811, 1980, 1981, 2058, 2303, 2328, 2330, 2335, 2379
kingka 846
kio col 1128, 1131
kipai 1786, 1787
kita 2218
kitabolai 2245
kitat (1) 973
kitat (2) 1029
kitat (3) 1557
kitat (4) 1721
kitat (5) 1923
kitat (6) 2213
kitat (7) 2218, 2219
kitat (8) 2220
kitat (9) 2222
kitat (10) 2222
kitat (11) 2224
kitat (12) 2225
kitat (13) 2239
kitat cūhur 祁他特吹虎爾 (A,B) 1386
kitat hatan baturu 2285
kitat nakcu 祁他特 (A,B) 2159, 2160, 2164, 2300, 2301
kitat taiji (1) 792
kitat taiji (2) 794
kitat taiji (3) 1176
kitat taiji (4) 祁他特台吉 (A,B) 1465, 2286
kitat tabunang 2319
kituren 1224, 1289
kiyangsani 1288
kobantai 2239
koboi 2353
koboi baksi 科貝榜式 (A), 巴克什科貝 (B) 70
koci 1288
koko 251, 252, 253, 254, 256, 257, 265, 269, 273, 275, 2222
kokoi 1286
konggo 1256
konggor (1), -beile, -bingtu, -mafa 孔果爾 (A,B), 孔果爾秉圖 (A,B), 孔果爾馬法 (A) 295, 304, 308, 385, 778, 779, 780, 781, 784, 787, 790, 810, 811, 959, 961, 964, 980, 1190, 1621,

1624, 2352
konggor (2) 孔果爾 (A,B) 1456 = ejei, erke konggor, gurun i efu
konggotui 982
kongko 洪科 (A,B) 548, 2374
konjai 2242
kosi 1084
kosin 科辛 (A,B) 106
kubege 2212
kudegetei 2238
kudoi 2220
kugurge 2241
kuibung 2212
kuligentu 2241
kuljugei 2244
kulu 1115, 1118, 1120,
kulugutai 1269
kuluk 2212
kumo 2354 = gumu
kundei 2245
kundeku 2238
kunden 2307
kundu 袞圖 (A,B) 1488
kundulen cūhur 849
kundulen daicing 坤杜倫代青 (A), 坤都倫載青 (B) 1457
kung 孔 孔有德 (A,B) 1633, 2072, 2115, 2337, 2343 = kung io de
kung io de 孔有德 (A,B) 1633, 2049, 2268, 2269 = kung, kung yuwanšuwai
kung yuwanšuwai 孔元帥 (A), 元帥孔有德 (B) 1599 = kung io de
kungdz 孔子 (A,B) 1949
kungfudz 孔夫子 1528 = kungdz
kurusi, -taiji 836, 837
kusen 2238
kusertai daiha 1252
kutu 2239
kūbai 473, 1287
kūbaktai 1064
kūketei 2239
kūn 1716
kūniyakda 1775, 1777, 1779, 1780, 1781
kūniyakta 1293
kūrcan, -baksi 庫爾纏榜式 (A), 巴克什庫爾纏 (B) 84, 86, 87, 88, 89, 92, 102, 111, 441, 473, 481, 484, 552, 652, 695, 708, 768, 791, 940, 941, 957, 1005, 1012, 1106, 1208, 1261, 1266, 1267, 1268, 1271, 1277, 1278, 1286, 1293, 1295, 1296, 1316, 1322, 2291
kūtuktu lama 1169, 1973
kūwadai 965
kūwaktaka 1717
kūwase 1322

K’

k’odo 1820, 1821

L

laba (1) 2212
laba (2) 2218
labashi 1203 = labasihi (1), labsihi (1)
labashi taiji 792
labasihi (1) 810, 811, 812 = labashi, labsihi (1)
labasihi (2) 喇巴什希 (A,B) 1212
labasihi (3) 2181
labatai (1) 喇巴泰 (A,B) 1179, 1180, 1189, 2211
labatai (2) 2214
labsihi (1) 喇巴什希 (A,B) 385 = labashi, labasihi (1)

labsihi (2) 1148
labtai, -taiji 782
labuk 1557
lahūda 1287, 2238
laihū 2176
laiju 來珠 (A,B) 1211, 1212, 1287
laijuhū 744, 1288
laisa (1) 1314
laisa (2) 2222
laisa daicing 793
laisa tabunang 794
laisai 賴賽 (A,B) 1988
laisun 653, 1132, 1133, 1136, 1293, 1575
lakamu 2241
lala 2215
lama (1) 1288, 2187
lama (2) 2224
lamajab 2216
lamak 2353
laman taiji 1195
lamaso 2226
lamashi (1) 992
lamashi (2), -mergen taiji 喇嘛斯希墨爾根台吉 (A,B) 992, 1190, 1314, 1456, 1623, 2238, 2239, 2352
lamashi taiji 794
lamasi 2241
lamasihi taiji 794
lamat 1190
lambai 1033
lang iogi 328
lang si dzai 郎熙載 1420 = lang ši dzai
lang sio jeng 郎紹正 1093
lang šao jeng 郎紹正 1286
lang ši dzai 郎熙載 1093 = lang si dzai
lang šoo jeng 郎紹正 1822, 2304
lang šusai 郎秀才 1819
lang ting fu 郎廷輔 1420
lang wan yen 1819
lang wei 郎位 (A,B) 1818, 1820, 1821, 2094
langge 653, 773, 1292
langgida 1007, 1115, 1119, 1120, 1292
langju 1250
langkio 郎丘 (A), 郎球 (B) 439, 441, 1070, 1152, 1192, 1507, 1804, 1850, 2328
langsai 1206, 1209
langse 487, 653, 1285, 1291
langsi 朗什 (A), 郎什 (B) 692
langsu 1466, 1619, 2219, 2228
laoba 2242, 2245
lasatai ong 795
lasihib 喇思喀布 (A,B) 293, 785, 1315 = lask'ab
lask'ab 喇思哈布 (A,B) 1760 = lasihib
latai 547, 745
ledungge 1525
lefu 1792
lei hing 雷興 (A,B) 1831, 2088
lenggeri 冷格里 (A), 楞額禮 (B) 15, 58, 59, 90, 104, 663, 1013, 1060, 1147, 1284, 1398
lifana 1720
lifota 里佛塔 (A,B) 221
lii ba 1576
lii be lung 李伯龍 (A,B) 1508
lii cang šūn 1094
lii ceng gung 1537
lii ceng lung 2151
lii ci fang 李棲鳳 2088 = lii ci fung, lii si fung
lii ci fung 李棲鳳 702, 705, 709, 711, 714, 1831 = lii ci fang, lii si fung
lii cigu beiguwan 1290
lii cigu iogi 1290
lii cin gung 1425

lii coo fung 548
lii cūn k'ai 李春開 (A,B) 1832
lii dai ceng 328
lii du 1358
lii dz deng 1010, 1011
lii dz gung 1010
lii dz g'ao 1010
lii dzung 李倧 (A,B) 76, 80, 81, 85, 86, 94, 151, 176, 222, 1384,
lii dzung bing 李總兵 1899 = lii dzung bing guwan
lii dzung bing guwan 李總兵官 2004 = lii dzung bing
lii el 1575
lii fujiyang (1) 1159
lii fujiyang (2) 2003
lii fuma 李駙馬 李永芳 (A,B) 75, 224 = lii yung fang
lii fung 李豊 (A,B) 392, 398, 401
lii gi ciowan 李繼全 (A,B) 469
lii gi hiyo 李繼學 332
lii giyo 李玖 李覺 (A,B) 94
lii guwang guwe 1914
lii guwang siyan 2153
lii guwe cen 331
lii guwe han 李國韓 1092
lii guwe jeng 1094
lii g'ao hi 1093
lii hiyan jeng 1286
lii i hūng 李一忠 1079 = lii i jung
lii i jung 李一忠 (A,B) 955, 1158
lii ing jiye 331
lii io gung 1010
lii jeng mao 李正茂 715 = lii wailan
lii kui 李貴 李逵 (A,B) 86, 94
lii k'o 李廓 (A,B) 1544, 1570, 1586, 1592, 1593, 1608, 1610
lii lama 李喇嘛 (A,B) 27, 32, 38, 39, 42, 50, 117, 884
lii lan 李灤 222, 224
lii min biyoo 李民表 (A,B) 2090, 2093, 2094, 2154
lii ming 1094, 1124, 1288
lii si fung 李棲鳳 (A,B) 1831 = lii ci fang, lii ci fung
lii sio lung 409
lii siyan ts'an 1093
lii sy jung 李思忠 (A,B) 421, 548, 549, 1120, 1291
lii sy lii 李思禮 (A,B) 401
lii šao u 327
lii ši 李氏 2270
lii ši ing 李士英 (A,B) 1531, 1532
lii ši jung 1670
lii ši sin 341
lii šilang 李侍郎 (A,B) 2368, 2369
lii šūn wang 李春旺 (A,B) 465
lii ting gui 李廷龜 李廷桂 (A,B) 86, 94
lii tiyan lung 705, 708
lii wailan 李外郎 711 = lii jeng mao
lii wan 李莞 (A), 李筦 (B) 59
lii wei hūwan 1358
lii wen yen 503
lii yan geng 李延庚 (A,B) 1092, 1286, 1423, 1506, 1847, 1915, 1932, 1933, 1934 = yan geng
lii yen dzung 472
lii yoo 李□ (A,B) 76
lii yung fang, —efu 李永芳 (A,B) 74, 363, 586 = lii fuma
lii yūn 李雲 (A,B) 955, 1080, 1157, 1249, 1727, 1803
lindan, -han 林丹汗 (A,B) 216, 1511 = cahar han
linghoo 2211
lio 劉 697, 1333 = lio fu
lio aita 劉愛塔[劉興祚] 2151 = aita
lio boo se 277

lio cang su 劉成祖 1634, 1635
lio ci ioi 劉奇遇 1847 = lio ki ioi
lio dai jung 326
lio de ku 劉得庫 272
lio fu 劉府 703, 705, 711, 754, 774 = lio
lio fujiyang 劉副將 (A,B) [劉興祚] 258, 400, 401 = aita
lio giyūn men 劉軍門[劉策] 490
lio guwang deo 劉光斗 (A,B) 2304
lio hing bang 劉興邦 696
lio hing dzo 劉興祚 (A,B) 78-79, 79, 80, 81, 84, 111, 112, 151, 236 = aita, lio aita
lio hing ji 劉興基 696
lio hing jy 劉興治 696, 715
lio hing liyang 劉興梁 696
lio hing pei 劉興沛 695, 696, 698
lio hūng ioi 劉弘遇 (A,B) 1827, 1829, 1847
lio iogi 629
lio ioi ing 劉毓英 (A,B) 955
lio janggin 1979
lio jiye 2152
lio jy luwen 劉之綸 488
lio keo jin 1399
lio ki ioi 劉奇遇 (B), 劉其遇 (A) 1827, 1829 = lio ci ioi
lio lio 劉六 552
lio liyang cen 劉良臣 (A,B) 955, 1080, 1158
lio ma se 劉麻子 (A) 1827
lio san (1) 劉三 552 609 638
lio san (2) 1979
lio sy 劉四 552, 609, 638
lio sy ning 劉士英 1509
lio ši (1) 1819, 1822
lio ši (2) 劉氏 2271
lio ši ing 劉士英 (A,B) 955, 1080, 1158
lio ši yuwan 劉世元 (A,B) 1832
lio šusai 1376
lio tai 1358, 1377
lio ting jao 1093
lio ting ts'e 773, 778
lio tiyan lu 劉天祿 (A,B) 955, 1079, 1156, 1342 = lio tiyang lu
lio tiyang lu 劉天祿 946
lio ts yuwan 1531
lio ts'anjiyang 1575
lio u 劉五 552, 609, 636, 638, 710
lio u yuwan 劉武元 (A,B) 1079, 1158
lio uge 劉五哥 705, 708, 709, 714, 772, 778, 781
lio wan i 劉萬鎰 (A,B) 1832
lio wei wen 1617
lio yang sing 1358
lio yen ju 劉銀住 (A,B) 2094
lio yuwan cing 339
lioge 六哥 557, 711, 715, 742
lioha 劉哈 (A,B) 507, 515, 888, 900, 1014, 1097, 1101, 1205, 1217, 1220, 1222, 1493
liyang bing 梁柄 (A,B) 1832
liyang dzung ioi 334
liyang ho 2089
liyang jeng da 梁政大 (A), 梁正大 (A,B) 1830, 2088, 2304
liyeliyehun 1115, 1119, 1120, 2046, 2047, 2054
liyeliyet 獵烈忒 (A,B) 1179
lo coo siyang 1010-1011
lo de hiyan 羅德憲 (A,B) 1544, 1570, 1586, 1592, 1593, 1608, 1610
lo sio gin 羅繡錦 (A,B) 1646, 1726, 1830, 2088, 2293, 2294, 2303, 2304
lo siyan yung 1010
lo šang siyoo 2152
lo šusai 1819
lo tiyan ceng 1011

lo wan c'y 1010, 1011
lobi 羅畢 (A,B) 548, 1892
loboko 2240
lobdzang 2243
lodo 2241
loho 711, 1292, 1721
loki 羅奇 (A,B) 1286, 2045, 2054
lokida 1709
lolo (1) 653, 1288, 1722, 2185, 2206
lolo (2) 2211
lolokū 1792
loohan 勞漢 (A,B) 105, 106, 1289
loosa (1), -šongkoro baturu 勞薩春科落巴圖魯 (A), 勞薩碩翁科羅巴圖魯 (B) 439, 451, 498, 515, 523, 737, 739, 861, 887, 893, 902, 904, 911, 939, 1038, 1192, 1201, 1202, 1204, 1205, 1208, 1212, 1213, 1214, 1216, 1217, 1221, 1222, 1223, 1230, 1285, 1491, 1496, 1529, 1530, 1536, 1579, 1702, 1844, 1845, 2291, 2351, 2368, 2384
loosa (2) 2224
lošo 羅碩 (A,B) 1238, 1261, 1266, 1277, 1278, 1295, 1399, 1400, 1427, 1438, 1442, 1646, 1662, 1666, 1726, 1727, 1896, 1924, 2061, 2278, 2328
loto age, -beise 羅託 (A,B) 1576, 1616, 2383, 2384
lu jung giyūn 629
lu yan su 1093
lugutei 2242
lumbai 1292
lungsi, -age, -baksi 龍什 (A,B), 覺羅龍什 (B) 99, 111, 436, 497, 507, 513, 523, 611, 619, 695, 940, 941, 942, 956, 957, 1005, 1238, 1269, 1274, 1275, 1276, 1282, 1287, 1296, 1316, 1321, 1322
luntai 1288
lūkei 473, 486

M

ma 509
ma ceng lung 346
ma deng yūn 麻登雲 (A,B) 447, 448 = ma dzung bing guwan (1)
ma dzung bing guwan (1) 麻總兵官[麻登雲] 509, 510, 545, 593, 602, 628, 629, 630, 738, 865, 866, 1248 = ma deng yūn
ma dzung bing guwan (2) 馬總兵官[馬光遠] 863, 935, 1248, 1529 = ma guwang yuwan, ma fujiyang
ma fu 馬福 (A,B) 1579
ma fujiyang 馬副將[馬光遠] 509, 549, 629, 630 = ma guwang yuwan, ma dzung bing guwang (2)
ma guwang hūi 馬光輝 550, 2305
ma guwang siyan 馬光先 549
ma guwang yuwan 馬光遠 (A,B) 470, 550, 638, 1506, 1732, 2078, 2160, 2356 = ma fujiyang, ma dzung bing guwan (2)
ma guwe ju 馬國柱 (A,B) 1240, 1831
ma iogi 629, 1249
ma ju 619
ma ming pei 馬鳴佩 (A,B) 1831
ma sio ši 473
ma tungse 馬通事 252, 253, 265
ma ts'anjiyang 馬參將[馬光遠] 470, 471, 629, 638 = ma guwang yuwan, ma fujiyang, ma dzung bing guwan (2)
ma yuwan gung 337
ma yuwan lung 227, 1093, 2304
ma yūn siyan 馬永聚 754
ma žu lin 327
ma žu lung 馬汝龍 1095, 1293

maci 1171
mada 1936
mafuta (1) 馬福塔 (A,B) 1012, 1358, 1448, 1507, 1522, 1540, 1542, 1610, 1791, 1792, 1815, 1847, 1960, 1961, 1974, 1983, 1989, 2044, 2054, 2165, 2351, 2368, 2369
mafuta (2) 馬福塔 (A), 麻福塔 (B) 2373, 2386
mago 2238
maha samadi han 馬哈撒嘛諦汗 (A,B) 2282, 2284, 2319 = maha samadi secen han, šoloi
maha samadi secen han 馬哈撒嘛諦塞臣汗 (A,B) 1461, 2166, 2283 = maha samadi han, šoloi
mahag'ala 嘛哈噶喇 (A,B) 297
maidari age 1146
majan, -age 馬瞻 (A,B) 1616, 1706, 2021, 2063
maji, -tabunang 馬濟塔布囊 (A,B) 293, 787, 2096, 2097
majing taiji 797
makla 2238
makloi 2244
maklu 2237
makta 1784
makata gege 馬喀塔格格 (A) 1429
maktu 1288, 1722
malaga 1292
malahi 732, 1291
malcika 1226
malgi 653
malhūna 1044, 1288, 1717
maltu 1288
man dzung bing guwan 滿總兵官[滿桂] 134-135, 137, 427, 1040, 1046 = man gui
man el 2153
man fu 2153
man gui 滿桂 (A,B) 429, 447, 448 = man dzung bing guwan
mandai 1776, 1777
mandarhan 滿達爾漢 (A,B) 635, 1357, 1507, 2323, 2324, 2326, 2327, 2328
mandari 1289
manduhū 1998, 2191
mandukū 1998
mandun (1) 1150
mandun (2) 2211
mandusi 2225
mandusun 2217
manggilun 1518
manggin 2242
manggir beile 794
manggiya (1) 1618
manggiya (2) 1981
manggo (1) 1135, 1136, 1137, 1288, 1722
manggo (2) 1288
manggū 2229
manggūha 2245
manggūldai 2226
manggūldai hošooci 793, 795, 797
manggūltai, -beile 莽古爾泰貝勒 (A,B) 5, 37, 101, 104, 115, 131, 149, 392, 394, 395, 397, 402, 422, 429, 430, 431, 544, 545, 546, 606, 619, 668, 674, 675, 696, 753, 762, 779, 812, 863, 877, 878, 879, 881, 916, 936, 954, 998, 1002, 1003, 1004, 1005, 1141, 1143, 1145, 1147, 1223, 1230, 1362, 1394, 1400, 1427
manggūša 2210
manggūtai 1037, 2219
mangkada 2212
mangkū 2185
manglai 1552, 1555, 1558, 1559, 1561
mangnai 莽奈 (A,B) 1577
mangnai hošooci 2312
mangsur 1719

mani (1), -cing baturu 馬尼 (A,B) 319, 1178, 1180, 1623
mani (2) 1557, 2211
mani (3) 2222
mani (4) 2222
mani (5) 2225
mani (6) 2244
manjusiri (1), -nakcu, -taiji 滿朱習禮 (A), 滿珠習禮 (A,B) 216, 755, 837, 974, 1175, 1186, 1315, 1423, 1424, 1457, 1468, 1472, 1551, 1552, 1556, 1557, 1621, 1623, 2212, 2215, 2230, 2232, 2354 = doroi baturu giyūn wang, baturu giyūn wang, darhan baturu (1)
manjusiri (2) 滿朱習禮 (A,B) 1038, 1423, 1506
manjusiri (3), -efu, -taiji 滿朱習禮 (A,B) 98, 191, 294, 295, 607, 802, 830, 833, 835, 836, 986, 1236, 1254, 1260, 1423
manjusiri kūtuktu lama 滿朱習禮胡土克圖喇嘛 (A), 滿朱習禮胡土克圖 (B) 1973 = manjusiri lama
manjusiri lama 535, 536, 2287, 2308 = manjusiri kūtuktu lama
mantai 2229, 2244
mao 毛 1333 = mao wen lung
mao dudu 毛都督 239, 240, 241, 242, 244, 245, 249, 250, 252, 256, 257 = mao wen lung
mao dzung bing guwan 毛總兵官 277, 278, 280 = mao wen lung
mao dzung ye 毛總爺 258 = mao wen lung
mao hing fu 2092
mao wen lung 毛文龍 (A,B) 6, 16, 58, 60, 67, 68, 71, 72, 91, 157, 173, 182, 213, 224, 233, 234, 253, 254, 255, 261, 262, 264, 266, 268, 271, 285, 287, 326, 336, 343, 345, 347, 348, 775, 1122 = mao, mao dudu, mao dzung bing guwan, mao dzung ye
maoci 2218
mardu 馬爾都 (A,B) 1948
maraga mafa 1524, 1525, 1526
marga mafa 馬爾噶 (A,B) 1380
margan 1287
masi taiji 794
matai 1287
medehen 2229
medeli 2244
men el 門二 (A,B) 1988
men ši k'o 門世科 (A,B) 2118, 2121
men ši wen 門世文 (A,B) 1982, 1983, 2118, 2120
menai 2240
mendu (1) 門都 (A,B) 1077 = arsalan buku, arsalan tusiyetu buku
mendu (2) 1716
mendu (3) 1981
mendu (4) 2220
mendu (5) 2237
menduhei 1557
mendukei 2242
menduktai 2246
meng dzung bing guwan 2001
meng fujiyang 孟副將[孟喬芳] 464, 509, 602, 619, 620, 629, 630, 1073, 1249, 1582 = meng kiyoo fang
meng gi cang 1358
meng kiyoo fang 孟喬芳 (A,B) 462, 1507 = meng fujiyang
meng wan 1818
mengdz 孟子 248, 1949
menggebelei 2242
menggei (1) 孟格 (A,B) 524, 1723, 2187
menggei (2) 2238
menggei (3) 2239
menggei (4) 2243

menggelei 2212
menggen 2212
menggušen 1978
mengkebu 2242
mengkei 1289
memeri 默默里 1287, 1760
mergen beile 1189
mergen cin wang 睿親王 (A,B) 1645, 2078, 2090, 2319 = dorgon age, mergen daicing, mergen daicing beile
mergen daicing, —beile 墨勒根代青貝勒 (A), 墨爾根代青貝勒 (B) 207, 214, 392, 422, 429, 430, 545, 585, 605, 690, 778, 868, 870, 876, 981, 1007, 1045, 1107, 1112, 1138-1139, 1139, 1142, 1143, 1160, 1201, 1226, 1229, 1341, 1362, 1396, 1406, 1475, 1620 = dorgon age, mergen cin wang
mergen hiya 墨勒根蝦 (A) 1128, 1285, 1712, 1945
mergen taiji 761
mihaci 2240
minggadar 2213
minggan (1) 2222
minggan (2) 2239
minggan beile (1) 明安貝勒 (A,B) 178, 352, 357, 419, 785, 897, 913, 1231, 1238, 1294, 1353, 1354, 1476, 1659
minggan beile (2) 1086
minggandai 1467
minggandari (1), -beile, -daicing 972, 976, 988, 1189, 1203, 2010, 2237, 2239, 2352
minggandari (2) 1058, 1286, 1997, 2006, 2009, 2201
minggandari (3) 2237
minggatu 2214
minggui 1716
miose 1618
miošohon 苗碩渾 (A,B) 1340
misai 1291
mohūr 2221
monggoi 1203 = mongkūwa
monggoltai 653
monggūldai (1) 1285, 1718
monggūldai (2) 1287
monggūldai (3) 1722
monggūldoi 2177
mongkūwa, -darhan hošooci 蒙胯達爾漢和碩齊 (A), 蒙夸豪達爾漢和碩齊 (B) 1426, 1456, 1551, 1569, 1623, 1625 = monggoi
moo kitat 2212
moo mergen 1044, 1050, 1289, 2000
moobari 毛巴禮 (A,B) 419, 1063
moodase 毛達色 (A,B) 653, 1292, 1805
moohai 1285, 2246
moohan 毛罕 (A,B) 1478, 1479, 1483, 1484
mucengge 穆成格 (A,B) 441, 611, 695, 835, 888, 894, 895, 1054, 1056, 1058, 1063, 1064, 1065, 1295, 1322, 1340, 1791, 1792, 1951, 1952, 1955, 1960, 1961, 1962, 1981, 1992, 2037, 2186, 2200, 2370, 2371
muhaliyan 木哈題 (A,B) 1550, 2243
muhu 穆虎 (A,B) 1287, 1315, 1815, 1847
mujai 木寨 (A,B), 木豸 (B) 385, 810, 811, 812, 828, 1189, 1314, 1426, 1623, 2243, 2352
mujan 1288
mujang, -hūwang taiji 穆章 (A,B) 1176, 1177, 1200, 1253, 1314, 1425, 1457, 1551, 1623, 1749, 2221, 2230, 2233, 2354
muktun 1292, 1718
mukusi, -gege 1343, 2264
mulugū 2220
mungga 1292
munggan 孟安 (A,B) 15, 58, 105, 106

munggatu 孟阿圖 (A,B) 546, 603, 604, 621, 1121, 1224, 1286, 1345, 1427, 1507
munggu 2246
mungguldai 2237, 2240
munggutai 2245
mungke 2213
mungku 1024, 2008, 2035
mungtan 孟坦 (A,B) 84, 106, 225, 226, 693, 867, 868, 869, 1024, 1025, 1026, 1067, 1284, 1385
murhu 穆爾祜 (A,B) 1706, 2078
murtai 1288
muruja 2227
mutebure cin wang 成親王[岳託] 1620, 1650, 1669, 1738, 1763, 1765, 1783, 1852, 1878, 1946, 1950, 1953, 1954, 1955, 1956, 1957, 1958, 1960 = yoto
muyatai 2243

N

nabtai 2211, 2245
nacibu 1025
nacin 1982
nadai 1722
nagacu 2242
nagadu 2237
nagahū 2239
nagaju 1189
nagatai 2237
nagodai 2244
nagūrai 2238
nahaculai 2244
nahai 1224, 1289, 2018, 2019, 2020, 2180, 2181
nahantai 1049
naige 奈格 (A,B) 1211
naimadai 1718
naimai 2241
nakiya 2211
nakiyatu 2246
namagai 1554
namasiki 810, 811, 812
namdari 1289
namida 1999
namsoto 1015
namtai 那木泰 (A), 納穆泰 (B) 85, 94, 103, 178, 650, 663, 686, 726, 932, 1147, 1480, 1488, 1952
namtai wejihe 2191
namu (1) 納木 (A,B) 1226, 1988, 2201
namu (2) 2213
namu (3) 2238
namu (4) 2307
namu honjin, —darhan bandi 納木渾津 (A,B) 2282, 2285
namug'arja taiji 794
namujai, -hiya baksi 2284, 2307
namusai 2096, 2211
namutai 1269
nan i hing 南以興 (A,B) 61
nanai 1148
nancu 296, 692, 867, 1008, 1285, 1618,
nancungga 1292
nanggū 1150
nangnuk 1149, 1507, 2218
nangsu lama 1365, 1382, 2285, 2312
nanjilan 2203
nantai 795, 797
naran 608
narin 1025
narmai 2237
narsai 1286, 1729
natagai 1554, 1559, 1561

nayantai 2216
neici, -beile, -han 內齊 (A,B) 381, 752, 755, 799, 800, 801, 1178, 1180, 1457, 1552, 1556, 1557, 1616, 1623, 2217, 2230, 2232, 2236, 2242
neldei 1981
neliyet 2214
nemengge 2224
nemun hatan baturu 內門哈談巴圖魯 (A), 訥門哈談巴圖魯 (B) 1481, 1486, 1497
neonegen 2310
nersai 1226
nertei 1791
nikan, -age, -beise, -taiji 尼堪 (A,B) 589, 744, 1008, 1009, 1289, 1475, 1496, 1518, 1540, 1542, 1576, 1616, 1706, 1797, 2051, 2078, 2125, 2236, 2238, 2351, 2381, 2383, 2384
nimacan 倪馬察 (A), 尼馬察 (B) 691, 1288
ning šusai 甯秀才[甯完我] 439, 473 = ning wan o
ning ts'anjiyang 甯參將[甯完我] 942 = ning wan o
ning wan o 甯完我 (A,B) 631, 940, 1286, 1508, 1509 = ning šusai, ning ts'anjiyang
ning yen 338
ninggucin 甯古沁 (A,B) 1212, 1292
ningguri 565
ninggusi 2256
ningguta 寧固獺 (A), 甯固塔 (B) 565, 1007, 1115, 1118, 1120, 1168, 1577
nintahai 寧塔哈 (A,B) 1380, 1666
nioniku 1533
nirei 2239
nitangga 1287
niyahan 尼牙漢 (A,B) 653, 1132, 1134, 1136, 1707, 1716, 2020
niyamnio 1786, 1787
niyanioke 1147
niyekse 1286
niyenioke 1591, 1782, 1783
nogūdara 諾干達喇 (A,B) 195
nogogan 2244
noimori 1784 = noimoro
noimoro 1239, 1534, 1591 = noimori
noirtu 2217
nojonggo tabunang 799
nom temuru 2178
nomci (1) 1054, 1056, 1057, 1728
nomci (2) 1553, 1555
nomci (3) 2285
nomci daicing 813, 815 = nomci darhan daicing
nomci darhan daicing 840, 841, 842 = nomci daicing
nomhon 653, 693, 1291
nomida 1100, 2167
nomidai 2224
nomisiri ong 797
nomoi 1100
nomtu 798, 1292, 1323, 1324, 1631, 1815, 1883, 1988, 2089
nomudai daicing 813
nomuhan (1) 2238
nomuhan (2), -lama 2286, 2311
nomun (1) 1048, 1289
nomun (2) 1556, 2220
nomun dalai 162
nomun dari 795
nomuntu 2004
non temur 1254, 1255, 1277
nonohū 2239
norbu (1) 973
norbu (2) 2313
norbu tabunang 1467
norbu taiji (1) 792, 794, 797

norbu taiji (2) 792
norbu taiji (3) 793
normui lama 1233
norobu 1721
noyon dari 797
nusan 弩山 (A), 努山 (B) 1150, 1175, 1192, 1500, 1763, 1844, 1845
nuta 2244

O

oban 2354
obegetei 2242
obohoi 俄卜會 (A,B) 1032, 1067
oboi (1) 鰲拜 (A,B) 1014, 1097, 1175, 1205, 1288, 1616
oboi (2) 1044, 1047, 1050
obojo 2240
oboktai 2242
oboktu 2245
obondoi (1) 鄂本兌 (A,B), 鄂本兎 (A), 俄本兌 (B) 897, 910, 913, 1125, 1129, 1130, 1231, 1238, 1285, 1294, 1356, 1827
obondoi (2) 2238
oboni 1922
obot 1226, 2304
obontai 2241
obotai 2240
obugan buku 俄布甘卜庫 (A,B) 1551
obuhū 2227
ocibo 2245
ocir 150, 1716, 2244
ocir hošooci 俄齊爾和碩齊 (A,B) 171 = ocir taiji
ocir sengge 2016
ocir sure 俄齊爾塞臣 (A,B) 1105
ocir taiji 俄齊爾台吉 171 = ocir hošooci
ocirsang 俄齊爾桑 1286, 1741
ocitu 991
odoi 1250, 1254
odol 2228
oijet taiji 792
okcot 2224
okidei 2214
okotolai 2246
oktor 794
olbio 1288
olbok 752, 2217, 2218, 2354
olbon 2227
olbori 2237
olika 俄里喀 (A,B) 1523, 1535, 1536, 1722
oljei 1936
oljibai 2229
oljitai 2245
olosecen 俄羅塞臣 (A,B) 734, 1286, 1352, 1476, 1480, 1497, 2201
omaljar 2225
ombo 2228
ombu (1) 792
ombu (2), -taiji 793, 797
ombu (3), -taiji 俄木布 (A,B) 793, 1621 = doroi darhan joriktu
ombu (4), -taiji 760, 762, 793, 800
ombu (5), -taiji 1171
ombu (6) 俄木布 (A,B) 1466
ombu cūhur 俄木布楚虎爾 (A,B) 781, 783, 847, 1251, 1326, 1457, 1619, 1805, 1807, 1816, 1925, 1980, 1982, 1988, 1989, 2089
ombu tabunang (1) 794
ombu tabunang (2) 796
ombu taiji 793
omdzat corji lama 烏木沙忒綽爾濟喇嘛 (A), 烏木薩忒綽爾濟喇嘛 (B) 20, 139

omina 1100, 1292, 1792
omojor 2244
omoktu (1) 俄莫克圖 (A,B) 1011, 1015, 1070, 1286, 1500, 2016, 2017, 2018, 2020, 2206
omoktu (2) 2211, 2239
omoktu (3) 2244
omota 2243
omšoko 1292
ondu 2241
ongga 2243
onggo 2220
onggoi 2217
onggotai 2246
onggotu 2182
ongkoi 2240
ongno 2244, 2353
ongnogo (1) 2245
ongnogo (2) 2246
ongnoi, -taiji 802, 805, 806, 820
onila 俄尼喇 (A,B) 1579
onje gege 1343
onoi 1049, 1149, 1285, 1557, 1717
onowa 2238
ontaiju 1070, 1224
ontohoi 1033
ontori beile 796
ooba 1190, 1411
ooda 1288
ooda age 647
oonoi 2227
oosai 2238
oose (1) 1618
oose (2) 2238
ordok 2219
ordos jinong 鄂爾多斯濟農 (A,B) 196 = erincen jinong, erincin jinong
orji 1553, 1555, 1556
orkibu 2246
orkotol 2354 = urgūdul
orogon 2244
ošo 鄂碩 (A,B) 440, 1070, 1152, 1486, 1500, 1579, 1763, 1844, 1845
othoi 1287, 1288
othon 1032, 1721
othon taiji 794
oton 俄屯 (A,B) 1147, 1652, 1790, 1792, 1817, 2013
otonggo 1007, 1030, 1115, 1117, 1120
oyat 787

P

pan ioi jao 472
pei guwe jeng 裴國珍 (A,B), 裴國貞 (A) 955, 1080, 1156, 1249, 1728, 1801
piyoo gui ing 朴葵英 朴桂英 (A,B) 62, 155
piyoo io giyan 朴惟健 朴由健 (A,B)
piyoo lan ing 朴蘭英 (A,B) 92, 94, 95, 108, 111, 134, 845, 880
piyoo lu 朴魯 (A,B) 1543
pohan 2069
pu ts'e yung 1293

S

sabi 1293, 1716
sabigan 薩壁翰 (A), 薩壁翰 (B) 1287, 1419, 1491, 1495, 1507, 2303
sabitu 1288, 2006
sabtu 1289
sabu 2228
sabugo 2240

sacikū (1) 1523, 1524
sacikū (2) 2179
sahai 薩海 (A,B) 1485
sahalca ecike 薩哈爾察 (A,B) 671, 1343
sahaliyan (1) 薩哈廉 (A), 薩哈連 (B) 692, 1115, 1116, 1120, 1577, 1721
sahaliyan (2) 986, 987
sahaliyan taiji 薩哈廉 (A,B) 670 = hošoi sure cin wang, sahaliyen beile, sahaliyen taiji, sure cin wang
sahaliyen, -beile, -taiji 薩哈廉 102, 113, 131, 136, 149, 229, 426, 443, 451, 453, 460, 491, 538, 547, 561, 578, 611, 696, 852, 1009, 1095, 1229, 1341, 1350, 1375, 1376, 1438, 1440, 1445, 1488, 1508, 1509, 1662, 1664, 1666, 1703, 1704, 1705 = hošoi sure cin wang, sahaliyan taiji, sure cin wang
sahana 薩哈納 (A,B) 1356, 1999
sahū 2224
sahūlak 2239
saiguwan 2002
saimbulu 1718
saimuha 寨穆哈 1064, 1287, 1315, 2013, 2177, 2178
sain jargūci 2239
saiyang mergen taiji 813 = saiyang taiji
saiyang taiji 815 = saiyang mergen taiji
sakca 1288
sakda 1291
sakil 1556
sakusa 2352
salai 薩賴 (A,B) 1944
saldu 2176, 2181
saltu 1288
samadi 2219
samanda bandi 2287
samha (1) 1161, 1293, 2045
samha (2) 2257
samhana 薩木哈納 (A,B) 105, 106
samhatu, -baturu 薩木哈圖巴圖魯 402, 404, 405, 418, 493, 515, 547, 1292, 1720
samsika 薩木什喀 (A), 薩穆什喀 (B) 693, 708, 1506, 1999, 2012, 2013, 2030, 2035, 2043, 2064, 2083, 2183
samu 2211, 2227, 2238
san miyoo si 三苗氏 1602
sanai 2220
sange 三哥 698
sanggai 2239
sanggajar ong 797
sanggan 2210
sanggar (1) 桑阿爾 (A,B) 1179, 1180, 2230, 2232, 2246, 2353
sanggar (2) 2220
sanggar (3) 2354
sanggari 2213
sanggarja 2219
sanggarjai (1) 桑噶爾寨 (A,B), 大桑噶爾塞 (B) 150, 314, 385, 912, 963, 2241, 2353 = amba sanggarjai
sanggarjai (2) 桑噶爾寨 (A,B) 318, 319
sanggarjai (3) 小桑噶爾寨 (B) 385, 2353 = ajige sanggarjai
sanggarjai (4) 422
sanggarjai (5) 桑噶爾寨 (A,B) 932
sanggarjai (6) 桑噶爾寨 (A,B) 1179, 1203, 1569, 2214, 2218
sanggarjai (7) 2212
sanggarjai (8) 2226
sanggarjai (9) 2354
sanggarjai hiya 桑噶爾寨假 (A), 桑噶爾寨 (B) 161, 162, 314, 315, 985, 1192

sanggarjai nakcu 桑噶爾寨 (A,B) 971, 976, 988, 2159, 2164, 2300, 2301
sanggarjai tabunang 794
sanggarjai taiji 796, 1137, 1195
sanggurjai tabunang 792
sanggūl 桑古爾 (A,B) 318, 319, 752, 2217, 2218
sangkan taiji 839
sangtu 桑圖 (A), 桑土 (B) 381, 752, 799, 800, 801, 1179, 1180, 2217, 2236
sani nomci 783, 786
sanjai 992, 2240
sanjin (1) 1203
sanjin (2) 山津 (A,B) 1550
sanjin baksi 山津 (A,B) 2362
santa 山塔 (A,B) 1403
santu 973
saosa ong 797
saose 2239
sarana 1151
sarbu 薩爾布 (A,B) 2046
sargio 1288
sarhūda 1192 = sarhūda
sarin 1204
sarja 2228
sarman 2228
sarpa 2053
sasari 1184
sasuka 薩蘇喀 (A,B), 薩蘇哈 (B) 1490, 1492
sayang, -mergen 薩楊 (A), 薩揚 (B) 967, 968, 971, 975, 982, 983, 991, 1182, 1623, 2228, 2236
sebun, -taiji, -darhan baturu 塞本 (A), 色本 (A,B), 塞本達爾漢巴圖魯 (A,B) 319, 381, 978, 979, 1178, 1180, 1425, 1570, 1626, 1649, 2220
sebun mergen taiji 塞本墨爾根台吉 (A), 色本墨爾根台吉 (B) 761, 1189
secen honjin 1466
secen jinong 塞臣濟農 (A,B) 1462
secen biceci 1254
secen joriktu 塞臣卓禮克圖 (A,B) 107, 140, 141, 148, 150, 184, 185, 186, 292
segei 2181
segerahū 2245
sehei 1287, 1719, 1785, 1997
sehepe 1201
seju 1192
seksi 2002
sele (1) 730
sele (2) 塞勒 (A), 色勒 (B) 882, 1423, 1506, 1847, 1915, 2374, 2384 = sele age
sele age 768, 778 = sele (2)
semu 塞木 (A,B) 1464
senek (1) 757
senek (2) 2244
sengge (1), -beile, -hošooci, -mergen hošooci, -taiji 僧格 (A,B) 793, 800, 801, 813, 814, 822, 846, 1175, 1176, 1183, 1253, 1314, 1356
sengge (2) 1322, 1718,
sengge (3) 2210
sengge efu 1525
senggedei 2307
senggele tabunang 804
senggui 2227
senioke 1116, 1120, 1289, 1998, 2053
seo šose 1575
seogen 1721
seoke 2211
seoken 1293
seose 1314, 1790, 2176, 2212
seosenggei ong 792
seosenghei 2215
sereng (1), -hūwang taiji 塞冷 (A,B) 215, 382, 1175
sereng (2), -taiji 塞冷 (A,B) 311, 385, 972, 976,

988, 1189, 1195, 2352
sereng (3) 757
sereng (4) 973
sereng (5) 1287, 1717
sereng (6), -taiji 793, 796, 1203, 1299
sereng (7) 塞冷 (A,B) 1550, 1553, 1558, 1623, 2227
sereng (8) 1624, 2240
sereng (9) 塞冷 (A,B) 1823, 1921
sereng (10) 2236
sereng (11) 2215
sereng (12) 2220
sereng (13) 2238
sereng (14) 2354
sereng abagai 塞冷阿布海 (A,B) 1176
sereng butumal 2312
sereng cing baturu 塞稜青巴圖魯 (A,B) 204
sereng darhan taiji 塞冷達爾漢台吉 (A,B) 1456-1457
sereng efu 1252, 1304, 2212
sereng erdeni 1466, 2286
sereng gusi 2304
sereng ildeng 塞冷伊爾登 (A,B) 1458
sereng jaisang 794
sereng mangnai 2035
sereng nomci 2285
sereng secen 塞冷塞臣 1458
sereng tabunang 803, 1904, 2005, 2096, 2285, 2316
sereng taiji 311
sereng yeldeng 1510
serguleng 2245
seter 382, 383
seter, -taiji, -beile 塞特爾 (A,B) 215, 216, 665, 666, 799, 800, 801, 900, 1183, 1197, 1286, 1304, 1342
seter efu 1012, 1174, 1252
seyoo 1524
si el 2092
si ho wang 西河王 2102
si uli efu [佟養性] 236, 545, 882, 883, 897, 906, 916, 917, 998, 1090, 1091, 1092, 1095, 1096, 1124, 1193, 1284, 1322, 1575, 1956, 1960 = tung yang sing
sibahanca 什巴漢察 (A,B) 1466
sibak 2219
sibao 2225
sibaotai 2219
sibatai 682, 848, 849
sibe 2238
sibedei 席白德 (A,B) 1845, 1892, 1924
siberce 1923
sibuhai 1722, 2178, 2179, 2180
sibukū 1060
sida buhadai 2286
sidai 石代 (A), 石岱 (B) 2303
sidangga 席湯噶 (A), 席唐阿 (B) 1535, 1536, 2189
sigio 540
sihan, -age 錫漢 (A), 錫翰 (A,B), 石漢 (A,B) 105, 870, 1038, 1707, 1948, 2179, 2180
sildu 743
silemu 2221
silmi 2228
siltu 1290
sin cuwan šūn 503
sinda 2199
sindari 547
sine minggan daicing 石訥明安載青 (A,B) 385, 387
sine buku 837, 1298
sing šang dzo 邢成祚 2305
singnai 1288, 2204
singne 星訥 (A,B), 星內 (A) 480, 1147, 1205, 1286,

1474, 1494, 1516, 2000
sintai 1717
siobaga 2213
sioge 2224
sioi bang dzai 徐邦才 2305 = sioi bang ts'ai
sioi bang ts'ai 徐邦才 (A,B) 1831 = sioi bang dzai
sioi gui 472
sioi ts'anjiyang 170
sioi wen 338
siowan hū 1286
siowei dai hū 薛大湖 (A,B) 1079, 1157, 1249, 1803, 1978, 1979,
sira 2229
sira kitat 1288, 2213
sirahan 2244
sirakeo 2239
siramtai taiji 796
siramukei 2246
siramulai 1409
siran 1288, 2176, 2200
sirana 石爾納 (A,B) 523, 739, 1293 = sirna
sirantu 西蘭圖 (A,B) 501, 507, 514, 518, 524, 532, 722, 757, 758, 759, 847, 1171, 1758
sirantu hiya taiji 847
siretu 2210
sirga 2210
sirgai 2222
sirhūnak 石爾胡納克 (A), 石爾古納克 (B) 98
sirin 席林 (A,B) 677, 1011, 1015
sirna 席爾納 (A,B) 451, 492, 498, 683 = sirana
sirtai 席爾泰 (A,B) 1007, 1132, 1134, 1136, 1722, 1729
sitai taiji 796
sitangga 席湯噶 (A,B) 1288, 1301
siteku 席特庫 (A,B) 498, 523, 1014, 1038, 1043, 1097, 1175, 1192, 1217, 1221, 1475, 1496, 1500, 1517, 1521, 1536, 1579, 1722, 1763, 1844, 1845, 1893, 1936, 2350
situ 2053
siyoo dai jin 1293
siyoo ding dz 2151-2152
siyoo ding ts'e 766
siyoo yung dzu 蕭永祚 (A,B) 955
sohon 索渾 (A,B) 1952, 1955
soihodo 隨和多 (A,B) 417
soisun 1721
soju 2240
solgo 1720
solho 1226, 1616
solmin 1720
som taiji 1189
somor tabunang 795, 797
songgotu (1) 松俄圖 642, 689, 1148, 1201, 1521
songgotu (2), -gege 1343, 1720
soni tabunang 1227
sonidai 2224
sonin (1), -baksi 索尼 (A,B) 302, 309, 310, 311, 312, 313, 314, 315, 316, 317, 318, 429, 473, 486, 695, 708, 752, 835, 842, 925, 928, 934, 1106, 1316, 1340
sonin (2) 2218, 2226, 2229
sonin (3) 2222
sonoi (1) 408
sonoi (2) 2229
sonom (1) 瑣諾木 (B) 385, 800, 988, 989, 1315, 1936
sonom (2) 瑣諾木 (A,B) 1286, 1954
sonom (3) 瑣諾木 (A,B) 1356 = sonom taiji (4)
sonom (4) 1552, 1554, 1557, 1558, 2211, 2216, 2231, 2236 = dureng (1), sonom dureng, sonom taiji (6)
sonom (5) 1923

sonom (6) 2096, 2097
sonom (7) 2220, 2353 = sonom taiji (5)
sonom (8) 2241
sonom bandi 2304
sonom darhan taiji 1189
sonom dureng, —beile 瑣諾木杜稜 (A,B) 185, 1457 = dureng (1), sonom (4)
sonom mergen taiji 瑣諾木墨勒根台吉 (A), 瑣諾木墨爾根台吉 (B) 1457
sonom nomci 瑣諾木諾木齊 (A,B) 1486
sonom tabunang 804
sonom taiji (1) 785, 820, 1317
sonom taiji (2) 793, 796
sonom taiji (3) 972, 976
sonom taiji (4) 1141, 1160, 1298 = sonom (3)
sonom taiji (5) 瑣諾木台吉 (A,B) 1362 = sonom (7)
sonom taiji (6) 1624 = dureng (1), sonom (4), sonom dureng
sonom torjin taiji 792
sonom yelmi 2320
soobang taiji 795
soohai 1507, 1582, 1993, 1994
soolga 瑣爾哈 (A,B) 1716, 1730
soosa 2240
sori 2320
sotai 率泰 (A) 1933
su el fung dz 2019
suba 蘇巴 (A,B) 1988
subahū 2249
subai 2058
subang tabunang 蘇班塔布囊 (A,B) 962, 967
subari 576
subida 1719
subki 744
subudi, -dureng 蘇布地杜稜 (A,B) 294, 469, 536, 797, 798, 832, 836, 837, 1013, 1170, 1171, 1172, 1352, 1763 = dureng guyeng
subudi ong 796
subunju 2247
sudalai 537
sudala 蘇達喇 (A,B) 867, 931, 1061, 1109, 1255, 1287, 1487, 1500, 1579, 1763, 1765, 1844, 1845, 1893, 1965, 1950
suge daicing 1467
suheci taiji 797
sui ing dai 2305
suiban 1978
suihede 1290, 2204
suihotu 1148
suihutu 1289
suijan 綏占 (A,B) 126, 127, 685
suisun 1289
suke 2221
suketei 1557
suk'ai 蘇開 (A,B) 2303
suldei 蘇爾德 (A,B) 523, 645, 694, 1192, 1221, 1289, 1476, 1702, 1812, 1846, 1880, 2040
suldungga 1115, 1119, 1120, 1286
sule 2340
sulhio 1011, 1015
sumer (1), -tabunang 1716, 2226
sumer (2) 2211
sumir, -hiya taiji 2287, 2316
sun ciyandzung 1130
sun de gung 孫得功 1291, 1820, 1821, 1822, 1947, 1978,
sun deng yūn 1617
sun ding liyoo 孫定遼 (A,B) 955, 1079, 1156, 1249, 1800
sun dooli 孫道吏 379
sun dureng, —beile 孫杜稜 (A,B) 746, 784, 810,

811, 812, 813, 814, 816, 819, 822, 839, 843, 845, 849, 850, 961, 982, 984, 991, 1188, 1189, 1190, 1200, 1300, 1314, 1324, 1344, 1348, 1349, 1621
sun dzu šeo 孫祖壽 (A,B) 447
sun ing ši 孫應時 (A,B) 1332, 1335, 1831, 2305
sun janggin 孫章京 1880
sun g'oloo 孫閣老 (A,B), 孫承定 (B) 924, 932
sun meiren i janggin 孫梅勒章京 2079
sun moo lan 孫茂蘭 (A,B) 1832
sun šoo ye 471
suna, -efu 蘇納 (A,B) 132, 133, 382, 384, 431, 497, 1044, 1048, 1049, 1290, 1506, 1898, 1902, 1999, 2004, 2007, 2008, 2013, 2021, 2022, 2028, 2034, 2043, 2083, 2188, 2196, 2201
sundai (1) 孫太 (A,B) 1354
sundai (2), -gege 1614, 2267
sundari 991
sung gu 2093
sung iogi 2021
sung ši yao 336
sung tu nan 宋圖南 (A,B) 61
sung wan yuwan 1441
sung wen yuwan 344
sunggai (1) 1530
sunggai (2), -g'ai g'abcu lama 2287, 2308
sunggai bithesi 2038, 2043
sunggeri 松格里 (A,B) 1982
sungju 1287
sungtari 841
sunta 1287, 1722
suran 547, 548, 745, 1287, 1717
surumai 744, 1286
sure cin wang 穎親王 1772, 1774 = hošoi sure cin wang, sahaliyan taiji, sahaliyen
sure han 天聰皇帝 (A,B), 皇太極 (A,B) [清太宗] 4, 86, 107, 117, 124, 140, 147, 149, 155, 171, 174, 177, 195, 196, 197, 203, 206, 215, 222, 226, 234, 239, 262, 284, 292, 302, 319, 320, 352, 574, 657, 757, 816, 822, 827, 828, 845, 864, 962, 974, 981, 1207, 1312, 1324, 1325, 1357, 1359, 1365, 1386, 1394, 1405, 1460, 1462, 2100, 2101, 2102, 2103, 2104, 2106, 2107, 2108, 2283
surmai 蘇爾邁 (A,B) 1530
suruktei 2246
suruku 2242
surumai 440, 744, 1286
susulai 1289
sutai taiheo 蘇泰太后 (A), 蘇泰福金 (B) 1511
sutei 2224
sutio 1523
suwan i efu 1284
syge 四哥 695, 698

Š

šadahan 1466
šaji 2210
šajin 1299
šajindara 2223
šakšabat 2246
šamba, -tabunang 單把塔布囊 (A,B) 298, 315, 323, 347, 464, 465, 731, 822, 909, 982, 1016
šan u 2153
šang 尙[可喜] 2072, 2115 = šang k'o hi, bodohonggo ijishūn wang
šang k'o hi 尙可喜 (A,B) 1633, 2049, 2271 = šang, bodohonggo ijishūn wang
šanggitu 1720
šanggiyabu 商佳布 (A,B), 商加布 (A,B) 752, 1179, 1180, 1426

šanggiyan holo 693, 1718, 2188, 2190
šangsi 1287, 1716
šangši 745
šanuka 480, 653, 1289
šaoha 1289
šarba kūtuktu 沙爾巴庫圖克圖 (A), 沙爾巴胡土克圖 (B) 1422
šarhūda 沙爾虎達 (A,B) 498, 523, 1038, 1042, 1221, 1286, 2018, 2019, 2020, 2021, 2178
šari (1) 2211, 2232
šari (2) 2228
šatu 2226
šayang 2225
šen cigu beiguwan 1290
šen coo gi 申朝紀 (A,B) 1831
šen du tang 沈都堂 (A,B)[沈棨] 1282, 1295
šen dzung bing guwan 沈總兵官 (A,B)[沈有容] 1942
šen fujiyang 沈副將 (A), 副將沈某 (B) 446
šen ho i 1073
šen jeng hū 申景琥 沈正笏 (A,B) 151, 154, 155-156
šen jeng ioi 申景裕 沈正玉 (A,B) 86, 94
šen jing jeng 申景愼 沈靜正 (A,B) 86, 94
šen se hoi 835
šeng jung 盛忠 (A,B) 955, 1078, 1158
šentei 2012
šerdeku 舍爾特庫 (A,B) 2350
ši dai yung 施大勇 (A,B) 955
ši dzung bing guwan 石總兵官[石廷柱] 1529, 2205 = ši ting ju
ši fujiyang (1) 石副將[石廷柱] 235, 236, 939, 940, 941, 943, 944, 945, 947, 948, 950, 951, 1168 = ši ting ju
ši fujiyang (2) 石副將[石國柱] 1131
ši giyūn 593
ši guwe ju 石國柱 (A,B) 1092, 1094, 1291, 1356
ši ting ju 石廷柱 (A,B) 236, 436, 437, 645, 694, 640, 1092, 1285, 1418, 1506, 1514, 1732, 1736, 1738, 1873, 1874, 1903, 1979, 2012, 2031, 2078, 2160, 2301, 2306, 2356, 2357, 2376, 2377
šidzung ulu han [金]世宗烏魯皇帝 (A), 世宗 (B) 2289 = dai ding han
šobaha 碩巴哈 (A,B) 2189, 2193
šodoi 2211
šoha 1721
šoi ing jo 1358
šojan 480
šoloi 碩雷 (A,B) 1463, 1629, 2285, 2286, 2308, 2310, 2311, 2312, 2313 = maha samadi secen han
šongkoro baturu 春科落巴圖魯 (A), 碩翁科羅巴圖魯 (B) 1488, 1491, 1496, 1500, 1529, 1536, 1579, 1650, 1651, 1702, 1763, 1765, 1844, 1845, 2291, 2351, 2368, 2384 = loosa (1)
šongningga 1717
šoo šusai 1376, 1377
šoo wan 邵完 (A,B) 86, 94
šoobaga 2241
šoolangga 2241
šose 1289
šota 碩塔 (A,B) 1578, 1978
šoto, -age, -beile, -beise, -taiji 碩託 (A,B) 6, 102, 113, 114, 149, 179, 216, 229, 555, 561, 567, 643, 644, 648, 659, 670, 677, 679, 668, 891, 892, 893, 895, 896, 901, 903, 916, 1009, 1029, 1037, 1041, 1055, 1061, 1062, 1299, 1772, 1826, 1946, 1951, 1958, 1961, 2078, 2351, 2383, 2384
šu fang 1358
šui san 2153

šui se neng 1536, 1538
šui ting gioi 徐廷擧 (A,B) 2093, 2151, 2154
šukio 653, 1135, 1136, 1137
šulengge 1920
šulugūn 2240
šumin 1287
šungningga 1992
šuntohoi 1287
šusai 舒賽 (A,B) 84, 90, 653, 1291
šušu 1289, 1716
šūn 舜 (A,B) 2289
šūn i wang 順義王 (A,B) 1924 = gegen han

T

ta ing kuwan 630
tabai 795, 797, 1291
tabin 2222
tabišan 1288
tabitai 1467
tabitu 2225
tabuljin 2216
tabutai 2241
tacil 2244
tadai 1150
tagatai 2214
tahabu 他哈布 (A,B) 523, 694, 1014, 1097, 1222, 1225, 1288, 1521
tahai 1993, 2186
tai batur 965, 966, 971, 973, 975, 976
tai baturu, —beile 832, 1314
taibuho 泰布和 (A,B) 1202
taidzu (1) [淸]太祖 (A,B) 6, 160, 198, 215, 226, 1319, 1520, 1586, 1587, 1747, 1827, 1889, 1890, 1891, 1930, 1962, 1966, 1977, 2156, 2157, 2173, 2174, 2293, 2295, 2298, 2299, 2335 = abkai hese be alifi forgon be mukdembuhe gurun i ten be fukjin ilibuha ferguwecuke gungge gosin hiyoošungga horonggo enduringge hūwangdi, genggiyen han, horonggo enduringge han
taidzu (2) [金]太祖 (A,B) 50, 373, 442, 2290 = aguda, u yuwan han
taidzu (3) [元]太祖 (A,B) 51, 374
taidzung (1) [唐]太宗 256
taidzung (2) [遼]太宗 1581
taidzung (3) [金]太宗 (A,B) 2290 = ukimai
taiheo 太后 (A,B) 1587, 1747, 1889, 1890, 1891, 2058, 2157, 2293, 2295, 2298, 2299 = gosin hiyoošungga doro de akūmbuha ginggun ijishūn hūturingga eldengge enduringge hūwangheo
taiho 2240
taiji 台吉 (A) 303
tairangga 1064
taisulai 2246
tajan 塔瞻 (A,B) 1226, 1929
takor 2353 = dagūr (1)
takūhai 2223
talabur tabunang 794
talai 塔賴 (A,B) 1749
talidai 2224
tambai 譚拜 (A,B) 862, 1289, 1443
tambu 譚布 (A,B) 900, 1493, 1516
tambulu 1999
tamtai tabunang 796
tanaka 653, 1150, 1287
tang da 2152
tang taidzung 唐太宗 256
tang yuwan siowan 503
tanggio 1776
tanggūdai, -age 湯古代阿格 (A), 湯古代 (A,B) 19, 545, 651, 685, 686, 1616, 1847, 1915

tanggūi (1) 2180
tanggūi (2) 2210
tanggūi (3) 2225
tangju 湯珠 (A,B) 1654, 1944, 1945
tangkio 1151, 1289
tangšai 981
tangtu 2219
tangtuk 2210
tantai, -hiya 譚泰 (A,B) 418, 441, 473, 497, 537, 740, 1038, 1044, 1054, 1055, 1286, 1506, 1516, 1615, 1630, 1736, 1738, 1742, 1899, 1991, 1992, 2005, 2020, 2022, 2034, 2042, 2051, 2064, 2066, 2082, 2180, 2195, 2198, 2200, 2206, 2380, 2386
tantai mergen 1087
tantaiju 1292
tantang weijeng hiya 1191
tarabu 2246
tarahai 2242
taran 744, 1288
tarbahi 塔爾畢希 (A,B) 164, 1135, 1137
tarbu 2055, 2182
tarhū 653
tarmadi 2353 = darmadi, daramdi
tarni 791
tasigai kuluk 1660
tata ong 797
tataga 2246
taye 2239
teberihu (1) 2217
teberihu (2) 2223
tegus 2222
teher 2213
teji 1921
tejin 1719, 2069
tejingkei 特精克 (A,B) 1179, 1180
temdehe 1298
temdehei, -buku 特木德赫 (A,B) 1077
temdei 2212
temdek 2245
temdeku 2220
temdengtu 2226
temurjin 1276
temurtei 2244
temuru 1115, 1117, 1120, 1632, 1718, 1784, 1785, 2178
tendekei 2239
tenggis 2316, 2317
tengkuwa 1083
tesu 特瑣 (A,B) 1212
titi ong 792
tiyan dzo han [遼]天祚帝 50, 373
tiyan ki han [明]天啓帝[熹宗] 424
tobogo 2221
tobogon 2239
tobohoi, -ecike 託博輝 (A), 拖博輝 (B) 85, 94, 103, 689
toboi 托貝 (A,B) 1032
toboi janggin 1013
tobok dalai 託博克達賴 (A), 托博克達賴 (B) 1823, 1824, 1880, 1883, 1918
todoi 2243
todolai 2240
todong 2176
togo (1) 1552, 1555, 1558, 1559, 1560
togo (2) 2226
togo baksi 託果榜式 (A), 託果巴克什 (B) 1823
togūi 2225
tohina 653
toho 2007
toho janggin 1917
tohodai 1551

tohon temur han [元順帝] 妥懽貼睦爾 375
tohotoi 1914
tojai 2240
tojing 2213
tojiyan 1180
tokokū 2217
tokona 1148
toktaga 2225
toktodoi 2244
toktogai 2244
toktohoi (1), -jargūci, -jarhūci 965, 966, 971, 972, 975, 976, 1314,
toktohoi (2) 1285, 2007
toktohoi (3) 2220
toktohū (1) 2222
toktohū (2) 2239
toktohū beile 834
toktoi (1) 1291
toktoi (2) 2241
toktoi (3) 2245
toktomur 2241
toktonju 託克屯珠 (A,B), 托克屯珠 (A,B) 1946, 2046
toktonoi 2241
tolbai 2220
tolbi 1292
tolbotu 託爾博圖 (A), 托爾博圖 (B) 1463
tolok 2307
tomišan 1722, 1785, 1790
tonggo 2239
tonggoro 2010
tonggoru 2189
tongku 2245
tono 1628
tonsi 1978
toodai 2242
tooha 2228
toohai 1721
tooji 1748
toorai 2238
toose 2225
tootung 2002
torahai 2244
torbaga 2222
tori lama 2287, 2310
torjimo taiji 793
torjin tabunang 792
torjin taiji 792
tormon 託爾門 (A,B) 1551
toro baihū 792
torsa 托爾撒 (A,B) 1356
tortagan 2245
totai 2243
totoi 1998, 2205
tu yeng kiyan 塗應乾 1079 = du ing kiyang
tuba (1) 796
tuba (2), -erhe taiji 土巴額爾赫台吉 (A,B) 1458, 2225, 2354
tuba jinong 土巴濟農 (A,B) 1457, 1740-1741
tuba taiji 土巴台吉 (A,B) 1846
tubai 2243
tubai sereng 2218, 2231, 2232-2233
tubei (1) 2213
tubei (2) 2222
tubet 2227
tubišan 1791
tudek 2238
tugel 1553, 1555, 1559, 1561
tugūnai 土古奈 (A,B) 2350
tuimur 2242
tujan 圖瞻 (A,B) 1092, 1094, 1287, 2184
tuji 1206, 1209

tukio 1791
tuktaga 2222
tukteci 2241
tulai 土賴 (A), 圖賴 (B) 440, 652, 867, 868, 869, 1047, 1093, 1124, 1286, 1289, 1352, 1481, 1956, 1961 = tung tulai
tuledei 2181
tulegen 2243
tulen 1552, 1555, 1559, 1561
tuletei 2245
tulga 2210
tulugen (1) 2220
tulugen (2) 2226
tulugen (3) 2227
tulusun 2223
tumburu 屯布祿 (A,B) 90, 480, 693, 868
tumei (1), -beile 圖美 (A,B) 384, 386, 387, 756, 1314
tumei (2) 1100, 1289
tumei (3) 2213
tumei (4) 2221
tumei (5) 2242
tumei (6) 2244
tumei lung 圖美隆 (A,B) 1823, 1920
tumen (1) 都美 (A,B) 693, 1067 = dumei
tumen (2), -darhan 土門達爾漢 (A,B) 458, 1552, 1558, 1569, 1623
tumen (3) 2238
tumen (4) 2242
tumet 土默特 (A), 土墨特 (B) 1482
tumet hiya noyan 2012, 2031
tumin 1288
tundai 693
tunci, -age 呑齊 (A), 屯齊 (B) 1644, 2021, 2064
tuncika, -beise 呑齊哈 (A), 屯齊喀 (B) 1826, 2078
tung ceng liyoo 329
tung ceng niyan 335
tung el 佟二 2152
tung fuma 佟駙馬 佟養性 (A,B) 1088 = tung yang sing, si uli efu
tung guwe yen 佟國印 1293
tung hūwa niyan 335
tung iogi 佟遊擊[佟養眞] 256
tung jeng 佟整 (A,B) 344, 1093, 1292, 2093, 2151, 2155, 2156
tung jeng guwe 佟鎭國 236
tung san 佟三 (A,B) 1827, 1828, 1847
tung tiyan gi 董天機 (A,B) 1150
tung tulai 佟圖賴 1123 = tulai
tung yan 佟延 325, 1094
tung yang ciyan 1293
tung yang hoo 1094
tung yang sing, —efu 佟養性 (A,B) 324, 586, 1088, 1091, 1092, 1169, 1326, 1328, 1347, 1348 = tung fuma, si uli efu
tunggadai 2240
tunggatai 1292
tunggatu, -baturu 1100, 1712, 1718
tunggiya 佟家 1090
tunggoi 1288
tungsai 2218
tungse 佟色 1211
tungkesen 1717
tunio 1775
tuntai (1) 1128, 1131
tuntai (2) 2224
turcin 497
turga 圖爾哈 (A,B), 圖爾噶 (A,B) 318, 1380
turgei 圖爾格 (A,B) 90, 133, 198, 481, 484, 576, 650, 651, 688, 725, 932, 1271, 1423, 1443, 1473, 1485, 1487, 1489, 1492, 1506, 1665, 1734, 1735, 1737, 1738, 1742, 1902, 1907,

1998, 1999, 2000, 2001, 2008, 2009, 2021, 2022, 2027, 2034, 2042, 2043, 2064, 2066, 2083, 2182, 2183, 2190, 2191, 2192, 2200
turi 圖里 (A,B) 1578
tursi 694
turudu 2243
turuji 2242
turukui 2245
turusi 土魯什 (A), 圖魯什 (B) 363, 365, 447, 451, 492, 498, 515, 523, 540, 645, 735, 861, 887, 893, 902, 904, 911, 939, 1011, 1015, 1038, 1047, 1056, 1057, 1063, 1065, 1066, 1192, 1201, 1202, 1204, 1205, 1208, 1212, 1213, 1214, 1216, 1217, 1230, 1285, 1347, 1348, 1488
tusitu 1035
tusitun 1722
tusiyetu (1) 土謝圖 (A,B) 150, 1314, 2210
tusiyetu (2) 2310 = babung tusiyetu
tusiyetu cin wang 土謝圖親王 (A,B) 1622, 1640, 2236, 2237, 2320, 2351 = badari, badiri, tusiyetu efu (2), tusiyetu jinong
tusiyetu efu (1) 土謝圖額駙 (A,B) 159, 161, 162, 177, 229, 294, 295, 318, 752, 753, 755, 760, 762, 764, 767, 802, 805, 810, 814, 817, 821, 827, 828, 849, 850, 959, 964, 989, 990, 1197, 1206, 1209, 1212, 1227, 1251, 1269, 1280, 1284, 1314, 1322, 1323, 1351, 1352, 1881, 1882 = ooba, tusiyetu han
tusiyetu efu (2) 土謝圖額駙 (A,B) 1515, 1520 = badari, badiri, tusiyetu cin wang, tusiyetu jinong
tusiyetu han 土謝圖汗 (A,B) 294, 302, 310, 311, 312, 316, 317, 384, 385, 386, 387, 450, 454, 663, 752, 784, 798, 816, 822, 828, 843, 962, 975, 1187, 1188, 1190, 1192, 1194, 1196, 1201 = ooba, tusiyetu efu (1)
tusiyetu jinong, —efu 土謝圖濟農 (A,B) 1456, 1514, 1520, 1522, 1615 = badari, badiri, tusiyetu cin wang, tusiyetu efu (2)
tuša 1288
tušan 497
tušatu 1287
tutuhai 2217
tuyantu 1031, 1287

Ts’

ts’ai beiguwan 406
ts’ai ts’anjiyang 1121
ts’ai tung 491, 500, 573, 593, 607, 634, 721
ts’ai yung niyan 蔡永年 (A,B) 1942, 1943, 1944, 2278
ts’oo cigu iogi 1290
ts’oo dusy 327
ts’oo gung ceng 曹恭誠 (A,B) 955, 1080, 1156, 1249, 1801
ts’oo guwang bi 曹光弼 (A,B) 1095, 1128, 1129, 1578
ts’oo jin yan 1819, 1821
ts’oo se yang 337
ts’oo ši jiyoo 1822
ts’ui cangšu 崔尙書 (A,B), [崔鳴吉] 2368, 2369
ts’ui dai jung 340
ts’ui dooli 崔道吏[崔及第] 511, 618, 629, 634
ts’ui guwang ciyan 崔光前 (A,B) 1832
ts’ui ing ši 崔應時 (A,B) 1982, 2100, 2114, 2115, 2118
ts’ui ing tai 1093, 1292
ts’ui iogi 1128
ts’ui janggin 2092
ts’ui ming liyang 崔夢良 崔鳴亮 (A,B) 59
ts’ui ming sin 1293

U

u ceng gung 715
u ciyandzung 2153
u dz i 1010
u dzung bing guwan 吳總兵官 (A,B) [吳襄] 910, 925, 931-932
u fujiyang 吳副將 (A,B) 1241
u fung ceng 吳奉成 (A,B) 1079, 1158
u ging doo 吳景道 (A,B) 1830, 2088, 2090, 2091, 2091, 2093, 2094, 2155 = u jing doo
u guwe dzu 吳國祚 (A,B) 1832
u heo [魏]武候 (A,B) 1602
u hi han 吳希漢 (A,B) 443
u hi nan 吳信男 吳希楠 (A,B) 155
u hiyo jin 1092
u i ning 1358
u ioi 吳裕 335, 1293
u iogi 714
u janggin 2090, 2094
u jeng 1575
u jing do 吳景道 2304 = u ging doo
u ki 吳起 (A,B) 516, 883, 1602
u liyang fu 吳良輔 (A,B) 955, 1079, 1158
u men se 1537
u šeo jin 吳守進 (A,B) 1291, 1507, 1960, 1961
u ši i 715
u wang [周]武王 (A,B) 1603
u yan dzu 武林祚 (A), 武延祚 (B) 1831
u yang gioi 1353
u yen 329
u yuwan[han] [金太祖]武元皇帝 完顔旻 (A,B) 442
u yūn kiyan 吳允謙 吳雲乾 (A,B) 86, 94
ubadai 2229
ubahai (1), -baturu 吳巴海 (A,B) 106, 565, 1287, 1301, 1403, 1478, 1790, 1792, 1817, 2350
ubahai (2) 1291
ubahai darhan baturu 吳巴海逢爾漢巴圖魯 (A,B) 1551
ubai 吳拜 (A,B) 13, 440, 652, 870, 931, 1108, 1216, 1217, 1221, 1222, 1285, 1500, 1529, 1530, 1999, 2004, 2007, 2008, 2016, 2017, 2018, 2020, 2021, 2368, 2384
ubalai 1626
ubali 1711
uban 2216
ubanaci 2217
ubasanca 吳巴三察 (A), 烏巴三察 (B) 1823, 1921
ubasi (1) 569, 582, 600
ubasi (2) 820, 1269, 2220
ubasi (3) 吳巴什 (A,B) 2054, 2056, 2307
ubasi (4) 2223
ubasi (5) 2225
ubasi dural 吳巴賽都喇爾 (A,B) 1551
ubasi siyacin 1252
ubatai 2240
ubatang 849
uca 1776
udaci 2009
udaci tabunang 1143
udahai 1011, 1013, 1015, 1286, 2176
udana 1135, 1137
udari, -bithesi 吳達禮 (A,B) 1031, 2375
ufuli 1998
uge 五哥 劉興治 (A,B) 126, 127, 557, 558, 684, 695, 698, 702, 705, 707, 708, 709, 712, 714, 715, 717, 754, 766, 772, 773, 778, 781 = lio u
ugebu 2239
uheri 1271
ui jaisang 衛寨桑 (A,B) 982, 987, 1254, 1255, 1261, 1266, 1267, 1268, 1269, 1275, 1276, 1278, 1282, 1296, 1321, 1322, 1460, 2167, 2282

uici 金維城 (A,B) 734, 876, 1291, 2036 = ujici
ujen cin wang 鄭親王 (A,B) 1662, 1712, 1713, 1950, 1951, 1952, 1953, 2319 = jirgalang
ujici 維城 (A) 1933 = uici
ujitai tabunang 794
uju amba 653, 1287, 2189
ukci 1898
ukimai [金太宗]吳乞買 2290
uksun i mafa baturu gung ni giyūn wang 族祖武功郡王 1889
ukšan, -nakcu 吳克善 (A,B) 385, 387, 784, 802, 803, 828, 830, 833, 835, 836, 960, 973, 990, 993, 1188, 1190, 1194, 1196, 1236, 1254, 1255, 1260, 1314, 1411, 1620 = joriktu cin wang, hošoi joriktu cin wang, joriktu cin wang
ukulei 1557
ukuri 1289
uladai (1) 2212
uladai (2) 2215
ulai 吳賴 (A,B) 537, 584, 595, 741, 1151, 1205, 1287, 1292, 1352, 1506, 1900, 1997, 2006, 2007, 2024, 2034, 2051, 2082, 2195, 2380, 2386
ulan baksi 2307
ulba 2241
ulemu 1791
ulkun 吳爾坤 (A,B) 453
uluka 吳魯喀 (A,B) 1132, 1133, 1137, 1288, 1292, 1721, 1946
uluri 1792
umalai 2220
umanai 2241
umbu buku taiji 1189
umetei 1562
unagai 2223
unahai 吳納海 (A,B) 1483, 1532
unca 636, 1791, 1792
undege 2238
undurhū 2221
unege (1), -baksi 吳內格榜式 (A), 巴克什吳訥格 (B) 103, 382, 384, 431, 524, 571, 580, 596, 597, 604, 657, 862, 897, 1000, 1069, 1250, 1284, 1356
unege (2) 2212
unetei 2210
unggadai (1) 翁阿岱 (A,B) 654, 1285, 1993, 2006, 2201
unggadai (2) 1289
unggadai (3) 1558, 1561
unggadai (4) 2217
unggadai (5) 10: 2220
unggai (1) 1845
unggai (2) 2222
unggai (3) 2223
unggai (4) 2241
unggan 2217
unggeni 翁格尼 (A,B) 1026, 1285
unggu mafa ba badarambuha wang 曾祖昌王 1888-1889
unila 1292
unje 1422
untasi 溫搭石 (A,B) 6, 27, 33
urcihai 1716
urgana 吳爾噶納 (A,B) 653, 1292, 1578, 2052, 2055, 2368, 2369
urgudeng 2218
urgūdai beile, -efu 吳爾古代貝勒 (A) 185
urgūdul 2220 = orkotol
urjan 2226
usan 兀山 (A,B) 1479, 1484
usantai 1289
usita 吳什塔 (A,B) 1292, 1533, 1589

usitai 1292
usitei 1775, 1776, 1777, 1779, 1782
usiyan hūwang taiji 1300
usiyandari 1716
usuhai 2212
usuntei 2240
ušalan 699, 1289
ušan 吳善 (A,B) 635, 645, 694, 1093, 1287, 1352, 1507, 1668, 1990, 2020
utaci tabunang 783, 786, 1113, 2013
utai 1720
utege 2319
uyandai 1719

Ū

ūljei 2246
ūljeitu (1) 吳爾寨圖 (A,B) 103, 757
ūljeitu (2) 2241
ūljeitu g'abcu lama 2286 = eljitu g'abcu lama

W

waciri (1) 2210
waciri (2) 2218
wahūda 1289
wakda, -age 瓦克達 (A,B) 136, 229, 231, 1142, 1706
walica 1792
wan 513, 514
wan cigu beiguwan 1290
wan lii han [明神宗]萬曆帝 51, 376, 424, 443, 444
wan yan liyang [金廢帝海陵王]完顏亮 (A,B) 2290
wandan, -tabunang, -weijeng 萬旦衛徵 (A,B) 195, 293, 1171, 1458, 2096, 2097
wandušan 1525, 1526, 1775, 1776
wang (1) 王 2017, 2021 = ajige
wang (2) 王 2053 = dudu
wang beiguwan 629
wang bing bu 王兵部 379
wang cigu, —beiguwan 1290, 1575, 1576
wang cing i 王業弘 (A,B) 476
wang ciyandzung 1537
wang de 1537
wang de sy 2152
wang deng giya 551
wang do 王鐸 (A,B) 1831
wang du tang 王都堂[王元雅] 398, 405,
wang dusy 629, 1124
wang dz deng 王子登 239, 240, 241, 242, 243, 244, 245, 249, 250, 251, 345, 347, 348 = wang dzung bing guwan (1), wang fujiyang (1)
wang dzung bing guwan (1) 王總兵官 [王子登] 235, 237, 264 = wang dz deng, wang fujiyang (1)
wang dzung bing guwan (2) 王總兵官 870, 1249
wang dzung bing guwan (3) 王總兵官 2007
wang dzung jao 406
wang fu 438
wang fujiyang (1) 王副將[王子登] 251, 252 = wang dz deng, wang dzung bing guwan (1)
wang fujiyang (2) 王副將 (A,B) 400, 401,
wang fujiyang (3) 556, 559, 629, 630
wang ging 王景 (A,B) 932, 933
wang giya yan 342
wang gung 王公 太監二王公 (A), 王太監 (B) 932
wang hiyan k'o 方獻可 1080 = fang hiyan k'o
wang hūse 1576
wang i wei 334
wang i bing 王一屏 1093
wang i ping 王一屏 1286
wang iogi (1) 480

wang iogi (2) 903
wang ioi ji 340
wang jiyoo gung 2152
wang jing yuwan 2153
wang jy je 王之哲 (A,B) 1830 = wang ši je
wang king 420
wang k'o dai 王可代 (A,B) 1579
wang lai gin 王來覲 (A,B) 1832
wang lai yung 王來用 (A,B) 1831
wang lama 王喇嘛 (A,B) 36, 758, 759, 1905, 2011, 2032
wang sun cen 王遵臣 (A,B) 392
wang sun jang 405
wang siyang gung 630
wang ši boo 619
wang ši je 王之哲 1830, 2088, 1304 = wang jy je
wang ši ping 342
wang ši siowan 1358
wang taigiyan (1) 王太監 (A,B) 431
wang taigiyan (2) 王太監[王希忠] 1998
wang wei ceng 王維城 (A,B) 466
wang wen kui 王文奎 (A,B) 1332, 1646, 1830, 2088, 2303, 2304
wang yan dzu 王延祚 (A,B) 861, 886
wang yen jiyang 1575
wang yuwan giyo 335
wang yuwan jung 王元忠 1291 = wang ts'anjiyang (2)
wang yūn jeng 406
wang yūn šeng 王允昇 (A,B) 1832
wang žin ts'ung 1818
wangdari 王逢禮 (A), 旺達禮 (B) 1403
wangginu mafa 1085
waraka 2244
wargi amba fujin 西大妃 1681, 1683, 1838, 1855, 1976, 2130
wargi ashan i fujin 西側妃 1681, 1683, 1838, 1855, 1867, 1976, 2130
wargi ashan hūturingga booi jingji fujin 西側永福, 宮莊妃 1867
wargi ashan i jingji fujin 西側莊妃 1866, 1867, 1907
wargi da gosin i booi wesihun amba fujin 西麟趾宮貴大妃 1863, 2277
wargi da gosin i booi fujin 西麟趾宮妃 1681
wargi fujin 西妃 1110
wargi hūturingga booi fujin 西永福宮妃 1681
wargi hūturingga booi jingji fujin 西永福宮莊妃 2277
wargi jingji fujin 西莊妃 1909
wargi wesihun amba fujin 西貴大妃 1862, 1863, 1907, 1908
warka ecike 瓦爾喀 (A,B) 1343
warka hiya 1288
wase (1) 1289
wase (2) 1717
wase (3) 1721
wecere ecike 647, 668, 671, 1343 = boihoci ecike
wehe 2304
wehe haturu 1722, 2187
wei beiguwan 1121
wei coo cing 754, 766, 778, 781
wei dai lii 723
wei de lii 501
wei šeobei 629
weihede 653, 1286, 1327
weihene 1776, 1792
weijeng (1) 衛徵 (A,B) 284 = habagai, kabahai
weijeng (2), -beile 782, 1189, 1190, 2239
weijeng (3) 1189
weijeng bandi 2286, 2287, 2310,
weijeng baturu taiji 2285

weijeng lama 衛徵喇嘛 (A,B) 2282, 2283, 2284, 2306, 2311
weijeng nangsu, —lama 衛徵讓蘇喇嘛 (A,B) 1365, 1382, 1383, 2319
wen ba 1537
wen dai 1537
wen de ts'ai 2153
wen el 1537
wen se ci 1537
wenje 693, 1287
wesihun amba fujin 貴大妃 1862

Y

yabai 579, 596, 1292
yabka 2010
yabuhai 1287, 2053
yaburan 1292
yahai 1288, 1716
yahū 2229
yahū mafa 560
yakiyan 也先 31
yalai 778, 1287
yalgūri 1708
yamašan 1719
yambulu 顔布錄 (A,B) 1024, 1135, 1136, 1137, 1196, 1286, 1345, 1346, 1347, 1348
yan dayanši 287
yan dz 顔子 1949 = yan hūi
yan geng [李]延庚 327, 1094 = lii yan geng, yengge
yan gung 473
yan hūi 顔回 2107 = yan dz
yandai 2187, 2206
yang 2219
yang beiguwan 1121, 1128, 1130
yang ceng siyoo 2048, 2070-2071
yang cigu beiguwan 1209
yang cūn hūwa 楊春華 (A,B) 1932
yang da io 328
yang dzung bing guwan 楊總兵官 楊總兵 (A), 楊姓總兵 (B) 601, 607
yang fang hing 楊方興 (A,B) 2088, 1830 = yang fang sing
yang fang sing 楊方興 (A,B) 2303 = yang fang hing
yang fujiyang 楊副將[楊文魁] 464, 465, 619, 622, 629, 630, 1249 = yang wen kui
yang hing guwe 1094, 1293
yang hūwa jeng 楊華徵 (A,B) 1079, 1157
yang io žui 1093
yang iogi 619, 629, 630
yang ioi wei 楊于渭 (A,B) 1291, 1531
yang jeo gio 1978
yang ki 575
yang lu be 1010
yang ming sing 1531
yang ming ši 楊名世 (A,B) 333, 1079, 1158
yang šeng yuwan 楊聲遠 (A,B) 463
yang taigiyan 楊太監 (A,B) 434
yang wan bang 339, 347
yang wan peng 1286
yang wen kui 楊文魁 (A,B) 463
yang fujiyang 楊副將[楊文魁] 464, 465, 619, 622, 629, 630, 1249 = yang wen kui
yang wen peng 1093
yanggai 1995
yanggai darhan tabunang 揚愛達爾漢他布囊 (A), 揚愛達爾漢塔布囊 (B) 1466
yangguri, -efu 楊古里 (A), 楊古利 (B) 13, 103, 177, 451, 535, 606, 613, 626, 724, 744, 778, 869, 882, 904, 999, 1002, 1012, 1040, 1047, 1055, 1059, 1095, 1111, 1139, 1169, 1224, 1284, 1326, 1352, 1398, 1492, 1506, 1586, 1735,

1738, 1742, 1929, 1990, 2060, 2061, 2063, 2064, 2065, 2156, 2173, 2356, 2385
yanggūr (1) 1557
yanggūr (2) 2222
yangšan 楊善 (A,B) 507, 513, 523, 867, 1038, 1040, 1236, 1240, 1254, 1286, 1316
yangšu gufu 1083
yanje 2263
yao gin [程]饒金 256
yarai 744, 1149
yarbu 1717
yarka 1719
yarkan 1790
yarna 653, 1122, 1285
yasa 1204
yasita 雅什塔 (A,B) 584, 592, 1291, 1356, 1577, 1669
yasun 雅蓀 (A,B) 15, 58, 105
yatari 1717
ye fujiyang 1993, 2013, 2018
yebšu 795, 1171, 2096
yebšu tabunang 795, 804, 962, 967,
yecen (1) 葉臣 (A,B) 15, 58, 59, 90, 105, 441, 450, 454, 493, 497, 530, 538, 547, 711, 728, 778, 999, 1284, 1378, 1398, 1488, 1506, 1615, 1736, 1742, 1901, 1994, 1995, 2005, 2009, 2022, 2025, 2034, 2042, 2064, 2066, 2083, 2177, 2178, 2189, 2196, 2200, 2373
yecen (2) 葉臣 (A), 葉辰 (B) 2373, 2386
yehe 1749
yekei 1012
yekšu 葉克舒 (A), 葉克書 (B) 90, 1285, 1506, 1615, 1738, 1742, 1900, 1994, 1995, 2006, 2020, 2022, 2024, 2034, 2064, 2066, 2083, 2182, 2188, 2192, 2193, 2200, 2202, 2203
yeldeng tusiyetu 1466
yelei 葉雷 (A,B) 1661, 1761, 2350 = jegelei
yemji 1064, 1288
yen iogi 2152
yen jiyoo [劉]銀住 353, 356 = lio yenju, yen ju
yen ju [劉]銀住 (A,B) 190, 191, 886, 909, 2094 = yen jiyoo, lio yen ju
yen ting lu 殷廷輅 236, 333, 339, 1093, 1286
yengge 李延庚 (A,B) 2089 = lii yan geng, yan geng
yenggene 英格內 (A), 英格訥 (B) 1292, 1578, 1946
yenu 葉努 (A,B) 487, 517, 572, 888, 1277
yeosi 2223
yerešen 1285
yersu 1717
yesui 2222
yo ki luwan 岳起鸞 (A,B) 26
yondan 2232 = yondon
yondon 2215 = yondan
yondon ubasi 839 = yondun ubasi
yondun ubasi 987, 990, 992 = yondon ubasi
yoo 堯 (A,B) 2289
yoo pijan 1728
yoto, -beile, -beise, -taiji 岳託 (A,B) 6, 78, 82, 84, 92, 102, 113, 131, 149, 164, 179, 191, 207, 216, 218, 219, 358, 390, 391, 396, 423, 427, 453, 517, 544, 589, 605, 606, 656, 659, 660, 661, 662, 669, 679, 680, 696, 786, 858, 863, 877, 941, 942, 944, 955, 1009, 1016, 1088, 1089, 1169, 1229, 1323, 1341, 1357, 1375, 1396, 1400, 1478, 1483, 1485, 1488, 1620, 1956, 1958, 1961, 1968, 2076, 2078, 2163, 2281, 2297, 2306, 2348, 2356, 2361, 2369, 2370, 2376, 2384
yug'adzari lama 2320
yundan 2238
yung lo [han] [明世祖] 永樂帝 323
yunghoi 636

yungji [金衛王] 永濟 374
yungšun 雍舜 (A,B) 480, 688, 727, 1037, 1152, 2012, 2190
yuwan 袁[崇煥] 359, 367, 369, 378 = yuwan cung hūwan
yuwan amba niyalma 袁大人[袁崇煥] 7, 12, 38, 56, 354, 361, 363, 365, 372, 377 = yuwan cung hūwan
yuwan cang giyūn 原昌君 81
yuwan cung hūwan 袁崇煥 (A,B) 7, 38, 129, 430 = yuwan, yuwan amba niyalma, yuwan du tang, yuwan du ye, yuwan dusy, yuwan looye
yuwan du tang, 袁都堂[袁崇煥] 27, 46, 52, 53, 55, 129, 237, 433, 434, 439, 505, 529, 729, 730, 734, 735, 741, 1049, 1371, 1476, 1497, 1648 = yuwan cung hūwan
yuwan du ye 袁都爺 33, 36 = yuwan cung hūwan
yuwan dusy 袁都司 278 = yuwan cung hūwan
yuwan looye 袁老爺 34 = yuwan cung hūwan

Ž

žan se hūi 1399
žin da liyang 任得良 354, 356, 358, 372
žin ming ši 1094, 1287, 2304

II. 지명 색인

A

abaga 阿覇垓 (A,B) 196, 197, 198, 815, 825, 826, 963, 1865, 2288

abjinan 829

agū 1661

agūn 826, 962, 975 = non

aiha 靉河[靉陽] 332, 347, 1974, 2045

aisin (1) 金 50, 373, 374, 375, 377, 426, 568, 599, 854, 885, 1336, 1605, 2072, 2289 = dai gin

aisin (2) [後]金, 滿洲國 (A,B) 262, 266, 286, 354, 358, 361, 362, 363, 365, 372, 377, 379, 391, 398, 423, 424, 442, 460, 462, 463, 466, 467, 468, 470, 471, 472, 473, 525, 549, 550, 551, 552, 557, 558, 564, 566, 567, 575, 586, 599, 609, 623, 696, 703, 705, 711, 745, 746, 754, 774, 884, 907, 937, 954, 968, 1020, 1108, 1236, 1261, 1267, 1368, 1373, 1383, 1431, 1448, 1449, 1450, 1453, 1454, 1455, 1500, 1502, 1504, 1509, 1541, 1570, 1571, 1610, 1942, 1943, 2101, 2103, 2105, 2106, 2111, 2117

ajige haljan 1201

ajige horgo 阿濟格和爾戈 (A,B) 1213

ajige karacin 792, 794, 797

akūli golo 1784,

alakcot 阿喇克綽忒 (A,B) 162, 176, 203, 219, 284,

aldaji 536

alin i wargi golo 山西 (A,B) 1265

amargi mederi 北海 (A,B) 1453

amba bira 大河 (A,B) 1603

amba gašan 大屯 1084

amba hecen 盛京 (A,B) 2288 = mukden

amba hoton 諳巴城 667

amba tumen 1862, 1865

an giya jai 496

an jeo 安州 (A,B) 61, 62, 72, 92, 659, 682, 683, 731, 744, 1695, 1991, 1995, 2042, 2360, 2361, 2362, 2363, 2367

an ping 安平 (A,B) 666

an su hiyan 安肅縣 (A,B) 1993, 2042

an šan, -pu 鞍山堡 (A,B) 467, 1115, 1579, 1973, 2070

aohan 敖漢 (A,B) 20, 107, 138, 139, 140, 141, 149, 184, 185, 215, 218, 292, 297, 298, 381, 758, 799, 826, 829, 836, 837, 839, 846, 848, 856, 891, 895, 897, 991, 1181, 1196, 1199, 1211, 1314, 1324, 1346, 1362, 1457, 1475, 1496, 1552, 1555, 1556, 1560, 1619, 1763, 1892, 2211, 2231, 2259

aralai 1616

aru 阿魯 (A), 阿祿 (B) 197, 544, 545, 558, 560, 694, 745, 746, 757, 759, 783, 798, 800, 802, 816, 818, 832, 834, 840, 843, 848, 850, 856, 861, 891, 895, 935, 961, 963, 967, 975, 979, 980, 982, 992, 993, 1000, 1077, 1174, 1175, 1176, 1181, 1182, 1183, 1186, 1188, 1191, 1194, 1196, 1198, 1211, 1227, 1269, 1315, 1344,

1348, 1362, 1386, 1418, 1457, 1551, 1616, 1619, 1623, 1660, 1661, 1862, 1865, 1878, 1881, 1892, 2306
aru i kalka 1418, 1460, 1463, 1507, 1513, 2306
aru sibartai 1260
asot 阿蘇忒 (A,B) 118, 761 = asut
asut 773, 792, 793, 794, 795 = asot
awan 1522, 1524 = oowan

B

ba jeo 霸州 2007
baisgal 櫂斯哈兒 (A), 擺斯哈兒 (B) 1318
barda 巴爾達 1081, 1082
barin, -aiman 巴林 (A,B), 巴林部落 (A) 215, 216, 218, 298, 382, 386, 607, 748, 755, 758, 799, 837, 846, 856, 891, 895, 897, 900, 991, 1197, 1199, 1227, 1315, 1323, 1324, 1426, 1457, 1551, 1552, 1555, 1556, 1561, 1616, 1619, 1623, 1845, 1893, 2212, 2230
baru bira 1204
bayan dem 巴顔德木 (A,B) 1896
bayan hūcin 1271
bayan sube 張家口 (A,B) 197 = jang giya keo
bayara 巴牙喇 (A,B), 櫂牙喇 (A) 318, 1380
bayot 把岳忒 1343, 1614
be giya jai 347, 2355
be ho 白河 1898
be siyūn keo 北汛口 1692
be tu cang 白土廠, 白土場 (A,B) 113, 858
beging 北京 (A,B), 燕京 (A,B) 57, 120, 251, 254, 257, 427, 428, 431, 446, 447, 450, 452, 488, 501, 502, 505, 509, 550, 551, 554, 641, 642, 721, 722, 723, 724, 725, 727, 729, 730, 732, 736, 738, 739, 741, 744, 885, 924, 947, 950, 1476, 1490, 1492, 1494, 1497, 1508, 1515, 1516, 1757, 1759, 1760, 1989, 1991, 1993, 1994, 1997, 2002, 2005, 2006, 2007, 2008, 2009, 2010, 2011, 2016, 2017, 2019, 2020, 2021, 2040, 2062, 2102, 2105, 2106, 2112, 2174, 2292 = ging, han i hecen (1), han i hoton, yan ging
berkei bira 1317, 1318
birai dergi 河東[遼東] (A,B) 29, 36, 57, 424
birai wargi 河西[遼西] (A,B) 29, 57, 241, 424, 444
biyan liyang 汴梁 (A,B) 1336
bodok 博多克 (A,B) 1230
boigon 1524
boihon šancin 貝歡寨, 播一混寨 1024
bolagatu 537
bolgo 1526, 1527
bolot 1467, 2317
boo di hiyan 寶坻縣 (A,B) 1995, 2009, 2042,
boo ding fu 保定府 (A,B) 1991
boro 博羅 (A,B) 1191
boro korcin 849
buha bira 蒲河 1169 = puho bira
bulak 536
bulungtu, -bulak 布龍圖布喇克 (A,B) 1221, 1222,
burgasutai 390
buridu 布里渡 (A,B) 1255

C

cagan holo 391
cagan hoton 察罕城 (A,B) 1763
cagan noor subargan 540, 608
cahar 察哈爾 (A,B) 12, 20, 24, 56, 99, 107, 138, 140, 147, 149, 150, 161, 162, 171, 175, 176, 184, 196, 197, 203, 206, 215, 216, 218, 284, 292, 293, 295, 297, 303, 304, 306, 307, 308, 318, 319, 357, 362, 368, 382, 386, 390, 489,

663, 664, 727, 728, 731, 734, 737, 740, 744, 746, 822, 823, 837, 842, 844, 845, 849, 915, 962, 974, 981, 998, 1015, 1055, 1121, 1122, 1141, 1169, 1189, 1197, 1198, 1203, 1207, 1208, 1213, 1217, 1220, 1222, 1223, 1224, 1227, 1230, 1236, 1237, 1239, 1241, 1243, 1254, 1255, 1256, 1265, 1268, 1271, 1272, 1293, 1301, 1311, 1315, 1323, 1329, 1337, 1345, 1350, 1352, 1354, 1362, 1365, 1372, 1388, 1430, 1457, 1461, 1478, 1489, 1496, 1511, 1516, 1604, 1660, 1661, 1707, 1740, 1758, 1759, 1881, 1905, 1906, 2022, 2023, 2025, 2026, 2027, 2028, 2029, 2030, 2101, 2104, 2124, 2172, 2175, 2177, 2260, 2288, 2300, 2309, 2318

camgas 308

cang an hiyan 遷安縣 472 = ciyan an

cang an ling 長安嶺 (A,B) 1899, 2041

cang ceng 昌城 (A,B) 70, 72 = cang šan

cang hing, —pu 長勝堡 (A,B) 331, 341

cang lii, —hiyan 昌黎縣 (A,B) 464, 485, 494, 531, 619, 727, 728, 743, 855,

cang ping, —jeo 昌平州 (A,B) 1898, 1991, 1993, 1998, 2000, 2002, 2011, 2016, 2021, 2033, 2035, 2041, 2042, 2174, 2182, 2183, 2186, 2187, 2188, 2189, 2190, 2197, 2198

cang šan (1) 常山 (A,B) 1603

cang šan (2) 昌城 2349 = cangceng

cang šan doo 長山島 2049

cang yung, —pu 長勇堡, 長永堡 331, 334,

cansang 425

cegen 1846, 1924

cen hing pu, —tai 陳興堡 (A,B) 934, 1125, 1128, 1130

cen tu wei 前屯衛 (A,B) 2090 = ciyan tun wei

cijarkana 1272

cilin 鐵嶺 (A,B) 125, 666, 1011, 1036, 1096, 1115, 1488,

cin 秦 2104

cing cuwan 淸川 (A,B) 193

cing ceng hecen 慶陽城 375

cino bira 2320

cinon bira 829

ciowan jeo hecen 全州城 (A,B) 76

ciyan an, —hiyan 遷安縣 (A,B) 462, 468, 473, 481, 486, 494, 554, 555, 610, 635, 642, 643, 645, 646, 653, 677, 694 = cang an hiyan

ciyan šan 千山 (A,B) 1971

ciyan tun wei 前屯衛 (A,B) 130, 1477, 1486, 1493, 1802 = cen tu wei

colman 828

coohiyan 朝鮮 (A,B) 66, 70, 94, 95, 176, 192, 286, 130, 1384, 1387, 1431, 1448, 1449, 1450, 1451, 1453, 1458, 1459, 1509, 1541, 1542, 1543, 1549, 1570, 1571, 1592, 1593, 1594, 1604, 1606, 1610, 2305, 2331, 2332, 2333, 2334, 2340, 2347, 2348, 2362, 2363, 2364, 2385 = solho

corogol 綽爾格爾 (A), 綽雨郭爾 (B) 293

c'y ceng 赤城 1897

D

da bayan 大巴類 (A,B) 1896

da hūwa doo 大花島 (A,B) 2359, 2381

da liyang juwang 褡褳莊 2012

dadai subargan 達岱搭 125, 204

dagūr geljerku 828

dai an hecen, —ing 大安城, 大安營 408, 490, 640

dai an keo, —hoton 大安口 (A,B) 396, 399, 406, 407, 408, 454, 490, 518, 571, 580, 596, 639, 640, 726, 735, 738

dai an sy 大安寺 (A,B) 1971
dai gin 大金, 金 (A,B) 51, 53 = aisin (1)
dai liyoo 大遼 (A,B), 遼 (A,B) 50, 51, 53, 373, 374, 377, 426, 1605 = dailiyoo
dai tung giyang 大同江 (A,B) 62
dai yuwan 大元 (A), 元 (B) 375, 426, 1452, 1605, 1606, 2072, 2107, 2113 = yuwan
daicing 大清 (A,B) 1593, 1705, 1774, 1871, 2048, 2070, 2114, 2329, 2330, 2332, 2362
dailiyoo 大遼 1581, 2071 = dai liyoo
daiming 大明, 明 (A,B) 6, 53, 217, 358, 361, 363, 365, 372, 377, 379, 443, 444, 445, 525, 526, 566, 568, 599, 623, 885, 955, 1282, 1283, 1365, 1368, 1452, 1454, 1500, 1501, 1502, 1504, 1505, 1508, 1597, 1598, 1605, 1817, 1845, 1880, 1892, 1893, 1936, 1937, 1942, 1944, 1980, 1981, 1982, 2043, 2045, 2048, 2049, 2050, 2051, 2061, 2062, 2070, 2071, 2072, 2107, 2111, 2113, 2172, 2173, 2174, 2175, 2330, 2331, 2332, 2333, 2341, 2342, 2343 = ming
daitung 大同 (A,B) 423, 427, 429, 489, 1054, 1256, 1261, 1337, 1475, 1477, 1480, 1485, 1486, 1489, 1491, 1494, 1496, 1517, 1740, 1811, 1883, 1924, 1993,
dal omo 大兒湖 (A,B) 1205, 1207, 1209
dalingho, -bira 大凌河 (A,B) 56, 111, 113, 114, 362, 588, 731, 739, 858, 859, 863, 876, 877, 884, 886, 887, 889, 893, 896, 906, 908, 909, 913, 916, 925, 926, 927, 938, 955, 971, 981, 1000, 1009, 1010, 1024, 1028, 1030, 1031, 1032, 1034, 1035, 1044, 1045, 1047, 1048, 1049, 1050, 1057, 1058, 1059, 1062, 1063, 1064, 1069, 1078, 1090, 1091, 1096, 1107, 1111, 1122, 1124, 1125, 1128, 1129, 1130, 1131, 1139, 1143, 1144, 1149, 1150, 1151, 1161, 1172, 1174, 1175, 1193, 1225, 1248, 1327, 1328, 1333, 1342, 1354, 1369, 1385, 1386, 1399, 1423, 1474, 1477, 1480, 1481, 1482, 1490, 1493, 1495, 1509, 1516, 1727, 1750, 1797, 1798, 1799, 1800, 1801, 1802, 1803, 1804, 1950, 2090, 2112, 2115, 2152, 2154
de šeng keo 得勝口 1991, 2006
de šeng men 德勝門 (A,B) 429, 450, 451,
de šeng pu 德勝堡 (A,B) 1261, 1266, 1267, 1268, 1270, 1271, 1993,
den fodoho jugūn 高柳樹路 (A,B) 2047
deng erkina i bulak 1228
deng, -jeo 登州 257, 265, 266, 1425, 1634
dergi giyang 東江 280 = pi doo
dergi mederi 東海 (A,B) 221, 186, 1453
ding hing, —hiyan 定興縣 (A,B) 1992, 2011, 2012, 2035, 2042
ding jeo 定州 (A,B) 16, 60, 110, 184, 2357, 2358, 2382
ding šan tun 1712
diyoo 鵰鶚 (A,B) 1899, 2041
dobukū 多博庫 (A,B) 2350
dolot 多羅特 (A,B) 203, 205, 730, 733
donggo 董鄂- (B) 157
donghor 817
dorji tasurahai hada 多爾濟塔蘇爾海 (A,B) 1517
du hoton 都城 1546 = ging hecen, han i hecen (2), wang ging
duin juse 四子 (A,B) 784, 845, 850, 991, 1227, 1324, 1623, 1892 = durben keoket, tūrban kekuket
dulimbai ging 中京 2103, 2110,
dung an hiyan 東安縣 (A,B) 1998, 2043
dung ging 東京 (A,B) 662, 1135, 1578, 1926, 2052, 2053, 2070, 2348

dung giya keo 董家口 (A,B) 535, 1500
dung hing dzo wei 東勝左衛 476
dung šan pu 東山堡 475
dung šeng šen jeo 東勝身洲 2106
dung ting 洞庭 (A,B) 1602
dungkui 東揆 (A,B) 1485, 1493, 1515, 1711, 1759, 1760
durbelji 都兒白爾濟 (A,B) 1174
durben keoket 1552, 1555, 1556, 1561, 2220, 2230 = duin juse, tūrban kekuket
durbet 杜爾伯特 (A,B) 1314, 1456, 1623, 1624, 2240,
durbi, -ala 都爾鼻山岡 (A,B) 13, 140, 146, 292, 381, 844, 845, 847, 848, 1171, 1475
dure i bira 都動河 (A,B) 1206, 1207

Dz

dzo wei hoton 左衛 (A,B) 1491
dzun hūwa 遵化 (A,B) 397, 398, 400, 401, 402, 403, 404, 408, 414, 416, 421, 432, 440, 454, 488, 490, 503, 514, 518, 529, 530, 533, 535, 536, 551, 554, 555, 556, 571, 574, 603, 604, 608, 621, 631, 633, 635, 640, 642, 643, 646, 720, 725, 726, 730, 731, 732, 735, 910, 1054, 1060, 1061, 1062, 1120, 1777, 1803, 1989, 1997, 2001, 2002, 2003, 2018, 2051

E

ebur sibartai 厄布爾石拔爾臺 (A,B) 1266
ehe kuren 厄黑庫倫 (A,B) 740, 1817,
ele yoose 厄勒約琑 (A), 厄勒約索 (B) 1817
erdeng bira 1316
ergel 747
eye 厄野 (A,B) 1404, 1406

F

fakū, -alin 法庫山 (A,B) 1224, 1973, 1982,
fan ho 范河 125
fang šan hiyan 房山縣 (A,B) 436, 437, 641,
fe liyoo yang, —ni bira 舊遼陽河 139, 856, 1324-1325, 2066
feideri alin 費德里山 (A,B) 1363
fodoho 1087
fu ning, —hiyan 撫寧縣 (A,B) 475, 504, 508, 618, 620, 621, 743,
fu šūn šo 撫順所 (A,B) 1402
fugiyan 福建 2120
fung hūwang ceng 鳳凰城 (A,B) 26, 2356
fung ji pu 奉集堡 (A,B) 13, 743, 1033, 1060,
fung žun 豊潤 (A,B) 569, 579, 580, 582, 583, 584, 596, 600, 604, 620
fusi 撫順 (A,B) 247, 324, 325, 326, 329, 335, 338, 361, 740, 743, 1025, 1059, 1262, 1370, 1496, 2348

G

gahai 噶海 (A,B) 1531, 1615, 1618, 1652, 1924, 2057, 2179, 2347,
gahai elesu 噶海額勒蘇 (A,B) 1209
gahai sar moncok altan 817
galami 1524
ganggan 岡干 1172
gasan 嘉山 2360 = giya šan
gedergu bulak 1216
geikeri 格伊克里 (A,B) 192 = g'aig'ari
gerei bira 1205
gi jeo (1) 薊州 (A,B) 129, 421, 422, 453, 454, 490, 528, 559, 584, 625, 724, 732, 734, 738, 740, 741, 743, 745, 1040, 1047, 1064, 1492, 1996,

1999, 2008, 2020, 2021
gi jeo (2) 錦州 (A,B) 510, 525 = ginjeo (1)
gilhana bira 538
gin ling 金陵 (A,B) 1452
ging 京 267 = beging, han i hecen (1), han i hoton, yan ging
ging hecen 京城 76 = wang ging, du hoton, han i hecen (2)
ginjeo (1) 錦州 (A,B) 55, 56, 112, 114, 115, 117, 121, 125, 129, 130, 131, 136, 137, 138, 217, 219, 220, 430, 669, 712, 727, 730, 731, 733, 743, 744, 858, 861, 884, 885, 890, 891, 892, 895, 896, 900, 903, 904, 905, 909, 910, 911, 915, 926, 931, 932, 939, 944, 945, 951, 952, 956, 957, 971, 1012, 1015, 1030, 1035, 1037, 1038, 1039, 1041, 1042, 1043, 1044, 1047, 1048, 1049, 1050, 1054, 1055, 1058, 1060, 1061, 1062, 1069, 1150, 1151, 1152, 1400, 1473, 1474, 1476, 1477, 1480, 1482, 1486, 1492, 1494, 1495, 1497, 1516, 1798, 1799, 1800, 1801, 1802, 1803, 1969, 1980, 1981, 1982, 1988, 2037, 2040, 2058, 2076, 2089, 2100, 2114, 2118, 2205, 2206 = gi jeo (2)
ginjeo (2) 金州 325
gioi yung guwan 居庸關 1988-1989, 1994, 2010,
giya šan 嘉山 60 = gasan
giyamcan 鹻場 (A,B) 1033, 1944 = giyan cang (2)
giyamuhū 嘉木湖, 嘉穆湖 1085
giyan cang (1) 建昌 (A,B) 470, 471, 474, 480, 491, 504, 505, 508, 557, 579, 595, 618, 638, 863, 1248, 1488, 1529, 1653, 2021
giyan cang (2) = giyamcan 1578, 1989, 2044
giyang, -bira, -ni bira 江[鴨綠江] (A,B) 26, 72, 98, 182, 183, 273, 560, 898, 1522, 1634, 1654, 1974, 2044, 2045, 2046 = yalu giyang
giyang hūwa tun 江華島 (A,B) 76
golbo 539
gorlos 郭爾羅斯 (A,B) 963, 1457, 1624, 2245, 2353, 2354
gu an hiyan 固安縣 (A,B) 437, 438, 439, 452, 641, 1738, 2001,
gungguri bira 公古里 (A,B) 1205
gure 古哷, 古勒 1084
guwang lu doo 廣鹿島 2049
guwang šan hoton 郭山城 (A,B) 2357, 2358, 2359 = g'o šan
guwangdung 廣東 2102
guwangning 廣寧 (A,B) 7, 10, 18, 43, 51, 54, 68, 112, 113, 127, 328, 335, 339, 341, 358, 399, 584, 783, 858, 1016, 1036, 1056, 1113, 1143, 1490, 1496, 1827, 1846, 1847, 1880
guwangsi 廣西 2102
gūcin 536, 584
gūrban dulga 1323, 1324
gūrban haitahan 1316
gūwalca 卦爾察 (A,B) 2350,

G'

g'ai jeo 蓋州 (A,B) 1356, 1357, 1425, 1577, 1669, 1692, 1942, 2154
g'aig'ari, -gašan 1775 = geikeri
g'ao kiyoo 高橋 (A,B) 136, 220
g'o giya ioi 郭家峪 (A,B) 454
g'o hiyan 崞縣 (A,B) 1489
g'o šan 郭山 (A,B) 16, 17, 60, 92, 659, 1475, 1487 = guwang šan hoton

H

hada 哈達 (A,B), 南關 (A,B) 8, 9, 29, 185, 1024, 1025, 1082, 1085, 1087, 1423,

hai jeo 海州 (A,B) 1115, 1123, 1132, 1135, 1577, 1578, 1630, 1942, 1946, 2047, 2052, 2053, 2054, 2055, 2070
hala janggiya 哈喇佃子 234
halha 1204
haljan 哈爾占 (A,B), 喀爾占 (A,B) 1195, 1196, 1345 = kaljan
han el juwang 漢兒莊 (A,B) 391, 392, 394, 396, 398, 399, 454, 491, 497, 506, 513, 640, 729, 734
han giyang 漢江 (A,B) 2381
han i hecen (1) 377, 427, 433, 451, 489, 490, 505, 517, 527, 529, 640, 641, 673, 739, 1046, 1242 = beging, ging, han i hoton, yan ging
han i hecen (2) 181, 659, 660, 661 = wang ging
han i hoton 556, 582, 673, 1031, 1032, 1034, 1040, 1046, 1049, 1054, 1999, 2000 = beging, ging, han i hecen (1), yan ging
han šan ceng 漢山城 (A,B) 60
hana hada 哈納厓 (A,B) 1202
hana hadak 1225
hanggiya 夯家 (A,B) 1024
hara aruk 1216
hara cerik 961, 965, 971, 972, 975, 991, 1314, 2224, 2229, 2233 = kara cerik
hara mangnai 哈喇莽奈 (A,B) 1222 = kara mangnai
haya 1216
hecemu 黑扯木 (A,B), 赫徹穆路 656, 667, 668
heohen bira 2057
hesihe 赫席黑, 赫什赫 1087
hi fung keo 喜峰口 (A,B) 399, 406, 420, 491, 497, 514, 640, 1500, 1529, 2288
hin keo 忻口 (A,B) 1477, 1489
hing šan 杏山 (A,B) 220, 862, 890, 911, 1994, 2182, 2193, 2196
hinggan, -dabagan 興安嶺 (A,B) 295, 1205, 1317, 1703
hiong hiyan 雄縣 (A,B) 1999, 2043
hiya 夏 (A,B) 1602
hiyang ho hiyan 香河縣 641
ho 河[黃河] 1603 = hūwang ho, katun i bira
hogosutai bira 果果索大 (A), 果果索太 (B) 1216
hoifa 輝發 (A,B) 8, 1008, 1011, 1087, 2257
holhorin gol 忽魯古爾 (A,B) 1209
holo gašan 1086
holto 1274
hoocit 2284, 2286, 2287, 2309, 2310, 2317
horhū 829
horogon 和爾果 (A,B) 1228
huhu hoton 歸化城 (A,B) 1232, 1233, 1237, 1245, 1315, 1703, 1880, 2312 = joo hecen
huhun, -bira 296, 1324,
huhus bira 虎湖斯 (A,B) 1254
huidzung jaidang 1214
hunehe bira 渾河 708, 1974, 2080, 2348 = hūn ho
hūguwang 湖廣 2102
hūi ning 會寧 (A,B) 208, 1509 = hūwaliyan
hūn ho, —bira 渾河 (A,B) 436, 446, 1707 = hunehe bira
hūng dzui 紅嘴 1669
hūng šan keo 洪山口 (A,B) 391, 392, 394, 395, 398, 406, 454, 491, 500, 513, 518, 573, 593, 640, 721
hūragan 1216
hūrahū 胡喇戶 (A,B) 1208, 1209, 1217
hūrha 虎爾哈 (A,B), 呼爾哈 186, 221, 648, 694, 890, 1419, 1511, 1728, 1775, 1777, 1778, 1779, 1780, 1781, 1782, 1783, 1784, 1786, 1787, 1915
hūrhan 849
hūturingga 福陵 (A,B) 1746, 1747, 1886, 1887,

1890, 1891, 1966, 1967, 1977, 2058, 2059, 2156, 2157, 2175
hūwa 華 (A,B) 1602
hūwai lai 懷來 1898, 2008, 2019, 2035
hūwaliyan 會寧 288 = hūi ning
hūwang giyo sy miyoo 皇覺寺廟 (A,B) 1605
hūwang gu doo 黃骨島 1168
hūwang hai doo 黃海道 (A), 黃海 (B) 182
hūwang ho, —bira 黃河 1237, 1245, 1335 = ho, katun i bira
hūwang ho tao 737
hūwang jeo 黃州 (A,B) 74, 2377, 2378

I

i jeo (1) [朝鮮]義州 (A,B) 14, 15, 16, 17, 18, 19, 58, 59, 60, 90, 91, 105, 156, 157, 172, 174, 175, 176, 183, 192, 193, 203, 209, 288, 289, 659, 682, 1815, 1846, 1983, 1989, 2044, 2357, 2382
i jeo (2) 義州 (A,B) 858, 1027, 1056, 1702, 1936, 2058
i kiowei 伊闕 (A,B) 1602
ice hada 新哈達 (A,B) 1362
ice hecen 新城[寬甸] 326, 1974 = kuwan diyan
ihan alin 牛山 (A,B), 宜罕山 302
ijer bira 1316
ilasato 1324
ilan bolikū 伊蘭博里庫河 576
ilan muhaliyan 三窪 (A,B) 320
io tun wei 右屯衛 (A,B) 113, 115,
io wei 右衛 (A,B) 1494
ioi dz jang tai 于子章臺 (A,B) 932, 1045, 1125, 1128, 1129, 1130 = ioi ts jang tai
ioi lin i 榆林驛 556
ioi tiyan 玉田 (A,B) 524, 579, 596,
ioi ts jang tai 于子章臺 (A,B) 1495 = ioi dz jang tai
isut 965 = yasot, yasut, yesut
itu 益圖 (A,B) 1222

J

jagūn uda 札滚烏運 (A), 扎滚烏達 (B) 1182, 1186
jaifiyan 寨費顏 (A,B), 界藩, 界凡 225, 1084, 1496, 2124
jaka 扎客 1082, 1084, 1230
jakūta 扎庫塔 1026, 1087,
jalait 扎賴忒 (A), 扎賴特 (B) 387, 761, 963, 972, 992, 1211, 1314, 1456, 2239
jan ho 540
jang giya keo 張家口 (A,B) 1261, 1272, 1274, 1275, 1276, 1277, 1278, 1280, 1283, 1295, 1301, 1310, 1516 = bayan sube
jang giya wan 張家灣 452, 641
jang i jan 彰義站, 張義站 (A,B), 章義站 667, 669, 1115
janggiya 234
jao jang 538, 608
jaogiya 趙甲 (A,B), 兆佳 1402
jara bulak 札喇布喇克 (A), 扎喇布喇克 (B) 1220
jarcin 1775
jaru bira 1406
jarut 扎魯特 (A,B) 12, 218, 284, 293, 298, 319, 381, 386, 503, 607, 662, 744, 752, 755, 758, 782, 799, 802, 834, 835, 837, 846, 856, 891, 895, 897, 966, 978, 979, 984, 991, 1034, 1051, 1069, 1107, 1109, 1137, 1138, 1178, 1196, 1197, 1211, 1250, 1251, 1323, 1324, 1412, 1457, 1552, 1555, 1556, 1557, 1561, 1616, 1619, 1623, 1741, 1892, 2213, 2217, 2230
je giya pu 翟家堡 (A,B) 933, 1009, 1010, 1011
jegiyang 浙江 2102
jeng dung pu 鎭東堡 2355

jeng dz jeng 榛子鎮 (A,B) 570, 579, 589, 596, 673
jeng giyang 鎮江 (A,B) 90, 91, 213, 265, 326, 329, 336, 343, 344, 682, 740, 1540, 1974, 1975, 2044, 2356, 2357
ji 濟 (A,B) 1602
ji jeo 蘇州 (A,B) 129 = gi jeo (1)
jin 晉 2104
jin bira 817
jin jiyoo guwan giyamun 靑郊館繹 2371
jing yuwan 靜遠, 靖遠堡 (A,B) 667
jiyan doo lii 2355
jo jeo (1) 朔州 (A,B) 1487 = šo jeo
jo jeo (2) 涿州 1992, 1995, 2000, 2001, 2004, 2005, 2006, 2007, 2008, 2009, 2011, 2012, 2019, 2020, 2021, 2022, 2035
jongka 494
joo 1823
joo hecen 趙城 (A,B) 196 = huhu hoton
jooha bulak 1220
jootortu bulak 1229
josoi 卓索 (A,B) 2288
jugiya gašan 1086
julergi mederi 南海 538, 710, 1013
julgetu 朱兒格土 (A,B) 1226
jun gar 747
jung heo šo 中後所 (A,B) 130, 1969
jung ho 中和 (A,B) 62 = jung hūwai
jung hūwai 中和 2370 = jung ho
jurcit horkon 828
jurcit jacin 828
jurhuju 573
jušen 女直, 女眞, 滿洲 (A,B) 9, 10, 11, 20, 21, 28, 29, 32, 36, 51, 56, 90, 126, 129, 130, 213, 240, 241, 245, 246, 252, 253, 255, 260, 265, 268, 272, 273, 274, 277, 361, 373, 443, 465, 487, 495, 511, 540, 544, 553, 577, 581, 584, 609, 634, 694, 697, 698, 707, 714, 742, 864, 903, 916, 920, 930, 931, 1019, 1027, 1031, 1057, 1090, 1100, 1116, 1118, 1119, 1121, 1129, 1135, 1136, 1145, 1198, 1210, 1231, 1249, 1253, 1294, 1337, 1401, 1410, 1546, 1547, 1548, 1943

K

kaljan 829 = haljan
kalka (1) 喀爾喀 (A,B) [内喀爾喀] 12, 21, 22, 23, 24, 149, 196, 197, 216, 292, 319, 386, 390, 782, 818, 826, 836, 842, 850, 998, 1069, 1175, 1197, 1411, 1412, 1462, 1478, 1479, 1483, 1484, 1614, 1660, 2124, 2288
kalka (2) 喀爾喀 (A,B) [外喀爾喀] 1418, 1460, 1461, 1463, 1507, 1513, 2166, 2282, 2306, 2319, 2320
kamjigan 1560 = kamnigan, kamningga
kamnigan 喀木尼漢 (A,B) 1513, 1644, 1661, 1760 = kamjigan, kamningga
kamningga 喀木尼漢 (A,B) 2350 = kamjigan, kamnigan
kara balgasun 喀喇把爾噶孫 (A,B) 1274, 1276
kara cerik 喀喇車里克 (A,B) 813, 838, 1177, 1458 = hara cerik
kara dogon 537
kara hošo 喀喇和碩 (A,B) 1172
kara hoton 靑城 (B) 388
kara mangnai 喀喇莽奈 (A,B) 1213 = hara magnai
kara muren 喀喇木輪 (A,B) 1201
karacin 喀喇沁 (A,B) 195, 196, 197, 198, 203, 206, 229, 230, 292, 293, 294, 388, 390, 391, 397, 403, 404, 407, 408, 481, 487, 494, 507, 515, 531, 532, 569, 571, 572, 580, 582, 596, 675, 694, 757, 758, 761, 762, 773, 778, 781, 782,

783, 785, 786, 787, 792, 793, 794, 796, 797, 799, 803, 826, 832, 836, 837, 839, 856, 897, 962, 976, 982, 987, 990, 991, 1011, 1013, 1015, 1113, 1143, 1171, 1172, 1211, 1224, 1226, 1227, 1239, 1251, 1252, 1315, 1317, 1323, 1326, 1352, 1399, 1458, 1619, 1626, 1631, 1711, 1757, 1759, 1760, 1904, 1906, 1925, 2004, 2010, 2032, 2095
karajang 1230
katun i bira 1230, 1445 = ho, huwang ho
keo dz angga 口子口 2288
kereci 1524, 1525
kesikten 克西克騰 (A,B) 24, 792, 1239, 1486
keyen 開原 (A,B) 319, 325, 335, 1035, 1036, 1362, 1954
kio keo juwang 503
kioi šancin 1035
kir 1271
kirsa 683
kitanggor dabagan 390
ko sangga 靠桑阿 (A), 科桑阿 (B) 2047
konggor obo 孔果爾俄博 (A,B) 1312
korcin 科爾沁 (A,B) 12, 23, 108, 159, 191, 216, 218, 229, 231, 291, 292, 293, 294, 295, 309, 319, 384, 386, 387, 390, 421, 450, 454, 522, 682, 758, 759, 760, 778, 782, 790, 798, 815, 818, 825, 826, 838, 842, 843, 849, 856, 861, 891, 895, 974, 980, 988, 1043, 1161, 1196, 1206, 1211, 1225, 1227, 1236, 1251, 1254, 1255, 1260, 1280, 1317, 1351, 1425, 1456, 1514, 1515, 1520, 1522, 1550, 1551, 1615, 1619, 1623, 1624, 1631, 1641, 1847, 1852, 1854, 1857, 1860, 1867, 1878, 1881, 1892, 1940, 2080, 2125, 2159, 2164, 2236, 2250, 2251, 2254, 2288, 2300, 2350, 2351
kotkū 1524
kuke deresu 庫黑得勒酥 (A,B) 1207
kundu 坤都 (A,B) 1896
kutele balgasun 1229
kuto 枯櫜 (A,B) 1222
kuūl ting 348
kuwan diyan 寬甸 (A,B) 2349 = ice hecen
kuwan diyan ioi anggai hoton 寬甸峪口城 405

K'

k'ai ceng fu 開城府 2371
k'ai ping 開平 (A,B) 570, 583, 585, 586, 601, 1034, 1480, 1481

L

lafa 拉發 1011, 1509
lai 萊 257
lai šui hiyan 淶水縣 2016
lan pan 蘭盤, 攬盤 (A,B) 1540, 1577, 1653
leng keo, —duka 冷口 (A,B) 480, 579, 595, 1845
lin jin giyang 臨津江 (A,B) 2375, 2379
lin pan 林畔 16
lio giya ing 劉家營 (A,B) 473, 1804
lioi šūn keo 旅順口 (A,B) 684, 1473, 1478, 1669, 1692, 1942, 2052
liya sa guwan 連山關 2349
liyang biyan 寧邊 良邊 (A,B) 2362
liyang hiyang, —hiyan 良鄉縣 (A,B) 436, 437, 440, 441, 442, 446, 641, 736, 738, 1738, 1992, 1994, 1995, 1997, 2002, 2003, 2006, 2007, 2009, 2010, 2012, 2013, 2017, 2018
liyoha, -bira 遼河 (A,B) 37, 89, 112, 146, 163, 164, 171, 383, 384, 387, 388, 541, 544, 573, 577, 830, 1170, 1187, 1224, 1323, 1325, 1947, 2046, 2053, 2054, 2056

liyoo yang 遼陽 (A,B) 292, 443, 1325, 1942 = liyoodung
liyoodung 遼東 (A,B) 70, 27, 29, 43, 51, 54, 67, 72, 118, 127, 157, 158, 193, 224, 234, 324, 325, 326, 328, 329, 330, 331, 332, 333, 334, 335, 336, 337, 338, 340, 341, 342, 343, 344, 345, 346, 347, 355, 358, 367, 372, 373, 374, 399, 400, 444, 577, 658, 728, 852, 942, 1016, 1025, 1027, 1036, 1043, 1237, 1256, 1262, 1266, 1267, 1275, 1311, 1312, 1334, 1368, 1596, 2071, 2102, 2332, 2341 = liyoo yang
liyoodung wei 遼東衛 1043
lo ting 樂亭 481, 482, 484, 496, 503, 511, 604, 622
lo wen ioi 羅文峪 (A,B), 樂文谷 401, 454, 489, 518, 640, 1757
lomin 593
loo bira 老河 (B) 390
lu doo 鹿島 236, 565, 1540
lu geo kiyoo 盧溝橋 (A,B) 446, 732, 739, 1033, 1992, 1994, 1995, 1996, 1997, 1998, 1999, 2001, 2002, 2003, 2004, 2005, 2006, 2007, 2009, 2010, 2011, 2012, 2017, 2033
lu lung wei 盧龍衛 476
lun bu šan 547
lung cuwan 龍川 (A,B) 2382
lung jing guwan 龍井關 (B) 391, 407, 639
lung men, —ceng 龍門城 (A,B) 1494, 1517
luwan ho bira 灤河 530, 534, 724
luwan jeo 灤州 (A,B) 469, 481, 483, 484, 485, 495, 496, 500, 506, 511, 512, 517, 530, 535, 554, 555, 559, 575, 594, 611, 622, 631, 635, 636, 642, 643, 646, 648, 654, 676, 677, 685, 694, 926, 1016, 1048, 1951, 1958
luwan yang, —ing 灤陽營 (A,B) 454, 640
luyal 1523

M

ma giya hū tai 1125, 1128, 1130
ma lan ing 馬蘭營 490, 640, 726
ma lan ioi, —hecen 馬蘭峪 397, 408, 454, 492
ma lan keo, —hecen 馬蘭口 (A,B) 397, 640
ma lan lu 馬蘭路 406
manju 滿洲 (A,B) 5, 7, 22, 58, 60, 62, 66, 70, 75, 78, 85, 86, 90, 94, 95, 96, 117, 134, 141, 171, 174, 190, 203, 215, 217, 219, 222, 230, 320, 444, 825, 1280, 1282, 1283, 1317, 1318, 1319, 1320, 1321, 1365, 1385, 1386, 1390, 1397, 1442, 1506, 1580, 1581, 1586, 1592, 1650, 1666, 1669, 1670, 1678, 1679, 1692, 1714, 1740, 1804, 1808, 1809, 1839, 1856, 1859, 1870, 1897, 1946, 1992, 1995, 2042, 2117, 2119, 2158, 2280, 2291, 2293, 2294, 2295, 2297, 2302, 2304, 2349
menggun i bira 1406
ming 明 (A,B) 1737, 1762, 1896, 1947, 1967, 1968, 1988, 1990, 2037, 2040, 2044, 2058, 2059, 2060, 2076, 2082, 2085, 2100 = daiming, nikan
mi yūn 密雲 (A,B) 135, 137, 454, 490, 583, 2000, 2002
miratu goolin gool 829
mohor gol 1175
monggo 蒙古 (A,B) 8, 10, 12, 13, 17, 19, 20, 21, 51, 53, 63, 72, 73, 82, 90, 98, 103, 125, 129, 130, 131, 132, 133, 134, 137, 140, 146, 147, 148, 149, 150, 170, 176, 178, 181, 184, 203, 205, 216, 219, 220, 221, 229, 292, 319, 320, 352, 376, 381, 382, 383, 384, 387, 390, 401, 410, 419, 420, 421, 423, 429, 430, 431, 432, 437, 439, 441, 452, 487, 494, 509, 544, 545, 569, 572, 580, 582, 596, 600, 605, 606, 607, 608,

609, 621, 627, 648, 653, 660, 665, 670, 697, 708, 733, 734, 736, 737, 739, 740, 743, 744, 745, 747, 803, 810, 814, 815, 818, 819, 820, 833, 836, 839, 853, 856, 857, 862, 864, 881, 891, 893, 900, 910, 912, 914, 916, 918, 926, 930, 935, 958, 961, 974, 979, 981, 991, 1000, 1012, 1029, 1030, 1031, 1033, 1036, 1041, 1043, 1048, 1051, 1056, 1060, 1069, 1086, 1097, 1098, 1100, 1109, 1116, 1118, 1119, 1148, 1161, 1172, 1174, 1175, 1187, 1188, 1189, 1193, 1196, 1201, 1202, 1203, 1204, 1206, 1207, 1209, 1210, 1211, 1212, 1213, 1217, 1221, 1223, 1224, 1225, 1227, 1229, 1230, 1231, 1236, 1242, 1250, 1253, 1254, 1255, 1256, 1260, 1269, 1271, 1277, 1287, 1289, 1292, 1297, 1298, 1301, 1313, 1315, 1323, 1324, 1346, 1348, 1350, 1351, 1354, 1356, 1375, 1376, 1385, 1388, 1390, 1393, 1397, 1401, 1418, 1431, 1445, 1456, 1479, 1482, 1484, 1488, 1506, 1507, 1516, 1532, 1533, 1542, 1551, 1568, 1569, 1577, 1579, 1580, 1581, 1586, 1592, 1604, 1605, 1614, 1615, 1616, 1619, 1620, 1622, 1624, 1631, 1640, 1659, 1660, 1661, 1665, 1666, 1669, 1670, 1678, 1679, 1690, 1707, 1711, 1712, 1713, 1714, 1718, 1740, 1741, 1743, 1757, 1758, 1759, 1760, 1770, 1771, 1808, 1816, 1839, 1845, 1852, 1854, 1856, 1857, 1859, 1860, 1862, 1865, 1867, 1872, 1881, 1882, 1892, 1904, 1968, 1977, 1982, 1995, 1999, 2000, 2003, 2008, 2016, 2018, 2021, 2022, 2023, 2025, 2026, 2027, 2028, 2029, 2030, 2041, 2042, 2050, 2060, 2071, 2079, 2080, 2095, 2101, 2105, 2116, 2124, 2125, 2159, 2160, 2164, 2166, 2210, 2280, 2282, 2283, 2287, 2289, 2293, 2294, 2295, 2300, 2301, 2302, 2304, 2347, 2348, 2349, 2350, 2351, 2356, 2360, 2361, 2378, 2380, 2381, 2382

moo dabsun 1227

moominggan 毛明安 (A,B) 1512, 1551, 1553, 1555, 1556, 1557, 1558, 1559, 1560, 1561, 1644, 1661, 2221, 2231, 2233, 2236

mukden 盛京 (A,B) 1420, 1451, 1456, 1458, 1520, 1524, 1577, 1655, 1656, 1713, 1714, 1729, 1743, 1772, 2060, 2076, 2080, 2347 = amba hecen

muki 木起 (A,B) 225

mungku 孟庫 (A,B) 1422

murei holo 391

murui harakcin 木魯哈喇克沁 (A,B) 1229

N

naiman 奈曼 (A), 柰曼 (B) 20, 107, 138, 139, 140, 141, 149, 171, 184, 218, 284, 292, 298, 381, 441, 747, 758, 826, 836, 837, 839, 846, 856, 891, 895, 897, 960, 991, 1182, 1196, 1199, 1211, 1324, 1457, 1513, 1550, 1552, 1555, 1556, 1558, 1560, 1616, 1619, 1621, 1892, 2210, 2231, 2354

namu buyanggo 1208

nan ging 南京 (A) 57

nan han 南漢山城 (A,B) 2369, 2381, 2383, 2384

nari bira 1260

narisu bira 1313

narit, -bira 納里特 (A,B) 196, 382, 762

neihe hecen 開城 (A,B) 1588, 1695, 1846 = neihe hoton

neihe hoton 開城 2057 = neihe hecen

neyen 1087

nicugun durbil 尼出袞都爾鼻兒 (A,B) 1317

nikan 明 (A,B) 6, 7, 8, 9, 10, 15, 16, 21, 22, 23, 24,

26, 27, 28, 29, 32, 38, 46, 47, 50, 51, 52, 54, 56, 57, 58, 60, 67, 68, 70, 71, 72, 73, 75, 82, 83, 94, 95, 108, 111, 112, 113, 114, 115, 121, 131, 133, 134, 135, 136, 141, 156, 157, 170, 197, 205, 213, 217, 225, 226, 236, 243, 273, 276, 279, 281, 307, 308, 324, 326, 327, 328, 329, 330, 331, 346, 361, 365, 373, 382, 389, 397, 410, 420, 422, 423, 425, 426, 430, 431, 434, 436, 437, 438, 439, 441, 443, 449, 450, 451, 452, 453, 455, 461, 469, 480, 488, 490, 495, 500, 501, 502, 504, 508, 509, 510, 511, 515, 523, 524, 525, 533, 537, 540, 544, 546, 548, 553, 554, 556, 560, 567, 571, 572, 574, 575, 576, 577, 580, 581, 584, 585, 587, 588, 589, 596, 597, 598, 603, 607, 609, 612, 621, 622, 623, 631, 632, 634, 635, 636, 638, 642, 643, 644, 646, 648, 649, 650, 651, 652, 653, 658, 660, 672, 673, 674, 676, 678, 682, 683, 684, 687, 688, 690, 692, 697, 702, 704, 709, 715, 716, 720, 721, 722, 723, 724, 747, 761, 766, 774, 775, 776, 777, 784, 822, 823, 824, 848, 849, 852, 853, 854, 857, 859, 863, 864, 866, 867, 868, 870, 876, 885, 887, 888, 891, 892, 900, 903, 905, 906, 907, 909, 910, 913, 914, 915, 916, 917, 918, 919, 920, 921, 923, 927, 933, 934, 948, 966, 982, 986, 998, 1016, 1017, 1018, 1019, 1031, 1037, 1038, 1039, 1046, 1055, 1057, 1061, 1063, 1064, 1065, 1066, 1072, 1078, 1087, 1088, 1090, 1091, 1095, 1096, 1097, 1098, 1101, 1113, 1116, 1118, 1119, 1120, 1121, 1122, 1123, 1129, 1136, 1143, 1144, 1145, 1172, 1193, 1198, 1210, 1213, 1223, 1224, 1229, 1236, 1238, 1240, 1241, 1242, 1243, 1248, 1250, 1254, 1256, 1271, 1274, 1275, 1276, 1280, 1283, 1289, 1295, 1313, 1319, 1320, 1321, 1322, 1325, 1328, 1332, 1333, 1335, 1337, 1338, 1339, 1346, 1358, 1376, 1385, 1386, 1390, 1397, 1400, 1401, 1410, 1411, 1418, 1423, 1430, 1433, 1434, 1437, 1443, 1461, 1468, 1472, 1473, 1475, 1476, 1477, 1479, 1480, 1481, 1482, 1484, 1485, 1486, 1489, 1493, 1494, 1495, 1496, 1497, 1514, 1529, 1530, 1532, 1550, 1575, 1576, 1580, 1581, 1586, 1588, 1592, 1595, 1596, 1597, 1599, 1605, 1606, 1633, 1634, 1640, 1650, 1654, 1666, 1676, 1678, 1679, 1692, 1702, 1707, 1709, 1711, 1712, 1713, 1714, 1715, 1732, 1736, 1741, 1742, 1750, 1757, 1763, 1808, 1809, 1827, 1845, 1856, 1859, 1873, 1874, 1879, 1880, 1883, 1893, 1896, 1897, 1914, 1936, 1937, 1943, 1947, 1980, 1982, 1988, 1989, 1990, 1995, 1997, 2021, 2037, 2042, 2047, 2050, 2069, 2070, 2073, 2090, 2093, 2101, 2111, 2153, 2155, 2160, 2205, 2280, 2283, 2289, 2290, 2291, 2292, 2294, 2295, 2301, 2302, 2303, 2305, 2337, 2359, 2376, 2377, 2378, 2381 = daiming, ming

nimalan 1083

ning yuwan 寧遠 (A,B) 6, 51, 56, 118, 134, 190, 279, 280, 403, 430, 739, 743, 939, 1029, 1365, 1476, 1477, 1491, 1494, 1799, 1800, 2037, 2040, 2058, 2076, 2090, 2094

ningguta 寧古塔 (A,B) 1011, 1098, 1509, 1527, 1633, 1729, 1792, 2350

ningniyan 733

nio juwang 牛莊 163, 215, 669, 1029, 1030, 1123, 1132, 1400, 1488, 1578, 1946, 2038, 2043, 2044, 2047, 2347

nioi jy 女直 (A) 2290, 2383

niowanggiyaha, -hecen 淸河 332, 333, 339, 742, 1035

niyang niyang gung ni dogon 孃孃宮 (A,B) 2046, 2053, 2059, 2085
non 嫩 (A,B) 198, 216, 815, 1351, 1852, 1854, 1878, 1940 = agūn
nooro 1522 = noro
noro 1775 = nooro
nosai šancin 1086
nunggan 農安塔 (A,B) 303

O

odz 倭子, 倭 (A,B) 70, 683
ongniyot 翁牛忒 (A), 翁牛特 (B) 1457, 1553, 1555, 1556, 1561, 1623, 1741, 1845, 1892, 2223, 2224, 2229
onon bira 1661
oo muren, — bira 敖木輪 (A,B) 204, 536, 537
oowan 1775 = awan
orcok 俄爾綽克 (A,B) 1479, 1484
ordoi boro tologai 836
ordos 鄂爾多斯 (A,B) 196, 1825, 1846, 1922, 2362
orkon 2354 = urat

P

pa jeo 坡州 2379 = pa kioi
pa kioi 坡州, 琶渠 (A,B) 2372 = pa jeo
pan giya keo 潘家口 (A,B) 394, 408, 411, 454, 491, 497, 501, 502, 506, 513, 514, 518, 523, 524, 536, 573, 607, 640, 722, 723, 724, 1500, 1529, 1535
peng lii 影蠡 (A,B) 1602
pi doo, — tun 皮島 (A,B) 238, 239, 265, 266, 276, 702, 705, 714, 766, 1433, 1550, 1617, 2359, 2381 = dergi giyang
ping an doo 平安道 (A,B) 182, 1549, 2334, 2338, 2343, 2363
ping i ing 平夷營 平彝營 (A,B) 946
ping lu wei 平虜衛 平魯衛 (A,B) 1475, 1478, 1480
ping šan 平山 (A,B) 75, 78, 81, 2371
ping yang fu 平陽府 2102, 2103
ping žang 平壤 (A,B) 17, 62, 87, 93, 96, 2361, 2370, 2378
puho ala 蒲河 790 = pu ho ala
pu ho ala 蒲河山 (A,B) 1520 = puho ala
puho bira 蒲河 (A,B) 546 = buha bira
pung šan 鳳山 2370

S

sabing 2011
sahalca 薩哈爾察 (A,B) 175, 1584
sahaliyan oforo 2044
sahaliyan ula 黑龍江 1419, 1562, 1712
sakjai 1082, 1084
san ca ho 三岔河 (A,B) 362, 1827
san ho, — hiyan 三河縣 (A,B) 422, 453
san ho bira 三河 453
san tun ing 三屯營 (A,B) 392, 396, 398, 454, 491, 492, 497, 501, 507, 515, 530, 601, 607, 639, 721, 2001, 2051
sansi 山西 2102, 2103, 2104
sarhū 撒爾古 (A), 撒爾湖 (B) 17, 227, 1116, 2124,
seheri 1406
senjin i bira 536
si ho bira 西河 1003
si mu ceng 析木城 1007, 1115, 1132, 1161
sibartai 2178
sibarato 538
sibe 席北 (A,B) 841, 1161, 1211, 1411,
sibetu 席伯兎 (A), 席伯圖 (B) 295, 388
sicin 2005

sidar 席達禮 (A), 席達里 (B) 1513
sili 1225
simiyan 瀋陽 (A,B) 15, 29, 33, 88, 99, 106, 127, 138, 150, 207, 208, 265, 407, 549, 572, 574, 576, 577, 585, 592, 608, 650, 670, 743, 852, 889, 894, 895, 925, 927, 1027, 1033, 1046, 1063, 1123, 1144, 1193, 1199, 1206, 1275, 1294, 1382 = šen yang
sin diyan, ―pu 新甸堡 346
sio yan 岫巖 331, 1168, 1540, 1578, 1653, 1707, 1711, 1974,
siowan cuwan 宣川 (A,B) 16, 60, 110, 2382
siowan fu 宣府 (A,B) 129, 423, 427, 429, 1228, 1256, 1261, 1278, 1282, 1295, 1329, 1365, 1740, 1741, 1898, 1899, 1924, 1988, 1993, 1994, 1996, 2004, 2005, 2008, 2010, 2018, 2188
sira muren 西拉木輪 (A,B) 850, 1175, 1177, 1181, 1187, 1561
sira tala 打草灘 (A,B) 783, 1012, 1651, 1763
sirga, -tun 席爾哈島 (A,B) 295, 735
siyoo ši ceng 小西城 (A,B) 1485
solho 朝鮮 (A,B) 6, 14, 15, 16, 17, 19, 23, 24, 31, 40, 41, 42, 57, 58, 59, 60, 62, 63, 66, 67, 68, 69, 74, 75, 76, 77, 78, 79, 80, 81, 82, 83, 84, 85, 86, 87, 88, 89, 91, 92, 93, 95, 96, 98, 99, 102, 103, 104, 107, 108, 109, 110, 111, 117, 151, 154, 155, 170, 172, 174, 181, 182, 183, 198, 208, 212, 222, 284, 354, 355, 356, 544, 545, 560, 601, 635, 658, 659, 660, 661, 662, 663, 672, 679, 683, 684, 685, 717, 731, 744, 755, 852, 890, 894, 898, 927, 928, 934, 986, 1000, 1006, 1012, 1013, 1034, 1149, 1319, 1330, 1357, 1404, 1405, 1406, 1443, 1444, 1448, 1522, 1540, 1586, 1641, 1642, 1656, 1815, 1846, 1935, 1989, 2044, 2165, 2336, 2337, 2338, 2351, 2355, 2359, 2360, 2368, 2369, 2370, 2371, 2372, 2373, 2374, 2375, 2377, 2378, 2379, 2380, 2381, 2382, 2383 = coohiyan
solho gašan 1083
solon 索倫 (A,B) 1584, 1947
suifun 1533
suljai 540
sunit 2285, 2309, 2310, 2316, 2317
sung 宋 (A,B) 53, 885, 1332, 1605
sung peng lu 松棚路 (A,B) 1500
sung šan 松山 (A,B) 219, 861, 887, 890, 895, 931, 932, 939, 1043, 1473, 1474, 1480, 1994, 2009, 2020, 2079, 2182, 2193, 2194, 2195, 2196
sunggari 1511
suwan 蘇萬 (A,B) 1067, 1284
sycuwan 四川 2102

Š

ša ho 沙河 420, 462, 605, 739, 1033, 1811, 1996, 1997, 2006
ša ho i 沙河驛 739
ša ho pu (1) 殺胡堡 沙河堡 (A,B) 1236, 1241, 1256, 1284 = šurgei hoton
ša ho pu (2) 沙河鋪 2349
ša ho šo 沙河所 130
ša hū duka 殺胡口 1817 = šurgei duka
ša ling 沙嶺 (A,B) 1027, 1031, 1490, 1497
ša tun 沙屯 1994, 2010
šaji 1085
šan hai, ―guwan 山海關 257, 268 = šanaha
šanaha 18, 51, 115, 120, 129, 389, 399, 400, 401, 453, 460, 476, 485, 487, 491, 504, 508, 510, 580, 589, 594, 597, 638, 640, 736, 739, 866, 889, 895, 903, 910, 969, 1066, 1242, 1967, 2006, 2051, 2105, 2106, 2108, 2113 = šan hai

guwan
šandung 山東 (A,B) 268, 278, 280, 1692, 2049
šang 商 (A,B) 1603
šang ioi lin 上榆林 (A,B) 112
šang yang pu 尙陽堡 (A,B) 565, 1007, 1509, 1947, 2079 = šanggiyan pu
šangdu, -bira 上都河 (A,B) 390, 1313, 1316, 1477
šanggiyan alin 長白山 (A,B) 186, 221
šanggiyan hada 740, 742, 1025, 1027, 1060
šanggiyan jase 長城 (A,B) 1742, 1807, 1899, 1991, 1993, 1996, 2004, 2006, 2008, 2011, 2016, 2035, 2041
šanggiyan omo 察罕諾爾 (A,B) 1763
šanggiyan pu 尙陽堡 1540 = šang yang pu
šehen 瑞興 2370 = šui hing
šen yang 瀋陽 (A,B) 298, 1325, 1326, 1364 = simiyan
šeo šan 首山 1036
ši ceng 石城 (A,B) 667
ši ceng doo 2049
ši fang sy 十方寺 125, 744, 1765
ši ho 1143
ši lii ho 十里河 (A,B) 585, 1611
ši men, —i 石門驛 (A,B) 409, 454, 480, 498, 593
ši san šan 十三山, 十三站 (A,B) 220, 735, 737, 898, 935
šo jeo 朔州 2180 = jo jeo (1)
šolingho 小凌河 (A,B) 112, 113, 114, 905, 912, 915, 926, 1054
šu nan 順安 2367
šui hing 瑞興 (A,B) 76 = šehen
šui si keo 雖石口 2004
šukcan 肅川 2367
šulhe bujan 1081
šurgei duka 殺胡口 殺虎口 (A,B) 1236, 1508, 1880, 1883 = ša hū duka
šurgei hoton 沙河堡 (A,B) 1236 = ša ho pu (1)
šuwang šu pu 雙樹舖 (A,B) 136
šūn i hiyan 順義縣 (A,B) 423, 427, 641, 2002, 2043

T

ta šan 塔山 (A,B) 56, 131, 133, 733, 736, 890, 2050, 2167
tai 泰 (A,B) 1602
tai hang 太行 (A,B) 1603
tai lo šan 台樓山 (A,B) 130
tai ping jai 太平寨 (A,B) 530, 531, 552
tai teo ing 臺頭營 466
tang ho pu 湯河堡 1007, 1114, 1115, 1168
tang jan 湯站 343
tanggūt 湯古忒 (A,B), 唐古特 (B) 99, 1453
tangtu 湯兎 (A), 湯圖 (B) 295
tarai minggan 793, 794, 795, 796, 797, 804
tariyalang 1272
ting ling ho 482
tiyan šui jan 甛水站 346, 576, 699, 1113, 1114, 1115, 1132
tiyei šan, —alin 鐵山 (A,B) 16, 60, 110, 267, 273, 1473, 2357, 2359, 2381
tongmok 1823
toolkoto 1062
toorin gool 829
tu ceng guwan 土城關 (A,B) 428
tui ceng 503
tumet 土默特 (A,B) 196, 198, 397, 787, 792, 794, 795, 796, 826, 839, 849, 856, 897, 991, 1189, 1323, 1326, 1457, 1551, 1616, 1619, 1703, 1758, 1816, 1823, 1825, 1880, 1883, 1904, 1906, 1915, 1924, 1980, 1981, 2003, 2004, 2011, 2012, 2016, 2031, 2089, 2362
tung giyang 通江 (A,B) 1692

tung jeo 通州 (A,B) 433, 451, 452, 733, 738, 1497, 2007, 2018
tung jeo bira 通州河 (A,B) 422, 423, 453
tung yuwan pu 通遠堡 (A,B) 1521, 1579, 1610, 1653, 1655, 1974, 1975, 2045, 2355
turgen i bira 538
turun 1081
tūrban kekuket 四子 (A,B) 784, 1077, 1362 = duin juse, durben keoket

Ts'

ts ioi to 16, 1122

U

u jing ing 武靖營 (A,B) 100
ujala 兀札喇 (A), 兀扎喇 (B) 1403
ujalu 兀扎魯 (A,B) 21
ujumucin 烏朱穆秦 (A,B) 1464, 2282, 2284, 2285, 2286, 2287, 2308, 2309, 2318
ula 吳喇 (A), 烏喇 (B), 兀剌 8, 41, 66, 70, 302, 537, 828, 963, 1008, 1087, 1343, 1395, 2253, 2204, 2256, 2350
ulan burgasu 1561
ulan ergi 387
ulan hada 兀蘭哈達 (A,B) 829, 836, 1345, 2320
ulhū 1272
urat 吳喇忒 (A,B) 846, 1458, 1510, 1550, 1552, 1555, 1556, 1558, 1561, 1623, 1892, 2219, 2225, 2227, 2231, 2233 = orkon
urtu 兀爾土 (A,B) 1208
urut 兀魯忒 (A), 兀魯特 (B), 俄一羅特 (A), 厄魯特 (B) 352, 1353, 1354, 1561, 1659, 1741

Ū

ūgilcin ujiyer 817
ūles jakan 1227
ūlhei 吳爾赫 (A,B) 196, 206

W

wang ging [朝鮮] 王京 (A,B) 17, 78, 83, 1542, 2351, 2364, 2368, 2370, 2371, 2372, 2375, 2379, 2380, 2381, 2382, 2385 = du hoton, ging hecen, han i hecen (2)
wang giya juwang 王家庄 (A), 王家莊 (B) 1480
wargi bira 西河 547
wargi cin 西秦 2110
warka 瓦爾喀 (A,B) 66, 208, 734, 1071, 1148, 1522, 1582, 1589, 1590, 1598, 1631, 1652, 1728, 1782, 1783, 1785, 1790, 1948, 2373, 2386
warkasi 乞兒哈失路 157, 355, 740, 743, 1027
wehe bira 握黑河 (A,B) 1403
wehe dogon 沃黑渡口 (A,B) 2066
wei 魏 (A,B) 1602
wei ning, —ing 威寧營 238, 245, 1132
wen an, —hiyan 文安縣 (A,B) 2020, 2043

Y

yalu giyang 鴨綠江 (A,B) 182 = giyang
yan ging 燕京 2103, 2104, 2105, 2107, 2110, 2111 = beging, han hecen (1), han i hoton
yan king jeo 延慶州 (A,B) 1897
yan men guwan 雁門關 (A), 鴈門關 (B) 1242
yang cang 羊腸 (A,B) 1602
yang ho 陽和 (A,B) 619, 620, 622, 1256, 1261
yangsimu, -bira 陽石木 (A,B), 場石木河 (A,B)

381, 541, 611, 844, 845, 847, 848, 1170, 1486
yaran 1087, 1534
yasot 伊蘇式 (A,B) 1177 = isut, yesut, yasut
yasut 1314 = isut, yasot, yesut
yehe 葉赫 (A,B), 北關 (A,B) 8, 9, 10, 11, 21, 29, 51, 234, 302, 358, 423, 424, 444, 576, 740, 1025, 1087, 1237, 1262, 1311, 1378, 1481, 1500, 1502, 1505, 1749, 2247, 2249, 2330
yenden 興京 (A,B), 興圖阿喇 (A), 赫圖阿喇 (B) 227, 1578, 1653, 2350
yeng 英 (A,B) 295
yentu 1204
yesut 991 = isut, yasot, yasut
yoo jeo 耀州 (A,B) 334, 1011, 1028, 1135, 1357, 1578, 1946, 2053
yung ding men 永定門 447
yung ping, -fu 永平府 (A,B) 453, 460, 461, 462, 463, 464, 467, 468, 471, 476, 485, 486, 493, 506, 507, 519, 530, 531, 533, 535, 547, 554, 555, 556, 561, 569, 570, 571, 575, 576, 577, 579, 580, 595, 596, 600, 602, 605, 608, 611, 620, 631, 634, 635, 636, 641, 642, 643, 644, 645, 646, 648, 649, 653, 670, 672, 673, 674, 675, 677, 678, 685, 686, 688, 690, 694, 728, 739, 741, 744, 854, 926, 942, 946, 949, 1016, 1034, 1042, 1063, 1066, 1124, 1149, 1248, 1385, 1386, 1480, 1488, 1508
yung ping wei 永平衛 476
yungsiyebu 雍謝布 (A,B) 196
yuwan 375 = dai yuwan
yūn jeo 雲州 1898
yūn ts'ung doo 雲從島 (A,B) 2381, 2359

Ž

žung ceng hiyan 容城縣 (A,B) 2013, 2043

Ⅲ. 한만대조표

1. 인명

賈朗中 giya lang jung
賈木素 giyamsu
賈木蘇 giyamsu
賈色蘭 giyasalan
賈維鑰 giya wei yo
覺羅拜山 gioroi baisan
覺善 giošan
噶賴 garai
噶思哈 gasha
噶爾糾 gargio
噶爾圖台吉 galtu taiji
噶爾馬伊爾登 g'arma yeldeng baturu
噶爾馬台吉 g'arma hūwang taiji
噶爾朱 galju baturu
噶漢 gahan
康喀賴 kangkalai
姜桂 jang wei
綱古禮 gangguri
康古禮 kanggūri
綱古里 gangguri
姜新 giyang sin, jang sin, jiyang sin
江雲 giyang yūn
剛林 garin
姜太公 giyang tai gung
姜弘立 giyang gung liyei
介賽 jaisai(1)
喀克篤禮 kakduri
喀喇古濟 kara kuji
喀木圖 kamtu
喀木戚哈 kamciha
喀山 hasan, kasan
喀秀 kasio
喀爾喀瑪 karkama
喀爾喀馬 karkama
喀爾喀麻 karkama
喀爾達 garda
喀爾察海 karcahai
喀巴海 kabahai beile
喀巴海衛徵 habagai weijeng
桀 giyei
格根汗 gegen han
格根汗布顏台吉 gegen han buyan hūwang taiji
格龍 gelung
格木布路 gembulu
格巴庫撥什庫 gebakū bošokū
耿 geng
耿格壘 genggelei
耿格爾 genggel
耿格爾古英塔布囊 genggel guyeng tabunang
耿格爾貝勒 genggel hiya beile
耿千總 geng ciyandzung
耿總兵官 geng dzung bing guwan
季思哈 gisha
高光輝 g'ao guwang hūi
古魯思夏布 gursusk'ab taiji
古魯思夏布杜稜 gurushiyab dureng

古魯思轄布杜稜 gurushiyab dureng
古魯思哈布 gursusk'ab taiji
古魯思希布 gurushib
古魯斯希布 gurushib(3)
顧魯台吉 guru taiji
古魯台吉 guru taiji(1)
古祿格楚虎爾 guluge cūhur
古彔格楚虎爾 guluge cūhur
顧祿古 gulugu
固倫公主 gurun i gungju
固倫額駙 gurun i efu
古睦 gumu(3)
古木 gumu(3),(4)
古木哈談巴圖魯 gumu hatan baturu
高副將 g'ao fujiyang(2)
高士俊 g'ao ši jiyūn
顧三台 gusantai
高守官 g'ao šeo guwan
古式 gusi(1),(2)
古英和碩齊 guyeng hošooci
高遊擊 g'ao iogi(l)
庫爾固里 hūlhūri
顧爾馬渾 gūlmahūn
庫爾纏榜式 kūrcan baksi
古爾布錫 gurbusi
古爾布什 gurbusi
高章京 g'ao janggin
高題名 g'ao ti ming
高祖 g'ao dzu
高祖慶王 dergi mafa fulingga werihe wang
高太監 g'o taigiyan
顧特塔布囊 gutei tabunang
高鴻中 g'ao hūng jung
袞圖 kundu
坤都倫戴青 kundulen daicing
坤杜倫代青 kundulen daicing
袞定顧實喇嘛 gunding gusi lama
袞出斯巴圖魯 hūng baturu
袞布斯希布 gumbushib
孔 kung
鞏格林臣喇嘛 gunggerincen lama
孔果爾 konggor(1),(2)
孔果爾馬法 konggor(1) mafa
孔果爾秉圖 konggor(1) bingtu
孔夫子 kungfudz
恭順王 ginggun ijishūn wang
鞏阿岱 gūnggadai
孔元帥 kung yuwanšuwai
孔有德 kung io de
孔子 kungdz
戈里蝦 gori hiya
科辛 kosin
科貝榜式 koboi baksi
郭 g'o
郭畀爾圖 gobiltu, hūbiltu
郭畀爾圖杜稜 gobiltu dureng
郭尚書 g'ao cangšu
郭侍郎 g'ao ši lang, g'o ši lang
郭爾圖 goltu
寬溫仁聖皇帝 gosin onco hūwaliyasun enduringge han
卦爾察 gūwalca
卦爾察席特庫 gūwalca siteku
丘都堂 cio du tang
救巴庫撥什庫 gebakū bošokū
權仁祿 ciowan žin lu
貴大妃 wesihun amba fujin
克里 keri
克西克圖 kesiktu(1)
克什內 kesine
克什訥 kesine
克宜福 keifu

克伊克喇 keikela
克徹尼 keceni
根度爾 gendur
根舒 genšu
根布祿 gembulu
紀老先生大人 gi loo siyan šeng amban niyalma
祁充格 kicungge
祁他特 kitat nakcu
祁他特吹虎爾 kitat cūhur
祁他特台吉 kitat taiji(4)
紀太監 gi taigiyan
奇協 ki hiyei
金都司 gin dusy
金礪 gin lii
金鏖 gin lio
金副將 gin fujiyang(1),(2)
金首擧 gin sio ju
金守備 gin šeobei
金時若 gin ši žo
金永賚 gin yung lai
金玉和 gin ioi ho
金外同 gin wei dung, gin wei tung
金遊擊 gin iogi(1)
金有光 gin io guwang
金惟同 gin wei dung, gin wei tung
金維城 uici
金一鳳 gin i fung
金俊 gin jiyūn
金浚 gin jiyūn
金搢 gin jin
那木泰 namtai
諾干達喇 nogūdara
南以興 nan i hing
納木 namu(l)
納穆泰 nantai
納木渾津 namu honjin
柰格 naige
內門哈談巴圖魯 nemun hatan baturu
內齊 neici
寧固獺 ningguta
寗古沁 ninggucin
寗固塔 ningguta
寗參將 ning ts'anjiyang
寗秀才 ning šusai
寗完我 ning wan o
寧塔哈 nintahai
努山 nusan
弩山 nusan
訥門哈談巴圖魯 nemun hatan baturu
尼堪 nikan
尼馬察 nimacan
尼牙漢 niyahan
多內 donoi(1)
多羅郡王 doroi giyūn wang(1),(2)
多羅郡王阿達禮 doroi adali giyūn wang
多羅達爾漢 doroi darhan
多羅達爾漢郡王 doroi darhan giyūn wang
多羅達爾漢代靑 doroi darhan daicing
多羅達爾漢戴靑 doroi darhan daicing
多羅達爾漢卓禮克圖 doroi darhan joriktu
多羅杜稜 doroi dureng
多羅杜稜郡王 doroi dureng giyūn wang
多羅武英郡王 doroi baturu giyūn wang(1)
多羅查薩克圖郡王 doroi jasaktu giyūn wang
多羅安平貝勒 doroi elehun beile
多羅饒餘貝勒 doroi bayan beile
多羅濟 dorji efu
多羅扎薩克圖那王 doroi jasaktu giyūn wang
多羅巴圖魯郡王 doroi baturu giyūn wang(2)
多羅貝勒 doroi hiya beile
多羅貝勒岳託 doroi yoto beile
多羅貝勒豪格 doroi hooge beile

多羅蝦貝勒 doroi hiya beile
多禮善 dolišan
多博兌秉圖 dobodoi bingtu hiya
多博兌冰圖 dobodoi bingtu hiya
多爾袞阿格 dorgon age
多爾濟 dorji(1),(2), dorji efu
多爾濟達爾漢諾顏 dorji darhan noyan
多爾濟濟農 dorji jinong(1),(2)
多爾濟塔布囊台吉 dorji tabunang taiji
多爾濟台吉 dorji hūwang taiji
多爾濟哈談巴圖魯 dorji hatan baturu
多濟里 dojiri(1)
多琛 dodo(2)
多鐸 dodo(1)
多貝 doboi
丹達禮 dandari
丹坦 dantan(2)
單把塔布囊 samba tabunang
段學孔 duwan hiyo lii, duwan hiyoo lii
達代 dadai(1)
達喇海寨桑台吉 dalahai jaisang hūwang taiji
達賚 dalai
達賴 dalai
達賴達爾漢諾顏 dalai darhan noyan
達賴綽爾濟 dalai corji
達賴塔布囊 dalai tabunang
達敏 damin(l)
達雅齊 dayaci(l)
達顏吳巴什 dayan ubasi
達楊阿 dayangga(3)
達爾察 darca
達爾漢 darhan(1) efu, darhan(5), darhan taiji
達爾汗 darhan(l) efu
達爾漢噶布出 darhan g'abcu
達爾漢郡王 darhan giyūn wang
達爾漢侍衛 darhan hiya
達爾漢吳巴什 darhan ubasi
達爾漢卓禮克圖 darhan joriktu
達爾漢巴圖魯 darhan baturu(2), darhan hūng baturu
達爾漢巴圖魯貝勒 darhan baturu beile(2)
達爾漢蝦 darhan hiya
達爾漢和碩齊 darhan hošooci
達爾哈 darhan(1) efu
達朱戶 dajuhū
達海 dahai(1)
譚拜 tambai
譚泰 tantai
譚布 tambu
黨阿賴 danggalai
唐太宗 tang taidzung
大諾爾布 amba norbu
代達 daida
代達爾漢 dai darhan
戴度齊 daiduci
大賚 dalai(1)
大福金 amba fujin
大妃 amba mama
大桑噶爾寨 sanggarjai(1)
代善 daišan
代松阿 daisungga(1),(2)
大定帝 dai ding han
戴青 daicing
代青 daicing(1)
代清 daicing(2)
戴青達爾漢 daicing darhan
代清代爾漢 daicing darhan
大貝勒 amba beile
大海 dahai(1)
德格類 degelei
德爾得赫 derdehei
德爾得黑 derdehei

德黑 dege
都喇爾巴圖魯 dural hūng baturu
道蘭 doolan(1)
圖魯什 turusi
都老爺 du looye
圖賴 dulei, tulai
圖里 turi
都里戶 dulihū
圖美 dumei beile, tumei
都美 dumei, tumen(1)
圖美隆 tumei lung
都思噶爾濟農 dusg'ar jinong
塗應乾 du ing kiyang, tu yeng kiyan
圖爾噶 turga
圖爾格 turgei
圖爾濟伊爾登 dorji ildeng
圖爾哈 turga
圖瞻 tujan
敦拜 dumbai(2)
東 dung(2)
東果格格 donggo gege
東果公主 donggo gege
東果爾伊爾都齊 donggor ilduci
東關雎宮妃 dergi hūwaliyasun doronggo booi fujin
東關雎宮宸大妃 dergi hūwaliyasun doronggo booi hanciki amba fujin
董國蔭 dung guwe yen
東宮妃 dergi booi fujin
董納密 dungnami
東大妃 dergi amba fujin
東代青 dung daicing
東戴青 dung daicing
董山 dungsan
董世祿 dungsilu
東淑妃 dergi ijishūn fujin
東宸大妃 dergi hanciki amba fujin
董阿密 dunggami
董鄂公主 donggo gege
東額爾德尼代青 dung erdeni daicing
東額爾德尼戴青 dung erdeni daicing
東衍慶宮妃 dergi urgun i booi fujin
東衍慶宮淑妃 dergi urgun i booi ijishūn fujin
董廷元 dung ting yuwan
董天機 dung tiyan gi
董總兵官 dung dzung bing guwan
東側妃 dergi ashan i fujin
東側淑妃 dergi ashan i ijishūn fujin
東側衍慶宮淑妃 dergi ashan i urgun i booi ijishūn fujin
杜幹 dug'an
杜度 dudu
杜雷 dulei(3)
杜稜 dureng(1)
杜稜古英 dureng guyeng
杜稜郡王 dureng giyūn wang
杜稜濟農 dureng jinong
杜明忠 du ming jung
竇承武 deo ceng u
杜爾德 durdei(1)
杜爾麻 durma
杜爾覇 dulba
杜爾祜 durhu
屯齊 tunci
屯齊喀 tuncika
屯布祿 tumburu
得兌秉圖 dedei bingtu
得兌冰圖 dedei bingtu
鄧長春 deng cang cūn
羅奇 loki
羅德憲 lo de hiyan
喇嘛斯希墨爾根台吉 lamashi(2) mergen taiji
喇思喀布 lasihib

喇思哈布 lask'ab
羅碩 lošo
羅繡錦 lo sio gin
羅託 loto age
喇巴什希 labasihi(2), labsihi(1)
喇巴泰 labatai(1)
羅畢 lobi
郎丘 langkio
郎球 langkio
郎紹正 lang sio jeng, lang šao jeng, lang šoo jeng
郎秀才 lang šusai
朗什 langsi
郎什 langsi
郎位 lang wei
郎廷輔 lang ting fu
郎熙載 lang si dzai, lang ši dzai
來珠 laiju
冷格里 lenggeri
梁柄 liyang bing
梁政大 liyang jeng da
梁正大 liyang jeng da
獵烈忌 liyeliyet
禮親王 doronggo cin wang
禮兄親王 doronggo ahūn cin wang
勞薩翁科羅巴圖魯 loosa(1) šongkoro baturu
勞薩春科落巴圖魯 loosa(1) šongkoro baturu
勞漢 loohan
賴賽 laisai
雷興 lei hing
劉 lio
劉六 lio lio
六哥 lioge
楞額禮 lenggeri
里佛塔 lifota
李延庚 lii yan geng
麟趾宮貴大妃 da gosin i booi wesihun amba fujin
林丹汗 lindan han
馬喀塔格格 makata gege
馬光先 ma guwang siyan
馬光遠 ma guwang yuwan
馬光輝 ma guwang hūi
馬國柱 ma guwe ju
馬尼 mani
痲登雲 ma deng yūn
馬福 ma fu
痲福塔 mafuta(2)
馬福塔 mafuta(1),(2)
馬副將 ma fujiyang
馬永聚 ma yūn siyan
馬鳴佩 ma ming pei
馬爾噶 marga mafa
馬爾都 mardu
馬濟塔布囊 maji tabunang
馬參將 ma ts'anjiyang
馬瞻 majan
痲總兵官 ma dzung bing guwan(1)
馬總兵官 ma dzung bing guwan(2)
馬通事 ma tungse
嘛哈噶喇 mahag'ala
馬哈撒嘛諦塞臣汗 maha samadi secen han
馬哈撒嘛諦汗 maha samadi han
滿桂 man gui
萬旦衛徵 wandan weijeng
滿達爾漢 mandarhan
萬曆帝 wan lii han
滿朱習禮 manjusiri
滿珠習禮 manjusiri
滿朱習禮胡土克圖喇嘛 manjusiri kūtuktu lama
滿總兵官 man dzung bing guwan
莽古爾泰 manggūltai
莽奈 mangnai
孟格 menggei(1)

孟喬芳 meng kiyoo fang
孟副將 meng fujiyang
孟阿圖 munggatu
孟安 munggan
孟子 mengdz
孟坦 mungtan
明安貝勒 minggan beile(1)
毛 mao
毛達色 moodase
毛都督 mao dudu
毛文龍 mao wen lung
毛總兵官 mao dzung bing guwan
毛總爺 mao dzung ye
毛巴禮 moobari
毛罕 moohan
穆成格 mucengge
穆爾祜 murhu
穆章 mujang
木寨 mujai
木豸 mujai
木哈連 muhaliyan
穆虎 muhu
蒙胯達爾漢和碩齊 mongkūwa darhan hošooci
蒙夸達爾漢和碩齊 mongkūwa darhan hošooci
苗碩渾 miošohon
撫順額駙 fusi efu
武延祚 u yan dzu
武英郡王 baturu giyūn wang(2)
武王 u wang
武元皇帝 u yuwan han
武皇帝 horonggo enduringge han
武侯 u heo
墨勒根代青貝勒 mergen daicing beile
墨勒根蝦 mergen hiya
默默里 memeri
墨爾根戴青貝勒 mergen daicing beile
門都 mendu(1)
文書紀 fan šu gi
門世科 men ši k'o
門世文 men ši wen
門二 men el
朴桂英 piyoo gui ing
朴葵英 piyoo gui ing
博羅 boro(2)
博洛 holo
朴蘭英 piyoo lan ing
朴魯 piyoo lu
博琫 bobong
博碩克圖汗 bošoktu han
朴惟健 piyoo io giyan
朴由健 piyoo io giyan
博爾山 boršan
博爾濟 borji(1)
博爾濟吉特氏 borjigit hala(1),(2),(3),(4)
博爾晉 borjin
博爾惠 borhoi
博和託 bohoto
班第 bandi(1), banjin taiji
班第衛徵台吉 bandi(3) weijeng hūwang taiji
方巾納 fanggina
方吉納 fanggina
邦素 bangsu
邦蓀 bangsun
方一元 fang i yuwan
方獻可 fang hiyan k'o, wang hiyan k'o
裵國貞 pei guwe jeng
裵國珍 pei guwe jeng
拜都賴 baidulai
拜米 bai mi
拜思噶爾 baisgal(1)
拜斯噶爾 baisgal(1)
拜山 baisan

拜賽 baisai(2)
拜尹圖 baintu
拜音代 baindai(2)
拜朱護 baijuhū
拜賀 baihū(2)
拜渾岱 baihūndai(1)
白格 begei
白奇 beki
白奇策 be ci ts'e
白都堂 be du tang
白道吏 be dooli
白喇嘛 be lama
白氏 be ši
白養粹 be yang ts'ui
伯布格 bebugei
白布赫 bebuhe
白希 bahi(2)
范文程 fan wen ceng
范民良 fan min liyang
范秀才 fan šusai
范遊擊 fan iogi
范參將 fan ts'anjiyang
法篤 fadu(1)
秉圖 bingtu(1)
卜文煥 bu wen hūwan
卜遊擊 bu iogi
封阿 fungga
奉天承運寬溫仁聖皇帝 abkai hesei forgon be aliha gosin onco hūwaliyasun enduringge han
傅代 fudai
富喇塔 fulata
傅爾丹 furdan
奔巴楚虎爾 bumba cūhur
費英東 fiongdon jargūci
蜚英東扎爾固齊 fiongdon jargūci
飛耀色 fiose
冰圖 bingtu(1)
四哥 syge
査努 janu
査符塔 jafuta
査薩克圖郡王 jasaktu giyūn wang
査薩克圖杜稜 jasaktu dureng
査薩克圖濟農 jasaktu jinong
舍爾特庫 šerdeku
沙爾巴庫圖克圖 šarba kūtuktu
沙爾巴胡土克圖 šarba kūtuktu
沙爾虎達 šarhūda
山津 sanjin(2) baksi
山塔 santa
薩賴 salai
薩木什喀 samsika
薩穆什喀 samsika
薩木哈納 samhana
薩木哈圖巴圖魯 samhatu baturu
薩璧翰 sabigan
薩璧翰 sabigan
薩蘇喀 sasuka
薩蘇哈 sasuka
薩揚 sayang
薩楊 sayang
薩爾布 sarbu
薩哈納 sahana
薩哈連 sahaliyan
薩哈廉 sahaliyan, sahaliyan taiji, sahaliyen
薩哈爾察 sahalca ecike
薩海 sahai
三哥 sange
三苗氏 san miyoo ši
尙 šang
商佳布 šanggiyabu
商加布 šanggiyabu
尙可喜 šang k'o hi

桑噶爾寨 sanggarjai(1),(2),(5),(6), sanggarjai hiya, sanggarjai nakcu
桑噶爾寨蝦 sanggarjai hiya
桑古爾 sanggūl
桑圖 sangtu
桑阿爾 sanggar
桑土 sangtu
塞冷 sereng(l),(2),(7),(9)
塞冷達爾漢台吉 sereng darhan taiji
塞冷塞臣 sereng secen
塞冷阿布海 sereng abagai
塞冷伊爾登 sereng ildeng
塞勒 sele
塞稜青巴圖魯 sereng cing baturu
賽穆哈 saimuha
塞本 sebun
塞本達爾漢巴圖魯 sebun darhan baturu
塞本墨爾根台吉 sebun mergen taiji
塞臣濟農 secen jinong
塞臣卓禮克圖 secen joriktu
塞特爾 seter
索尼 sonin
色勒 sele(2)
色本 sebun
色本墨爾根台吉 sebun mergen taiji
索渾 sohon
西貴大妃 wargi wesihun amba fujin
西大妃 wargi amba fujin
西蘭圖 sirantu
西麟趾宮貴大妃 wargi da gosin i booi wesihun amba fujin
西麟趾宮妃 wargi da gosin i booi fujin
徐邦才 sioi bang dzai, sioi bang ts'ai
西妃 wargi fujin
舒賽 šusai
西永福宮妃 wargi hūturingga booi fujin
西永福宮莊妃 wargi hūturingga booi jingji fujin
西莊妃 wargi jingji fujin
徐廷擧 šui ting gioi
西側妃 wargi ashan i fujin
西側永福宮莊妃 wargi ashan i hūturingga booi jingji fujin
西側莊妃 wargi ashan i jingji fujin
西河王 si ho wang
石國柱 ši guwe ju
石訥明安戴青 sine minggan daicing
席唐阿 sidangga
石代 sidai
石岱 sidai
碩雷 šoloi
席白德 sibedei
石副將 ši fujiyang
碩翁科羅巴圖魯 šongkoro baturu
石爾古納克 sirhūnak
石爾納 sirana
席爾納 sirna
席爾泰 sirtai
石爾胡納克 sirhūnak
席林 sirin
石廷柱 ši ting ju
石總兵官 ši dzung bing guwan
碩託 šoto
碩塔 šota
席湯噶 sidangga, sitangga
席特庫 siteku
碩巴哈 šobaha
石漢 sihan
錫漢 sihan
錫翰 sihan
薛大湖 siowei dai hū
成吉思皇帝 cinggis han
星內 singne

星訥 singne
成大業 ceng da ye
盛忠 šeng jung
成親王 mutebure cin wang
成湯 ceng tang
世宗 šidzung
蘇開 suk'ai
小諾爾布 ajige norbu
蘇納 suna
蘇達喇 sudala
蘇班塔布囊 subang tabunang
小妃 ajige mama
巢丕昌 coo pi cang
小桑噶爾寨 ajige sanggarjai
邵完 šoo wan
蘇爾德 suldei
蘇爾邁 surmai
巢總兵官 coo dzung bing guwan
蘇泰太后 sutai taiheo
蘇巴 suba
蘇布地杜稜 subudi dureng
孫閣老 sun g'oloo
孫道吏 sun dooli
孫杜稜 sun dureng
孫得功 sun de gung
孫梅勒章京 sun meiren i janggin
孫茂蘭 sun moo lan
孫應時 sun ing ši
孫章京 sun janggin
孫定遼 sun ding liyoo
孫祖壽 sun dzu šeo
孫太 sundai(1)
率泰 sotai
松格里 sunggeri
宋圖南 sung tu nan
松俄圖 songgotu
宋總兵官 jung dzung bing guwan
瑣諾木 sonom
瑣諾木諾木齊 sonom nomci
瑣諾木杜稜 sonom dureng
瑣諾木墨勒根台吉 sonom mergen taiji
瑣諾木墨爾根台吉 sonom mergen taiji
瑣諾木台吉 sonom taiji
瑣爾哈 soolga
綏占 suijan
隨和多 soihodo
肅永祚 siyoo yung dzu
肅親王 fafungga cin wang
舜 š ūn
順義王 š ūn i wang
肫哲公主 junje gungju
崇禎帝 cung jeng han
僧格 sengge
承天廣運聖德神功肇紀立極仁孝武皇帝 abkai hese be alifi forgon be mukdembuhe gurun i ten be fukjin ilibuha ferguwecuke gungge gosin hiyoošungga horonggo enduringge han, abkai hese be alifi forgon be mukdembuhe gurun i ten be fukjin ilibuha ferguwecuke gungge gosin hiyoošungga horonggo enduringge hūwangdi
施大勇 ši dai yung
始祖澤王 da mafa hūturi neihe wang
申景愼 šen jing jeng
申景裕 šen jeng ioi
申景琥 šen jeng hū
申朝紀 šen coo gi
沈都堂 šen du tang
沈副將 šen fujiyang
沈正玉 šen jeng ioi
沈靜正 šen jing jeng
沈正笏 šen jeng hū
沈總兵官 šen dzung bing guwan

十王子 juwanci beile
什巴漢察 sibahanca
阿庫都 akūdu
阿納克 anak
俄尼喇 onila
阿達禮 adali
阿達海 adahai
阿代 adai
俄屯 oton
阿喇納諾木齊 arana(3) nomci
俄羅塞臣 olosecen
阿賴達爾漢 alai darhan
俄里喀 olika
俄莫克圖 omoktu(1)
阿木出特喇嘛 amcut lama
俄木布 ombu(3),(6)
俄木布楚虎爾 ombu cūhur
阿敏 amin(1)
阿邦 abang(2)
阿邦和碩齊 abang(1) hošooci
阿拜阿格 abai age
阿福尼 afuni
俄卜會 obohoi
阿本 abun(1),(2)
俄本兌 obondoi(1)
阿山 asan
雅蓀 yasun
阿什達爾汗 asidarhan
阿什達爾漢 asidarhan
雅什塔 yasita
阿玉石 ayusi(1)
阿爾納諾木齊 arana(3) nomci
阿爾代 ardai
阿爾山 aršan
阿爾薩蘭土謝圖布庫 arsalan tusiyetu buku
阿爾津 arjin
阿爾塔什姑夫 altasi gufu
阿濟格 ajige
阿濟拜 ajibai
俄齊爾桑 ocirsang
俄齊爾塞臣 ocir secen
俄齊爾台吉 ocir taiji
俄齊爾和碩齊 ocir hošooci
阿朱戶 ajuhū(1)
阿巴泰 abatai(1)
俄布甘卜庫 obugan buku
阿布泰 abtai nakcu
阿必達 abida taiji
阿哈廉 ahaliyan
阿海 ahai
岳起鸞 yo ki luwan
鄂本兌 obondoi
鄂本兎 obondoi
鄂碩 ošo
鄂爾多斯濟農 ordos jinong
岳託 yoto
安達禮 andari
顏子 yan dz
安平貝勒 elehun beile
顏布祿 yambulu
顏回 yan hūi
遏必隆 ebilun
昂古奈 anggūnai
昂古賴 anggūlai hiya
昂坤杜稜 angkūn dureng
昂果柰 anggūnai
昂金 anggin
昂阿 angga(1)
昂阿喇 anggara
昂阿伊爾都齊 angga ilduci
昂阿爾柱爾 anggaljur
昂阿塔布囊 angga tabunang

艾摶巴圖魯 aituwan baturu
艾度禮 aiduri
愛木布路 aimbulu
艾賽 aisai
艾松古 aisunggū
愛音塔木 aintamu
哀宗 aidzung
愛塔 aita
愛通阿 aitungga
愛巴禮 aibari
額古 egu
額得里 eideri
額騰 edeng
額孟格 emungge
額墨爾齊 emelci
額亦都 eidu baturu
額宜都巴圖魯 eidu baturu
額爾格圖 erketu
額爾克孔果爾 erke konggor
額爾克代青 erke daicing
額爾克戴青 erke daicing
額爾克圖 erketu
額爾克楚虎爾 erke cūhur
額爾德尼 erdeni baksi
額爾德尼諾木齊 erdeni nomci
額爾德尼囊蘇 erdeni nangsu
額爾德尼達爾漢囊蘇 erdeni darhan nangsu
額爾濟格 eljige
額一德 eide
額林臣濟農 erincen jinong
額齊克綽爾濟 ecike corji
額參 esen
額參德 esentei
額參巴圖魯蝦 esen baturu hiya
額哲 ejei
額哲額駙 ejei efu
也先 yakiyan
楊古利 yangguri
楊古里 yangguri
楊名世 yang ming ši
楊文魁 yang wen kui
楊方興 yang fang hing, yang fang sing
楊副將 yang fujiyang
楊善 yanšan
楊聲遠 yang šeng yuwan
揚愛達爾漢他布囊 yanggai darhan tabunang
揚愛達爾漢塔布囊 yanggai darhan tabunang
楊于渭 yang ioi wei
楊總兵官 yang dzung bing guwan
楊春華 yang cūn hūwa
楊太監 yang taigiyan
楊華徵 yang hūwa jeng
易愛 i ai
延庚 yan geng
葉克書 yekšu
葉克舒 yekšu
葉努 yenu
葉雷 yelei
葉臣 yecen(1),(2)
葉辰 yecen(2)
英格內 yenggene
英格訥 yenggene
英明皇帝 genggiyen han
永福宮莊妃 hūturingga booi jingji fujin
英俄爾岱 inggūldai
永樂帝 yung lo han
永濟 yungji
穎親王 sure cin wang
倪馬察 nimacan
豫親王 erke cin wang
睿親王 mergen cin wang
五哥 uge

吳乞買 ukimai
吳景道 u ging doo, u jing doo
吳國祚 u guwe dzu
吳克善 ukšan
吳起 u ki
吳納海 unahai
吳內格榜式 unege(1) baksi
吳訥格 unege(1)
吳達禮 udari
吳魯喀 uluka
吳賴 ulai
烏木沙忒綽爾濟喇嘛 omdzat corji lama
烏木薩忒綽爾濟喇嘛 omdzat corji lama
鰲拜 oboi
吳拜 ubai
吳奉成 u fung ceng
吳副將 u fujiyang
吳善 ušan
吳守進 u šeo jin
吳信男 u hi nan
吳什搭 usita
吳良輔 u liyang fu
吳雲乾 u yūn kiyan
吳裕 u ioi
吳允謙 u yūn kiyan
吳爾噶納 urgana
吳爾古代貝勒 urgūdai beile
吳爾坤 ulkun
吳爾寨圖 ūljeitu(1)
吳總兵官 u dzung bing guwan
吳巴三察 ubasanca
烏巴三察 ubasanca
吳巴賽都喇爾 ubasi dural
吳巴什 ubasi(3)
吳巴海 ubahai(1)
吳巴海達爾漢巴圖魯 ubahai darhan baturu
吳希楠 u hi nan
吳希漢 u hi han
溫樞紀 fan šu gi
溫塔石 untasi
兀山 usan
翁格尼 unggeni
雍舜 yungšun
翁阿岱 unggadai
瓦克達 wakda
瓦爾喀 warka ecike
完顏亮 wan yan liyang
王 wang(1),(2)
王可代 wang k'o dai
王景 wang ging
王公 wang gung
旺達禮 wangdari
王達禮 wangdari
王都堂 wang du tang
王喇嘛 wang lama
王來覲 wang lai gin
王來用 wang lai yung
王文奎 wang wen kui
王兵部 wang bing bu
王副將 wang fujiyang(1),(2)
王業弘 wang cing i
王延祚 wang yan dzu
王元忠 wang yuwan jung
王維城 wang wei ceng
王允昇 wang yūn šeng
王一屏 wang i bing, wang i ping
王子登 wang dz deng
王廷選 wang ting siowan
王廷用 wang ting yung
王遵臣 wang sun cen
王之哲 wang jy je, wang ši je
王總兵官 wang dzung bing guwan(1),(2),(3)

王鐸 wang do
王太監 wang taigiyan(1),(2)
堯 yoo
驍金 yao gin
饒餘貝勒 bayan beiie
春科落巴圖魯 šongkoro baturu
龍什 lungsi
禹 ioi
袁 yuwan
袁大人 yuwan amba niyalma
袁都堂 yuwan du tang
袁都司 yuwan dusy
袁都爺 yuwan du ye
袁老爺 yuwan looye
袁崇煥 yuwan cung hūwan
衛徵 weijeng
衛徵囊蘇喇嘛 weijeng nangsu lama
衛徵喇嘛 weijeng lama
衛寨桑 ui jaisang
劉光斗 lio guwang deo
劉軍門 lio giyūn men
劉奇遇 lio ci ioi, lio ki ioi
劉其遇 lio ki ioi
劉得庫 lio de ku
劉良臣 lio liyang cen
劉麻子 lio ma se
劉萬鎰 lio wan i
劉武元 lio u yuwan
劉府 lio fu
劉副將 lio fujiyang
劉四 lio sy
劉士英 lio sy ning, lio ši ing
劉三 lio san
維城 ujici
劉成祖 lio cang su
劉世元 lio ši yuwan
劉氏 lio ši
劉愛塔 lio aita
劉五 lio u
劉五哥 lio uge
劉毓英 lio ioi ing
劉銀住 lio yen ju
劉之論 lio jy luwen
劉天祿 lio tiyan lu, lio tiyang lu
劉哈 lioha
劉弘遇 lio hūng ioi
劉興基 lio hing ji
劉興邦 lio hing bang
劉興梁 lio hing liyang
劉興祚 lio hing dzo
劉興治 lio hing jy
劉興沛 lio hing pei
恩格德 enggedei
恩格德爾額駙 enggeder efu
恩格圖 enggetu
恩格參 enggesen, engkesen
恩國泰 enggedei
恩克代巴圖魯 engke dai baturu
恩克代巴土魯 engke dai baturu
恩克參 engkesen
殷廷輅 yen ting lu
銀住 yen jiyoo
恩特 entei
宜成格 icengge
宜蓀 isun
宜爾孫德 irsundei
宜爾札木墨勒根台吉 irjam mergen taiji
宜爾札木墨爾根台吉 irjam mergen taiji
宜希達 ihida
李覺 lii giyo
李繼全 lii gi ciowan
李繼學 lii gi hiyo

李廓 lii k'o
李浣 lii wan
李玖 lii giyo
李國韓 lii guwe han
李貴 lii kui
李逵 lii kui
伊圖喀 ituka
李喇嘛 lii lama
李灤 lii lan
伊勒木 ilemu
伊勒愼 irešen
李民表 lii min biyoo
伊拜 ibai(1)
李伯龍 lii be lung
李駙馬 lii fuma
李思禮 lii sy lii
李士英 lii ši ing
李思忠 lii sy jung
李棲鳳 lii ci fang, lii ci fung, lii si fung
伊孫 isun
伊綏 isui
李侍郎 lii šilang
李氏 lii ši
李永芳 lii yung fang
李莞 lii wan
李□ lii yoo
李外郎 lii wailan
李雲 lii yūn
伊爾德 ildei
伊爾都齊 ilduci(1)
伊爾登 ilden
伊爾彪 ilbio
李一忠 lii i hūng, lii i jung
移刺蒲阿 ilibuha
李廷桂 lii ting gui
李廷龜 lii ting gui
李正茂 lii jeng mao
李倧 lii dzung
李總兵 lii dzung bing
李總兵官 lii dzung bing guwan
李春開 lii cūn k'ai
李春旺 lii šūn wang
二貝勒 jacin beile
伊布納 abuna
李豐 lii fung
益勒木 ilemu
任得良 žin da liyang
子路 dz lu
子思 dz sy
綽諾和 conoho
綽濃古英 conong guyeng
綽思熙 coshi
綽爾濟喇嘛 corji lama
綽通 cotung
綽和諾 cohono
張可範 jang k'o fan
張國良 jang guwe liyang
臧國祚 dzang guwe dzo, dzeng guwe dzo
張老爺 jang looye
張大猷 jang da io, jang da ioi
張道吏 jang dooli
張敦 jang dun
張良 jang liyang
張廉 jang liyan
張立中 jang lii jung
張文秀 jang wen sio
張民望 jang min wang
張紹禎 jang šoo jeng
長壽 cang sio
張習巴 jangsiba
張什巴 jangsiba
張什八 jangsiba

張氏 jang ši
張養初 jang yang cu
臧遊擊 dzang iogi
張有功 jang io ts'ai
張應魁 jang ing kui
張應奎 jang ing kui
張爾雲 jang el yūn
張翼輔 jang i fu
臧調元 dzang tiyoo yuwan
張存仁 jang dzun žin, jang ts'un žin
章宗 jang dzung han
張知府 jang jyfu
張知州 jang jyjeo
張知縣 jang jyhiyan
蔣進喬 jiyang jin kiyoo
長昌應 jang ceng yen
張春 jang cūn
張洪謀 jang hūng mo
張弘謀 jang hūng mo, jang k'o mu
蔣懷良 jang hūwai liyang
錢奇志 ciyan ki jy
全尙毅 ciowan šang i
鄭 jeng
鄭庫納 jengkune
鄭古特 jenggute
丁文盛 ding wen šeng
丁副將 ding fujiyang
鄭秀才 jeng šusai
鄭伸 jeng sin
鄭義 jeng i
鄭榏 jeng i
鄭親王 ujen cin wang
諸葛亮 ju g'o liyang
齊國儒 ci guwe žu
濟農 jinong, jinong secen joriktu
濟農額駙 jinong efu
濟農綽爾濟 jinong corji
濟農台吉 jinong hūwang taiji
濟爾噶朗 jirgalang
齊爾格申 cirgešen
濟爾哈朗 jirgalang
際爾哈朗 jirgalang
濟爾垓 jirhai
祖 dzu(1),(2)
祖可法 dzu k'o fa
曹恭誠 ts'oo gung ceng
曹光弼 ts'oo guwang bi
祖克勇 dzu ke yung
祖大壽 dzu da šeo
祖大將軍 dzu amba jiyanggiyūn
祖邦傑 dzu bang giyei
祖邦武 dzu bang u
趙福星 jao fu hing
祖父福王 banin mafa hūturi werihe wang
祖副將 dzu fujiyang
趙一鶴 jao i ho
祖章京 dzu janggin
祖將軍 dzu jiyanggiyūn
祖總兵官 dzu dzung bing guwan
趙總兵官 jao dzung bing guwan
祖澤遠 dzu je yuwan
祖澤潤 dzu je žun, dzu je žūn
祖澤洪 dzu je hūng
族祖武功郡王 uksun i mafa baturu gung ni giyūn wang
鍾丘亳 jung ki hoo
宗澤 dzung je
朱 ju
紂 juo
朱家 jugiya
朱格得 jugederi
朱國柱 ju guwe ju

周士英 jeo ši ing
周秀才 jeo šusai
秦永福 cin yung fu
朱雲台 ju yūn tai
周瑜 jeo ioi
朱知縣 ju jyhiyan
朱參將 ju ts'anjiyang
朱徹 juce
朱太祖 ju taidzu
準塔 jonta
中宮皇后 dulimbai fujin
中央淸寧宮皇后 dulimbai genggiyen elhe booi gurun i ejen fujin
曾子 dzengdz
曾祖昌王 unggu mafa ba badarambuha wang
遲變龍 ci biyan lung
智順王 bodohonggo ijishūn wang
陳九階 cen gio giyai
陳德 cendei
陳邦選 cen bang siowan
陳變武 cen biyan u
陳復新 cen fu sin
陳延美 cen yan mei
眞楮肯 jenjuken
陳此心 cen ts sin
晉昌君 jin cang giyūn
進昌君 jin cang giyūn
陳淸華 cen jing hūwa
眞楚肯 jenjuken
陳戶部 cen hū bu
陳洪範 cen hūng fan
陳興 cen hing
車克車木 cekcemu
車根 cegen
次妃 ajige mama
車爾格 cergei
察喀 cona
扎喀納 jakana
察喀尼 cakani
扎弩 janu
札福尼 jafuni
扎福尼 jafuni
扎薩克圖郡王 jasaktu giyūn wang
扎薩克圖杜稜 jasaktu dureng
扎薩克圖濟農 jasaktu jinong
札蘇喀 jasuka
扎蘇喀 jasuka
扎爾庫 jarku
札爾布蝦 jalbu hiya
察罕代 cagandai
察漢喇嘛 cagan lama
札哈納 jakana
察合喇 cahara
察哈爾國公主 cahar i gungju
察哈爾汗 cahar han
察合台 cagandai
塞木 semu
寨山 jaisan
寨薩 jaisa
寨桑侯痕 jaisang keoken
寨賽 jaisai
蔡永年 ts'ai yung niyan
天啓帝 tiyan ki han
天祚帝 tiyan dzo han
天聰皇帝 sure han
哲赫渾津 jehei honjin
詹拜 jambai
詹土謝圖 jan tusiyetu
詹霸 jamba
詹布庫 jan buku
靑嘉弩 cinggiyanu
淸寧宮中央大妃 genggiyen elhe booi dulimbai am-

ba fujin
清寧宮皇后 genggiyen elhe booi elhe fujin
青善 cingšan
青巴圖魯濟爾哈朗 cing baturu jirgalang
青巴圖魯際爾哈朗 cing baturu jirgalang
焦安民 jiyoo an min, ju an min
超品公 jergi ci lakcaha ujui gung
崔光前 ts'ui guwang ciyan
崔道吏 ts'ui dooli
崔夢良 ts'ui ming liyang
崔尙書 ts'ui cangšu
崔鳴亮 ts'ui ming liyang
崔應時 ts'ui ing ši
祝世廕 ju ši yen
祝世昌 ju ši cang
祝參將 dzu ts'anjiyang
吹爾查爾 coirjal efu
吹爾扎木蘇 coir jamsu
耿仲明 geng jung ming
朶內袞濟 donoi gunji
拖博輝 tobohoi
他哈布 tahabu
妥懽貼睦爾 tohon temur han
託果榜式 togo baksi
托克屯珠 toktonju
託克屯珠 toktonju
卓禮克圖達爾汗 joriktu darhan
卓禮克圖達爾漢 joriktu darhan
卓禮克圖親王 joriktu cin wang
卓禮克圖台吉 joriktu hūwang taiji
托博克達賴 tobok dalai
託博克達賴 tobok dalai
託博輝 tobohoi
託爾門 tormon
托爾博圖 tolbotu
託爾博圖 tolbotu
托爾撒 torsa
卓爾畢泰 jolbitai
托貝 doboi, toboi
呑齊 tunci
呑齊哈 tuncika
塔賴 dalai(1), talai
塔賴楚虎爾 dalai cūhur
塔實 dasi
塔爾畢希 tarbahi
塔占 dayan(1)
塔瞻 tajan
塔海 dahai(2)
湯古代阿格 tanggūdai age
湯珠 tangju
台吉 taiji
太祖 taidzu(1),(2),(3)
太宗 taidzung(1),(2),(3)
泰布和 taibuho
太后 taiheo
土古柰 tugūnai
土魯什 turusi
土賴 dulei(1), tulai
土墨特 tumet
土默特 tumet
土門達爾漢 tumen(2) darhan
土謝圖 tusiyetu(1)
土謝圖額駙 tusiyetu efu(1),(2)
土謝圖濟農 tusiyetu jinong
土謝圖親王 tusiyetu cinwang
土謝圖汗 tusiyetu han
土巴額爾赫台吉 tuba(2) erhe taiji
土巴濟農 tuba jinong
土巴台吉 tuba taiji
佟家 tunggiya
佟國印 tung guwe yen
佟圖賴 tung tulai

佟駙馬 tung fuma
佟三 tung san
佟色 tungse
佟養性 tung yang sing
佟延 tung yan
佟遊擊 tung iogi
佟二 tung el
佟整 tung jeng
佟鎭國 tung jeng guwe
特木德赫 temdehei
特瑣 tesu
特精克 tejingkei
巴噶達爾漢 bagadarhan
巴古柰 bagūnai
巴克 bak beile
巴達禮 badari
擺達爾 baidal
巴都禮 baduri(1)
巴圖魯 baduri(2)
巴圖魯姑夫 batura gufu
巴圖魯郡王 baturu giyūn wang(l)
巴都理 baduri(1)
巴敦 badun taiji
巴屯 batun
巴朗 barang(1)
巴郎 barang(1)
巴賴山津 barai sanjin
巴班 baban
巴卜 babu(1)
巴琫土謝圖 babung tusiyetu
擺撒哈 baishan
巴孫 basun
巴牙爾 bayar(1)
巴牙爾圖 bayartu(1)
巴爾達齊額駙 baldaci efu
巴爾代 bartai
巴爾泰 bartai
巴爾巴圖魯 bar baturu
巴爾巴圖魯布庫 buku bar baturu
巴特瑪 batma(5)
巴布賴 babulai
巴布泰 babutai age
巴布海 babuhai(1)
巴希 bahi(1)
覇奇蘭 bakiran
篇古阿格 fiyanggū age
布克善 bukšan
布丹 budan
布達席理 budasiri(1)
布當 budang taiji
布韜 butao
布喇克泰 bulaktai(1)
布木巴伊爾登 bumba ildeng
鮑副將 boo fujiyang
布山 busan
布賽 bušai
鮑承先 boo ceng siyan
布雅戶古英 buyahū guyeng
布顔 buyan(1), buyan beile
布顔代 buyandai(1),(2),(3), buyantai(1)
布顔圖 buyantu(1)
布顔阿海 buyan ahai
布顔台吉 hūwang taiji
布陽果 buyanggū hiya
布彦代 buyandai(2), buyantai(1)
布爾噶都 burgadu
布爾堪 burkan
布爾開 burhai
布爾愷 burhai, burkai
布爾吉 burgi
布爾特 bulte
鮑章京 boo janggin

布占泰 bujantai
鮑參將 boo ts'anjiyang
布寨 bujai(1)
布塔齊 butaci(1)
布哈 buha
布哈塔布囊 buha tabunang
豊庫石公主 fongkosi gungju
弼登圖 bidengtu
畢喇石 birasi
畢喇錫 birasi
畢喇什 biraci hūwang taiji
畢禮克圖囊蘇 biliktu nangsu
畢禮克託果 bilik(l) togo
畢車齊班第 biceci bandi
畢車齊喇嘛 bicigeci lama
畢車齊吳巴什 biceci ubasi
何可剛 ho k'o g'ang
何大峯 ho dai fung
夏得勝 hiya de šeng
何副將 ho fujiyang
何辛泰 hūsintai
賀爾多 holdo
何爾敦 holdon
何進忠 ho jin jung
何通事 ho tungse
漢高祖 han g'aodzu
漢談 hatan
韓代 handai
韓岱 handai
韓大勳 han dai hiyūn
韓棟 han dung
韓信 han sin
韓遊擊 han iogi
韓潤 han yūn
韓義 han i
韓參將 han ts'anjiyang
哈克薩哈 haksaha
哈囊阿 hanangga
哈寧噶 haningga(1)
哈達格格 hada gege
哈達公主 hada gege
哈談巴圖魯 hatan baturu
哈爾達 garda
哈爾薩 harsa
哈爾蘇戶 harsuhū
抗古 hanggū
海賴 hairai(2)
海塞 haise(4)
赫德 hede
赫夜納 heyene
兄禮親王 ahūn doronggo cin wang
邢成祚 hing ceng dzu
豪格 hooge
胡丘 hūkio
胡球 hūkio
胡鈕 hunio
戶部 hū bu
胡副將 hū fujiyang
扈習 hūsi
扈習察罕 hūsi cahan
胡辛泰 hūsintai
扈什察哈 hūsicaha
扈什塔 hūsita
扈什布 hūsibu
胡有升 hū io šeng
虎爾噶 hūrga
扈爾漢 hūrhan hiya
犒托 kaoto
犒託 kaoto
胡弘先 hū hūng siyan
洪 hūng
洪可泰 hongkoto

洪科 kongko
洪科退 hongkoto
洪珪噶爾珠 honggoi galju
洪武帝 hūng u han
和碩圖 hošotu
和碩禮親王 hošoi doronggo ahūn cin wang
和碩福妃 hošoi hūturingga fujin
和碩成親王 hošoi mutebure cin wang
和碩肅親王 hošoi fafungga cin wang
和碩額爾克楚虎爾貝勒 hošoi erke cūhur beile
和碩穎親王 hošoi sure cin wang
和碩豫親王 hošoi erke cin wang
和碩睿親王 hošoi mergen cin wang
和碩鄭親王 hošoi ujen cin wang
和碩親王 hošoi cin wang
和碩卓禮克圖親王 hošoi joriktu cin wang
和碩土謝圖親王 hošoi tusiyetu cin wang
和碩兄禮親王 hošoi doronggo ahūn cin wang
花善 hūwašan
和托 hoto hiya
和託阿格 hoto age
和託蝦 hoto hiya
黃官壽 hūwang guwan šeo
黃都司 hūwang dusy
黃呂鍾 hūwang lioi jung
黃履中 hūwang lioi jung
黃戶部 hūwang hū bu
皇后 gurun i ejen fujin
懷順王 gūnin ijishūn wang
孝慈昭憲純德眞順成天育聖武皇后 gosin hiyoošungga doro de akūmbuha ginggun ijishūn hūturingga eldengge enduringge hūwangheo
侯世祿 heo ši lu
侯總兵官 heo dzung bing guwan
侯痕巴圖魯 heohen baturu, keoken baturu
黑 he
黑勒 hele
黑雲龍 he yūn lung
黑總兵官 he dzung bing guwan
希福榜式 hife baksi
熙宗 hidzung

2. 지명

嘉木湖 giyamuhū
嘉穆湖 giyamuhū
嘉山 giya šan
嘉山河 gasan i bira
噶海 gahai
噶海額勒蘇 gahai elesu
鹻場 giyamcan, giyan cang
江[鴨綠江] giyang
岡干 ganggan
江華島 giyang hūwa tun
開城 neihe hoton
開城府 k'ai ceng fu
開原 keyen
蓋州 g'ai jeo
開平 k'ai ping
喀喇莽奈 kara mangnai, hara mangnai
喀喇木輪 kara muren
喀喇沁 karacin
喀喇車里克 kara cerik
喀喇把爾噶孫 kara balgasun
喀喇和碩 kara hošo
喀木尼漢 kamningga, kamnigan
喀爾喀 kalka
喀爾占 haljan
居庸關 gioi yung guwan
建昌 giyan cang
格伊克里 geikeri

京 ging
京城 ging hecen
慶陽城 cing ceng hecen
界藩 jaifiyan
界凡 jaifiyan
薊州 gi jeo, ji jeo
高橋 g'ao kiyoo
古哷 gure
高柳樹路 den fodoho jugūn
古勒 gure
靠桑阿 ko sangga
固安縣 gu an hiyan
枯橐 kuto
庫黑得勒酥 kuke deresu
公古里 gungguri bira
孔果爾俄博 konggor obo
果果索大 hogosutai bira
果果索太 hogosutai bira
科桑阿 ko sangga
科爾沁 korcin
郭家峪 g'o giya ioi
郭山 g'o šan
郭山城 guwang šan hoton
郭爾羅斯 gorlos
崞縣 g'o hiyan
寬甸 kuwan diyan
寬佃峪口城 kuwan diyan ioi angga hoton
廣寧 guwangning
廣東 guwangdung
廣西 guwangsi
廣塵島 guwang lu doo
卦爾察 gūwalca
舊遼陽河 fe liyoo yang, fe liyoo yang ni bira
口子口 keo dz angga
歸化城 huhu hoton
克西克騰 kesikten
錦州 ginjeo, gi jeo
金 dai gin, aisin
金陸 gin ling
金州 ginjeo
南京 nan ging
南關 hada
南漢山城 nan han
南海 julergi mederi
納里特 narit
奈曼 naiman
柰曼 naiman
冷口 leng keo
蘆溝橋 lu geo kiyoo
盧龍衛 lu lung wei
老河 loo bira
鹿島 lu doo
農安塔 nunggan
嫩 non
尼出袞都爾鼻兒 nicugun durbil
多羅特 dolot
多博庫 dobukū
多爾濟塔蘇爾海 dorji tasurahai hada
達岱塔 dadai subargan
褡褳莊 da liyang juwang
唐古特 tanggūt
大金 dai gin
大淩河 dalingho
大同 daitung
大同江 dai tung giyang
臺頭營 tai teo ing
大屯 amba gašan
大明 daiming
大兒湖 dal omo
大安口 dai an keo
大安寺 dai an sy
大安城 dai an hecen

大安營 dai an ing
大遼 dai liyoo, dailiyoo
大元 dai yuwan
大清 daicing
大巴顔 da bayan
大河 amba bira
大花島 da hūwa doo
德勝門 de šeng men
德勝堡 de šeng pu
都勒河 dure bira
都城 du hoton
都兒白爾濟 durbelji
都爾鼻山岡 durbi
童家口 dung giya keo
東江 dergi giyang
東京 dung ging
東揆 dungkui
東山堡 dung šan pu
東勝身洲 dung šeng šen jeo
東勝左衛 dung hing dzo wei
童鄂 donggo
東安縣 dung an hiyan
洞庭 dung ting
東海 dergi mederi
杜爾伯特 durbet
得勝口 de šeng keo
登州 deng, deng jeo
羅文峪 lo wen ioi
蘭磐 lan pan
灤陽營 luwan yang ing
灤州 luwan jeo
灤河 luwan ho bira
攬盤 lan pan
拉發 lafa
萊 lai
淶水縣 lai šui hiyan
馬蘭口 ma lan keo hecen
馬蘭路 ma lan lu
馬蘭營 ma lan ing
馬蘭峪 ma lan ioi hecen
滿洲 manju, jušen
滿洲國 aisin
孟庫 mungku
明 ming, daiming, nikan
毛明安 moominggan
木起 muki
木魯哈喇克沁 murui harakcin
蒙古 monggo
撫寧縣 fu ning hiyan
撫西 fusi
撫順 fusi
撫順所 fu šūn šo
武靖營 u jing ing
文安縣 wen an hiyan
密雲 mi yūn
博多克 bodok
博羅 boro
潘家口 pan giya keo
房山縣 fang šan hiyan
白土場 be tu cang
白土廠 be tu cang
白河 be ho
范河 fan ho
法庫山 fakū alin
保定府 boo ding fu
寶坻縣 boo di hiyan
福建 fugiyan
福陵 hūturingga munggan
鳳山 pung šan
奉集堡 fung ji pu
鳳凰城 fung hūwang ceng
北京 beging

北關 yehe
北汎口 be siyūn keo
北海 amargi mederi
費德里山 feideri alin
沙屯 ša tun
沙嶺 ša ling
四子 duin juse, tūrban kekuket
四川 sycuwan
沙河 ša ho
沙河堡 šurgei hoton, ša ho pu
沙河驛 ša ho i
沙河鋪 ša ho pu
朔州 jo jeo, šo jeo
山東 šandung
山西 alin i wargi golo, sansi
山海關 šan hai guwan
撒爾古 sarhū
撒爾湖 sarhū
薩哈爾察 sahalca
殺胡口 ša hū duka, šurgei duka
殺虎口 šurgei duka
殺胡堡 ša ho pu
三屯營 san tun ing
三窪 ilan muhaliyan
三岔阿 san ca ho
三河 san ho bira
三河縣 san ho hiyan
商 šang
上都 šangdu
上都河 šangdu bira
常山 cang šan
尙陽堡 šang yang pu, šanggiyan pu
上楡林 šang ioi lin
索倫 solon
西拉木輪 sira muren
西秦 wargi cin
西河 wargi bira, si ho bira
瑞興 šehen, šui hing
席達禮 sidar
席達里 sidar
析木城 si mu ceng
石門驛 si men i
席伯圖 sibetu
席伯兎 sibetu
席北 sibe
席爾哈島 sirga tun
宣府 siowan fu
宣川 siowan cuwan
盛京 amba hecen, mukden
小凌河 šolingho
蘇萬 suwan
小西城 siyoo ši ceng
少河所 ša ho šo
宋 sung
松棚路 sung peng lu
松山 sung šan
首山 šeo šan
雖石口 šui si keo
岫巖 sio yan
肅川 šukcan
順安 šu nan
順義縣 š ūn i hiyan
新城 ice hecen
新甸堡 sin diyan pu
新哈達 ice hada
瀋陽 simiyan, šen yang
十里河 ši lii ho
十方寺 ši fang sy
十三山 ši san šan
十三站 ši san šan
雙樹舖 šuwang šu pu
阿喇克綽忒 alakcot

阿魯 aru
阿祿 aru
阿蘇忑 asot
俄爾綽克 orcok
俄一羅特 urut
阿濟格和爾戈 ajige horgo
阿覇垓 abaga
樂文谷 lo wen ioi
鄂爾多斯 ordos
樂亭 lo ting
握黑河 wehe bira
雁門關 yan men guwan
鴈門關 yan men guwan
鞍山堡 an šan
安肅縣 an su hiyan
安州 an jeo
安平 an ping
空兒哈失 warkasi
諳巴城 amba hoton
鴨綠江 yalu giyang
靉河[靉陽] aiha
厄魯特 urut
厄勒約索 ele yoose
厄勒約瑣 ele yoose
厄野 eye
厄布爾石拔爾臺 ebur sibartai
厄黑庫倫 ehe kuren
良邊 liyang biyan
陽石木 yangsimu
楊石木河 yangsimu bira
孃孃宮 niyang niyang gung ni dogon
羊腸 yang cang
良鄉縣 liyang hiyang hiyan
陽和 yang ho
旅順口 lioi šūn keo
女直 nioi jy, jušen
女眞 jušen
燕京 yan ging, beging
連山關 liya sa guwan
葉赫 yehe
英 yeng
寧古塔 ningguta
寧邊 liyang biyan
寧遠 ning yuwan
永定門 yung ding men
永平府 yung ping fu
永平衛 yung ping wei
吳喇 ula
烏喇 ula
吳喇忑 urat
敖木輪 oo muren
吳爾赫 ūlhei
烏朱穆秦 ujumucin
敖漢 aohan
玉田 ioi tiyan
沃黑渡口 wehe dogon
兀喇 ula
兀蘭哈達 ulan hada
兀魯特 urut
兀魯忑 urut
兀爾土 urtu
兀扎喇 ujala
兀札魯 ujalu
雍謝布 yungsiyebu
翁牛特 ongniyot
翁牛忑 ongniyot
瓦爾喀 warka
王家庄 wang giya juwang
王家莊 wang giya juwang
王京[朝鮮] wang ging
倭 odz
倭子 odz

遼 dai liyoo
遼東 liyoodung
遼東衛 liyoodung wei
遼陽 liyoo yang
耀州 yoo jeo
遼河 liyoha bira
龍門城 lung men ceng
容城縣 žung ceng hiyan
龍井關 lung jing guwan
龍川 lung cuwan
右屯衛 io tun wei
牛山 ihan alin
右衛 io wei
于子章臺 ioi dz jang tai, ioi ts jang tai
牛莊 nio juwang
雲從島 yūn ts'ung doo
雲州 yūn jeo
雄縣 hiong hiyan
元 yuwan, dai yuwan
魏 wei
威寧營 wei ning
劉家營 lio giya ing
榆林驛 ioi lin i
義州 i jeo
宜罕山 ihan alin
伊闕 i kiowei
伊蘭博里庫河 ilan bolikū
伊蘇忒 yasot
益圖 itu
林畔 lin pan
臨律江 lin jin giyang
綽爾格爾 corogol
綽爾郭爾 corogol
張家口 bayan sube, jang giya keo
張家灣 jang giya wan
長白山 šanggiyan alin
長城 šanggiyan jase
長勝堡 cang hing pu
長安嶺 cang an ling
長勇堡 cang yung pu
張義站 jang i jan
章義站 jang i jan
翟家堡 je giya pu
赤城 c'y ceng
前屯衛 cen tu wei, ciyan tun wei
全州城 ciowan jeo hecen
浙江 jegiyang
靜遠 jing yuwan
靖遠堡 jing yuwan
定州 ding jeo
定興縣 ding hing, ding hing hiyan
濟 ji
兆佳 jaogiya
趙甲 jaogiya
朝鮮 coohiyan, solho
趙城 joo hecen
鵰鶚 diyoo o
左衛 dzo wei hoton
朱兒格土 julgetu
遵化 dzun hūwa
中京 dulimbai ging
中和 jung ho, jung hūwai
中後所 jung heo šo
秦 cin
晉 jin
鎮江 jeng giyang
鎮東堡 jeng dung pu
榛子鎮 jeng dz jeng
陳興堡 ceng hing pu tai
扎喀 jaka
扎庫塔 jakūta
札滾烏達 jagūn uda

扎滾烏達 jagūn uda
札喇布喇克 jara bulak
扎喇布喇克 jara bulak
扎魯特 jarut
扎賴特 jalait
札賴忒 jalait
察罕諾爾 šanggiyan omo
察罕城 cagan hoton
察哈爾 cahar
昌黎縣 cang lii hiyan
昌城 cang ceng, cang šan
彰義站 jang i jan
昌平 cang ping
昌平州 cang ping jeo
寨費顔 jaifiyan
千山 ciyan šan
遷安縣 ciyan an hiyan, cang an hiyan
鐵嶺 cilin
鐵山 tiyei šan
甜水站 tiyan šui jan
青郊館驛 jin jiyoo guwan giyamun
青城 kara hoton
清川 cing cuwan
清河 niowanggiyaha hecen
打草灘 sira tala
卓索 josoi
涿州 jo jeo
塔賴 talai
塔山 ta šan
湯古忒 tanggūt
湯站 tang jan
湯河堡 tang ho pu
泰 tai
台樓山 tai lo šan
太平寨 tai ping jai
太行 tai hang
土默特 tumet
土城關 tu ceng guwan
通遠堡 tung yuwan pu
通州 tung jeo
通州河 tung jeo bira
琶渠 pa kioi
巴林部落 barin aiman
欏斯哈兒 baisgal
擺斯哈兒 baisgal
巴牙喇 bayara
欏牙喇 bayara
把岳忒 bayot
巴顔德木 bayan dem
巴爾達 barda
播一混寨 boihon sancin
巴林 barin
坡州 pa kioi, pa jeo
汴梁 biyan liyang
霸州 ba jeo
貝歡寨 boihon šancin
彭蠡 peng lii
平壤 ping žang
平虜衛 ping lu wei
平魯衛 ping lu wei
平山 ping šan
平安道 ping an doo
平陽府 ping yang fu
平夷營 ping i ing
平彝營 ping i ing
布龍圖布喇克 bulungtu bulak
布里渡 buridu
蒲河 buha bira
蒲河山 pu ho ala, puho ala
豊潤 fung žun
皮島 pi doo tun
夏 hiya

河[黃河] ho
河東[遼東] birai dergi
河西[遼西] birai wargi
漢江 han giyang
漢山城 han šan ceng
漢兒莊 han el juwang
哈納崖 hana hada
哈達 hada
哈喇佃子 hala janggiya
哈爾占 haljan
夯家 hanggiya
海州 hai jeo
海州河 hai jeo bira
杏山 hing šan
香河縣 hiyang ho hiyan
赫圖阿喇 yenden
赫席黑 hesihe
赫什赫 hesihe
赫徹穆 hecemu
湖廣 hūguwang
胡喇戶 hūrahū
呼爾哈 hūrha
虎爾哈 hūrha
虎湖斯 huhus bira
渾河 hūn ho, hunehe bira
忽魯古爾 holhorin gol
洪山口 hūng šan keo
紅嘴 hūng dzui
華 hūwa
和爾果 horogon
皇覺寺廟 hūwang giyo sy miyoo
黃骨島 hūwang gu doo
黃州 hūwang jeo, hūwang ho
黃海 hūwang hai doo
黃海道 hūwang hai doo
會寧 hūi ning, hūwaliyan
懷來 hūwai lai
輝發 hoifa
黑圖阿喇 yenden
黑龍江 sahaliyan ula
黑扯木 hecemu
忻口 hin keo
興京 yenden
興安嶺 hinggan dabagan
喜峯口 hi fung keo